La Imaginación Artificial

La imagen más allá de la imagen

JOSEP M. CATALÀ DOMÈNECH
JORGE CABALLERO RAMOS

La Imaginación Artificial

La imagen más allá de la imagen

CÁTEDRA
Signo e Imagen

Director de la colección: Jenaro Talens

1.ª edición: marzo de 2025

Imagen de cubierta: ilustración producida por IA mediante Midjourney 6.1, con el siguiente comando textual: «Three figures walking together towards a distant horizon. Dante, wearing a traditional robe and laurel crown, walks solemnly next to a frantic white rabbit holding a pocket watch. Behind them, a massive clay Golem strides clumsily» («Tres figuras caminan juntas hacia un horizonte lejano. Dante, vestido con una túnica tradicional y una corona de laurel, camina solemnemente junto a un frenético conejo blanco que sostiene un reloj de bolsillo. Detrás de ellos, un enorme Gólem de arcilla camina torpemente»).

PAPEL DE FIBRA
CERTIFICADA

Valentín Beato, 21. 28037 Madrid
Depósito legal: M. 25.158-2024
I.S.B.N.: 978-84-376-4862-0
Printed in Spain

INTRODUCCIÓN

A modo de cuento de hadas moderno

Preferimos el iceberg al barco,
aunque signifique el final del viaje.

ELIZABETH BISHOP

Desde que, en plena era victoriana, Lewis Carroll publicó *Alicia en el país de las maravillas* (1865) los lectores de cualquier edad no han dejado de preguntarse por qué tenía tanta prisa el conejo blanco, adónde se dirigía con tanto apuro. Sus prisas no tenían razón de ser, eran un estado de ánimo que entonces resultaba tan inquietante como incomprensible. Ha pasado el tiempo y ahora son bastantes los escenarios o los personajes de la narración de Carroll que han dejado atrás el absurdo y se han convertido, si no en estrictamente realistas, por lo menos en alegóricos. Muchos ejercicios literarios posteriores de una corriente heterogénea que podríamos denominar posrealista y que comprende a escritores que van desde Franz Kafka o Samuel Beckett a Philip K. Dick o Jimmy Ballard han experimentado, a lo largo del siglo pasado, transfiguraciones parecidas, por las cuales sus tramas han perdido gran parte de la extrañeza que las caracterizaba y se han convertido en realistas. Pynchon y Burroughs son ahora los Balzac y Zola de la nueva normalidad. El absurdo, que apareció como un instrumento irónico y crítico, se ha convertido en una forma prácticamente descriptiva. Por ello, nadie ha estado nunca tan bien situado como nosotros, los contemporáneos herederos de esta tendencia normalizadora, para interpretar la desatinada figura del conejo blanco y su particular fuga hacia ninguna parte o quizá hacia todas partes a la vez. Situados de súbito en el paisaje tecnológico y especulativo de la Inteligencia Artificial (IA), y especialmente en ese panorama que configuran los dispositivos capaces de crear imágenes a partir de textos, nos encontramos en la misma situación que Alicia, corriendo detrás de un ser estrambótico que huye de nosotros frenéticamente: cuanto más deseamos alcanzarlo, más se aleja de nosotros.

Ahora podemos adivinar lo que perseguía ese animal humanizado —entre el devenir animal y el devenir humano— en su imposible carrera. Su destino no era otro que el futuro, pero un futuro que no aguardaba a ser alcanzado en un horizonte posible, sino que se había incrustado ya en el presente y empujaba sin cesar al tiempo actual hacia delante, de manera que, como si fuera el paisaje de un sueño, el futuro y el presente acababan entremezclándose. La narración de Carroll se convertía así en profética, pero de forma más profunda que algunos ejercicios de esa naciente ciencia ficción que pronto estaría representada, entre otros, por Robida, Verne o Wells, atentos solo a la superficie del presente de lo real, supuestamente prolongable sin cambios sustanciales. Por el contrario, Carroll, como sus personajes, exploraba corredores subterráneos o el reverso de los espejos en los que se adivinaba no solo el rostro, sino también el alma del porvenir. De esta forma predijo el actual colapso de los tiempos y la reconfiguración paradójica de la realidad, un mundo hacia el cual el conejo blanco iba irremisiblemente encaminado y en el que nosotros ahora nos encontramos. Actualmente, el horizonte ha retrocedido y, en lugar de ser una línea distante, iluminada por el fulgor de la esperanza, se convierte en una plataforma frágil por la que transita, entre penumbras, una actualidad temerosa y llena de dudas acerca de adónde le conduce esa precaria pasarela.

El futuro nos empuja desde el pasado, apresurándonos neuróticamente. Ese tiempo, situado antes a una confortable distancia, parece estar ahora al alcance de la mano siempre, pero a la vez resulta perennemente inalcanzable. Por eso la imaginación va siempre con retraso, a la zaga de una realidad que no cesa de reinventarse a su aire y en apariencia sin guía. Esta era la esencia del conejo blanco victoriano que, a más de un siglo de distancia, nos representaba a todos nosotros, seres espectrales de una sociedad entonces solo imaginable por plácidos visionarios como el reverendo Dodgson pero en la que ahora nos ve-

Figura 1

mos obligados a actuar. Su neurótico personaje antropomórfico, que la IA imagina tal como se muestra en la figura 1[1], ya era, pues, en su momento, una criatura apocalíptica cuya existencia se nutría de una insensata mezcla de tiempos, que no es otra cosa que el signo del final de los tiempos, el anuncio de algún apocalipsis. Cuando Derrida, en *Los espectros de Marx,* intuyó la necesidad de elaborar una ciencia de los fantasmas para estudiar la presencia espectral en el presente de formas del pasado que habían sido enterradas con excesiva precipitación —Marx, por ejemplo—, no pensó en la posibilidad de que las presencias fantasmagóricas pudieran venir también del futuro para inquietar nuestro presente, convirtiéndolo en una era frágil e indecisa, una era temblorosa ante el asedio al unísono de los fantasmas del pasado y del futuro.

El actual apocalipsis no se anuncia mediante la aparición de formas ominosas en el firmamento, sino que su presencia se notifica mediante una figura antropomorfa surgida de un cuento de hadas moderno, un indicio quizá de que lo que se acaba no es el mundo en sí, sino un as-

---

[1] Imagen realizada con Stable Diffusion (Web DreamStudio), a partir del comando «The White Rabbit from Alice in Wonderland running under a storm in a post-industrial landscape in the cyberpunk style of a sci-fi film».

pecto de este mundo que había sido confundido con la realidad eterna. Lo que se termina es el mundo moderno y sus promesas, lo peor de las cuales es que se han cumplido, mostrando en ese momento su verdadero rostro. Recordemos que apocalipsis quiere decir revelación, por lo que es necesario recapacitar sobre lo que está siendo revelado, o puesto de relieve, en estos momentos por la simple precipitación de los acontecimientos.

Equiparar nuestra cultura a un animal acelerado que corre hacia ninguna parte es una imagen acertada pero parcial. No puede estar completa a menos que le añadamos otra figura extraída de una mitología más arcaica: nos referimos a la conocida imagen del Gólem. El Gólem, surgido de la mitología judía, en concreto de la tradición cabalística, es un humanoide que confeccionan los humanos, mezclando arcilla y agua, y al que activan mediante fórmulas mágicas. Es un ser muy poderoso, cuyo vigor aumenta día a día. Según la leyenda, es capaz de obedecer órdenes y hacer cualquier trabajo, incluso puede proteger eficazmente a su dueño. Pero como, a la vez, es muy torpe, acaba siendo peligroso, hasta el punto de que, si pierde el control, puede destruir a sus creadores. Harry Collins y Trevor Pinch, dos sociólogos de la ciencia, recurren a este ambiguo personaje para proponer una metáfora de esta actividad crucial, una operación que parece muy adecuada si tenemos en cuenta que, según las diferentes leyendas, el personaje del Gólem puede ser tan benéfico como dañino:

> El Gólem es equivalente a «cualquier manazas que no conoce su propia fuerza [...]. No puede considerarse un ser diabólico; es un gigante torpe. Dado que estamos usando un Gólem como metáfora de la ciencia, también vale la pena señalar que en la tradición medieval, la criatura de arcilla estaba animada por tener la palabra hebrea 'EMETH', que significa verdad, inscrita en su frente: es la verdad lo que lo impulsa. Pero esto no significa que comprenda la verdad, ni mucho menos (1998).

Lo cierto es que la figura del Gólem, que puede ser ciertamente una metáfora de la ciencia, a lo que mejor se adapta es a la IA, creada por el ser humano para que le ayude en sus tareas, pero que puede escapar a su control y destruirlo. También la IA, como el mítico homúnculo, aumenta día a día su poder y, al parecer, también su inteligencia, aunque es dudoso que algún día llegue a comprender el intrincado concepto de verdad o a preguntarse por el sentido de su propia existencia.

Figura 2

De hecho, ambas figuras, la del conejo blanco y la del Gólem, se complementan para elaborar una poderosa imagen de esa parte de la ciencia que es la IA, en la que va a confluir todo el poderoso imaginario científico para confeccionar su propia mitología. Podemos entender esta metáfora de dos maneras. Una, la más directa, que nos informa de que la IA es a un mismo tiempo tan ligera e inocua como el conejo blanco y tan torpe y peligrosa como el Gólem. Y la otra, algo más compleja, es aquella en la que el Gólem aparece como un gigante que avanza sin control ni rumbo fijo, igual que el personaje de la obra de Carroll. Informados convenientemente, los dispositivos de la IA nos ofrecen una imagen, entre infantil y terrorífica, de la criatura que surge de la mezcla entre la feérica imaginación victoriana y la sombría tradición judaica (figura 2).

En el cuento de Carroll, nada es extraño o inconsistente para ese personaje antropomorfo perseguido por Alicia: su frenética carrera es su forma de ser. Quien, por el contrario, se encuentra presa de una angustia extrañamente festiva es ella, Alicia, que trata de alcanzar al escurridizo animal e incluso de comprender, sin conseguirlo, el destino de su carrera inconsecuente. Su empeño por alcanzarlo la llevaba a internarse cada vez más en un singular infierno, cuyos círculos están llenos de personajes, el mayor pecado de los cuales es mostrar una escandalosa falta de lógica destinada a contaminar los rasgos de una realidad también inconsecuente. Estamos ahora en condiciones de reconocer los parámetros de esa mundana comedia y de sentirnos muy identificados con la figura trágica y adecuadamente infantil del Dante femenino que la transita, cuando procuramos relacionarnos con una tecnología contemporánea que, como el conejo blanco, es fugitiva, tan pronto está como no está. Es tan fugaz que nos cuesta comprenderla. Se trata de una tecnología indudablemente dirigida a nosotros, pero que de forma invariable nos vuelve la espalda. Se nos escapa, sobre todo, de nuestra capacidad de entendimiento. Creemos saber, puesto que hacemos, pero en realidad no sabemos lo que hacemos. Y, si llegamos a saberlo, ya es demasiado tarde, porque este saber nuestro pertenece al pasado, y el verdadero saber se ha deslizado hacia el porvenir. Pero, a la vez, eso que no sabemos, pero utilizamos, configura inconscientemente nuestra esencia de seres humanos, nos convierte, como diría Lacan, en sujetos de un no saber. Nos movemos entre lo que Lacan denomina, con su habitual retorcimiento del lenguaje, no ajeno a los pliegues del barroco contemporáneo, *Sujeto Supuesto Saber,* un enunciado que algunos autores han pulido para que se comprenda mejor y han pasado a denominarlo *Supuesto Sujeto del Saber.* En cualquier caso, el fenómeno contemporáneo que relaciona al sujeto con una tecnología que él (o ella) está utilizando íntimamente y la cual, desde esa intimidad en la que está siendo acogida, la utiliza a ella (o a él), está formado por un supuesto saber que lo es a un mismo tiempo del sujeto y de la tecnología. Se trata de un sujeto que no sabe lo que la tecnología le esconde pero que cree que esta sí lo sabe y de una tecnología que precisa de un sujeto para realmente saber. Nadie sabe nada, pero todos suponen que hay un saber inconsciente escamoteado y escondido en alguna parte. Este sujeto del saber, o supuesto sujeto del saber, es de hecho una figura virtual, situada en un inconsciente doble que pertenece, por un lado, al sujeto y, por el otro, a la tecnología. Nos encontramos sumergidos, pues, en un juego de espejos, contradicciones y paradojas que nada tienen que envidiar a las aventuras decimonónicas de Alicia y su incansable persecución del conejo blanco.

Alicia en el país de las maravillas y su continuación, *Alicia a través del espejo,* son dos narraciones extremadamente visuales que sitúan a la literatura en sus límites. Las imágenes en esos libros no son un subproducto del texto, sino el sustento principal del mismo. Es cierto que las primeras imágenes, en este caso mentales, son el fruto de la lectura, pero este ejercicio se ve constantemente potenciado por el concurso de las ilustraciones que acompañan el texto desde su primera edición. Pocos libros han producido tantas ilustraciones como los dos principales de Carroll.

A partir de principios del siglo XIX, la imagen invadió profusamente el ámbito del texto en diarios, revistas y libros, generando intensos fenómenos de hibridación entre imagen y texto que cambiaron la forma de leer, preparando el camino hacia el cinematógrafo. La palabra impresa resistió en ese momento la invasión, pero se vio constantemente atraída hacia el territorio visual, transformando su propia esencia de una manera que solo posteriormente será evidenciada de forma precisa. El fenómeno se produjo, por un lado, en la literatura infantil, pero también en otro territorio que a veces se relaciona precipitadamente con esta, como es el naciente género de la narración gráfica que se acabará convirtiendo en el cómic, hacia finales de siglo. El juego de equilibrios entre estos dos géneros propone dos fenomenologías equidistantes. En una, el texto está siendo colonizado por la imagen; en la otra, es la imagen la que permite la presencia vigilante del texto en su campo visual. Ambos casos son el indicio de que en el imaginario de la cultura occidental se está produciendo una profunda transformación que culminará con el cinematógrafo, después de pasar por la fotografía. Más allá se abre un panorama que llega hasta nuestros días para configurar ahora una realidad que resultaría en gran medida incomprensible para la mente decimonónica.

Como decimos, las narraciones de Carroll han generado desde su publicación una enorme cantidad de ilustraciones que han ido acompañando los textos desde un principio, haciendo efectiva su visualidad esencial a la vez que la interpretaban a través de los distintos estilos de los diferentes ilustradores, desde Tenniel, Furniss o el mismo Carroll hasta las imaginativas propuestas contemporáneas, pasando por las destacadas adaptaciones cinematográficas de Walt Disney o Tim Burton, entre otras. Por lo tanto, un mismo texto no ha cesado de producir innumerables interpretaciones visuales que dejan traslucir no solo el paisaje imaginario original de la narración, sino que, a través de él, filtran los estilos particulares de cada ilustrador y de cada época. Hasta llegar a la actualidad, cuando no es la imaginación humana la que hace de filtro, la que aquilata los flujos de la época y los combina con sus propias capacidades imaginativas, sino que esta función la ejecuta una extraordinaria tecnología capaz de ejercer esa función automáticamente. La denominamos IA, pero lo cierto es que su característica más destacada es que no utiliza la inteligencia para continuar la labor de los ilustradores. O, por lo menos, no usa el tipo de inteligencia que conocemos. Los resultados, sin embargo, no están exentos de imaginación, lo que nos lleva a preguntarnos hasta qué punto pueden separarse esas dos capacidades. Y, si no se puede, ¿de qué tipo de imaginación estamos hablando?

El texto ha sido siempre productor de imágenes mentales, pero, a partir de cierto punto, las imágenes empezaron a vehicular los textos, a fagocitarlos. Pero siempre era posible reseguir la línea que comunicaba los dos ámbitos, de manera que la imagen y el texto mantenían unas expectativas comunes, a pesar de su diversidad. Sin embargo, ahora, con lo que podemos denominar Imaginación Artificial (ImA), se abre un panorama muy diverso. Los dispositivos pueden continuar insertos en el ámbito de esa alianza y mantener las expectativas de los usuarios con respecto a unas relaciones mínimamente lógicas entre causa y efecto. No cabe duda de que la industria, en pro de la rentabilidad de sus productos, tenderá a seguir por esta vía con el fin de producir resultados útiles y medianamente comprensibles. Pero las nuevas técnicas de generación de imágenes a partir de textos dejan entreabierta la puerta para que se genere una creatividad salvaje, alejada de las imágenes miméticas, que son las más solicitadas. Se acercan al arte por un camino inesperado que no es el de la reproducción de formas conocidas, sino el de la exploración de universos visuales inesperados.

El concepto de Inteligencia Artificial (IA) lleva mucho tiempo rondando el imaginario de disciplinas muy diversas, desde la literatura al cine, pasando, obviamente, por las investigaciones científicas y tecnológicas que han desembocado en las ya muy transitadas disciplinas del poshumanismo y el transhumanismo. Pero no fue hasta el año pospandémico de 2023 cuando el concepto abandonó el territorio de los especialistas para entrar de lleno en el imaginario de la cultura popular, al tiempo que descendía desde las regiones ambiguas de la ciencia ficción para adquirir visos de estricta realidad. Fueron, como siempre, los medios de comunicación, esos ambiciosos taumaturgos, los que se encargaron de promocionar el tránsito y, de esta manera, confirmar su popularidad. Entonces se produjo de inmediato una situación esquizofrénica, típica de una modernidad ya en decadencia, una situación según la cual la IA podía ser dañina y beneficiosa a la vez. De nuevo, aparecieron las figuras de los apocalípticos y los integrados que describió Umberto Eco en la fase de transición entre lo moderno y lo posmoderno. Los mismos medios se encargaron de exponer las dos posturas y las dos características de la IA. A veces, incluso en un mismo programa de televisión o en un mismo medio impreso o digital se podían celebrar los logros y las promesas de la IA, para, poco después, anunciar el apocalipsis que su desarrollo podía acarrear. Curiosamente, para culminar las contradicciones y con ellas la esquizofrenia imperante y nunca discutida, a veces eran los mismos creadores y desarrolladores de los dispositivos de IA los que salían a la palestra para reclamar la regulación imperiosa de sus productos.

Para concluir el contradictorio proceso, la entrada de la IA en el imaginario popular, acompañada de la facilidad de uso de las nuevas tecnologías, se produjo a través de una significativa escisión, representada por el ChatGPT *(Chat Generative Pretrained Transformer)* o las distintas versiones de los llamados Grandes Modelos de Lenguaje o LLM *(Large Language Models)* y un novedoso instrumento capaz de producir imágenes a partir de textos. Es decir, un episodio más de la eterna confrontación entre una cultura del texto y una cultura de la imagen que pronto se presentó como una confrontación entre la palabra y lo visual, suponiendo inconsistentemente que aquella guardaba la verdad, mientras que esta promocionaba la mentira. Mientras que los LLM despertaban admiración, los dispositivos productores de imágenes han sido invariablemente relacionados con las *fake news,* noticias falsas que, al parecer, solo podían ser difundidas a través de imágenes convenientemente falseadas.

Platón ya se había mostrado muy suspicaz tanto con la escritura como con la imagen. Denunciaba que el texto deterioraría la capacidad memorística del ser humano, de modo que el saber, al exteriorizarse, dejaría de ser algo personal. Pero desconfiaba aún más de la imagen, a la que consideraba la copia de una copia, puesto que la realidad no era más que la sombra de las ideas, verdaderas garantes de la verdad. De esta doble crítica solo subsiste, y lo hace aún con gran intensidad, la dirigida a la imagen. Ha quedado claro que las ventajas de la escritura sobrepasan sus posibles inconvenientes, pero todavía no se han asumido las virtudes de la imagen. Si bien nadie critica la escritura *per se,* es decir, su existencia —ni siquiera Derrida y la deconstrucción vislumbran un espacio drásticamente fuera del texto—, a la imagen todo el mundo se acerca con desconfianza. Incluso quienes la aprecian se sienten obligados a referirse a ella a la defensiva, aun sin darse cuenta. La imagen parece estar siempre fuera de lugar. Mientras que la escritura, por su relación con la palabra, se considera natural, la imagen aparece siempre como algo artificial. Es en este peculiar panorama en el que surgen ahora imágenes que son literalmente artificiales.

Los LLM se presentan con la sorprendente capacidad de producir textos o responder a preguntas sobre cualquier tema con tanta precisión que el asombro hace que los resultados parezcan mejor de lo que son realmente. Por otro lado, las imágenes que se producen a partir de textos o de otras imágenes tienen distintas características, según el dispositivo utilizado. En ambos casos, se celebra la capacidad mimética del instrumento, es decir, la exactitud y el realismo de los resultados, lo que incrementa, por un lado, el entusiasmo porque se vislumbra la posible utilidad de la tecnología, mientras que, por el otro, son esas mismas capacidades las que aumentan el temor ante lo que, en algún momento y con una cierta dosis de sensacionalismo, se anuncia como causante de una posible desaparición del ser humano. Si el ChatGPT atrae tanto la atención es porque parece consolidar la propuesta de uno de los más destacados creadores de la IA, Alan Turing, cuya utopía se basaba principalmente en la posibilidad de confeccionar una máquina capaz de dialogar con una persona a distancia, sin que esta pudiera discernir si su interlocutor era un ente artificial u otro ser humano. Las esperanzas depositadas en la IA, muchas de las cuales revelan una cierta actitud suicida por parte del ser humano, se sustentan en un malentendido del que ya adolecía el llamado test de Turing. Se trata de confundir la inteligencia con una serie de procesos controlables y susceptibles de una estandarización más o menos estricta. Este tipo de inteligencia estructurada no puede considerarse equiparable al pensamiento, capaz siempre de deambular por regiones insospechadas. La inteligencia básica es susceptible de convertirse en algoritmos, precisamente porque se contempla como un algoritmo. Es cierto que aquellos instrumentos que, en un desesperado intento por emular al cerebro, han sido calificados de redes neuronales permiten augurar una posible alternativa a la linealidad algorítmica, puesto que su forma de actuar es más dispersa, rizomática, lo que amplía la capacidad de aprendizaje de las máquinas y, por lo tanto, de modificar sus parámetros de conducta establecidos. Pero, aun así, resulta difícil imaginar la aparición de verdaderos procesos de pensamiento, a menos que se consiga, más que emular, producir algo tan esencial como la imaginación y su dependencia de las emociones en el seno de un cuerpo con una capacidad muy amplia para dialogar con su entorno, algo que por ahora parece estar fuera del alcance de las técnicas de la IA. Para que se produjera el salto hacia una verdadera inteligencia, las investigaciones tendrían que desviarse mucho de las líneas ideológicas que ahora las dirigen. Las funciones imaginativas, emocionales y sensoriales del ser humano diluyen la posible materialidad del sustrato que las vehicula, de modo que los procesos subjetivos que resultan de esas actividades conjuntas no pueden reducirse a mecanismos, ni siquiera a mecanismos cerebrales o neurológicos. Por muy escandaloso que resulte para los neurocientíficos, lo cierto es que su empeño es tan vano como el de querer observar las estrellas con un microscopio.

Por ello son tan interesantes a la vez que fuente de inquietud las posibilidades heterodoxas de los dispositivos productores de imágenes artificiales, cuyos resultados se alejan sustancialmente de aquellos que tienen su origen en los mucho más celebrados LLM, de entre los que sobresale por su popularidad el ChatGPT. Sigue siendo imposible imaginar la sustitución, más o menos temprana, del ser humano por unas máquinas inteligentes, pero si el peligro existe, este lo generan más las tecnologías de la imaginación visual que las de una supuesta imaginación verbal o textual. Sin embargo, los instrumentos de visualización contienen también el antídoto más eficaz contra esta aberración, siempre que se preserve la suficiente libertad para que estas máquinas sean verdaderamente creativas.

De momento, lo que está en peligro no es tanto el ser humano en sí como el delicado envoltorio que lo protege, el humanismo, si es que podemos distinguir tan fácilmente entre ambos conceptos. Hay que tener en cuenta que viene de lejos el proceso por el que se pretende desmantelar la tradición humanista, acusada de vicios que no son exclusivamente suyos. Se trata de un desarrollo cuya culminación son precisamente estos nuevos instrumentos o, mejor dicho, el uso que preferentemente se les quiere dar. Se tiende a considerar que su presencia implica un corte profundo con el pasado, un cisma que permite plantear un utópico volver a empezar, como un bautismo capaz de limpiar todos los pecados originales. Sin embargo, el abismo que separa ambos mundos no es tan profundo como se pretende. Existen puentes y pasadizos subterráneos que conectan las dos vertientes tanto por arriba como por abajo: tanto por el cielo como por el infierno. Abandonar drásticamente la tradición humanista significa enfrentarse al nuevo mundo con la ceguera como único instrumento.

Este ensayo pretende contemplar los avances de la IA, especialmente los relacionados con la imagen, desde la perspectiva de un poshumanismo ilustrado. Es decir, quiere postular la necesaria continuidad entre una tradición humanista, transformada en gran medida por las tecnologías de la imaginación, y los nuevos instrumentos de la IA. Al mismo tiempo, quiere defender un uso distinto de estos dispositivos, es decir, quiere protegerlos de sí mismos o de la inercia en la que la industria y gran parte de la cultura los mantiene. La tarea es tan difícil como la que tenía Alicia ante sí a la hora de perseguir una entidad escurridiza y fluida, una de cuyas partes estaba situada en el presente y la otra en el futuro. Una situación parecida se ha puesto de manifiesto de forma inquietante mientras se elaboraban las reflexiones que se plasman en este escrito, una tarea constantemente urgida por la necesidad de mantenerse al día, pero al mismo tiempo con la voluntad de no abandonar el pasado para no perder pie y caer en el abismo de la inconsistencia. Los continuos avances de la tecnología parecen empeñados en borrar ese pasado y, con ello, desmentir las hipótesis que vertebran el pensamiento más estable de las presentes reflexiones. Sin embargo, la intención que las ha impulsado no decae en ningún momento. El progreso tecnológico puede ir en una dirección quizá insensata, pero es necesario no ceder a su atractivo y mantener que la otra dirección, la que se dirige al pasado en busca de fundamentos, no solo es aún posible, sino que es sobre todo necesaria. Como el *Angelus Novus* de Benjamin, corremos hacia el futuro, empujados por el viento de la historia (una forma de entender la carrera de Alicia en su persecución del conejo blanco), pero observamos atentamente aquello que esa historia vencedora va dejando atrás, es decir, los despojos de lo posible, abandonados en la cuneta. Nos proponemos rescatarlos para trazar con ellos un camino alternativo hacia otra historia viable que, sin descartar los avances tecnológicos, sea sin embargo más favorable al ser humano y su irrenunciable tradición.

Dicho todo lo cual, se impone una pausa. Un silencio pausado que poco a poco se va llenando de un rumor no del todo desconocido. El sonido insistente proviene del subsuelo, de debajo de nuestros pies. Algo insidioso pugna por surgir del suelo que hemos creado y sobre el que creíamos andar seguros. Algo mecánico que chirría como una vieja máquina oxidada.

Después del Apocalipsis viene el Juicio Universal o el final de los tiempos, cuando todo, no solo los humanos, regresa del olvido. Regresa para ser juzgado sobre todo aquello que habíamos olvidado. La tierra tiembla, mientras vemos aparecer por el horizonte tres personajes conocidos: uno de ellos es Dante; el otro, el conejo blanco, y el último de todos, un ser extraño que avanza tambaleante, el Gólem. No parecen amenazantes, más bien dan la impresión de implorar algo. Imploran, es cierto, comprensión, pero no para ellos, sino para algo que ahora ya ha surgido del subsuelo, a sus espaldas. Es un monstruoso bosque tecnológico, como si miles de máquinas se hubieran entremezclado y formaran un inmenso e intrincado zarzal mecánico. Oímos ahora claramente las voces de los espectros, a punto de ser engullidos por ese nuevo bosque de Birnam que avanza hacia ellos con inusitada rapidez. Entendemos ahora su mensaje, pero no porque oigamos claramente su discurso, sino porque algo se introduce en nuestra mente, una iluminación que esclarece el pasado, el presente y el futuro.

Al parecer, hemos hecho un uso sesgado de nuestras alegorías. Teníamos razón pero a la vez carecíamos de ella. El conejo blanco corría, es cierto, hacia el futuro, y lo hacía, cierto también, con excesivas prisas, tantas que su frenesí conseguía que el manto del futuro cayera pesadamente sobre el presente antes de tiempo, sepultándolo. Las reclamaciones espectrales ponen de manifiesto que el país de las maravillas no era tanto un paisaje absurdo como un mundo tecnológico incomprensible pero dispuesto a ser comprendido. Y, sobre todo, a ser explorado. Se ha producido, sí, el fin del mundo, pero porque ya había otro mundo en marcha. Nada se ha perdido porque todo puede ser aún recuperado al otro lado de la frontera que linda con el fin del mundo o lo que Quentin Meillassoux llama la finitud. La IA imagina así (figura 3) la confluencia de los tres citados personajes con las maquinarias salvajes, convierte en apolíneo lo que habíamos planteado como dionisíaco.

Vale la pena señalar que, durante la confección de la multifacética parábola que prologa este escrito, nos ha acompañado en ocasiones la IA, que nos ha suministrado algunas interpretaciones visuales de nuestras demandas discursivas. Esta mirada desde el otro lado era imprescindible, y por ello hemos seguido requiriéndola a lo largo del resto del libro. Nos ha servido de faro cuya luz intermitente nos guiaba cada vez que creíamos habernos perdido en nuestro particular periplo por las infinitas zonas de sombra que, en este particular territorio de la IA, se extienden hasta regiones insospechadas.

Las imágenes que suministran los dispositivos de la ImA son inquietantes por diversos motivos, pero el principal de ellos es que son literalmente irrepetibles. Ninguna de las imágenes producidas volverá a generarse jamás por mucho que hagamos exactamente el mismo reque-

Figura 3

rimiento[2]. Son en cierta forma imágenes efímeras, lo que hace que sean especialmente delicadas y, en gran medida, irrenunciables. Cualquiera de las enunciaciones visuales que generan esas técnicas son únicas, nunca más volverá a darse la conjunción de elementos de la que cada una de ellas proviene. Constituyen un acontecimiento visual en sí mismas que nos obliga a contemplarlas con la mezcla de asombro e inquietud que se experimenta ante un prodigio, una alucinación, una epifanía o la extraordinaria coincidencia de las tres cosas juntas.

---

[2] A menos, claro está, que, como indicaremos más adelante, nos empeñemos en ello y efectuemos en los dispositivos correspondientes una serie de operaciones destinadas a obtener visualidades concretas.

Capítulo primero

Cornisa

Dios piensa donde nosotros no podemos pensar
Es este pensamiento el que debemos esperar

Edmond Jabès

Los múltiples avatares de la inteligencia humana

Antes de acceder al campo de la IA, es indispensable examinar algunos conceptos básicos asociados a la inteligencia humana. El acceso a este marco proporcionará algunas herramientas necesarias para explorar y posteriormente explicar la naturaleza y las implicaciones de la IA.

La inteligencia, que en un tiempo fue considerada una característica esencialmente humana, se entiende ahora que está repartida por todo el universo. Hace casi un siglo, Olaf Stapledon, en su novela *Hacedor de estrellas,* llegaba a la insólita conclusión de que incluso las estrellas y las nebulosas podían ser inteligentes, algo que quizá hoy en día no sorprenda tanto a los partidarios de la Ontología Orientada al Objeto, una corriente filosófica que propone que cualquier objeto tiene su propia entidad, aparte de lo que los humanos piensen acerca de él. Por su parte, el antropólogo Jeremy Narby, en un libro dedicado a examinar las distintas formas en que la naturaleza puede ser inteligente, indica que incluso las células de nuestro cuerpo son capaces de albergar algún tipo de actividad deliberada, es decir, de mostrar una intención (Narby,

2005). Pero la mayoría de los ejemplos que ofrece Narby corresponden a conductas instintivas que se refieren más a la especie o al conjunto que al individuo. Quizá habría que hacer, entonces, una distinción entre inteligencia y pensamiento: todo puede ser inteligente, pero no todo es capaz de pensar. Pensar sería una capacidad exclusivamente individual de la inteligencia. Pero, ¿y la conciencia? ¿Se puede ser inteligente o pensar, si estos procesos no son plenamente conscientes? Los partidarios entusiastas de la IA lo tendrán claro: se puede. Por ejemplo, Jack Copeland, profesor de filosofía de la universidad de Canterbury de Nueva Zelanda, en un libro temprano sobre la IA que se califica como una introducción filosófica, afirma que la conciencia no es necesaria. Para ello se basa en los múltiples procesos inconscientes por medio de los cuales nuestro cerebro procesa la información (Copeland, 1996: 65). El problema está en que Copeland considera que estos procesos son equivalentes a la inteligencia, lo cual no es de extrañar si tenemos en cuenta la peculiar noción que tiene de la filosofía este profesor de filosofía, algo que es evidente leyendo su libro, el cual es muy poco filosófico y bastante técnico. Es decir, que el autor plantea en él, reflexivamente y en un lenguaje divulgativo, problemas que son más técnicos que filosóficos. Sin embargo, puede que no sea tan extraordinario equiparar la inteligencia con la capacidad performativa del cerebro, pero solo si se hace como punto de partida, ya que hay muchas personas con un cerebro privilegiado, pero incapaces de usarlo adecuadamente. Robert J. Sternberg tiene un libro dedicado al estudio de este problema, cuyo título es suficientemente ilustrativo: *Por qué las personas inteligentes pueden ser tan estúpidas* (2002). La cuestión que aquí se propone es crucial: ¿podemos realmente reducir al cerebro todo lo relativo a la psicología, al entendimiento y la conducta de un sujeto? En el campo del estudio de las relaciones entre la IA y la IH (inteligencia humana), se producen constantemente este tipo de malentendidos, la mayoría de ellos provocados por las distintas concepciones que se tienen acerca de los conceptos empleados en la ecuación, ya se trate del cerebro, de la inteligencia, del pensamiento o de la conciencia. Al no tener una noción común de estas entidades, se hace muy difícil llegar a conclusiones adecuadas. Lo habitual es que cada bando tenga sus propias teorías al respecto y que tienda a aplicarlas a la totalidad, generando equivalencias sesgadas.

Joanna Zylinska, en el prólogo a un intrigante libro filosófico del escritor de ciencia ficción Stanislav Lem, *Summa Technologiae*, que ella se encargó de traducir al inglés, propone buscar las respuestas a ciertas preguntas que le atraen especialmente. Por ejemplo, «¿qué tienen en común las sociedades humanas y las colonias de bacterias? ¿Qué podemos aprender de los insectos?» (Lem, 2013: ix). Hay detrás de estos interrogantes la idea de que existen características que compartimos con otros seres o entidades. Entre estas cualidades, una de las más destacadas podría ser la de la técnica. Los insectos y las bacterias también actúan técnicamente, como los humanos. Si la técnica puede considerarse una forma de pensamiento, y esta es una conexión que han estudiado antropólogos como Leroi-Gurham o Roger Bartra, no cabe duda de que debe ir acompañada de algún tipo de inteligencia, consciente o no. Habría, por lo tanto, un rescoldo de inteligencia en la actuación técnica de los insectos y las bacterias, un pálpito de pensamiento. Quizá la diferencia entre ellos y nosotros estribe en el hecho de que nosotros hemos convertido las actuaciones técnicas en tecnología, es decir, en herramientas que amplían nuestra capacidad de actuar y de pensar. De manera que, mientras que las bacterias y los insectos actúan de la misma manera desde hace millones de años, nosotros hemos avanzado, afinando nuestras herramientas a la vez que afinábamos también nuestro pensamiento. Pero Lem recomienda que no nos precipitemos a establecer separaciones inconmensurables entre ellos y nosotros, sean ellos quienes sean. Para ilustrar las bondades de las simbiosis como alternativa a ciertos estériles antagonismos, el autor polaco se refiere a otra novela de Olaf Stapledon. Se trata de *La última y la primera humanidad,* publicada en 1930, siete años antes que la anteriormente citada. En ella, los hombres luchan incansablemente contra una invasión vírica proveniente de otro planeta, sin saber que se enfrentan a una forma de inteligencia: «La alternativa entre "victoria o derrota" no se produce. Tras siglos de lucha, los virus sufren una transmutación tan profunda que penetran en el genotipo humano, lo que da lugar al surgimiento de un nuevo tipo de Homo sapiens» (Lem, *ibíd.:* 10). Conclusión: cabe la posibilidad de que quienes evolucionan o se desarrollan no sean tanto los humanos como algunos de sus antagonistas a través de ellos. De alguna forma, las actuales ideas del poshumanismo o el transhumanismo adoptan este punto de vista. Por lo tanto, cuando hablamos de inteligencia, ¿a qué nos referimos? ¿A un punto de partida que nos distingue a los humanos, o a un destino situado más allá de la humanidad?

Una de las mejores ilustraciones del funcionamiento de la inteligencia la encontramos también en una obra de ciencia ficción. Se trata de *Flores para Algernon* (1966), la entrañable novela de Daniel Keyes que fue llevada al cine por Ralph Nelson con el título de *Charly* (1968). El libro está escrito en forma de diario, un diario en el que Charles, el encargado de la limpieza de un laboratorio, de muy bajo coeficiente intelectual, va introduciendo sus impresiones, a raíz de un experimento al que se ve sometido para aumentar su inteligencia. Poco antes, se ha practicado una intervención parecida en uno de los ratones del laboratorio, al que Charles ha dado el nombre de Algernon. Por medio de las entradas del diario, podemos observar cómo la inteligencia de Charles va aumentando paulatinamente. La escritura es cada vez más clara y precisa, y se va descubriendo en ella el resultado de una insólita capacidad de observación acerca de su entorno, así como del propio experimento al que ha sido sometido. Charles también se muestra capaz de reflexionar con profundidad sobre sí mismo. En el punto culminante de este proceso, Charles llega a ser prácticamente un genio. Pero pronto descubre que el experimento está destinado al fracaso, puesto que el ratón que le acompañaba va perdiendo capacidades paulatinamente y está claro que él va a seguir sus pasos. De la misma forma, pues, que hemos podido seguir su evolución intelectual a través de la escritura, observamos su decadencia reflejada en una expresión y un pensamiento cada vez más torpes. Según el planteamiento de Keyes, la inteligencia y el pensamiento van unidos, y a ambos se le acopla la conciencia, la cual no parece estar al principio, sino al final del proceso. Charles no es inteligente porque es consciente, sino que es consciente gracias a que su creciente inteligencia le permite ir descubriendo el mundo a la vez que él se describe a sí mismo. Y este proceso de descubrimiento, expresado mediante la escritura, es aquello a lo que denominamos pensamiento. De una forma u otra, regresamos al punto de partida, a la relación entre inteligencia, pensamiento y conciencia, de lo que se deduce que no es fácil determinar lo que significa la inteligencia en sí misma.

La inteligencia humana es un concepto complejo que ha sido objeto de estudio por diversas disciplinas a lo largo del tiempo. En su etimología podemos encontrar ya la semilla de su complejidad. El concepto *inteligencia* proviene del latín *intelligentia,* derivado a su vez de *intelligere* e *inter-legere* (capacidad de escoger entre varias cosas), y del griego *legein,* que puede referirse también a leer, como asimismo *legere,* lo que nos lleva a la relación que efectúa Heidegger entre leer, interpretar y comprender. Todo ello alude a la capacidad racional de pensar y comprender el mundo. De ahí que sea tan complicado encontrar una definición o teoría única que cubra toda la diversidad del concepto, ya que depende de las formas y los contextos desde donde se explica y aplica la inteligencia.

El concepto de inteligencia ha evolucionado a lo largo de los siglos, pero su estudio más focalizado ha sido emprendido por la ciencia en el siglo XX, dejando al margen las aproximaciones filosóficas, lo cual ha determinado el tipo de inteligencia que se estudia. Durante la primera mitad de siglo, Charles Spearman propuso una perspectiva generalista del fenómeno. A través de investigaciones empíricas y metodológicas, se propuso estudiar si las habilidades hasta entonces denominadas «intelectuales» estaban correlacionadas entre sí. Sus hallazgos respaldaron su teoría del factor doble, que sostiene la existencia de un factor general de inteligencia (g) que subyace a todas las habilidades cognitivas, complementado por habilidades específicas para diferentes tareas. Spearman observó, en su estudio realizado en 1927, que aquellos individuos con altas puntuaciones en una prueba de inteligencia también tendían a obtener puntuaciones altas en pruebas de otro tipo. Por el contrario, aquellos con bajas puntuaciones en una prueba también eran proclives a obtener puntuaciones bajas en otras (Spearman, 1973).

A pesar de su relevancia, la perspectiva generalista se ha enfrentado a diversas críticas. Incluso Spearman reconocía sus limitaciones afirmando que «no podemos proporcionar una definición útil de la inteligencia general hasta que se haya establecido completamente la psicología de la cognición» *(ibíd.)*. Varias de estas críticas sostienen que la inteligencia es un fenómeno polifacético que no puede ser delimitado en un único factor o jerarquía, puesto que requiere un enfoque diverso que dé respuesta a su inherente complejidad.

En las últimas décadas han predominado estudios que hablan ya no de una inteligencia general, sino de inteligencias múltiples, como la teoría triárquica de Sternberg, que sostiene que la inteligencia se basa en la interacción entre tres componentes principales: el creativo, el analítico y el práctico. Incluye además la capacidad de generar ideas nuevas, como la adaptación efectiva a diferentes situaciones (Sternberg, 2020). Según este enfoque, la inteligencia no puede ser evaluada de manera aislada, sino que debe tenerse en cuenta el contexto y las necesidades específicas de una situación concreta.

En este marco, causó sensación la teoría de Howard Gardner acerca de las inteligencias múltiples. Expandida a través de diversas publicaciones posteriores, la teoría de Gardner propone una versión diversificada de la inteligencia humana, en contraposición a las concepciones más limitadas de una inteligencia general. Según esta hipótesis, existen al menos ocho tipos de inteligencia con tareas específicas en el procesamiento de información y la resolución de problemas (Gardner, 1995). Los tipos de inteligencia que plantea Gardner son los siguientes:

- — La lingüística o la habilidad para usar el lenguaje oral y escrito de manera efectiva.
- — La lógico-matemática, vinculada con la capacidad de realizar y resolver operaciones matemáticas y de lógica.
- — La espacial, que se refiere a la facultad de orientarse y ubicarse en el espacio.
- — La musical, sobre la capacidad de componer y ejecutar música.
- — La corporal-kinestésica, o aquella que usa el propio cuerpo como motor de resolución de problemas.
- — La interpersonal, que está vinculada a cómo nos entendemos y relacionamos con los demás.
- — La intrapersonal, que se refiere a la habilidad de entender las emociones y motivaciones propias.
- — La naturalista, referida a entender y trabajar el mundo natural.
- — La existencial, que permite plantearse preguntas críticas sobre la propia existencia del ser humano.

Según Gardner, todas las inteligencias estarían vinculadas y serían igualmente importantes para el desarrollo personal, a la vez que cada una representaría una forma particular de procesar información y resolver problemas.

La teoría de las inteligencias múltiples ha ampliado el campo de los estudios sobre la inteligencia, permitiendo el planteamiento de otras hipótesis que, como la de la Inteligencia Emocional de Daniel Goleman, incrementan el elenco de inteligencias posibles. Goleman definió la inteligencia emocional como la capacidad de identificar y manejar las emociones de manera efectiva y positiva, y sostiene que la inteligencia emocional puede ser tan crucial como la inteligencia general para alcanzar el éxito en la vida y en el trabajo (2010).

Por otro lado, la perspectiva filosófica de Manuel Carabantes nos permite expandir un poco los límites del discurso científico y de esta manera tener más elementos que nos ayuden a comprender las conexiones de la inteligencia humana con la IA. Carabantes desarrolla sus planteamientos a través de cinco metáforas que permiten profundizar adecuadamente en el concepto de inteligencia (2016: 145).

La primera de estas metáforas se inspira en la obra de Jeff Hawkins y Sandra Blakeslee para presentar a la inteligencia como una «máquina del tiempo». Según esta perspectiva, es la corteza cerebral, que Hawkins y Blakeslee identifican como el núcleo de la inteligencia (2005: 127), la que se dedica a procesar y almacenar información. Basándose en representaciones anteriores, esta área del cerebro genera pronósticos automáticamente, lo que nos permite anticiparnos a situaciones futuras, sean estas beneficiosas o perjudiciales, reforzando así nuestras posibilidades de supervivencia.

Este enfoque implica que la inteligencia es esencial para la predicción. Los humanos utilizamos esta predicción casi de manera intuitiva como un mecanismo de anticipación, debido a que nuestra corteza cerebral funciona como un sistema de memoria que se dedica permanentemente a prever el futuro. No cabe duda de que cualquier dispositivo de IA puede realizar, hasta cierto punto, esta tarea de prever el futuro, a partir de una experiencia acumulada en forma de datos. Pero cuando observamos el fenómeno desde esta perspectiva, nos damos cuenta de que el argumento se basa en la persistente falacia que supone describir el funcionamiento cerebral como si el cerebro fuera una máquina, una manera de llegar fácilmente a la conclusión errónea de que una máquina puede actuar como el cerebro. A este error tan común en el ámbito de las neurociencias, se le une otro no menos insidioso, a pesar de que es de signo contrario, a saber, el de tratar al cerebro como si fuera, él mismo, un ser humano dotado de conciencia y capacidad de percepción y entendimiento. Resulta difícil convencer a los neurocientíficos de este craso error de perspectiva, puesto que, para ellos, todas esas capacidades residen efectivamente en el cerebro. La cuestión es saber si, por el hecho de que la base de la conciencia se halle en el cerebro, ello quiere decir que el cerebro en sí mismo, como órgano corporal, es consciente, tan consciente como para predecir el futuro, por ejemplo.

La segunda metáfora se basa en la analogía de la gobernanza, propuesta por Robert Sternberg. Según este planteamiento, se puede contemplar la inteligencia individual de manera similar a como funcionan los gobiernos (Sternberg y Detterman, 1986). Así, por ejemplo, las inteligencias más equilibradas operarían de manera similar a un gobierno federal, caracterizado por una distribución equilibrada del poder. En cambio, las mentes menos organizadas podrían compararse con una actuación anárquica, sin un sistema de control y coordinación efectivo. Sternberg postula que la inteligencia puede implementar «políticas» que varían según un determinado espectro que va desde una inteligencia «conservadora», inclinada a la utilización de soluciones ya probadas y conocidas, hasta otra más «liberal», que estaría más dispuesta a asumir riesgos y a buscar soluciones innovadoras. Sternberg argumenta que, así como no existe un único estándar para juzgar la calidad de los gobiernos, tampoco existe una norma universal para evaluar la calidad de la inteligencia, y cada una estará en función del contexto y las circunstancias individuales. Una inteligencia que opera de una manera «anárquica» puede ser exitosa para un artista, pero no tan útil para un empresario.

La tercera metáfora, propuesta inicialmente por John Horn, compara la inteligencia con un pudin con diversos ingredientes (Horn, 1986). Según el autor, en lugar de buscar una única «receta» ideal de inteligencia, deberíamos examinar detenidamente cada componente individual. Este enfoque procede de la teoría de la inteligencia fluida que propuso Raymond Cattell. Según este autor, la inteligencia puede dividirse en dos aspectos: la inteligencia fluida, que se relaciona con la herencia, y la inteligencia cristalizada, que surge de los procesos de aprendizaje y aculturación. Ambas se manifiestan en las diversas formas de inteligencia, la visual, la auditiva, la referente a la memoria o la relativa a la velocidad de pensamiento (Horn y Cattell, 1967).

Douglas Detterman proporciona las bases para la cuarta metáfora que se refiere a las distintas formas de medir la inteligencia. El autor duda sobre la eficacia de reducir la inteligencia a un conjunto de medidas que predicen el éxito académico, por ejemplo, los test de inteligencia. Critica, por tanto, esta definición operacional que lleva a la conclusión tautológica de que la inteligencia es lo que miden los test de inteligencia (Sternberg y Detterman, 1986: 57), una opción que, de todas formas, no todo el mundo parece estar dispuesto a rechazar, y propone, como contrapartida, contemplar la inteligencia «como un conjunto finito de habilidades independientes que operan como un sistema complejo» *(ibíd.)*. Ofrece a modo de ilustración de esta alternativa el ejemplo de la institución universitaria. Considera que es una analogía mejor que la de los ordenadores, las fábricas y las máquinas, puesto que en una universidad se depositan los conocimientos tradicionales con el fin de producir otros nuevos. Además, la universidad es un sistema complejo, organizado para satisfacer una serie de objetivos a un mismo tiempo, y posee unas características estructurales más obvias que otros sistemas complejos que también podrían usarse como ejemplo. De la misma forma que una institución universitaria no puede ser evaluada apelando a un solo factor, tampoco la inteligencia puede medirse teniendo en cuenta una sola dimensión, sino que es necesario tomar en consideración un conjunto de habilidades separadas que se hallan inscritas en un complejo sistema de interrelaciones: «Para obtener un mejor entendimiento de la capacidad mental, hay que desarrollar formas más precisas y moleculares de medir las partes separadas del sistema» *(ibíd.:* 61). Desafortunadamente, Detterman prefiere no salirse del ámbito de los test, por lo que presta poca atención al factor esencial de cómo funcionan esos sistemas que tilda de complejos, es decir, de qué modo se produce la interrelación de las partes que los componen, algo fundamental para comprender las características y el funcionamiento de cualquier institución, así como el de una inteligencia inscrita en un ámbito mental más amplio.

La última metáfora presentada por Carabantes se refiere a la comparación que efectúa Robert Glaser entre la inteligencia y el atletismo. Sostiene este autor que la inteligencia y las habilidades atléticas tienen once características comunes, entre ellas, la necesidad de un conocimiento estructurado, ciertos factores fisiológicos hereditarios, la influencia de la práctica, el factor del envejecimiento, así como la mejora del rendimiento gracias a la tecnología, entre otros (Glaser, 1986). Glaser distingue entre competencias «artefactuales» y «naturales». Las competencias artefactuales se adquieren principalmente a través de la educación formal, como la física o la biología, mientras que las competencias naturales se consiguen espontáneamente, como el lenguaje o las habilidades matemáticas básicas. Afirma Glaser que no debe sorprendernos que un fenómeno aparente de un sector del rendimiento humano se parezca al de otros sectores. Es necesario añadir a esta sensata apreciación que, efectivamente, no deben sorprendernos estas semejanzas, sobre todo si sometemos los dominios a un mismo criterio común, como es el del rendimiento en este caso. Las comparaciones son aparentemente productivas, ya que, como afirma Glaser: «Concebir la inteligencia como una forma de pericia nos permite sacarla del reino de las capacidades misteriosas y la convierte en adiestrable, dócil al apoyo externo y abierta al descubrimiento de sus límites» *(ibíd.:* 78). Planteamientos como estos, tan autocomplacientes, suenan a esa operación sumamente repetida por la que se busca algo donde hay más luz y no donde realmente se ha perdido. Puede que la inteligencia siga siendo algo misterioso, como lo son otras cuestiones mentales, precisamente porque se pretende reducir su misterio a factores que sean menos misteriosos, en lugar de tratar de desentrañar el misterio en sus propios términos. No es necesario regresar a la separación cartesiana entre alma y cuerpo para indicar que, por la razón que sea, el funcionamiento del cuerpo tal como se enfoca es distinto del funcionamiento de la mente-cerebro[3]. Quizá sería muy productivo empezar por estudiar el cuerpo de forma distinta a como se estudia tradicionalmente. Es posible que entonces las metáforas que relacionan la mente con el cuerpo fueran mucho más esclarecedoras.

Por regla general, podemos decir que todas estas metáforas y clasificaciones, que pertenecen a un sector muy determinado de los estudios sobre la mente, anclados todos ellos sobre todo en el ámbito de la psicología cognitiva, adolecen de un mismo sesgo, el de la unidireccionalidad. Dejando aparte su validez heurística y su distinto grado de perspicacia, todos parten de premisas sobre el funcionamiento del cuerpo y el cerebro que van eliminando incógnitas sin realmente solucionarlas. Como resultado, se tiene la impresión de que se avanza en el conocimiento de los fenómenos, pero no se advierte que esto se hace a costa de ignorar sistemáticamente áreas de conocimiento necesarias para progresar a través de una epistemología verdaderamente compleja, que es la que requieren algunos de estos fenómenos. Dividir la noción de inteligencia en diversos factores, que parece ser el denominador común de estas aproximaciones, significa un adelanto en muchos sentidos, pero no resuelve la incógnita básica referente a un fenómeno que parece encontrarse en otra dimensión, la de un funcionamiento global, ecosistémico. El problema podría resolverse mucho mejor apelando a perspectivas epistemológicas más sutiles, como la teoría de los sistemas de Niklas Luhmann o los postulados autopoiéticos de Francisco Varela, sin que ello implique que estos enfoques sean capaces de resolverlo completamente. Se encuentran, sin embargo, mucho más cerca de conseguirlo que los estrictamente mecanicistas.

Las perspectivas teóricas sobre la inteligencia humana aportadas en esta primera discusión pueden constituir una puerta de entrada al campo de la IA, puesto que comparten con ella un mismo imaginario mecanicista. Difieren, sin embargo, en la idea de las inteligencias múltiples

---

[3] Habrá que emplear esta construcción dual mientras no seamos capaces de distinguir entre ambos sectores o no lleguemos a comprender la entidad que forman juntos.

que no parece haberse advertido desde la IA. De la misma forma que ya no parece factible reducir la inteligencia humana a una única entidad monolítica, también debería considerarse simplista e insuficiente considerar la IA como un concepto unidimensional. En realidad, la IA abarca una multitud de disciplinas y subcampos, cada uno con sus particularidades, retos y oportunidades. Se podría considerar, por lo tanto, igualmente múltiple. Pero con la advertencia de que en este caso significa algo más. Implica comprender cómo pueden funcionar al unísono todos esos factores o aquellos que están vinculados al mismo proceso. Puede que esta variable no se considere tan importante en una IA volcada tradicionalmente en una funcionalidad esencial, es decir, destinada a resolver problemas concretos. Pero existe una contradicción en el hecho de quererla equiparar en general a la inteligencia humana, para luego diseñarla o analizarla atendiendo a procedimientos que son ajenos a esta. Si la inteligencia humana es compleja, no es porque se pueda dividir en múltiples cualidades o funcionamientos, sino porque estos funcionamientos siempre actúan al unísono en un grado o en otro, puesto que forman parte de un intrincado ecosistema. Para su comprensión, puede ser conveniente dividir la inteligencia o la mente en funciones o especialidades distintas, pero en realidad todas ellas están presentes en lo que John Horn, el conocido pionero de la hipótesis de las inteligencias múltiples, calificaba, con cierto desparpajo, de «pudin».

El concepto de cuerpo sin órganos que acuñaron Deleuze y Guattari, a partir de la idea de Artaud, puede resultar muy útil para comprender el fenómeno de la inteligencia en general. La inteligencia sería como un cuerpo sin órganos, no porque no tenga distintas funciones específicas, sino porque cada una de ellas depende de las demás y, por lo tanto, todas están modificándose constantemente y generando lo que podríamos denominar una organización desorganizada o, según como se mire, una desorganización organizada; los órganos y el cuerpo forman una entidad que los excede a ambos. Los procesos de individuación descritos por Gilbert Simondon son especialmente esclarecedores en este sentido. Simondon propone la existencia de procesos formativos de carácter psíquico y colectivo, partiendo de la base de que ni la psique ni la sociedad son entidades sustanciales, sino que se forman a través de su propio desarrollo. Para el autor, la realidad es metaestable, en el sentido que tiene el concepto cuando es aplicado a un sistema cuyo equilibrio es precario, puesto que cualquier modificación de alguno de sus parámetros es suficiente para desequilibrarlo completamente.

El sistema, por lo tanto, no puede considerarse ni estable ni inestable, sino que está sujeto a variaciones que Simondon califica de procesos de individuación, de manera que «el individuo no es, pues, ni la fuente ni el término de la indagación, sino simplemente el resultado de una operación de individuación» (Combes, 2013: 2). Podemos aplicar la idea a cualquier entidad, individual o colectiva, pero sobre todo es útil para comprender aquellos procesos que, como la inteligencia, son complejos porque son esencialmente metaestables. La inteligencia no es una herramienta o un conjunto de ellas que se emplean en problemas concretos, sino que lo que hace es amoldarse a los problemas. Simondon califica de transducción una nueva manera de contemplar las relaciones entre el ser y el pensamiento:

> Entendemos por transducción una operación física, biológica, mental, social por la cual una actividad se propaga progresivamente en el interior de un dominio, fundando esta propagación sobre una estructuración del dominio operada aquí y allá: cada región de estructura constituida sirve de principio de constitución a la región siguiente, de modo que una modificación se extiende así progresivamente al mismo tiempo que dicha operación estructurante (Simondon, 2019: 21).

Una vez planteada la evidencia de que no todos los fenómenos participan de una misma dimensión de la realidad, puesto que estas dimensiones se forman en consonancia con la entidad de los fenómenos, retrocedamos al planteamiento de las inteligencias múltiples en el que la psicología cognitiva ha depositado sus esperanzas para una comprensión adecuada de la complejidad de la inteligencia. No se trata de desmentir el hecho de que, efectivamente, el concepto de las múltiples inteligencias implica avanzar hacia la complejidad mental, sino de dejar constancia de que avances de este tipo acaban siendo infructuosos cuando se producen en un ámbito epistemológico que no es el adecuado. En este sentido, vale la pena recordar lo que ha sucedido en el campo de una disciplina cercana como es el de la psiquiatría cuando en ella se produjo un descubrimiento similar.

En la disciplina psiquiátrica, se puso de moda durante un tiempo el tema de las múltiples personalidades, ahora denominado *Dissociative Identity Disorder.* No está fuera de lugar hablar de moda en casos como estos porque acostumbran a producirse por oleadas que culminan en el momento en que el concepto adquiere el estatus de «hecho», para luego ver cómo su fama va declinando, dentro y fuera de la disciplina. La idea de una posible escisión de la personalidad se remonta a finales del siglo XIX, cuando la psiquiatría empezó a detectar los primeros casos de esta patología —o a diagnosticarlos como tales—, comenzando por los de doble personalidad que tan bien ilustra la novela de Stevenson *Dr. Jekyll y Mr. Hyde*. Pero pronto estas diversas personalidades detectadas en un solo paciente se fueron multiplicando hasta llegar a las veinticuatro que albergaba Billy Milligan, un estadounidense acusado de raptar, violar y robar a diferentes mujeres en el campus de la Universidad de Ohio en la década de 1970. Daniel Keyes compuso un relato de no ficción sobre este caso, el cual tuvo una gran notoriedad en los Estados Unidos de la época. Famoso fue también el episodio de Chris Costner, llevado al cine en 1957 por Nunnally Johnson en una película titulada *Las tres caras de Eva,* por el hecho de que dos de las personalidades de Chris fueron bautizadas como Eva Black y Eva White por los psiquiatras que la atendieron, mientras que a la tercera se le dio el nombre de Jane. Curiosamente, según los psiquiatras, una de las dos Evas tenía un coeficiente intelectual superior al de la otra, lo cual no deja de ser intrigante y añade una posible nueva variante al tema de las inteligencias múltiples. Mencionemos también el caso de Jenny Hill y sus veintidós personalidades, narrado por Judy Byington, a partir de los diarios de la protagonista, escritos durante su infancia que transcurrió en los años 1960, es decir, cuando el tema de la múltiple personalidad se encontraba en su apogeo, tanto en el campo de la psiquiatría como en el cine, donde proliferaron los argumentos basados en este desorden, empezando por la famosa *Psicosis* de Hitchcock, estrenada en 1960.

Daniel Keyes, que al principio era reticente a aceptar la verdadera existencia de las diversas personalidades de Milligan, narra un curioso episodio, ocurrido durante una de las diversas entrevistas con él:

> Un día sucedió algo sorprendente. Billy Milligan se fusionó completamente por primera vez, revelando un nuevo individuo, una amalgama de todas sus personalidades. El Milligan fusionado tenía un recuerdo claro, casi total, de todas las personalidades de su creación: todos sus pensamientos, acciones, relaciones, experiencias trágicas y aventuras cómicas (Keyes, 2018: edición electrónica).

Puede que fuera esta última personalidad de Mulligan la verdadera y todas las demás no fueran más que una invención para eludir la justicia o un «invento» de unos psiquiatras demasiado entusiastas con el tema de la múltiple personalidad. También podría ser que los pacientes sean a veces propensos a satisfacer las expectativas de los médicos, a partir del fenómeno de la transferencia que el psicoanálisis ha estudiado con profundidad, pero que la psiquiatría tiende a ignorar. En cualquier caso, lo relevante para el argumento que tratamos de establecer es que, si la múltiple personalidad existe, debe tenerse en cuenta para su comprensión que, incluso cuando las distintas personalidades tienden a manifestarse por separado, todas ellas pertenecen a un mismo sujeto y, por lo tanto, deben estudiarse conjuntamente como un fenómeno múltiple pero interaccionado. Sin embargo, la tendencia, como en el caso de las diversas inteligencias o inteligencias múltiples, va dirigida a contemplar cada sector por separado, quizá porque lo que llama más la atención es la multiplicidad.

La inteligencia de la Inteligencia Artificial

Stuart Russell, preocupado por la posibilidad de que los seres humanos seamos incapaces finalmente de controlar nuestro propio invento, afirma que «la llegada de una IA superinteligente es en muchos sentidos análoga a la llegada de una civilización alienígena superior, aunque las posibilidades de que ocurra son mucho mayores» (2019: 11). La ciencia ficción, tanto literaria como cinematográfica, nos ha preparado adecuadamente para comprender el alcance de una eventualidad como esta. Nos encontramos en una situación por la que lo que antes fue ficticio, ahora se convierte en realidad, pero con la diferencia de que esta característica proverbial de la ciencia ficción, la de anticipar acontecimientos, ha cambiado de signo y, mientras que antes detectábamos en esas narrativas el optimismo de una serie de avances materiales, ahora percibimos, incluso a veces en las mismas historias, un trasfondo inquietante que se refiere a nosotros como seres humanos y a nuestra situación en un entorno cada vez más complejo. De todas formas, la ficción pocas veces nos ha enfrentado con una inteligencia verdaderamente superior a la nuestra. Nos ha mostrado seres con más fuerza o provistos de un mayor avance tecnológico, incluso a veces ha manifestado que la inteligencia de esos alienígenas era superior a la nuestra, pero casi nunca ha conseguido mostrarnos cómo sería, quizá porque es en gran medida imposible. La ciencia ficción cinematográfica nos tiene acostumbrados a aventuras galácticas protagonizadas por individuos muy parecidos a nosotros, incluso cuando su forma corporal es drásticamente distinta. Y la figura del robot no ha hecho más que replicar, en cuerpo y alma, la nuestra desde que Mary Shelley creó su célebre criatura. Una sola película se ha atrevido a esbozar lo que podría ser un pensamiento distinto. Los seres que aparecen en el film de Denis Villeneuve *Arrival* (2016) no solo tienen un cuerpo diferente del nuestro, parecido al de un cefalópodo, sino que, algo más importante, muestran una forma de pensar distinta, expresada por medio de una serie de configuraciones visuales ajenas a nuestra escritura y nuestras imágenes. Hasta ahora, ni los promotores ni los detractores de la IA nos han ofrecido un ejemplo de la manera en la que la IA podría superar nuestra propia inteligencia, más allá de vaticinar que llegará un punto a partir del cual actuará por su cuenta, es decir, seguirá pensando por su cuenta pero sin abandonar nuestra forma de pensar.

Podemos plantear el problema a la inversa, indicando, como hace Russell, que la incógnita no reside tanto en lo que puede hacer la IA como en la forma en que nosotros nos comunicamos con ella para expresar nuestros deseos. De ello se infiere que, a menos que se produzca un salto evolutivo trascendental, la IA operará siempre de acuerdo con nuestros parámetros, incluso en el caso de que aparezca lo que Max Tegmark denomina IAG o Inteligencia Artificial general o sobrehumana, que determinaría, según él, una tercera generación con respecto a la complejidad progresiva de la vida, empezando por la biológica (1.0), siguiendo con la cultural (2.0), para alcanzar una etapa tecnológica (3.0) (Tegmark, 2017: 42). El autor expresa esta evolución recurriendo a las metáforas que le suministra la última etapa. Así, durante la primera etapa, la biológica, la vida evoluciona a través de la evolución de su *hardware* y su *software*. En la etapa cultural, lo que evoluciona es el *hardware* de la vida, la cual diseña su propio *software*. Y, finalmente, en la tercera etapa, la vida es capaz de diseñar tanto su *hardware* como su *software* *(ibíd.)*. El uso de este tipo de metáforas corre el peligro de ser redundante y de servir poco para la verdadera comprensión del proceso. En cualquier caso, no contribuye a explicar qué tipo de inteligencia puede corresponder a la tercera etapa, si es que se considera que aquella evoluciona a la vez que lo hace el «software» y el «hardware».

Pablo Sanguinetti, en una interesante aproximación al fenómeno, nos hace notar que estos teóricos se olvidan de un lenguaje muy especial a la hora de plantear este tipo de problemas, especialmente el de la comunicación con la IA. Afirma que este lenguaje es la belleza, que sería el lenguaje de la complejidad y la incertidumbre:

> Nadie parece percatarse de que el problema no es tanto que no tengamos objetivos claros [al comunicarnos con la IA], sino más bien que, al usar el lenguaje convencional para expresarlo, los reducimos a una expresión fija y por lo tanto muerta, alejada de la complejidad y vibración propia del deseo vivo (Sanguinetti, 2023: 32).

Es interesante establecer la posibilidad de que la interfaz con las tecnologías de la IA esté basada en lo que Sanguinetti denomina belleza, pero lo cierto es que también podríamos extenderlo a un concepto menos reduccionista como el de la imagen. En este punto, se vislumbra de forma más o menos clara la posibilidad de un pensamiento diverso, en la línea de lo que se planteaba en *Arrival:* un lenguaje a través de formas en movimiento que podrían ser o no bellas o cuya belleza residiría en el hecho de que nos muestran un paradigma mental distinto, desconocido, permitiéndonos recuperar, en otro ámbito, la idea romántica de la identidad entre verdad y belleza. Belleza y verdad, produciéndose mutuamente por medio de un constante acontecer.

Desde otra perspectiva, hay teóricos que son escépticos acerca de la posibilidad de que la IA desarrolle una verdadera inteligencia. Por ejemplo, Erik J. Larson opina que la IA es un mito. Afirma, básicamente, que al plantear la posibilidad de una superinteligencia se olvida fácilmente que «no existe ninguna evidencia en el mundo biológico de que algún ser inteligente haya diseñado algo más inteligente de sí mismo» (2022: 46). El problema con esta afirmación es que, por muy taxativa que parezca, no establece una absoluta imposibilidad, ya que no tiene en cuenta el contexto. Es cierto lo que afirma Larson de que el ser humano, siendo inteligente, no ha sido capaz a lo largo de su historia de construir una versión más inteligente de sí mismo. De acuerdo, pero un ser humano con un ordenador es más «inteligente» que otro anterior a él que no poseía esa herramienta, de la misma manera que un ser humano con un libro y en un contexto en el que funciona la imprenta posee una «inteligencia» superior a aquellos que carecían de esos elementos. Pero también esta afirmación tiene sus fallos, ya que ello significaría que cualquier persona, a partir del Renacimiento, sería más «inteligente», por definición, que Platón o Aristóteles. Por ello, colocamos «inteligencia» entre comillas. Y, por ello mismo, la IA debería equivaler literalmente a una «inteligencia» artificial. En este sentido, Larson nos recuerda algo fundamental a la hora de plantearse la inteligencia de la IA, a saber, que Turing tenía una visión simplificada de la inteligencia humana, a lo cual contribuía sin duda su mente esencialmente matemática que lo convirtió en un prominente científico. Según Larson, fue un error atroz que se ha ido transmitiendo a todas las generaciones de científicos de la IA hasta la actualidad: «Llegó a creer que la totalidad del pensamiento humano se podía entender, en efecto, desde el "desciframiento" de unos "códigos" —o resolución de acertijos— y la práctica de juegos como el ajedrez» *(ibíd.:* 37).

La ontología de la Inteligencia Artificial

La IA se acostumbra a plantear como una continuación de la inteligencia humana, de manera que surge inevitablemente la posibilidad de que pueda superarla y, en tal caso, el temor por los peligros que ello pueda suponer. En realidad, todas las tecnologías importantes de la edad moderna han suscitado las mismas inquietudes, todas, como ahora la IA, anunciaban catástrofes en el seno de sus innegables adelantos. El desarrollo tecnológico, al haberse dado en el seno de la idea de progreso que conlleva una noción evolutiva de carácter positivo, produce una inquietante paradoja. En la matriz de este imaginario, lo nuevo se presenta como indefectiblemente bueno y llega para sustituir a lo antiguo, que por ello mismo se contempla, de modo también inconsciente, como negativo por desfasado. Esta construcción es suficientemente conocida y ya ha sido criticada —aunque no por ello ha perdido toda su efectividad. Ahora bien, los desarrollos tecnológicos han aparecido, desde el siglo XIX, cargados con esas dos características contradictorias: son buenos porque son nuevos, pero a la vez son negativos porque introducen incógnitas en la continuidad del progreso. Modifican el presente a la vez que socavan los fundamentos del pasado y amenazan, por ello, la imparable marcha del progreso que ya no parece ir en una sola dirección racionalmente controlada.

Pero hay otra consecuencia de esa relación del avance tecnológico con la idea de progreso, un efecto que no se detecta tan fácilmente y que vicia la comprensión de las novedades, tecnológicas o de cualquier otro tipo. Se trata del hecho de que cualquier novedad se considera una *innovación,* es decir, algo que está directamente relacionado con un elemento anterior del que procede y al que modifica. La idea de evolución domina esta mentalidad que ignora el concepto de mutación, la posibilidad de que se produzca un salto que rompa esta continuidad. La idea de mutación es equivalente a la de acontecimiento. En especial, a la idea de acontecimiento-verdad que propone Badiou, para quien

> un acontecimiento no es meramente un evento importante o significativo que pueda ocurrir en el ámbito político, artístico, científico o amoroso. Es un quiebre del campo del saber de una situación, porque con el acontecimiento emerge una verdad no considerada por el saber de la situación misma (Laso, 2007: 4).

Aunque parezca que una novedad es simplemente la innovación de algo dado, es decir, la prolongación lineal de lo conocido, puede que las transformaciones que se produzcan a consecuencia de ella sean tan profundas que se derive una fase correspondiente a otro orden de cosas, distinto de su supuesto origen.

La IA se encuentra en esta situación. Puesto que hablamos de inteligencia, suponemos que esta «inteligencia» está necesariamente relacionada con la inteligencia humana, de la que no puede ser más que una superación. Sin embargo, es posible que se trate de algo absolutamente distinto que no podamos concebir, puesto que nos ciega una determinada mentalidad que domina nuestro pensamiento. El que no podamos concebirlo no quiere decir que debamos desecharlo. Para eso está nuestra inteligencia, capaz para diseñar interfaces de toda índole que pueden integrar lo inconcebible a nuestras concepciones. Puede que no sepamos qué hay al otro lado de estas interfaces pero tendremos una ventaja con respecto a esa región ignota, nuestra conciencia que estará ausente en ella.

La IA pertenece al paradigma de lo digital. En este paradigma han confluido otras muchas disciplinas, entre ellas, las de la informática y la cibernética, que están en el origen de esa tecnología. Félix Guattari establece una diferencia entre las máquinas diagramáticas y las máquinas materiales, indicando que estas últimas acostumbran a proceder de las primeras, en el sentido de que primero se produce un conjunto de ideas relacionadas entre sí por un funcionamiento común, conglomerado que acaba materializándose en algún dispositivo. Pero también puede producirse lo contrario, sobre todo en el seno de lo digital, puesto que en él los diagramas que se hallan en la base de una tecnología cambian de estado y regresan a la idea inicial de diagrama, pero con el potencial activador de la máquina: son esquemas mentales de carácter maquínico y poseen, por lo tanto, la ductilidad del pensamiento y la efectividad de una máquina. Por ejemplo, las formulaciones matemáticas de Turing se transforman en algoritmos diagramáticos que, a su vez, se materializan parcialmente en el *software* del ordenador, forman parte de una «máquina», y acaban desplazándose al ciberespacio, que es donde opera básicamente la IA.

El profesor de la Universidad de Memphis Stan Franklin, codirector del Instituto de Sistemas Inteligentes y considerado un pionero de la IA, afirma que lo más interesante de un sistema sucede generalmente en sus límites, en esa fase en la que las propiedades del sistema cambian rápidamente. Preguntas tan trascendentales como las que inquieren sobre el origen del universo, la aparición de la vida o la naturaleza de la inteligencia tienen que ver con esas fases de transición que se sitúan entre el ser y el no ser, entre la materia viva y la materia inerte. Si nos preguntamos, por tanto, acerca de la naturaleza de la mente, debemos centrarnos en la fase de transición entre lo físico y lo mental (Franklin, 2001). Es en estas fases de transición, en las zonas limítrofes de un sistema, donde lo virtual se actualiza, es decir, que en ellas lo que aparece como nuevo en realidad ya estaba presente de forma virtual en el propio sistema. Son la *verdad* reprimida del sistema que se manifiesta más allá de él en forma de acontecimiento:

> El acontecimiento surge *ex nihilo.* No es posible explicarlo en los términos de la situación, pero esto no significa sencillamente que sea una intervención desde afuera o desde más allá, sino que está ligado precisamente al vacío de toda situación, a su inconsistencia, a su exceso intrínseco. El acontecimiento es la verdad de la situación, hace visible/legible lo que la situación «oficial» tiene que reprimir pero esa verdad está siempre localizada, es decir, que es siempre la verdad de una situación específica (Žižek, 2001: 140).

Por este camino podemos comprender mucho mejor el mecanismo de las filiaciones que se establecen entre lo que parecen ser diferentes fases de una tecnología, pero que, en realidad, corresponden a formas básicamente distintas. Existe una relación, pero no es directa, no está producida mediante un engranaje evolutivo, sino por el salto que se origina al actualizarse lo virtual que el sistema contenía, se produce al aparecer aquella *verdad* que permanecía latente en un sistema sin poderse manifestar en él, ya que de hacerlo, creaba algo distinto. Las virtualidades de un sistema, al actualizarse, crean mundos nuevos, secciones de la realidad donde se producen novedades imprevistas, a gran velocidad.

El polifacético arquitecto venezolano Marcos Novak, en su ensayo sobre las cualidades líquidas de lo digital, indica que es en este dominio donde se ocasiona una mayor fluidez entre lo virtual y lo real, poniendo especialmente de relieve el hecho de que, en general, la tecnología tiende a crear oportunidades para concebir nuevos tipos de espacio o de mundos cuando se sitúa en espacios de transición o los genera:

> Las características de estos espacios transforman las modalidades de expresión convencionales de un medio familiar en formas desconocidas, lo que Novak denomina un intermedio extremo. Un intermedio extremo es el medio que se encuentra entre dos sistemas mediáticos, igualmente separado de ambos y que, por lo tanto, no es ni uno ni otro: la arquitectura se hace líquida, la música se convierte en navegable, el cine deviene habitable, la danza se hace incorpórea. Por muy distantes que parezcan estas nuevas opciones de sus orígenes y entre ellas, están relacionadas entre sí por lo que debe denominarse «creación de mundos». La creación de mundos es, en mi opinión, la metáfora clave de las nuevas artes (Hosale *et al.*, 2018).

La IA puede considerarse, por lo tanto, un mundo nuevo. En ella se actualizan virtualidades que existen en la inteligencia humana, pero que no pueden considerarse variaciones o innovaciones de ella, puesto que lo que ocurre cuando se actualizan pertenece ya a otro mundo. En este otro mundo, digital y ciberespacial, los algoritmos ya no son estrictamente matemáticos, sino diagramas líquidos, en el sentido que le otorga Novak a la arquitectura del ciberespacio, por ejemplo. Para él, es posible imaginar arquitecturas anidadas dentro de arquitecturas. El ciberespacio es en sí mismo arquitectura, pero también contiene arquitectura,

> una arquitectura que respira, pulsa, salta en una forma y cae de otra. La arquitectura líquida es una arquitectura cuya forma es contingente al interés del usuario; una arquitectura que se abre para acogerme y se cierra para defenderme; una arquitectura sin puertas ni pasillos, donde la próxima habitación está siempre donde la necesito y como la necesito (Novak, 1992: 250).

Estas características que se adjudican a la arquitectura líquida y fluida del ciberespacio pueden considerarse equivalentes a las que determina la ontología de la IA, a su funcionamiento profundo, puesto que, al fin y al cabo, la IA pertenece también a la entidad ciberespacial transitada por la digitalización. Se trata de un mundo diverso que actualiza ciertas virtualidades presentes en la inteligencia humana pero que en ella no podían expresarse directamente de esta forma. La inteligencia humana, tal como la concebíamos hasta ahora, limitaba con estas otras condiciones que, al actualizarse, crean otro mundo, con sus propias reglas. De modo que la IA no puede medirse relacionándola con la inteligencia humana, sino que, en todo caso, debe calibrarse a la inversa: reconsiderar la inteligencia humana a partir de lo que descubrimos en lo que todavía seguimos denominando IA, a pesar de que el término «inteligencia» empieza a resultar restrictivo. Se trata, pues, de que nos preguntemos hasta dónde puede llegar la inteligencia humana si se alía con el mundo de la IA relativo a lo que es sin duda una «inteligencia» expandida o distinta.

El mito de la Inteligencia Artificial

Erik Larson considera que la noción de mito es inherente en propósitos como los de conseguir una IA. En casos como este, los mitos actúan como un faro que guía tanto las investigaciones como las expectativas, por lo que puede decirse que «la IA incluye la ciencia y el mito, y su fascinación perdurable en la mentalidad popular implica que se trata de una piedra de toque psicológica y cultural» (2022: 98). Larson divide esta mitología científica entre los kurzweilianos y los russellianos, refiriéndose a Ray Kurzweil, el propulsor de la idea de las máquinas espirituales, y a Stuart Russell, coautor con Peter Norvig de una de las mejores introducciones a la IA. Los primeros anuncian la llegada de máquinas prácticamente humanas, mientras que los segundos se limitan a proponer unos sistemas informáticos capaces de alcanzar objetivos, pero tanto unos como otros

> proclaman una visión tecnocéntrica del mundo que a la vez simplifica la visión de la gente —en especial con sus enfoques deflacionarios sobre la inteligencia como una forma de computación— y expande las visiones de la tecnología al promover un futurismo dedicado a la IA como ciencia y no como mito *(ibíd.:* 104).

Preservar el aspecto mítico no debería ser algo negativo para los científicos, ya que la conciencia del mito funciona como válvula de seguridad destinada a evitar las pretensiones reduccionistas y excesivamente sesgadas que caracterizan muchas de las concepciones de la IA. Ni los russellianos, que desprecian la ficción, ni los kurzweilianos, que la consideran realista, son buenos consejeros a la hora de calibrar el verdadero futuro de la IA. Un repaso a las concepciones dominantes en el panorama tecnocientífico de las ideas sobre esta tecnología nos muestra hasta qué punto sus expectativas están limitadas por una serie de apriorismos no convenientemente asumidos.

La IA, de manera análoga a la inteligencia humana, se entiende de maneras muy diversas. Ambas nociones de la inteligencia son de naturaleza multidimensional y se relacionan con contextos muy distintos, a la vez que muestran capacidades y limitaciones singulares. La IA, mientras se considere un reflejo de la inteligencia humana, no puede ser confinada o reducida a un estándar estricto de habilidades o funciones. Engloba, por el contrario, una diversidad de capacidades que van desde el procesamiento de datos y la resolución de problemas hasta el aprendizaje autónomo.

Centrar todo el potencial de la IA en un único aspecto se considera un error. Hay que entenderla, por el contrario, como un gradiente y no a través de una dicotomía binaria que distingue entre lo «inteligente» y lo «no inteligente» (Franklin, 1995). La inteligencia se manifiesta en grados y formas variadas, y puede ser potenciada o inhibida por multitud de factores. Esta perspectiva nos insta a tener una visión más flexible de la inteligencia, apreciando su diversidad y complejidad, tanto en el contexto humano como en el artificial.

La IA se entiende como un campo de las ciencias de la computación que se refiere a aquella inteligencia manifestada por las máquinas, lo que Kurzweil definió como «el arte de crear máquinas, cuyas funciones requieren inteligencia cuando son realizadas por personas» (Kurzweil, 1999). El autor, máximo exponente de la creencia en la singularidad, es decir, el momento en el que la inteligencia de las máquinas superará la del ser humano, demuestra su astucia al plantear una definición que sirve a la vez de prueba de aquello que se define: nada garantiza que exista o pueda existir ese arte de crear máquinas con tan excelsas funciones, sin embargo, al llegar al final de la frase, el lector está convencido de que se habla de algo que ya se ha producido y, sobre todo, de que es necesario. Afirmar que el arte de volar del ser humano implica una acción para la que las aves necesitan alas no le otorga alas al ser humano.

Otras definiciones son menos ambiciosas, aunque no por ello evitan del todo una cierta complacencia, característica, por otro, lado de una época de la IA aún utópica. Así, por ejemplo, el profesor del MIT y pionero de la IA Patrick Winston afirmaba que la IA era el «estudio de las computaciones que hacen posible percibir, razonar y actuar» (Winston, 1992: 4). El verbo razonar es un poco chocante en este contexto. George Luger y William Stubblefield, otros pioneros del área, se referían a la «rama de las ciencias de la computación relacionada con la automatización y el comportamiento inteligente» (Luger y Stubblefield, 1990). Queda por definir qué significa comportamiento inteligente en este ámbito. En la misma línea, David Poole, Alan Mackworth y Randy Goebel consideraban que la «inteligencia computacional era el estudio del diseño de agentes inteligentes» (Poole *et al.,* 1998). Más escuetos, Norvig y Russell plantearon la IA como «el estudio de "agentes inteligentes" que perciben su entorno, y toman decisiones con algún objetivo que maximizan sus posibilidades de éxito en una situación concreta» (Russell y Norvig, 2010). José Cabanelas, después de recordar que existe una definición de IA por cada autor que escribe sobre el tema, afirma que la IA es «la habilidad y capacidad de un ordenador, red de ordenadores o red de robots controlados por ordenadores para realizar las tareas comúnmente asociadas a seres humanos inteligentes» (Cabanelas, 2019). La primera parte de esta definición es un poco ambigua, ya que los seres humanos, que supuestamente son inteligentes en cuanto que tales, realizan muchas tareas que no requieren una especial inteligencia. Pero la segunda parte pretende aclarar el posible malentendido de la primera: la IA sería, concretamente, «una rama de la informática que se ocupa de la simulación del comportamiento inteligente» *(ibíd.).* De todas formas, simular la inteligencia no implica reproducir todo su potencial. En realidad, todo lo que ha conseguido hasta ahora la IA, desde el test de Turing hasta el ChatGPT, es precisamente simular esta inteligencia.

Hemos ofrecido estas definiciones, comentándolas, con el fin de mostrar que en ellas predomina un excesivo optimismo que lleva a plantearse como alcanzables todos los objetivos por el solo hecho de exponerlos. En general, las definiciones lo que hacen es expresar deseos o intereses particulares de cada investigador o del área concreta en la que estén trabajando. Se puede concluir que, a pesar de la obvia complejidad que implica el tema de la IA, los acercamientos a esta parecen rehuirla, algo que de alguna forma va implícito en el hecho de confiar en que una simple definición puede abarcar ámbitos del conocimiento tan trascendentales.

En general, el término «Inteligencia Artificial» se suele utilizar cuando una máquina imita funciones cognitivas que es posible asociar a la mente humana (Ongsulee, 2017). Y desde que se definió el término por primera vez en las Conferencias de Dartmouth en 1956, su objetivo principal a largo plazo sería el de conseguir lo que se ha denominado una Inteligencia Artificial General.

Según la capacidad cognitiva de la IA, se habla de tres grandes categorías: la IA débil, la IA fuerte, que a veces también se denomina IA general, y la IA superior o super IA (Morandín-Ahuerma, 2022). En el caso de la IA débil, o funcional, se trataría de aquellos sistemas computacionales capaces de realizar, con gran precisión y detalle, tareas muy específicas, pero sin la capacidad de razonar ni aprender. La IA podría, por ejemplo, hacer sugerencias de películas en una plataforma de *streaming*, transcribir audios a textos, como la conocida aplicación de Google Translate, o efectuar predicciones sobre determinados riesgos, así como cirugías robóticas o diagnóstico por imágenes en medicina. Por su parte, la IA fuerte, o general, se refiere a aquellos sistemas capaces de realizar gran variedad de tareas cognitivas, incluyendo razonamiento y aprendizaje, así como adaptarse incluso a nuevos entornos. De momento, no existe un ejemplo concreto de IA que tenga estas capacidades, aunque algunos modelos de lo que se ha denominado IA generativa podrían apuntar hacia ellas. Finalmente, la superinteligencia estaría caracterizada por sistemas muy superiores en habilidades, velocidad y precisión a las de cualquier ser humano (Bostrom, 2014).

La superinteligencia es un tema de debate y especulación, que corresponde a los ejemplos habituales de las películas de ciencia ficción y que en la cultura popular han fomentado la idea de que las máquinas pueden pensar y actuar de forma independiente y superior a la de cualquier ser humano. En todos los casos, desde la ficción se refuerza la percepción de que las máquinas pueden igualar o superar las capacidades humanas (Shneiderman, 2020). Susan Schneider, en su estudio sobre las relaciones entre la ciencia ficción y la ciencia, va incluso más lejos en esta ola de optimismo. Afirma que:

> Quizás nuestro universo es, o será, como de ciencia ficción en el sentido de que estará poblado por muchos tipos distintos de mentes. Todos somos entidades biológicas y, con la excepción del raro individuo con un implante cerebral, todas las partes de nuestro cerebro son naturales, es decir, «no artificiales». Pero esto pronto cambiará. A me-

dida que la neurociencia descubre en el cerebro los algoritmos que subyacen a la computación, los científicos se van dando cuenta de que los cerebros son computacionales (Schneider, 2016: 8).

De nuevo se cae en la trampa de coger el rábano por las hojas y definirlo como un ramillete de tallos verdes. En lugar de emprender la tarea de dilucidar de qué manera la IA puede suponer algo distinto de nuestra inteligencia humana, de forma que podamos comprender la complejidad actual y virtual de esta y, en general, adivinar cómo pueden ser esos distintos tipos de mente que anuncia Schneider, los entusiastas de la IA se unen, como ella, a la neurociencia para determinar que el cerebro es como una computadora y funciona mediante algoritmos, encerrándose así en una típica epistemología circular que es incapaz de salir del terreno conocido.

Este énfasis en la autonomía de la máquina pone las bases para otra posible clasificación de la IA, referida en este caso a su nivel de autonomía (Morandín-Ahuerma, 2022). Este apartado se puede dividir en otras categorías: la IA reactiva, la IA deliberativa, la IA cognitiva y la IA autónoma.

La IA reactiva se refiere a un dispositivo capaz de realizar tareas específicas de manera autónoma pero que carece de la capacidad de recordar eventos pasados o predecir acontecimientos futuros. Un ejemplo es el *Deep Blue* de IBM, una IA que juega al ajedrez y que reacciona ante el estado actual del tablero, pero que no puede recordar movimientos anteriores. Por su parte, la IA deliberativa es capaz de planificar y tomar decisiones basadas en datos pasados y futuros. El *Rover Perseverance Mars 2020* de la NASA, que recoge muestras en Marte, y los robots Kiva que funcionan en los almacenes de Amazon son ejemplos de este tipo. En cuanto a la IA cognitiva, imita funciones cognitivas humanas, como el razonamiento, el aprendizaje y la percepción. Por ejemplo, *Dall-E* utiliza técnicas de aprendizaje profundo y redes neuronales para generar imágenes a partir del suministro de descripciones. Por otro lado, la IA autónoma puede interactuar con su entorno, tomar decisiones, aprender de nuevas situaciones y adaptar sus objetivos y estrategias. Los vehículos autónomos que utilizan sensores, cámaras y tecnología de navegación para conducir de forma segura sin intervención humana son ejemplos de esta IA.

Hay que señalar que ninguna de estas aproximaciones nos preparaba para la aparición de una inteligencia creativa como la que muestran los dispositivos actuales destinados a convertir texto o voz en imágenes. La focalización en la «inteligencia» había olvidado las imágenes, el campo del arte y de lo visual, donde la tentación de lo computacional pierde efectividad. Un pensamiento basado solo en el lenguaje corre el riesgo de ser fácilmente equiparable a los algoritmos, que son, al fin y al cabo, expresiones de un «pensamiento» matemático o el resultado de convertir el pensamiento en pequeñas máquinas abstractas de carácter funcional. Pero si nos trasladamos al campo de la creación visual, estas equivalencias son mucho más difíciles de mantener. Los algoritmos siguen funcionando en los dispositivos creadores de imágenes pero no determinan de forma tan directa las dimensiones de la creatividad. Si nos proponemos pensar el pensamiento humano desde este ámbito, no llegaremos tan fácilmente a concebirlo como un conjunto de computaciones.

Vale la pena recordar lo que Michael Polanyi decía acerca de que sabemos más de lo que podemos realmente expresar, ya que la mayoría de nuestro conocimiento no puede ser puesto en palabras. Sin embargo, también añadía que este problema se puede solventar en el momento en que disponemos de los medios adecuados para expresarnos (Polanyi, 2009: 4). Estos medios, que nos libran de los límites del lenguaje, pueden ser visuales. Podemos expresar mediante imágenes aquello para lo que no tenemos palabras. Pero esta idea de Polanyi va aún más lejos. Nos advierte sobre la posibilidad de que llegue un punto en el que el lenguaje sea el que establezca los límites de una realidad más extensa que lo que él nos permite concebir. Wittgenstein ya expresó algo parecido cuando afirmaba que sobre lo que no se puede hablar, hay que callar. Pero lo que parece lógico, no tiene por qué ser definitivo. Puede que, en el campo de la IA, se produzcan actuaciones que no alcanzamos a captar porque no tenemos las herramientas adecuadas para expresarlas o concebirlas. En tal caso, quizá la solución esté en pasar de la metáfora de lo computacional a la de lo visual, desplegando así toda una nueva serie de herramientas heurísticas a partir de las cuales elaborar los medios expresivos adecuados para comprender y expresar lo que ahora parece inexistente. Para ello, los dispositivos de texto a imagen parecen ser los instrumentos más apropiados para emprender el camino que nos conduzca a una nueva concepción de la IA.

Capítulo 2

Pedestal

> Solo la forma conserva la visión pero la forma es obra del poeta
>
> Heidegger

Instrucciones para un descenso al infierno

Hay algo demente en el proceso por el que la IA ofrece imágenes a partir de textos. A la página donde se aloja el dispositivo de la ImA se accede con facilidad, quizá con una facilidad excesiva, teniendo en cuenta las repercusiones de la operación que se va a realizar: nada menos que un acto de creación de extrañas consecuencias por medio del inquietante consorcio con una inteligencia recóndita y en gran parte desconocida. Una vez en la página web del operativo, hay que elaborar un comando, exponiendo brevemente lo que se desea. El estilo del resultado depende mucho de este texto. Si la demanda es muy concreta, se obtendrán imágenes más o menos realistas y bastante ajustadas a lo deseado. En cambio, si se introducen parámetros imaginativos, cabe esperar resultados mucho más sorprendentes. En cualquier caso, es aconsejable que el texto tenga algún sentido si se quiere mantener cierta relación lógica con el proceso que permite descifrar las imágenes resultantes. Pero la inteligencia de la máquina no se arredra ante nada y no vacila en actuar, incluso cuando la petición no consiste más que en una sarta de palabras inconexas. En poco más de diez segundos, el diablillo algorítmico que trabaja en el vaporoso corazón del dispositivo producirá una serie de imágenes relacionadas con las palabras introducidas, dando la impresión de que las interpreta a su manera. Introducimos, por ejemplo, la improvisada instrucción «la *Divina comedia* de Dante pintada por Francis Bacon», con intención de medir el alcance del dispositivo, es decir, con ganas de provocar. Pero, en realidad, la provocación funciona a la inversa, ya que es el dispositivo el que responde con imágenes que desafían la lógica de la petición, por extraña que esta sea. Con ello, se incita al usuario a que sea imaginativo y proponga relaciones cuanto más improbables mejor, puesto que de esta manera se conseguirá que los resultados sean más impactantes. Da la impresión de que el sistema funciona como un espejo que refleja la ambición de quien lo usa. Quizá sea más adecuado decir que el dispositivo lo que refleja es el deseo del usuario, transmitido a través de frases llanas o crípticas. En este sentido, se parece extrañamente a un oráculo, cuyas oscuras respuestas, al ser interpretadas, siempre reflejan las inquietudes de quien ha acudido a él con sus preguntas. También la ImA ofrece como respuesta una serie de incógnitas visuales que son imágenes del deseo elaboradas tecnológicamente. Y estas imágenes del deseo son el resultado del oscuro agenciamiento de elementos diversos.

Pero la respuesta visual siempre tendrá algo de inesperado, el desenlace excederá con creces la inventiva de la propuesta textual, por idiosincrática que esta haya sido. Por ello, no en vano se puede considerar que el sistema es literalmente creativo, aunque sea arriesgado adjudicarle una intención. Sobrepasa, en cualquier caso, la idea que pudiéramos haber mantenido hasta ahora de la creatividad tecnológica. Las tecnologías de la imaginación, desde la fotografía al ordenador, solo metafóricamente se pueden considerar «creativas», mientras que los dispositivos de confección de imágenes a partir de textos van un poco más allá y nos enfrentan a una creatividad sin conciencia, automática pero tan creativa como puede serlo la de cualquier artista, al margen de su talento. Creatividad significa la capacidad de crear algo nuevo, que no existía anteriormente. Y, en este sentido, la IA es creativa.

Seguramente, muchos usuarios y no pocos profesionales de la cultura visual preferirán obtener resultados concretos, querrán que el dispositivo se ciña a unas visualidades específicas que puedan ser utilizadas para un fin determinado, en algunos casos, incluso, un fin inconfesable. Pero esto es algo que, afortunadamente, de momento, no se consigue automáticamente, ya que la tecnología tiende a actuar por su cuenta, sin que se pueda dominar el proceso. Hay que elaborar comandos muy precisos para conseguirlo y, en este caso, ya no puede decirse que el instrumento sea creativo. Es muy probable que pronto el dominio del dispositivo por parte del usuario sea prácticamente total, como con cualquier otro procesador de imágenes. O, peor todavía, que los dispositivos acaben siendo programados para que el uso estándar sea el de producir automáticamente imágenes naturalistas bajo demanda. Esto sucederá a medida que los modelos de redes neuronales incrementen su capacidad de aprendizaje y las empresas vean la posibilidad de comercializar la herramienta y sus productos. En ese momento, la tecnología dejará de ser realmente creativa en sí y pasará a convertirse en una herramienta de trabajo, quizá muy capaz, pero poco imaginativa. También es posible que, tal como ha ocurrido con los últimos avances tecnológicos, el automatismo se ponga aparentemente al servicio del usuario y acabe eliminando también la capacidad creativa de este, que hará lo que la máquina quiera, a la vez que esta procurará acomodarse a lo que aquel desea. Una vez establecido este círculo vicioso, lo más probable es que ni la máquina ni el usuario creen nada nuevo, de modo que el dispositivo se habrá convertido en otro instrumento destinado a colonizar la creatividad humana.

Cuando esto ocurra, se revertirá una tendencia que parecía confirmar la posible inteligencia de la máquina, si bien esta inteligencia se está demostrando ahora principalmente en el terreno de la imaginación. Es por ello que parece adecuado colocar estos sistemas en el ámbito de lo que hemos denominado ImA, como un apartado singular de la típica IA cuyo máximo exponente fue en su momento el ChatGPT, un dispositivo apocalíptico cuya aparición ha causado tanta admiración como temor.

Introducimos, pues, como decíamos, las instrucciones en el dispositivo, proponiendo un improbable ensamblaje entre literatura y pintura, entre Dante y Bacon, y en pocos segundos, obtenemos las imágenes que se muestran en la figura 4.

Parece como si verdaderamente nuestras palabras hubieran abierto las puertas del infierno y de él surgieran todos los fantasmas que allí moran. ¿Qué ha llevado a la IA (es decir, a la ImA) a efectuar esta combinación de imágenes, a construir con ellas un paisaje diabólico? Hasta ahora esta operación desquiciada era prerrogativa de los artistas. ¿En qué medida imita el consorcio de algoritmos las operaciones imaginativas que alimentan la creatividad humana? ¿Cuál es el viaje que han

Figura 4

efectuado nuestras palabras para transformarse en esas visiones concretas? La lista de preguntas no tiene fin y es posible que muchas de ellas no tengan respuesta o, por lo menos, una respuesta concreta. O puede que la respuesta la tengan los ingenieros, aunque muchos de ellos confiesan que, a partir de cierto punto, no saben por qué derroteros circula la máquina. Pero, a pesar de ello, es necesario plantear las preguntas y asumir el reto de intentar responderlas. Una forma de hacerlo, la más inmediata, es recurriendo a la ingeniería, a la ciencia, a los parámetros propios con los que la tecnología de la IA actúa. Es decir, asumiendo el discurso con el que la tecnología acompaña sus producciones. Sin embargo, no debemos contentarnos con ello, ya que este tipo de explicaciones, aunque parecen definitivas, en realidad son redundantes. Se limitan a exponer el cómo, pero no el porqué. Aunque lo cierto es que ni siquiera el cómo queda bien explicado por los ingenieros, puesto que los procesos internos, los funcionamientos tecnológicos tienen, es cierto, su propia historia, pero esta se agota a las puertas de lo que implican cuando se insertan en el campo complejo de la realidad. Preguntar por el «porqué» no implica solo una inquietud ética, sino que es una forma de plantearse de dónde vienen y adónde van las innovaciones tecnológicas, es decir, cuál es su significado en un sentido amplio.

Descartada, pues, la explicación esencialista como posibilidad de aclaración absoluta, tenemos una alternativa que es más arriesgada porque implica pensar el sistema imaginativamente, desde la perspectiva humana. Se trata de asumir los retos del poshumanismo desde el humanismo, no para combatirlo, sino para avanzar hacia él adecuadamente. Es decir, para intentar descifrar los nuevos paisajes desde la atalaya de lo humano, cuya altura la determina la tradición, la cultura y el pensamiento humanista acumulados, aun sabiendo que esta operación no puede efectuarse sin que la visión acabe siendo contaminada por la atmósfera de los territorios que se conquistan con la mirada. Pero esta contaminación no importa, ya que ella es la única garantía del éxito de la empresa. Solo dejándonos impregnar del futuro podremos entrar en él con la esperanza de que, hagamos lo que hagamos, será nuestro pensamiento el que prevalecerá, aunque en el transcurso este haya cambiado.

La afirmación que hace Heidegger en *Desde la experiencia del pensar* acerca de que «nunca vamos nosotros a los pensamientos. Ellos vienen a nosotros» se ajusta perfectamente a la experiencia de la producción de imágenes a través de los dispositivos de texto a imagen, ya que esas imágenes claramente técnicas siempre vienen hacia nosotros desde el dispositivo. Son imágenes que invocamos a través de textos, sin saber cuál va a ser el resultado de la invocación, como el nigromante que conjura al diablo con sus encantorios, ignorando la forma que este va a adoptar al presentarse. En este caso, podemos decir que los pensamientos vienen hacia nosotros en la forma de imágenes que requieren ser pensadas. Se presentan espontáneamente, como quería el surrealismo, y lo hacen bajo el aspecto de paisajes oníricos que son originados por una libre asociación salvaje que ni el psicoanálisis parece capaz de asimilar.

Las imágenes que produce la ImA parecen visualidades sin sentido, incluso alguien puede pensar que muchas de ellas son torpes, desde el punto de vista de su factura. Son, sin embargo, misteriosas y quizá su significado resida en este misterio. En lo que se esconde en su interior o, mejor aún, lo que espera en su exterior.

Cuando hablamos de IA no podemos olvidar la fábula que Walter Benjamin expone al principio de sus tesis sobre la historia. Benjamin se refiere a un autómata, vestido de turco y con una pipa de narguile en la boca, que era capaz de jugar virtuosamente al ajedrez: a cada movimiento del oponente humano, el muñeco respondía con un movimiento lo suficientemente perspicaz como para acabar ganando la partida. Pero claro está que el artilugio tenía trampa, puesto que en su interior se sentaba un enano cuya maestría como ajedrecista era notable. Era él quien, con unos hilos, guiaba la mano del muñeco que a todo el mundo parecía autónoma. ¿Habrá también en el interior de las máquinas de la ImA actual algún personaje que guíe la sorprendente conducta de estos artilugios? Probablemente no, porque ya hace casi tres décadas que el ordenador Deep Blue le ganó una partida de ajedrez a Garri Kaspárov, sin otra ayuda que un consorcio de algoritmos y redes neuronales en una fase de desarrollo muy inferior a la actual. Pero la pregunta sigue siendo válida porque, cuando penetramos en el corazón de la máquina, esta se evapora y en su lugar aparece el fantasma de lo humano. Es verdad que la IA señala hacia el futuro, pero su corazón se encuentra en el pasado.

Vino viejo en odres nuevos

A mediados de los años setenta apareció un libro que causó sensación en determinados círculos y no pocas controversias en aquellos sectores más apegados a la ciencia. Se trata de *El origen de la conciencia en la ruptura de la mente bicameral,* del psicólogo de Yale y profesor de Princeton Julian Jaynes, cuya hipótesis principal era que la conciencia humana no se desarrolló evolutivamente, sino que se forjó hace unos tres mil años a partir de un tipo de mente bicameral. Basándose en el hecho de que el cerebro humano posee dos hemisferios y que se ha consolidado la idea de que ambos están especializados, el izquierdo en la racionalidad y el lenguaje, y el derecho en la expresión no verbal y las funciones más imaginativas, Jayne postulaba que, durante milenios, la conciencia no apareció porque había una drástica separación entre esas dos partes, lo que daba lugar a un cerebro doble, bicameral. Esta duplicidad inadvertida hacía que las emanaciones imaginativas procedentes del hemisferio derecho no se percibieran como pertenecientes a la mente del propio sujeto, sino que se consideraran originarias de un mundo sobrenatural, donde moraban las divinidades.

Al margen de la posible o controvertida certeza de estos postulados, el libro de Jaynes tiene la virtud de ser alegórico. A veces los hechos, o lo que se presenta como tales, poseen un reverso que mantiene su validez incluso después de que se haya probado que no son estrictamente válidos. Este envés tiene que ver con la posibilidad de que aquello que proponen, su forma o estructura conceptual, represente alguna característica profunda del imaginario de la época, de su organización. En este caso, se podría hablar de la idea tan extendida de la simetría bilateral, muy presente en la naturaleza, donde no solo el cuerpo humano está dividido en dos mitades equivalentes, sino también multitud de otros organismos. La cultura ha asumido tan intensamente esta dualidad, a través sobre todo de la obvia configuración del cuerpo humano, que la ha internalizado, convirtiéndola en una forma simbólica que sirve de baremo para muchas de sus percepciones y valoraciones.

También los dos hemisferios cerebrales abundan en esta simetría, a pesar de que, por sus funciones, se consideran asimétricos. Esto es algo que también ocurre con las partes del cuerpo cuando se observan los órganos que contienen. En este sentido, simetría y asimetría son dos características complementarias, puesto que ambos conceptos encuentran su razón de ser en la existencia de su contrario. En ningún lugar de forma tan clara como en un espejo se produce cotidianamente esta contradicción que William Blake calificaba de terrible en un famoso verso referido a un tigre.

La noción de simetría es más estética que natural, a pesar de que se base en estructuras que pertenecen a la naturaleza. Posiblemente, la idea originaria es natural, pero una vez se ha transformado en estética regresa a la naturaleza para reinterpretarla. Y, de paso, la estética se convierte en ética y la ética en estética. Se dice que, para Paul Dirac, uno de los grandes descubridores de la mecánica cuántica, la filosofía de la física era una estética: el mismo Dirac afirmaba que los investigadores, en sus esfuerzos por expresar matemáticamente las leyes fundamentales de la naturaleza, debían mirar sobre todo a la belleza.

En cualquier caso, la simetría sirve para organizar equilibradamente los opuestos. En este sentido, hablamos de hemisferios cerebrales confrontados, de la misma manera que, en política, se distingue entre la derecha y la izquierda, una distinción que se mantiene por mucho que se multipliquen las facciones de uno y otro bando. De ahí el fracaso de la noción de centro, que se entiende como un vacío más que como una conjunción: el centro siempre se ha distinguido por no ser de derechas ni de izquierdas, a pesar de pretender en vano ser ambas cosas a la vez sin tener una verdadera noción de lo que esto podría significar. Algo parecido sucede con la pujante crítica contemporánea al binarismo sexual, que parte de lo binario para producir no tanto una síntesis global como una multiplicidad de binarismos, de modo que cada nueva tendencia contiene en su seno las otras dos de las que huye, cambiadas de polo o planteadas como una furiosa contrapartida de su opuesto. También C. P. Snow dividió la cultura en dos esferas enfrentadas —ciencias y humanidades—, con la esperanza de conseguir una síntesis que nunca se produjo. En cada ocasión aparece, pues, la simetría para distribuir binariamente confrontaciones que en el fondo son mucho más complejas. Existen otras simetrías que, como las radiales, son más difíciles de asimilar y, por lo tanto, su eficacia simbólica es menor.

Parece imposible, por consiguiente, rehuir las simetrías sin caer en el caos. Por ello, se escriben tratados que hablan del orden del mundo, basado en la simetría de la física, o se busca la belleza en la física, suponiendo que esta bondad estética reside en un equilibrado orden simétrico. El caso más destacado de este empeño quizá sea el de la división de funciones cerebrales, que se contempla como natural, en lugar de considerarla construida a través de corrientes culturales prolongadas y profundas. ¿Sería mucho pedir que se pensase en la posibilidad de un cerebro no bicameral, un cerebro mestizo que conllevara una colaboración entre las dos funciones cerebrales? O, dicho de otro modo, ¿tanto cuesta pensar en el posible entrelazamiento de esas funciones de modo que no se entiendan como contrapuestas sino como aliadas?

Ahora que llegamos al límite de lo humano con la IA, acarreamos en nuestras alforjas los viejos prejuicios y nos apresuramos a volcarlos del otro lado de la frontera para que organicen un panorama que no hacemos más que intuir. De este modo, su extrañeza disminuye. Viene ello al caso de la aparición de ciertas funciones de la IA que podrían considerarse creativas. Funciones que superan los círculos especializados de la ingeniería y saltan al público, apelando de nuevo a la simetría para desplegar el sempiterno binarismo. Por un lado, aparece el ChatGPT de OpenIA, especializado en el lenguaje; por el otro, los dispositivos impulsados inicialmente por Midjourney, Dall-E y Stable Diffusion, concentrados en la producción de imágenes. Otra vez se pone en funcionamiento la terrible simetría que organiza nuestras ideas, desde el cerebro hasta las páginas opuestas de un libro, desde la forma del cuerpo hasta la eterna lucha entre el bien y el mal.

Pero, como siempre, la insidiosa simetría no hace sino esconder asimétricas complejidades. Los dos citados sistemas de IA reproducen a la perfección las dos esferas comúnmente enfrentadas de nuestra cultura, la esfera de la imagen y la del texto. En este sentido, la disposición simétrica está servida al dividir en dos las funciones de un mismo dispositivo tecnológico, mediante una operación que parece consolidar la idea de que este binarismo forma parte de la naturaleza y, por consiguiente, es ineludible. Cuanto más se introduce la simetría en nuestro pensamiento, más natural parece, justificando así la operación de organizar el pensamiento binariamente con dos ámbitos opuestos a los que une la estructura simétrica. Se trata de la vieja historia de la dialéctica, según la cual los fenómenos naturales, el movimiento ontológico, provienen del enfrentamiento entre los elementos contrarios u opuestos que residen en un mismo ser o en un mismo fenómeno. Sostenidos, podríamos añadir, por una misma arquitectura estética de carácter metafísico, la simetría bilateral.

En un primer momento, solo en apariencia ambos dispositivos creativos de la IA eran equivalentes, puesto que, así como los dispositivos encaminados a producir imágenes incluían el texto en sus procesos, ya que partían de comandos textuales, el Chat solo actuaba en el ámbito lingüístico, ignorando, en ese momento, todo lo relativo a la imagen. De manera que la simetría bilateral escondía, al principio, una disfunción antropológica, culturalmente extendida. Los opuestos no podían, en ese caso, enfrentarse dialécticamente, puesto que se ignoraban entre sí o, por lo menos, uno de ellos ignoraba flagrantemente al otro. Pero como una prueba de que la tecnología avanza a tanta velocidad que resuelve los problemas casi al mismo tiempo que nosotros los planteamos, las nuevas versiones del ChatGPT, y en general todos los nuevos modelos de LLM, son multimediales de base, es decir, ya tienen en su lógica procesar conjuntamente imágenes y textos. Se trata, pues, de una confluencia de GPT con Dall-E en una lógica de texto e imagen conjugada. La novedad es tal que está aún por ver si la mezcla resuelve realmente la división ontológica entre texto e imagen, así como también queda en el aire, a día de hoy, calibrar si con ella aparece un ámbito creativo nuevo o se trata simplemente de ofrecer dos funciones en una, cada una de las cuales actúa igual que como lo hacía por separado.

Las tecnologías capaces de producir imágenes a partir de comandos textuales o *prompts* pueden enfocarse desde distintas perspectivas. La mayoría de estos enfoques, sin embargo, no hacen más que situar los nuevos dispositivos en el seno de las ideas que estos están dejando atrás. Cuando, en 2018, la IA logró confeccionar con cierto éxito obras de arte —por ejemplo, el simulacro de retrato pictórico titulado *Edmond Belamy*, confeccionado por el colectivo parisiense Obvious— o completar alguna obra que se consideraba incompleta —como el caso de la compañía china Huawei, que afirmó haber completado la sinfonía inacabada de Schubert a partir de un algoritmo de IA que utilizó la potencia de uno de los teléfonos móviles de la firma—, lo que se celebraba, con bastante precipitación, era la capacidad de los algoritmos para emular lo ya existente. Al producirse, tres años más tarde, el salto definitivo, el ChatGPT de OpenAI acaparó la mayor parte de la atención por su capacidad, se dice, de tener conversaciones equivalentes a las de los humanos, rememorando así la supuesta efectividad del test de Turing, cuando en realidad el dispositivo, más que conversar, lo que se muestra capaz de hacer, hasta ahora, es fabricar diferentes tipos de textos parecidos a los que puede componer un humano poseedor de una cierta cultura, aunque escasa imaginación.

El sistema de confección de imágenes a partir de textos, que es sin duda más revolucionario, no causa tanta sensación porque solo los artistas y aquellos que trabajan con imágenes son capaces de apreciar los resultados y experimentar entusiasmos equivalentes a los que las respuestas textuales del Chat provocan en el resto del mundo. Pero tanto los especialistas como los comentaristas del sistema texto-imagen tienden, en su mayoría, a demandar al dispositivo resultados concretos, esperando que este reproduzca con exactitud, si no la realidad, como ya ocurrió con tecnologías anteriores como la fotografía, sí al menos aquello que se les pide. Es decir, que sean básicamente útiles. Incluso se apela al concepto de verdad para criticar aquellos resultados que no se ajustan al conocimiento que se tiene de las cosas. Por ejemplo, en un programa de televisión llegaron a acusar al dispositivo de mentir por ofrecer imágenes de un personaje histórico cuyos parámetros no coincidían con la iconografía oficial. Verdad, naturalismo y resultados prácticos dominan, pues, los primeros acercamientos a este sistema. Es decir, que a los dispositivos se les aplican básicamente los parámetros del imaginario imperante, los cuales aún se hallan muy alejados de las premisas artísticas en cuyo ámbito es donde se detecta realmente el potencial de los nuevos instrumentos de visualización.

Elogio de lo inútil

Nada es más desafiante para el capitalismo que lo inútil. Incluso cuando es el propio capitalismo el que lo produce. La ética protestante ha carcomido hasta tal punto el alma humana que todo lo inútil produce una gran inquietud y, ante su presencia, se busca inmediatamente la forma de neutralizarlo, muy probablemente, poniéndole precio. Es por ello que el mercado del arte tranquiliza tanto a los puritanos, puesto que, al adjudicar un valor monetario a lo inútil, lo hacen comprensible. Según afirma Max Weber, la Reforma protestante no se hizo porque la Iglesia católica ejerciera demasiado control sobre la vida social, sino porque se consideraba que era insuficiente:

> La Reforma no significó tanto la eliminación de la autoridad de la Iglesia sobre la vida en general como, más bien, una sustitución de la forma de autoridad existente entonces por otra: la sustitución de un poder, en muchas ocasiones casi solo formal, muy cómodo y que en aquella época se hacía sentir poco en la práctica, por una reglamentación completa del modo de vida, infinitamente pesada y seria y que penetraba en todas las esferas de la vida familiar y pública con la mayor intensidad que se pueda pensar (Weber, 2004: 45).

La referencia no es baladí, ya que el protestantismo se distingue del catolicismo, entre otras cosas, no solo por un afán de control que vemos hoy aplicado a muchas facetas sociales, sino también por una profunda iconofobia, todo ello mezclado con la lógica del beneficio a ultranza. La religión no solo se inmiscuye en la economía —el capitalismo y sus distintas facetas—, sino que incluso desde el fondo articula la ciencia y la tecnología. No sería del todo metafórico, por lo tanto, considerar que existen dos facetas de la ImA enfrentadas, una calvinista y la otra católica: aquella, controladora, utilitaria y visualmente severa; esta, abierta, creativa y visualmente exuberante.

Los algoritmos son el bastión último de la utilidad, puesto que gestionan cualquier operación para que esta no se pierda en la inconsistencia, es decir, para que no divague y que vaya al grano. Por esto, se celebra tanto la IA, ya que con ella, con toda la realidad asimilada algorítmicamente, se destierra definitivamente lo inútil, lo ambiguo, lo incontrolable. Sin embargo, en medio de este panorama próximo a ser absorbido por una serie de mecanismos productores de lucrativas certezas, aparece un inesperado agujero negro. Se trata de la ImA, un dispositivo de la IA que se rebela contra ella, puesto que genera imágenes inesperadas y, en gran medida, inservibles, es decir, poderosamente estéticas. Imágenes que son en esencia incontrolables, puesto que dan la impresión de ser producto del azar. De un azar que, sin embargo, podríamos denominar ilustrado, puesto que se origina en el seno de la memoria cultural, a la que accede sin otro plan previo que el que le suministra la orden dada por el usuario, si bien incluso entonces no actúa en línea recta y con un propósito concreto, sino expandiéndose rizomáticamente para producir agenciamientos aleatorios.

La IA ya había intentado emular al arte y, con ello, llevarlo a su terreno de la producción automática. Pero se trataba de actuaciones básicamente humanas que usaban la tecnología para reproducir formas estéticas más o menos conocidas que inmediatamente eran asimiladas por el mercado del arte, el cual les ponía precio, cuanto más escandalosamente alto, mejor. Pero las imágenes que producen los dispositivos de texto a imagen invierten el proceso. Ya no son los humanos los que maniobran con los algoritmos para que, con la información suministrada, produzcan obras artísticas de dudosa novedad, sino que son los dispositivos los que responden con inesperada libertad a las instrucciones humanas, generando imágenes que son menos previsibles y más espectaculares cuanto más ambiguas, o sea, inútiles sean las órdenes que se les dan.

Se trata de un momento de libertad, una libertad que muy pronto será desgraciadamente coartada. Ya se habla de que los dispositivos de texto a imagen sustituirán el trabajo de muchos dibujantes e ilustradores, lo cual implica que, dentro de poco, la industria convertirá estos instrumentos en una herramienta destinada a esas profesiones, útil para que los ilustradores o diseñadores hagan peticiones concretas con el fin de obtener figuras que faciliten su labor y se agilice el circuito industrial-creativo. El destino de los dispositivos parece ser el de convertirse irremediablemente en un instrumento útil, una especie de Photoshop increíblemente ampliado —lo cierto es que Photoshop ya ha incorporado en sus dispositivos la IA. Basta para ello que se afine la exactitud de los programas, de manera que respondan con precisión a peticiones igualmente concretas. Esta es una de las razones por las que el ChatGPT acaparó inmediatamente la atención del público y los medios cuando apareció, situando en un segundo plano los dispositivos de texto a imagen, que habían aparecido anteriormente. El Chat se considera útil porque produce textos cada vez más cercanos a lo que los usuarios le piden. Si generase textualidades surrealistas, no sería tan celebrado. Y, sin embargo, una muestra de verdadera inteligencia sería que el dispositivo fuera capaz de elaborar un equivalente actual de, por ejemplo, *Los campos magnéticos* de Breton y Soupault. Los instrumentos productores de imágenes a partir de textos no están tan lejos, por su parte, de producir composiciones surrealistas estéticamente válidas.

Pronto, si no ha ocurrido ya, los dispositivos de texto a imagen dejarán de producir intrigantes imágenes inútiles y misteriosas y pasarán a formar parte de la fábrica capitalista. Se convertirán en instrumentos útiles, pero siempre quedará en ellos, aunque solo sea como posibilidad, el rescoldo de lo creativo, de lo inútil. Y es esta parte la que debe ser contemplada como las más revolucionaria. Es en esta virtualidad en la que debemos centrarnos, mientras los utilitaristas siguen poniendo precio a la realidad y destierran de sus objetivos cualquier desviación improductiva. Ya decía Ordine que

> la lógica del beneficio mina por la base las instituciones (escuelas, universidades, centros de investigación, laboratorios, museos, bibliotecas, archivos) y las disciplinas (humanísticas y científicas) cuyo valor debería coincidir con el saber en sí, independientemente de la capacidad de producir ganancias inmediatas o beneficios prácticos (2013: 9).

Y el mismo Ordine nos recuerda que Flaubert, en su *Diccionario de lugares comunes,* tildaba con desesperación a la poesía de completamente inútil y pasada de moda. Aunque, como añade el mismo Ordine citando a Hölderlin, «lo que permanece lo fundan los poetas».

¿Hay algo más inútil que los sueños? De los sueños emana toda la literatura y son los sueños los que tejen la poesía. Su poder proviene precisamente de que son inútiles. Por ello nos debería resultar tétrico un mundo que es capaz de imaginar aunque solo sea la posibilidad de lo que Jonathan Crary denominó 24/7, es decir, el intento de lograr que las personas puedan permanecer sin dormir y no por ello dejar de funcionar de manera productiva y eficiente (Crary, 2013: 2). Lo que definitivamente puede diferenciar la IA de la inteligencia humana es el hecho de que ninguna máquina tiene capacidad para soñar. No puede soñar, entre otras cosas, porque no necesita dormir. Puede funcionar 24/7 con la máxima productividad y eficiencia. Pero el sueño forma parte de la imaginación, es, de hecho, su fundamento. No es posible, por lo tanto, imaginar, en el pleno sentido de la palabra, a menos que se sea capaz de soñar y, para soñar, es necesario dedicarse a la inútil tarea de dormir. Solo durmiendo y soñando se alimenta la imaginación que nutre la vigilia. Es muy estricta la ecuación que reúne el dormir, el soñar y el imaginar: «y es aquí donde los juegos intermediarios del pensamiento y de la ensoñación, de la función psíquica de lo real y de la función de lo irreal se multiplican y se entrecruzan para producir esas maravillas psicológicas de la imaginación de lo humano» (Bachelard, 2011: 127). No debe extrañarnos, pues, que sea la mentalidad militar, que aborrece lo inútil, la que se interesa a la vez por la IA y por un mundo sin sueño. Para ello cuenta con la alianza de las neurociencias, empeñadas en confundir las funciones mentales con las cerebrales, de manera que se borren las diferencias entre el cerebro y la máquina, ya que, si el cerebro funciona como una máquina, no se ve por qué una máquina no ha de poder funcionar como un cerebro. Al circuito virtuoso que forman las funciones de dormir, soñar e imaginar se le contrapone el círculo vicioso de la eficiencia, la productividad y la exactitud, basado en las versiones extralimitadas de la IA, las neurociencias y las tecnociencias. No deja de ser significativo que, cuando los expertos se refieren a las relaciones entre el cerebro y la conducta, el pensamiento o las emociones, utilicen el verbo controlar. Según su sistema de pensamiento, el cerebro es un centro de control, cada una de cuyas áreas regula el funcionamiento de cualquier aspecto del ser humano. No se concibe la idea de que el ser humano sea equivalente a ese cuerpo sin órganos del que hablaban Deleuze y Guattari, es decir, un ecosistema en el que no hay centros, ni áreas ni controles, sino funcionamientos maquínicos, equivalentes a una síntesis móvil de heterogeneidades, a una constante generación de agenciamientos fluidos y temporales. Por un lado, el ser humano se nos presenta como regido por una estructura «panóptica», cuyo obsesivo centralismo produce un sistema radial articulado por un funcionamiento que, por mucho que se quiera complejo en su base neuronal, presenta básicamente la estructura conductista del estímulo-respuesta. Por el otro, el ser humano es el producto en cada momento de un poderoso cúmulo de circunstancias.

Las relaciones que Mark Fisher establece entre el capitalismo y lo gótico, que Marx ya habría detectado cuando emplea la metáfora del vampiro para caracterizar al capitalista, se corroboran por la intención tecnocapitalista de producir zombis. No sabemos con qué soñaban los vampiros en su reposo diurno, pero nos consta que el zombi ni sueña ni duerme. Para Fisher, es crucial el concepto de *flatline,* es decir, el de encefalograma plano (Fisher, 2022). Los zombis, cuyo cuerpo se halla entre la muerte y la vida, pero cuyo cerebro está clínicamente muerto, pueden ser una fuerza de trabajo muy útil.

Pero hete aquí que, inesperadamente, ese círculo vicioso, ese productivo mundo sin sueño y sin imaginación al que propende el capitalismo y sus tecnologías de control, produce todo tipo de ensoñaciones a través de los dispositivos que relacionan creativamente el texto y la imagen. Lo que, de momento, generan estos dispositivos son visualidades completamente inútiles, pero precisamente por ello, muy imaginativas. ¿Han logrado, por fin, las máquinas adquirir la capacidad de soñar? O, en palabras de Philip K. Dick, ¿sueñan los androides con ovejas eléctricas?

Formas de lo tecnológico

La sigilosa aparición de una imagen sobre el papel fotográfico bañado por el líquido de revelado debió parecerles fantasmagórica a los primeros fotógrafos. Sumergidos en la semioscuridad del cuarto oscuro, los fotógrafos veían cómo la realidad regresaba bajo la inquietante forma de un espectro que poco a poco iba componiendo sus rasgos desde el fondo de un sustrato tecnológico. Los primeros atisbos del moderno automatismo generaban, pues, fantasmagorías que descomponían la naturaleza de lo real, convirtiendo la realidad en una visión que podía considerarse siniestra en muchos sentidos. Se puede decir que esos primeros fotógrafos, embargados todavía por el asombro, veían aparecer el futuro en sus oscuros laboratorios.

Antes de que Marx y Engels pregonaran en el *Manifiesto comunista* que todo lo sólido se desvanecía en el aire; antes de que Marx insistiera en que algo tan concreto como las mercancías entraban con el capitalismo en una fase fantasmagórica, estos fenómenos ya se habían detectado en el nuevo campo de la fotografía. La nueva técnica no solo captaba el presente, sino que anunciaba el futuro, sus estratos más profundos. Considerada por largo tiempo la tecnología más acorde con el positivismo y la objetividad, la fotografía acarreaba consigo el germen de todo lo contrario.

Lo que estaba cambiando en ese momento, a partir de mediados del siglo XIX, no era solo la economía, la tecnología y el arte, se modificaba también la mente humana, que entraba en un contacto profundo con la tecnología. Son muy conocidas las afirmaciones que acerca de la mercancía hace Marx en *El Capital:*

> Lo que aquí adopta, para los hombres, la forma fantasmagórica de una relación entre cosas, es solo la relación social determinada existente entre aquellos. De ahí que para hallar una analogía pertinente debamos buscar amparo en las neblinosas comarcas del mundo religioso. En este los productos de la mente humana parecen figuras autónomas, dotadas de vida propia, en relación unas con otras y con los hombres. Otro tanto ocurre en el mundo de las mercancías con los productos de la mano humana. A esto llamo el fetichismo que se adhiere a los productos del trabajo no bien se los produce como mercancías, y que es inseparable de la producción mercantil.

Son varios los frentes que abre esta descripción de la metamorfosis experimentada por la mercancía en los inicios del capitalismo industrial. Pero Marx solo contempla la efectividad de uno de ellos, el de la economía. La percepción que las personas tienen del fenómeno es descartada como ideológica, es decir, como engañosa y, por lo tanto, errónea, un error que es necesario corregir. Sin embargo, el efecto que esas transformaciones tienen sobre la mente humana es permanente, no se trata de una neblina que la envuelve y que debe ser despejada por el sol de la verdad, sino que corresponde a un nuevo paisaje del mundo, un nuevo ecosistema que hace trabajar conjuntamente y de forma inédita la economía, la psicología y la tecnología, instaurando nuevas formas del deseo y recomponiendo, con ello, las relaciones del ser humano con el mundo. Instaura, en resumidas cuentas, los fundamentos de una nueva realidad. El mundo no solo se va a contemplar de forma distinta de ahí en adelante, sino que va a ser efectivamente distinto. Esta renovada percepción, augurio de una nueva ontología, ya había sido anunciada por la fotografía y fue corroborada más tarde por el cinematógrafo.

Estudiar de forma individualizada las distintas tecnologías y los distintos medios de comunicación o de producción de imágenes puede que haya sido un error desde los orígenes de la modernidad tecnológica, pero resulta indudablemente un error garrafal en la actualidad, cuando ya sabemos que unos y otros tienden a ensamblarse para promover alianzas y contradicciones no solo en el campo de la propia tecnología y sus derivaciones industriales, sino también en el de la mente humana. Los procesos de concentración de capital y de formación de conglomerados empresariales que, durante el siglo XX, empezaron a adquirir un carácter delirante, incluso desde el punto de vista del propio capital —un carácter que era también fantasmagórico—, tenían un correlato de menor envergadura pero no de menor intensidad en la mente y el cuerpo de los seres humanos. Se modificaba a través de esos conglomerados psicotecnológicos y psicoeconómicos la relación imaginaria con la realidad, al tiempo que se transformaba también la conducta y, por lo tanto, la posición del cuerpo en el entramado de lo real.

Constituye también un error común, no solo epistemológico, sino también político, considerar que estas transformaciones son solo una imposición que se ejerce sobre el ser humano, supuestamente cada vez más alienado y más sometido al control de unas estructuras sociales al servicio de los poderes políticos y económicos. Se contempla un ser humano, por lo tanto, paulatinamente disminuido y sometido de forma irremisible a una realidad que lo supera. Pero esta es solo una parte de la verdad, la otra parte implica reconocer la capacidad de acomodo del ser humano que tiene su origen en el hecho de que él mismo es creador y copartícipe de la realidad y sus transformaciones por el hecho de su sola existencia. Cualquier transformación ontológica implica también una transformación mental, y viceversa, siguiendo un proceso recursivo que no puede resolverse acudiendo a las simples relaciones de causa y efecto, equivalentes a las de estímulo y respuesta que dictan el funcionamiento centralizado de las neurociencias.

Andrew Feenberg, especialista en la filosofía de la tecnología, señala que la tecnología y la sociedad se construyen mutuamente, se «coconstruyen» una a la otra por medio de procesos de retroalimentación que paulatinamente van aumentando de intensidad. Apunta al hecho de que se va dejando atrás la perspectiva distópica de la crítica a la tecnología, a partir de la cual el «progreso» se identificó con la burocracia o la propaganda durante el siglo xx, de modo que no se dejaba espacio para la libertad individual. Pero, según Feenberg,

> esta visión se está desvaneciendo a medida que el paradigma tecnológico actual deja atrás los gigantes industriales del pasado siglo y se transforma en tecnologías de la información, especialmente Internet. Internet no es un producto terminado, sino que aún está en proceso. La iniciativa de los usuarios ha desempeñado un papel importante en la transformación de su diseño (Feenberg, 2010: xxi y xxiii).

Pero no conviene abandonar tan precipitadamente la crítica *distópica,* ya que los gigantes industriales, la burocracia y la propaganda no han desaparecido, como pretende Feenberg. Al contrario, su influencia ha aumentado. Pero también es cierto que este incremento de poder y complejidad ha afectado a los seres humanos no solo negativamente, de modo que la iniciativa individual y social ha podido incrementar a su vez el papel que desempeña en las transformaciones tecnológicas. Por definición, el poder está siempre en una posición predominante con respecto a quien no lo tiene, pero con la particularidad de que ese poder no puede evitar que parte de su potencial se transmita a la ontología de las zonas a las que afecta, sobre todo por lo que respecta a la mente humana, caracterizada por lo que Catherine Malabou califica de plasticidad. Aunque la autora se refiere esencialmente al cerebro, creemos que el fenómeno afecta también a la mente y que lo hace además de manera más intensa en ella. El concepto de plasticidad

> se refiere a un equilibrio entre el recibir y el dar de la forma. Se entiende como una especie de escultura natural que configura nuestra identidad, una identidad modelada por la experiencia y que nos convierte en sujetos de una historia, una historia singular, reconocible, identificable, con todos sus acontecimientos, lagunas y devenir (Malabou, 2012: 3).

Pero Malabou también considera que, si bien la plasticidad «solo se evoca cuando hay un cambio en el volumen o la forma de las conexiones neuronales que impacta en la construcción de la personalidad» *(ibíd.)*, la destrucción también es formativa, hasta tal punto que «la construcción plástica no puede tener lugar sin una cierta negatividad» *(ibíd.:* 4). A partir de este planteamiento, debemos sacar importantes consecuencias políticas, la primera de ellas que la «lucha de clases» o su equivalente no se desarrolla solo en el marco de las estructuras socioeconómicas, sino también en el de las estructuras mentales, pero no a través de un dualismo antagónico, sino mediante procesos fluidos de contaminación mutua.

En cualquier caso, es necesario pensar el fenómeno de la tecnología más radicalmente. No se trata solo de que la tecnología y la sociedad se construyen mutuamente en lo que se refiere al diseño de los instrumentos y su uso, sino que todo ello actúa a un nivel más profundo para conformar una realidad cuya ontología afecta a las formaciones tecnológicas, industriales, sociales y también a las individuales, conformando nuevas formas de actuar y de pensar.

Que el poder, en cualquiera de sus manifestaciones, tenga en algún momento del transcurso una mayor capacidad de dominar las consecuencias de sus acciones no lo capacita para estar siempre por encima de las circunstancias, como un Dios malvado, externo a la esencia del mundo. El dominio del poder sobre la realidad nunca puede ser absoluto, porque debe ejercerse a través del filtro inevitable del ser humano, cuya complejidad nunca es completamente abarcable. Por tanto, aquello que se le impone no solo puede que ya forme parte indetectada de su esencia, sino que, además, la afectación que experimenta nunca es tan solo negativa. El poder amenaza con una espada que tiene doble empuñadura, una en cada uno de sus extremos. La diferencia es que, mientras que el poder reconoce y sujeta con inigualable fuerza su parte, la mayoría de los individuos y gran parte de las instituciones sociales ignoran la existencia de la otra y del potencial que conlleva. Por ello, cualquier intento de cambiar la realidad o de oponerse a las maquinaciones del poder, cualquier forma de rebelión debe tener en cuenta estas coordenadas. Debe reconocer y apoyarse en la nueva naturaleza cambiante de la realidad y del ser humano. Mantenerse en la estrategia de los simples antagonismos de carácter estático no conduce más que al fracaso.

Es necesario tener en cuenta además que el capitalismo no solo evoluciona, sino que sus distintas variaciones aparecidas a lo largo de su desarrollo se superponen. De modo que, en un momento dado, no existe un solo capitalismo, sino varios capitalismos contraponiéndose y compitiendo entre sí. El ser humano de la actualidad está transitado por todas estas formas de capitalismo, de la misma forma que esos capitalismos están siendo conformados por las diferentes intensidades de ese tránsito. Si es cierto lo que dice Mark Fisher acerca de que «el capitalismo ocupa sin fisuras el orden de lo pensable» (2018b: 30), parece insensato actuar como si el capitalismo no existiera más que como una formación social, al margen del imaginario de los individuos, o como si fuera algo parecido a una prolongada tormenta de verano. Fisher acude a Jameson para acabar de zanjar la cuestión: «Jameson acostumbra a detallar con horror la forma en que el capitalismo penetraba en cada poro del inconsciente; en la actualidad, el hecho de que el capitalismo haya colonizado la vida onírica de la población se da por sentado con tanta fuerza que apenas si merece comentario» *(ibíd.)*. Sin embargo, a pesar de ello, seguimos suponiendo que el capitalismo es algo que, en el fondo, no tiene que ver con nosotros, creemos poder oponernos a él apelando a la racionalidad, sin tener en cuenta que conforma nuestro inconsciente y domina nuestros sueños. Nos comportamos como peces empecinados en criticar la existencia del agua. Si esos peces fueran inteligentes, protestarían por las impurezas del agua, en lugar de fantasear sobre cómo vivir fuera de ella.

Constatar esta realidad no implica abandonar el deseo o la esperanza de un cambio social. Ni siquiera supone rechazar la posibilidad de una transformación ontológica profunda, es decir, la plasmación de una nueva realidad no capitalista. Un problema de percepción lastra la actividad política. Reside en confundir la ontología, es decir, la forma de la realidad, con la estructura socioeconómica. Y supone sobre todo olvidar en la ecuación la presencia esencial del ser humano y su función estructuradora de la realidad, es decir, que el tejido de esta realidad se teje también en el seno de la mente humana. Se pretende promover los cambios actuando políticamente en la superficie de una realidad profunda, cuyas características determinan subrepticiamente el carácter de la lucha. De manera que los cambios, cuando se producen, no son más que superficiales heridas sin importancia que apenas si afectan a la piel de un organismo intensamente complejo, pero cuya complejidad se estudia separadamente, como si los que la estudian no formaran parte intrínseca del propio organismo. ¿No hay alternativa, pues? Por supuesto que la hay, pero no está ahí fuera esperando a ser alcanzada, sino que reside en el interior del propio entramado que se pretende superar. Sus profundidades albergan las semillas del cambio, solo hay que saber encontrarlas y utilizarlas, sabiendo que muchas veces costará distinguir sus virtudes de sus defectos. Flusser distingue entre ontología, deontología y metodología: «La ontología se ocupa de los problemas de cómo es el mundo, la deontología de cómo debe ser, y la metodología de la manera de poder cambiarlo» (1994: 19). Pero a continuación añade algo crucial: «Estos problemas se entrelazan. No se puede saber que el mundo no es como debería ser, sin saber cómo es de hecho; ni saber qué es cambiable, sin saber cómo es en realidad» *(ibíd.)*. Hay que prestar atención al resultado de este entrelazamiento, que no puede ser una operación mecánica por la que tres elementos se relacionan entre sí sin variar profundamente las características de cada uno de ellos. Cuando comprendemos lo que resulta verdaderamente del ensamblaje que se puede producir entre ontología, deontología y metodología, entendemos mucho mejor las relaciones entre lo que es y lo que debe ser, así como la forma de mitigar los desequilibrios existentes.

En ningún ámbito son tan obvias estas mezcolanzas, estos intrínsecos mestizajes, como en el de las tecnologías modernas, aquellas relacionadas sobre todo con la electricidad y afines, por lo tanto, a las dimensiones ontológicas que su aparición comportó en su momento. Unas tecnologías cuya complejidad, a partir de mediados del siglo XIX, va a ir en aumento de forma cada vez más acelerada, expandiendo primero la capacidad de los sentidos corporales, para encaminarse a una ulterior extensión de la mente humana, en la que las facultades de esas tecnologías ya habrán enraizado. El capitalismo no es solo una cuestión infraestructural, relativa a la economía, sino también superestructural, inherente al imaginario. No es que el capitalismo acabe colonizando la mente, sino que aparece al mismo tiempo en la mente, como forma de lo subjetivo, y en la realidad, como entramado de lo objetivo.

Podemos dividir la historia de la tecnología moderna en tres fases principales. Hacerlo no deja de ser un abuso, pero resulta útil para aclarar ciertos aspectos de la relación de los aparatos con el ser humano. Encontramos una cierta confusión a la hora de distinguir entre técnicas, tecnologías, aparatos y medios. En general, entendemos por tecnología el conjunto de técnicas, aparatos y medios utilizados para conseguir determinados fines. Las técnicas se concretan en herramientas y aparatos. Los aparatos pueden ser máquinas o dispositivos que reúnan diversos procedimientos. Al mismo tiempo, los aparatos pueden ser elementos o conjuntos de elementos materiales o digitales, es decir, pueden suplir los mecanismos por algoritmos.

En una primera fase, aparecen las tecnologías de lo real, aquel conjunto de herramientas destinadas a intervenir en el entorno natural y social del ser humano. En esta larga fase, el cuerpo y la mente son entidades secundarias de los procesos de uso de esos útiles. Incluso la invención de nuevas herramientas procede más de la experiencia, es decir, del propio uso, que de la imaginación. Posteriormente, aparecen las tecnologías que podemos denominar del cuerpo. Los gestos y las disposiciones de este con respecto a la herramienta dejan de concentrarse en ella y se trasladan paulatinamente al cuerpo en su conjunto para conformar una entidad vinculada. Para Flusser, los gestos son «movimientos del cuerpo que expresan una intención» (1994: 7), y los relaciona con los movimientos de los instrumentos y herramientas unidos al cuerpo. Debe distinguirse, pues, el movimiento del cuerpo relacionado con una acción requerida por algún agente externo, como el uso de un instrumento, y el movimiento gestual relacionado con la *voluntad* del cuerpo. Este desplazamiento desde el *exterior* hacia el cuerpo y su voluntad establece la diferencia entre la fenomenología de la primera fase de la técnica del mundo y la segunda fase de la técnica del cuerpo. Este repliegue hacia el cuerpo hace que el gesto empiece a depender y a afectar a la mente de forma distinta a como esta intervenía en la fase anterior, en la que la causalidad del gesto dependía de otros factores externos. En un caso, la intervención es inconsciente; en el otro, consciente. La intensificación de esta conciencia señalará el paso trascendental hacia la tercera etapa que corresponde a las tecnologías de la imaginación, en la que el gesto deja de ser primordialmente corporal y se convierte en mental.

La tecnología de lo real está destinada a modificar el entorno natural y cultural, establece relaciones, pues, con la realidad. Por tecnología del cuerpo entendemos aquella que se relaciona con el cuerpo, que interacciona con él de manera directa y modifica, por tanto, conductas y formas de estar en el mundo: es el caso, por ejemplo, de las cámaras fotográficas o cinematográficas —una cosa es la cámara en sí, la otra el conjunto fenomenológico en el que esta se incluye como elemento ejecutor: el conjunto forma parte de otra fase, la última, del desarrollo tecnológico. Flusser describe los gestos de escribir, pintar, oír música o telefonear, entre otros, todos ellos gestos en segundo grado. Las tecnologías de lo real conforman gestualidades de primer grado, al establecer relaciones con el entorno, específicamente delimitadas al uso de herramientas o del aparato correspondiente para incidir directamente en la realidad con el fin de provocar efectos directos en ella. Por el contrario, tecnologías como la fotografía implican, por ejemplo, una forma de ver; más que activadoras, son receptoras. Se relacionan con la realidad indirectamente, creando interfaces a través del instrumento tecnológico correspondiente. Son tecnologías que pertenecen a ese conjunto de lo que McLuhan denominaba extensiones del cuerpo o de los sentidos. McLuhan, en *Understanding Media,* distingue dos fases en este proceso. En la primera de ellas, relativa a la era mecánica, «hemos extendido nuestros cuerpos en el espacio» (1964: 19), para luego, a partir del momento en el que aparece la electricidad, «hemos extendido el sistema nervioso central» *(ibíd.)*. Después de esta extensión del cuerpo, llega el momento de una tecnología que extiende no tanto el sistema nervioso, como propone McLuhan, sino sobre todo la mente. El propio McLuhan anuncia de manera visionaria cuál será el próximo paso cuando dice que «nos acercamos a la fase final de las extensiones del hombre: la simulación tecnológica de la conciencia» *(ibíd.)*.

Muchos autores, entre ellos Roger Bartra, afirmarán que lo que se extiende en este caso es el cerebro, pero, en cualquier caso, no se trataría más que de una intensificación de la fase *eléctrica* de McLuhan. Lo que se produce ahora en las relaciones del ser humano con la tecnología es más intenso: las conexiones de la tecnología con el ser humano y la realidad han cambiado de fase. Anteriormente, las relaciones iban principalmente desde la persona —el cuerpo, la conducta—, entendida como un interior, hacia fuera; ahora, el proceso se ha invertido y, en esencia, la acción va de fuera adentro, entendiendo por adentro, la mente.

En todos los casos, no solo se produce una extensión, sino también una modificación de lo extendido. En la primera fase, se modifica el gesto; en la segunda, el cuerpo, y en la tercera, la más intensa, lo que se modifica es la mente. Cada vez, las relaciones entre los elementos que intervienen —la realidad, la tecnología, el cuerpo, la mente— han sido más agudas y más profundas. Por supuesto que en todo momento se modifica el imaginario y, por lo tanto, la comprensión del mundo. Pero es en la actualidad cuando este proceso paulatino alcanza su culminación con las tecnologías de la imaginación y, especialmente, con las nuevas formas de la IA.

En esta nueva fase de la tecnología, se repite de alguna manera el milagro inicial de la técnica fotográfica. La realidad que antes reaparecía fantasmagóricamente en el papel fotográfico bañado por la química, regresa ahora en las ventanas de Internet, transformada por la estética que el siglo XX ha ido acumulado desde sus postrimerías en su proceloso e inmenso almacén, creando con ello un vasto inconsciente colectivo de carácter tecnológico del que la ImA se nutrirá para confeccionar sus impactantes visualidades.

Capítulo 3

Zócalo

> Todo lo que es posible creerse es imagen de la verdad.
>
> William Blake

El sujeto tecnológico

Las relaciones que el sujeto mantiene con la tecnología son principalmente de carácter metafórico. Van más allá de esas relaciones de tipo mecánico que describen tanto Marshall McLuhan como Roger Bartra, entre otros. Para estos autores, los distintos medios de comunicación serían prolongaciones del cuerpo o del cerebro que pasarían a actuar fuera de sus ámbitos específicos, aumentando así sus capacidades intrínsecas. Esto es cierto, pero hay que tener en cuenta que, además, las características del exocerebro, como denomina Bartra a las redes imaginarias y los sistemas simbólicos que lo forman (2006), revierten sobre las formaciones mentales, modificándolas. Los instrumentos y dispositivos artificiales de carácter tecnológico no solo prolongan el funcionamiento mental, básicamente el pensamiento, sino que forman con este un bucle. Para Bartra, esos sistemas simbólicos externos son más que nada añadidos a las funciones mentales. Pero el funcionamiento mental no se apoya simplemente en los sistemas simbólicos externos que le ofrecen las diferentes tecnologías, sino que crea sus propios sistemas simbólicos nuevos y recompone los antiguos a partir de las formas imaginarias que esas tecnologías le ofrecen tanto mediante su uso como a través de la apropiación imaginaria de sus características y funciones. Las personas no solo modificaron, por ejemplo, su idea del tiempo con el uso de los relojes, sino que el mecanismo interno de estos se convirtió en una metáfora de la estructura del mundo, que aún resuena en la actualidad en títulos de libros como el de *El relojero ciego* de Richard Dawkins.

Las tecnologías de la imaginación —la fotografía, el cine, la televisión, el ordenador, Internet, el teléfono móvil, etc.— muestran nuevas formas de relacionarse con la realidad, formas cognitivas y no solo corporales o que, en todo caso, desplazan el cuerpo y su gestualidad a un segundo plano. Se trata de instrumentos cuyos mecanismos son transformados metafóricamente por el sujeto en sistemas de pensamiento. Se convierten en formas imaginarias que no solo permiten comprender la realidad, sino que, de hecho, transforman paulatinamente la realidad al cambiar su aspecto y la percepción de su arquitectura estructural. Como sea que es a través de estas percepciones que se actúa sobre el mundo, debe admitirse que el mundo, su ontología ha cambiado. En el paradigma anterior, que aún perdura con fuerza suficiente como para durar quizá un siglo más, esto no sería admisible, puesto que, para su sistema de pensamiento, el mundo permanece inalterable a la espera de que el ser humano vaya descubriendo paulatinamente sus cualidades inamovibles. En este caso, la imaginación no tiene más que una función secundaria, aparentemente.

A grandes rasgos, podemos decir que, si el lenguaje transformó los sistemas simbólicos primitivos y, con ellos, la realidad comprensible —no solo la comprensión de la realidad—, también las actuales tecnologías de la imaginación modifican esos anteriores sistemas simbólicos, al tiempo que ofrecen medios para comprender y gestionar los nuevos, acomodándose con ello a la nueva realidad que ellos mismos están contribuyendo a que aparezca. Estos instrumentos actuales se decantan hacia el terreno de la imagen, de lo visual, desplazando las antiguas elaboraciones lineales en las que primaba la temporalidad hacia constituciones espaciales en las que la temporalidad se transforma radicalmente, cumpliendo funciones distintas de las que ejercía en el dominio de la lengua. La visión, que era subsidiaria en el ámbito del lenguaje, se convierte en primordialmente activa en el de la imagen. Se coordina con gestualidades que tienen que ver más con las que dominaban el paradigma pictórico —la mano y el pincel— que con las que funcionaban en el lingüístico, pero sin perder ninguna efectividad en el tránsito, ya que las ganancias de la mente son siempre acumulativas, por lo que las sucesivas realidades no sustituyen unas a las otras, sino que se mezclan y superponen.

Actualmente, la IA está cambiando el paradigma visual que giraba en torno a las tecnologías de la imaginación. La duración de la centralidad de los paradigmas tecnocognitivos es cada vez más corta, precisamente porque no se suceden mediante drásticos saltos que anulan completamente cuanto les antecede, sino que la transformación procede sutilmente, variando el eje en torno al que giran los múltiples aspectos de cada fase. Como hemos dicho antes, ninguna fase desaparece totalmente, por lo que, durante un tiempo, puede dar la impresión de que nada ha cambiado, a pesar de que todo es diferente. Lo que se acelera ahora son estas impresiones. Somos cada vez más capaces de detectar los cambios de foco, sobre todo porque estos están representados por nuevas formas tecnológicas que nos encaminan directamente a la nueva situación. Los paradigmas visual-pictórico y lingüístico convivieron durante siglos, incluso después de que el eje se decantara drásticamente hacia lo lingüístico con la aparición de la imprenta. En cambio, la convivencia de lo lingüístico y lo visual-cinematográfico apenas si ha durado un siglo. Y la intensificación de lo visual a través de las tecnologías de la imaginación en el ámbito de lo digital no tiene mucho más de cuatro o cinco décadas. Por su lado, la irrupción de las nuevas tecnologías de la IA, a pesar de que se lleva hablando de ellas desde hace bastantes años, se ha intensificado dramáticamente desde el momento en que han aparecido tecnologías específicas muy asequibles que han permitido un uso social extendido. Tecnologías como las diferentes versiones de los modelos LLM, como el ChatGPT o Gemini y, en especial, los dispositivos de confección de imágenes a partir de textos. Con ello, el paradigma tecnológico vuelve a experimentar un cambio trascendental, que nos obliga a reconsiderar nuestras relaciones con la tecnología, la realidad y nuestra forma de pensarlas.

Nos quedamos perplejos ante las producciones de la ImA cuando esta actúa con suficiente libertad. Nunca somos capaces de adivinar las visualidades que nos suministrará el dispositivo, a menos que queramos ser muy específicos al darle instrucciones. Ello hace que exista una forma de redactar los comandos que es en sí misma ambigua y creativa, un estilo. Se crea entonces un circuito altamente imaginativo que produce visualidades cada vez más esotéricas, de una rara belleza, que solo podemos comprender si las equiparamos al mundo de los sueños.

La historia del sujeto trascendental, de la razón occidental, en resumidas cuentas, empieza con un sueño y termina con otro sueño. Son dos tipos de sueño, ya que uno es de entrada y el otro es de salida o a la inversa, según se mire. El sujeto empieza, pues, con el sueño de Descartes y finaliza con la voluntad freudiana de interpretar los sueños que pone de manifiesto el trabajo del inconsciente. Su inicio se produce con el sueño que desemboca en la filosofía, en la razón cartesiana, y termina con lo que podríamos denominar un sueño de la razón, el psicoanálisis, que pone en duda esta razón.

Jean-Luc Nancy distingue entre el «alma», es decir, la conciencia, y el sujeto. El «alma» sería esa «identidad individual que aún no ha adquirido o conquistado o producido su identidad —y que sin embargo se mantiene durante todo el proceso del sujeto». Se podría decir, por tanto, que el alma está más cerca del sueño que el sujeto, que sería la manifestación de aquella en el estado de vigilia. Pero, de la misma forma que la conciencia, en cuanto que alma —y, en definitiva, cercana al estado onírico—, mantiene su actividad como fondo de la subjetividad activa, también podemos considerar que el sueño permanece como fondo de esos acontecimientos. Según lo que dice Hegel en *La fenomenología del espíritu,* el despertar «está generado por la fuerza del rayo de la subjetividad que atraviesa la forma de la inmediatez mental». También Benjamin relacionaba la conciencia con la inmediatez de un relámpago que ilumina súbitamente un panorama nocturno. Se trata de una toma de conciencia, una iluminación, que aclara por un momento la noche, es decir, la región del sueño. Se produce un constante vaivén, pues, entre el sueño y la vigilia, puesto que el sueño está siempre activo, en el fondo de la conciencia, mientras que esta en su forma despierta de sujeto puede verse invadida súbitamente por el sueño para producir una intuición, una forma superior de la conciencia. Le ocurrió a Descartes de manera plena con su famoso sueño, que él interpretó y asumió al despertar, pero que, de hecho, es un proceso que se produce constantemente a la inversa, a decir del psicoanálisis y de gran parte del pensamiento moderno de Occidente, por la presión continua del inconsciente que hace que el sujeto no sea nunca dueño completo de sus actos, que nunca esté del todo consciente. Este inconsciente ha tenido diferentes denominaciones, según hablemos desde el psicoanálisis o del estructuralismo y postestructuralismo, etc. Podríamos decir, por lo tanto, que la razón occidental regresa a la región del sueño precartesiano por medio de una forma postrascendental de la razón que pretende penetrar en la región primaria del sueño con el fin de comprender, pero a la vez de desactivar, la actividad de la conciencia y del sujeto. En este panorama, los más *razonables* serían los surrealistas.

Este contexto nos sirve para enmarcar la actividad de la ImA, es decir, la de la IA productora de imágenes, cuyas características son obviamente oníricas. El cenit de la razón humana, la razón tecnológica, desemboca, pues, en el sueño, como quizá no podía ser de otra manera, si nos atenemos a su citado desarrollo.

La aparición de las imágenes de la IA generadas por comandos textuales es fantasmagórica. No solo porque la mayoría de esas imágenes, cuando surgen espontáneamente, tienen una textura onírica, sino porque su presencia, como la del fantasma en una casa encantada, sacude los fundamentos de nuestro imaginario.

De fantasmas y crímenes

El cadáver, cuando el positivismo se hizo fuerte en la imaginación occidental, vino a ocupar el lugar del fantasma en el imaginario de la modernidad. El cadáver es el eje en torno al que gira la novela policíaca que desplaza hacia la realidad cotidiana el interés por lo sobrenatural de la literatura fantástica o de terror, heredera a su vez de la narración gótica. No en vano Edgar Allan Poe cultivó todos estos géneros, convirtiéndose en una figura de transición entre los dos imaginarios o los dos enigmas, el enigma del crimen y el enigma de lo fantasmagórico. La aparición del fantasma plantea un problema ontológico, mientras que el crimen genera un problema epistemológico.

«The Ghost in the Machine» es un concepto que el filósofo norteamericano Gilbert Ryle acuñó para refutar, una vez más, el llamado error de Descartes, o sea, en última instancia, la existencia de la mente, la conciencia y todo lo relativo a la subjetividad. *Ghost* se puede traducir como fantasma o espectro, incluso como espíritu. Derrida no parece distinguir entre estos sustantivos, que utiliza indiscriminadamente a lo largo del texto, a partir de la afirmación efectuada por Marx y Engels en el *Manifiesto comunista* de que un fantasma o un espectro recorría (o mejor, asediaba o embrujaba) Europa. Recurre también a Shakespeare, específicamente a *Hamlet,* donde se pone en escena el regreso del espíritu (o fantasma) del padre asesinado, que aparece en forma de espectro. Así pues, hay una cierta diferencia entre espectro, fantasma y espíritu. Así como el espectro es la figura del muerto que regresa, el fantasma puede ser también un producto de la imaginación o la fantasía, algo que asimismo está relacionado con los sueños. Derrida, entrevistado en la película *Ghost Dance* (Ken McMullen, 1983), afirma que el psicoanálisis es una ciencia de fantasmas. Para Mark Fisher, esta ciencia de los fantasmas implica «un estudio de cómo ciertos eventos que reverberan en la psiquis se transforman en apariciones» (Fisher, 2018a: 45). La aparición es otro concepto que se añade al conjunto ya señalado. Lo que dice Derrida exactamente, algo que Fisher inexplicablemente omite en su cita de las palabras del filósofo, es que «psicoanálisis más cine igual a ciencia de los fantasmas». La diferencia es sustancial, sobre todo cuando Derrida ha afirmado antes que «el cine es un arte de fantasmas, una batalla de fantasmas [...] el cine que permite el regreso de los fantasmas». Años más tarde, el filósofo, en una conversación con Bernard Stiegler, solo se retractará de una cosa de su parlamento, haber apelado al concepto de ciencia, algo que adjudica al hecho de que su intervención en el film fue improvisada.

Hay otro importante espectro rondando la imaginación occidental, según Žižek. Se trata del espectro del sujeto. Parafraseando la famosa introducción al *Manifiesto comunista* de Marx y Engels, afirma:

> Todos los poderes académicos han entrado en una santa alianza para exorcizar este espectro: el oscurantista de la *New Age* (que quiere superar el «paradigma cartesiano» hacia un nuevo enfoque holístico) y el deconstruccionista posmoderno (para quien el sujeto cartesiano es una ficción discursiva, un efecto de mecanismos textuales descentrados); el teórico habermasiano de la comunicación (que insiste en un cambio de la subjetividad monológica cartesiana a la intersubjetividad discursiva) y los proponentes heideggerianos del pensamiento del Ser (que enfatizan la necesidad de «atravesar» el horizonte de la subjetividad moderna que culmina en el actual nihilismo devastador); el científico cognitivo (que se esfuerza por probar empíricamente que no hay una escena única del Ser, solo un pandemónium de fuerzas en competencia) y el ecologista profundo (que culpa al materialismo mecanicista cartesiano de proporcionar la base filosófica para la explotación despiadada de la naturaleza); el (post-)marxista crítico (que insiste en que la libertad ilusoria del sujeto pensan-

> te burgués tiene sus raíces en la división de clases) y la feminista (que enfatiza que el cogito supuestamente asexuado es de hecho una formación patriarcal masculina). ¿Dónde está la orientación académica que no ha sido acusada por sus oponentes de no repudiar adecuadamente la herencia cartesiana? ¿Y cuál no ha respondido con la imputación infamante de «subjetividad cartesiana» a sus críticos más «radicales», así como a sus adversarios «reaccionarios»? (Žižek, 2001: 9).

Cuando hizo este acertado alegato, no parece que Žižek hubiera tenido en cuenta que esta generalizada tendencia filosófica destinada a desmantelar el sujeto cartesiano iba a culminar en las corrientes poshumanistas para desembocar finalmente en la tecnología de la IA. Se trataría, pues, de una filosofía que, al cabo del camino, se convierte en máquina, en una tecnología destinada a habitar un mundo sin sujeto.

Para Ryle, el fantasma de la máquina es el espíritu, el yo, el sujeto, la conciencia, o sea, todo aquel aparato que fundamenta una cierta concepción del ser humano que se considera en decadencia, si no ya periclitada. Derrida acuña el concepto de *hantologie,* que en francés suena igual que *ontologie,* esto es, ontología, y que se traduce a veces por *fantología,* para proponer un vía de comprensión de algo inherente al espectro, al hecho de que se trata del regreso fantasmagórico de aquello que se suponía o se quería muerto. Para Derrida, este espectro que regresa, después de haber sido reprimido, es el de Marx y el marxismo. Para nosotros, se trata del espectro, espíritu o fantasma del sujeto que ha sido dado por muerto tanto por la filosofía de la modernidad tardía y la posmodernidad temprana como por la ciencia. En este sentido, es muy acertado lo que dice Mark Fisher acerca de la hauntología. Se pregunta si es un intento de revivir lo sobrenatural o una agencia de lo virtual, una forma de actuar de lo virtual, es decir, «el espectro entendido no como algo sobrenatural, sino como algo que actúa sin existir (físicamente)» (Fisher, *ibíd.:* 44). Para nosotros, esto define exactamente al sujeto, el cual regresa después de haber sido dado por muerto. El sujeto es un espectro en muchos sentidos, pero lo es sobre todo en el derridiano, es decir, como una figura que ha sido descontada con excesiva precipitación. Una figura que regresa para atormentar una realidad excesivamente complaciente consigo misma.

Derrida, hacia el final de la citada entrevista cinematográfica, afirma contundentemente que cree que «los fantasmas son parte del futuro: las tecnologías modernas de la imagen, en lugar de restringir el ámbito de los fantasmas, lo aumentan y preparan el regreso de los fantasmas». El regreso de los fantasmas es también el regreso del sujeto. Este regreso se produce de forma espectral y lo hace a través de la tecnología, específicamente de los dispositivos de la ImA que reclaman clamorosamente la presencia de un sujeto para completar su existencia fantasmagórica. Sin un sujeto que recoja sus imágenes y las asuma, la actividad de la ImA no tiene sentido.

Si la IA suponía la culminación técnica de un proceso de pensamiento profundamente nihilista, su vertiente inesperada, la de los dispositivos de la ImA, abre una vía hacia una realidad construida en torno a un postsujeto capaz de pilotar el necesario poshumanismo ilustrado que nos puede salvar de la barbarie.

Capitalismo y enfermedad

Francesc Tosquelles, el psiquiatra catalán que desarrolló casi toda su carrera en Francia, habla de la necesidad de curar las instituciones, de lo que se desprende que las instituciones pueden enfermar. ¿Puede enfermar una estructura social como el capitalismo? ¿En qué sentido calibraríamos su anormalidad, si habiendo el capitalismo engullido toda la realidad no nos resta otra normalidad que la suya, no queda un afuera que no sea el de la imaginación utópica que apenas si podemos considerar «normal»? Si, una a una, las instituciones del capitalismo van enfermando, el resultado es una realidad enferma, que vive y medra en la enfermedad. Parece una verdad de Perogrullo afirmar que, si las partes de un organismo enferman una tras otra, llegará un momento en que la enfermedad dejará de ser un desorden parcial y se convertirá en un fenómeno de conjunto. Solo que, en ese punto, quizá habrá que pensar no tanto en la prolongación de una larga enfermedad como en la entrada en una nueva normalidad, como ese personaje de Italo Svevo que vivía y se encontraba a gusto en su propia enfermedad. Al fin y al cabo, como dice Canguilhem, «el organismo enferma para curarse» (1999: 12). Claro que luego añade lo siguiente:

> Si lo normal no tiene la rigidez de un hecho de restricción colectiva sino la flexibilidad de una norma que se transforma en su relación con las condiciones individuales, está claro que la frontera entre lo normal y lo patológico se torna imprecisa. Pero eso no nos devuelve en modo alguno a la continuidad de lo normal y lo patológico

> idénticos en esencia, salvo variaciones cuantitativas, a una relatividad de la salud y la enfermedad tan confusa que no sabemos dónde termina la salud y dónde empieza la enfermedad. El límite entre lo normal y lo patológico es impreciso para múltiples individuos considerados simultáneamente, pero es perfectamente preciso para un mismo individuo considerado sucesivamente. Lo que es normal, por ser normativo en unas condiciones dadas, puede volverse patológico en otra situación, si permanece idéntico a sí mismo *(ibíd.:* 119).

Una institución, así como una sociedad, es equivalente a un conjunto de individuos, o elementos individuales, considerados simultáneamente. Pero, al mismo tiempo, puede, o debe, ser concebida como un «organismo» global. De modo que, por un lado, la frontera entre lo normal y lo patológico es imprecisa, mientras que, por el otro, adquiere precisión, puesto que puede advertirse el momento en que cambia de fase y pasa de lo normal a lo patológico. La cuestión es, si en ese momento de cambio global en que lo patológico se convierte en normal, esta normalidad disuelve en su seno lo patológico. Lo que para el individuo puede implicar un paso hacia la extinción y, por consiguiente, disparar las alarmas, en el cuerpo institucional o social se puede convertir en un imperceptible cambio de estado.

A los expertos de todo tipo les cuesta comprender el paso de lo particular a lo general, puesto que, aun cuando se hallen ante un cuerpo enfermo en su totalidad, seguirán centrándose en la dolencia de cada una de las partes, sin comprender que la enfermedad general es de una índole distinta a la de las dolencias particulares. Pero también es verdad que muchos entusiastas del transhumanismo, y no pocos de sus teóricos, tienen la secreta convicción de que, si las partes del cuerpo humano se fueran sustituyendo paulatinamente, una a una, por sus equivalentes artificiales —llevando el concepto de prótesis al paroxismo—, al final del proceso tendríamos un cuerpo completamente artificial pero que seguiría conservando la cualidad humana de la conciencia. Nos encontramos de nuevo ante la imposibilidad de desprenderse de la idea «orgánica» del cuerpo para poder adoptar el concepto de un cuerpo sin órganos, un desplazamiento que no contrapone solo dos tipos de cuerpo, sino sobre todo dos ontologías (Deleuze y Guattari), dos modos de pensamiento (Whitehead), así como dos modos de existencia (Souriau). Desde la concepción organicista, es decir, basada en el paradigma mecanicista de un cuerpo entendido como la suma de una serie de órganos distintos, se considera que el ser humano y su cuerpo están formados por partes perfectamente sustituibles. Pero, en un cuerpo sin órganos, que está constituido por flujos que se entremezclan constantemente, la alteración de cualquiera de sus «momentos» afecta a la totalidad.

Por otro lado, cabe preguntarse qué significa que una institución enferme. ¿Implica que deja de funcionar como debe o, por el contrario, hay que considerar que está enferma precisamente porque cumple a rajatabla con sus funciones? Al psicoanálisis se le ha acusado muchas veces de no saber cómo resolver este dilema, puesto que su propósito parece ser el de lograr que los pacientes se acomoden a la realidad, aunque esta no sea objetivamente asumible. En general, sin embargo, se trata de una tesitura a la que se enfrenta toda psicoterapia. Por ello, Deleuze y Guattari propusieron una solución que no se basaba en la cura, es decir, en la adaptación, sino en una intensificación de la dolencia que, al tensionar el conjunto, conduzca al desmoronamiento de las estructuras sociales que provocan la patología en primer lugar.

Todo esto viene al caso por la posibilidad de que la IA pueda ser considerada una institución. Hay instituciones de todo tipo: jurídicas, políticas, legislativas, académicas, científicas, legislativas, religiosas, financieras, etc. Estas instituciones regulan el funcionamiento social a través de organismos concretos y convenientemente formalizados por determinadas prácticas. Pero existe otro tipo de instituciones que son menos concretas, porque su razón de ser no se basa en una función social, sino que forman parte de una episteme que alimenta subrepticiamente estas funciones. Se trata de instituciones que podríamos denominar conceptuales porque no establecen directamente un conjunto de prácticas, sino que determinan el sesgo que toman esas prácticas en los distintos organismos institucionales. Foucault se refiere, por ejemplo, a la institución disciplinaria o incluso a la institución del sexo o de la sexualidad. En ambos casos, la sustancia institucional transita transversalmente por el resto de las instituciones y canaliza una parte de su funcionamiento a la vez que permite de esta forma la materialización de sus tendencias epistémicas. La IA sería una formación que participa de ambos tipos de institución. Desde el punto de vista de los distintos dispositivos tecnológicos, relacionados con instituciones científicas, tecnológicas o empresariales, establece un conjunto de prácticas aún no del todo bien definidas. Pero se detecta ya en ese conglomerado un ámbito institucional de carácter superior cuya ideología penetra en el entramado de otros muchos funcionamientos. En este sentido, su actividad se asemeja a las funciones que cumple la ciencia como institución conceptual —este tipo de instituciones podrían considerarse equivalentes a formas simbólicas. La institución científica es superior a cualquier práctica u organismo científico concretos, entre otras razones, por el hecho de que su ideología no se centra en ellos, sino que se proyecta por el resto de ámbitos sociales y determina sus formas de saber y de actuar. Aclara Deleuze, al examinar la idea de institución en Foucault, que

> una de las ideas esenciales de *Vigilar y castigar* es que las sociedades modernas pueden definirse como sociedades «disciplinarias»; pero la disciplina no puede identificarse con una institución ni con un aparato, precisamente porque es un tipo de poder, una tecnología, que atraviesa todo tipo de aparatos y de instituciones a fin de unirlos, prolongarlos, hacer que converjan, hacer que se manifiesten de una nueva manera (Deleuze, 1987: 52).

Pero ¿hasta qué punto una tecnología puede ser tratada como una institución? Si la institución es ese lugar donde el poder establece las condiciones por las que un saber es posible, al mismo tiempo que permite que el saber se convierta en un instrumento de poder (Morey, 1987: 18), no cabe duda de que la IA es uno de esos lugares cuya importancia social no deja de crecer. Si bien conceptos como los de la sociedad disciplinaria o la sociedad de control forman parte de las herramientas teóricas de diversas disciplinas, aún no sabemos qué puede implicar verdaderamente una sociedad y una mentalidad estructuradas por la IA, más allá de considerar, de forma pesimista, que se puede convertir en un instrumento del sistema disciplinario y de control, lo cual no nos informa sobre las posibles novedades de su paradigma. Las visiones optimistas y pesimistas sobre la IA no nos advierten sobre cuál va a ser su alcance y de qué manera modificará las prácticas sociales, especialmente las relacionadas con el saber. Foucault señala, según Deleuze, que «toda institución tiene necesariamente dos polos o dos elementos: "aparatos" y "reglas". En efecto, organiza grandes visibilidades, campos de visibilidad, y grandes enunciabilidades, regímenes de enunciados» *(ibíd.:* 106). En el caso de la IA, el concepto de aparato adquiere una estricta literalidad, que se acrecienta aún más en el caso de su derivación, la ImA. Por lo que se refiere a esta, los campos de visibilidad son también literales, por razones obvias. Y los posibles enunciados dependen de estos campos. Forzar la concreción de un discurso abstracto como el de Foucault puede parecer que lo violenta. Pero no tiene por qué ser así. Buscar estas concreciones lo que hace es señalar simplemente la aparición en el ámbito de la ontología de las instituciones pertenecientes a una formación novedosa, la tecnológica.

Quizá la propuesta referente a la posibilidad de que una tecnología, cuando adquiere una especial preponderancia práctica y simbólica, puede llegar a convertirse en una institución en sus dos modalidades, la práctica y la conceptual, puede ser más asumible si la planteamos desde una perspectiva distinta. En tal caso, no se trata de asimilar la tecnología a una institución, sino de considerar las instituciones como tecnología, en concreto, como máquinas, en el sentido que Deleuze y Guattari le confieren al término. Máquinas entendidas como el resultado del ensamblaje de un conjunto de elementos que actúan con un fin determinado, una descripción perfectamente asimilable tanto al funcionamiento de cualquier institución como al de una tecnología. En ambos casos, los conglomerados, al contrario que los de una máquina abstracta, son en gran medida estables, si bien en su interior se pueden producir pequeños ensamblajes maquínicos de carácter provisional. Estamos hablando de las instituciones sociales, no de las epistémicas, que en su caso sí que se asemejan a las máquinas abstractas y, por lo tanto, dejan atrás la estabilidad. Ahora bien, en cualquier instancia, debemos tener en cuenta que cualquier institución de cualquier tipo está compuesta de dos ontologías, una práctica y funcional, y otra que podríamos denominar «metafísica» pero que se materializa en el hecho de que se refiere al significado y a la operatividad última de su funcionamiento. El primer pliegue es directamente perceptible, mientras que el segundo solo aparece cuando se piensa el primero, es el resultado de aplicar a la ontología primera el pensamiento como si este fuera el colorante que el biólogo aplica a un tejido para ver su conformación en un microscopio. El primer pliegue ontológico tiene una operatividad precisa en un ámbito determinado, el segundo es transversal y puede alcanzar regiones insospechadas.

Si la IA es una institución, ello quiere decir que pasa a desempeñar una serie de funciones relativas al sistema capitalista del que forma parte. Si fuera solamente una tecnología, cabría dejarse llevar por el espejismo de una posible neutralidad, pero como institución esta neutralidad no es en absoluto asumible. Tengamos en cuenta, sin embargo, que en el ámbito epistémico el concepto de neutralidad pierde gran parte de su sentido, así como lo hace el de objetividad. Es necesario asumir este punto para poder comprender las relaciones que los distintos tipos de institución mantienen entre sí y todos ellos con los ámbitos de la episteme o el paradigma.

En este punto, regresemos a la cuestión de la enfermedad sistémica o institucional, observando que, al adentrarnos en este ámbito, rozamos la posibilidad de tener que declarar que es la propia realidad la que puede estar enferma.

Dicho esto, veamos hasta qué punto la posible enfermedad capitalista afecta a cualquiera de sus instituciones. Cada una de las instituciones puede tener su propia patología, pero, en cualquier caso, cada una se ve afectada por la dolencia generalizada del cuerpo capitalista, que está determinada por las características de este cuerpo.

En ese punto en el que la gangrena es total, el cuerpo se convierte en el equivalente de un cuerpo sin órganos. El cuerpo sin órganos es, entre otras cosas, el resultado de la paulatina enfermedad, que va eliminando funciones orgánicas hasta que el cuerpo se desorganiza y cruza una frontera que lo lleva a otro estado ontológico: el estado del cuerpo sin órganos, donde las enfermedades previas dejan de tener sentido. El colofón de un desarrollo patológico que no es capaz de acabar con el organismo es, pues, la disolución de la patología en un estado morboso, dominado quizá por la hipocondría, como le sucede al personaje de *La conciencia de Zeno* de Italo Svevo, antes citado, el cual no solo vive enfermo, sino que vive de la enfermedad. Pero son los personajes de Philip K. Dick los que mejor muestran ese estado por el que se viven normalmente las patologías en el seno de un mundo patológicamente normal.

El capitalismo, después de ver cómo cada una de sus partes enfermaba, ha entrado en una fase en la que su estado comatoso se convierte en su propio sustento. Sobrevive a base de morir constantemente, lo cual no es solo una metáfora, sino una forma de ser del propio sistema. Por ello, quizá mejor que pensar en la posibilidad de diagnósticos esencialistas es procurar describir conductas. Mejor que delimitar una enfermedad trascendental, que es paradójicamente trascendental puesto que no puede trascender la totalidad, será centrarse en el proceder contingente. En este sentido, conviene examinar de qué manera el capitalismo sueña y delira desde su estado patológico.

Para comprender el funcionamiento y el efecto de sus instituciones y sus tecnologías, de sus instituciones tecnológicas y sus tecnologías institucionales, es necesario percibir ese estado de cosas por el que en el capitalismo lo normal y lo patológico se confabulan. Es necesario acep-

Figura 5

tar la necesidad del delirio en un mundo delirante que carece de afuera, por lo que el mayor delirio es pretender situarse en este afuera imposible con el fin de comprender el delirio interno. Como en las figuras topológicas, el afuera y el adentro forman parte de una misma entidad que se muestra de forma alternativa según como se considere. Según la ImA, nuestro mundo se ve así (figura 5) desde afuera, pero este afuera imaginado no es más que una interpretación engañosamente estable de un adentro realmente delirante.

Cuando Foucault intenta esbozar los parámetros de un pensamiento de afuera, trata de conjurar la famosa paradoja de Epiménides sobre el mentiroso que miente, afirmando que «toda proposición debe ser de un "tipo" superior a la que le sirve de objeto» (1997: 3). Pero este antídoto, que parece convenir al lenguaje, no encaja de forma tan conveniente en la imagen. En la imagen, el adentro y el afuera se presentan al unísono, de tal forma que el adentro de la imagen es el fundamento de un afuera que contiene ese adentro que lo sostiene. Para Foucault, el pensamiento del afuera es un pensamiento que se produce al otro lado del lenguaje, esquivando por tanto el sujeto: «La experiencia desnuda del lenguaje [...], la transición hacia un lenguaje en el que el sujeto está excluido [...]: el ser del lenguaje no aparece por sí mismo más que en la desaparición del sujeto» *(ibíd.:* 7). Pero el mundo, antes que lenguaje, es imagen. Y la imagen se vive desde dentro, absorbiendo y transformando el afuera, convirtiéndolo en lenguaje forzosamente imaginado.

Ahora la IA parece ofrecernos, en forma de imagen o texto, un verdadero afuera, un afuera sin sujeto pero también sin pensamiento. Pero, en realidad, se trata de un sujeto y un pensamiento que regresan después de haber transitado por el adentro de la tecnología. Regresan en forma de delirio que, en el caso de las imágenes de la ImA, abre un agujero en lo real por el que es posible vislumbrar el otro lado. Por esto es útil el delirio de la ImA, porque nos empuja a imaginar. La industria lo sabe y, por ello, una de las opciones del programa Midjourney es «imagina» y otra, de «Stable Diffusion», es «soñar». Pero a la vez no lo saben, no saben lo que realmente están haciendo, porque el delirio es siempre incontrolable.

Delirio capitalista

Las imágenes de la ImA son un producto más de un capitalismo delirante, cuyas pulsiones, en este caso como en tantos otros, son catalizadas mediante la tecnología. Capitalismo y delirio aparecen, en principio, como dos términos negativos que al unirse dan la impresión de incrementar aún más su negatividad. Deleuze ya era muy categórico al respecto. Esto es lo que decía en una entrevista titulada precisamente «Capitalismo, un delirio muy especial»:

> ¿Se distribuyen el delirio y el interés, o más bien el deseo y la razón, de una manera completamente nueva, particularmente «anormal» en el capitalismo? Eso creo. El capital, o el dinero, se encuentra en tal nivel de locura que la psiquiatría solo tiene un equivalente clínico: la etapa terminal (Guattari, 2009: 36).

El problema, cuando se hacen este tipo de manifestaciones, por otra parte tan acertadas, es que quien las efectúa tiende a situarse a sí mismo fuera del diagnóstico, lo cual no deja de ser una aberración, sobre todo si se está hablando de un ámbito al que se pertenece íntimamente, y del capitalismo en la actualidad no es posible librarse porque ha invadido todas nuestras fibras, como no deja de ser lógico, nos guste o no. Por otro lado, nadie puede sobrevivir en un manicomio, si no está él mismo tan loco como la institución, por lo menos. Tosquelles instaba a curar las instituciones, asumiendo que, sin este paso, nada se podía hacer por los individuos que están relacionados con ellas. Son muchas las instituciones por las que circula el delirio capitalista. La capacidad de diagnosticar es, por supuesto, una ventaja intelectual, pero no inmuniza contra el mal que se diagnostica, sobre todo cuando este mal no es equiparable al disparo de un arma que individualiza a la víctima, sino que equivale más bien a un ataque con gas que emponzoña todo un ambiente, una atmósfera en la que el diagnosticador está tan sumergido como el resto de las víctimas, de las que él pretende separarse supuestamente inmunizado por su perspicacia.

Se trata de una distorsión epistemológica, cuya incidencia ya inquietó a los antropólogos y los etnólogos en su momento y que, en ciertos casos como el que nos ocupa, coloca al pensador en una situación política comprometida. Por un lado, es necesario considerar hasta qué punto es posible abstraerse de nuestra esencia para que esta no influya en la concepción que tenemos de ella. Es decir, hasta qué punto la conciencia constituye un antídoto contra nuestra propia naturaleza, de modo que nuestra capacidad crítica nos libra de ser criticados. ¿Es posible vivir escindidos en dos mitades contradictorias? La escisión del esquizo es existencialmente insostenible porque el paciente la ignora y la vive como un tormento que le asedia desde fuera. Pero, si se asume, si la conciencia se hace cargo de la ruptura, es posible deslizarse hacia la zona, más controlable pero no por ello menos tensa, donde se asiente una nueva normalidad. En otras palabras, esto equivale a lo que planteaban Deleuze y Guattari en el «Anti Edipo» al pretender que la esquizofrenia capitalista debía ser contrarrestada incrementando la intensidad de una forma de ser esquizofrénica. Pero esta línea de fuga en realidad no conduce a otra parte, sino que nos conecta con una nueva dimensión de lo existente. No nos abre las puertas a una utopía, sino que, en lugar de conducirnos a ningún lugar, nos reconduce a una región indetectada de lo real. Como en *El mago de Oz,* el descubrimiento de la patraña no nos devuelve automáticamente a Kansas, no nos expulsa del reino de Oz, entre otras razones, porque Kansas ya no existe —«we are not in Kansas anymore», afirma perspicazmente Dorothy en la película—, sino que nos permite descubrir en este territorio elementos que, gracias al giro epistemológico, han dejado de ser negativos o aparecen en el seno de una negatividad generalizada convertida en nueva normalidad. No andaba desencaminado Deleuze cuando decía que «si los dispositivos de poder son constitutivos de verdad, si hay una verdad del poder, debe haber como contraestrategia una especie de poder de la verdad, contra los poderes» (2003: 117). Pero la verdad del poder y el poder de la verdad no son tanto posiciones antagónicas como complementarias. El poder de la verdad no puede existir sin la verdad del poder, pero tampoco esta puede desentenderse completamente de su supuesto antagonista. De lo que se trata es de que el eje que los conecta a ambos cambie de sentido. En esta delicada operación se funda la única revolución posible, que por ello es forzosamente integral, aunque no del modo que lo han sido o han pretendido serlo las revoluciones hasta ahora.

Conviene no hacer enmiendas a la totalidad, so pena de sumergirse en una paradoja. Cuando se hacen diagnósticos absolutamente negativos sobre la realidad como si quien los hace no formara parte de ella, se olvida la posibilidad de que no todo en el ambiente o el medio que se habita es absolutamente rechazable. La esquizofrenia capitalista hace que todo sea contradictorio, que todos los elementos que conforman la realidad estén escindidos en dos mitades opuestas. Del mismo modo que la religión popular pretendía que todo individuo tenía a su disposición un demonio para tentarle y un ángel de la guarda para ayudarle a superar la tentación, también el capitalismo tiene un lado angelical y otro diabólico, pero no porque esta sea la esencia del capitalismo, sino porque toda ontología está siempre trufada de complejidades y contradicciones que es necesario asumir en su verdadera dimensión, aunque solo sea porque no se puede dejar de vivir en un ecosistema, incluso a contrapelo. Se trata de tensiones cuya contraposición no puede considerarse estable, sino que están cambiando de polo continuamente, de modo que no se puede estar nunca seguro de si, en determinada situación, se atiende al ángel o al diablo. Un rasgo del capitalismo es la inestabilidad. Acomete y a la vez suministra las defensas para resistir o repeler la acometida, si bien nunca está del todo claro cuál es cuál. Las armas de contrataque, más que arrebatárselas al capitalismo, hay que obtenerlas reconfigurando las que este utiliza en su asalto. Para ello, es necesario descender a las cavernas donde estos instrumentos de combate se producen ciegamente. Estos subsuelos no son más que el anverso de lo evidente. En realidad, no están debajo del suelo de lo real, sino que son el lado oculto de una realidad giratoria que, como la Luna, tiene siempre una cara oculta:

> Tendríamos, por tanto, por un lado: Estado —diagrama de potencia (el Estado es el dispositivo molar que realiza los microdatos del diagrama como plan de organización)—; por otra parte, máquina de guerra —diagrama de líneas de vuelo (la máquina de guerra es el arreglo que realiza los microdatos del diagrama como un plano de inmanencia) (Deleuze, 2003: 121).

Resumiendo: «Si el capital nos propone formas de vida, estas formas de vida no se agotan en el capital»[4].

El capitalismo en su fase más delirante nos ofrece una forma ligeramente invertida de la hegeliana ley de la negación de la negación. No se trata en este caso del proceso dialéctico por el que lo nuevo niega lo viejo y a la vez es negado por otra novedad, sino que ahora lo nuevo se niega a sí mismo o, dicho de otra manera, en la actualidad, es necesario negar la negación que lo nuevo hace de lo viejo para que lo nuevo sea verdaderamente nuevo, es decir, para que se supere a sí mismo y resplandezca en el seno de lo que, de tan nuevo, parece viejo. Este obsesivo proceso se podría representar con la figura del Uróboros, siempre que el cuerpo de la serpiente que se muerde la cola se tuerza como una cinta de Moebius. La ImA interpreta esta propuesta de diversas maneras, todas ellas más complejas que nuestra imagen. Un par de estas expresiones se muestran en la figura 6. Como venimos diciendo a lo largo de este escrito, no está de más insertar estas alternativas visuales en la discusión. Son claramente delirantes, pero proponen una desviación del discurso hacia regiones insospechadas. Nos advierten sobre los peligros de una lógica excesivamente estable y nos proponen formas distintas de organizarla. En este sentido son imágenes de un pensamiento maquínico. Lo son en diversos sentidos: porque provienen de una máquina; porque se producen maquínicamente, mediante procesos de agenciamiento y ensamblaje profundamente heterogéneos; y, finalmente, porque son procesos constitutivos de nuevas experiencias y nuevas formas de pensamiento, un pensamiento menor y, por ello, más disruptivo.

Si el capitalismo delira, no es solo porque su racionalidad y su actuación intrínseca es obtusa y nociva, sino porque su funcionamiento lo ha llevado al borde del exceso y, ante la imposibilidad de ir más allá sin negarse a sí mismo, se aventura automáticamente por regiones alter-

---

[4] Conferencia de Lluís Aguiló en el Aula Deleuze «Genealogia de l'agençament», celebrada el 16 de mayo de 2023 (https://youtu.be/sSjTz0DDOBA).

Figura 6

nativas de sí mismo que pueden considerarse delirantes. Son ámbitos pertenecientes a la imaginación y están transitados por sueños, fantasmagorías y alucinaciones. Como dice Lluís Aguiló, «detrás de cada objeto real, hay un objeto imaginario»[5]. El delirio podría considerarse, por lo tanto, la contrapartida imaginaria de lo real, pero de tal forma que acaba convirtiéndose en la realidad en sí. Jameson considera que la principal equivocación o error de Marx es «que quiere librarse de los fantasmas, piensa que puede hacerlo e incluso considera que es deseable hacerlo» (2009: 173). En este sentido, el error de Marx es equivalente al de toda la crítica modernista. Jameson advierte que un «mundo depurado de espectralidad no es otra cosa que la ontología misma; un mundo de pura presencia, de densidad inmediata, de cosas sin pasado» *(ibíd.)*. La ontología, lo real absoluto, nunca puede contemplarse directamente, pues tal visión sería fuente de terror, según Lacan. Pero, en cambio, es posible contemplarla como reflejo en la espectralidad de las cosas, en los fantasmas que transitan por la realidad, a los cuales no es conveniente eliminar, puesto que su desaparición no solo nos dejaría inermes frente a la forma desnuda de lo real, su ontología, sino, peor aún, nos incapacitaría para ver esta ontología, cegados por su insufrible fulgor. No la veríamos y, por lo tanto, no la comprenderíamos: estaríamos a su merced. Los fantasmas son, por lo tanto, una garantía epistemológica. Y lo mismo puede decirse de los delirios que produce el ca-

[5] Conferencia de Lluís Aguiló citada.

pitalismo, aquellos que son producto de su condición patológica pero que acaban actuando en su contra.

Estas visualidades delirantes deben ser tratadas adecuadamente, o sea, no solo como síntomas de una enfermedad —el capitalismo está enfermo—, sino también como construcciones que suministran vías de comprensión y escape de la situación que las produce. En este sentido, las imágenes que genera la ImA son tan «nocivas» como podrían serlo las de la pintura barroca o los espectáculos que esa época conservadora y absolutista produjo. Es tan delirante hoy el espectáculo de Eurovisión, y su estética global, como en el siglo XVII lo eran los fastos diseñados por Francis Bacon para la boda de la princesa Isabel, hija de Jacobo I, con Federico V, Elector Palatino, o los alambicados arcos de triunfo levantados como monumentos efímeros para conmemorar algún acontecimiento, como el arco triunfal que, con el título de «Neptuno alegórico», diseñó detalladamente sor Juana Inés de la Cruz en México para celebrar la llegada del virrey a esos territorios. Recordemos la existencia de un género como el grotesco que nunca ha carecido de un discreto encanto. No es del todo cierto que los espectáculos de Eurovisión sean estéticamente deplorables, como tampoco lo eran de manera absoluta los mencionados antecedentes. Lo son todos ellos desde la perspectiva del poder que los genera, pero unos y otros destilan, más allá de ese valor que determina el subjetivo e histórico buen gusto y del hecho de que son la voz de su amo, una potencia visual que se dirige al pensamiento a la vez que también es capaz de dirigirlo. Lo dirige en muchas direcciones al mismo tiempo y no todas ellas positivas, es cierto. Pero el explosivo delirio de muchos espectáculos, su exceso, pone de manifiesto el deseo del poder, descubre su interioridad de la forma más cruda posible. En consecuencia, el detonante mental es algo que les es intrínseco a esos espectáculos horteras. Las formas abyectas acaban adquiriendo la belleza del conocimiento, igual que un volcán en erupción se convierte en sublime, a pesar de su poder destructivo. Lo feo se convierte en hermoso cuando descubrimos que puede ser pensado.

Podemos considerar la cultura visual como una región básicamente homogénea, aunque en extremo rugosa y variopinta, una zona en uno de cuyos extremos se encuentran formaciones que, al igual que ciertos espectáculos televisivos o algunas propuestas publicitarias, pueden considerarse *kitsch,* mientras que en el otro lado se sitúan poderosas obras de arte, con toda una serie de variaciones intermedias. Por este territorio transcurren numerosos flujos que provocan diversas formas de agenciamiento. En este sentido, los dos extremos del conjunto pueden ser considerados tanto opuestos como complementarios. De hecho, todos los elementos que forman la totalidad de una determinada cultura visual se comunican entre sí internamente, intercambiando flujos de intensidades variables que generan multitud de contaminaciones. Estos intercambios y estas contaminaciones no solo actúan en el interior de una determinada cultura o época, sino que se extienden hacia otras culturas y otras épocas. No se trata solo de que la contemporaneidad reciba influencias del pasado, sino de que las visualidades actuales se sumergen ellas mismas en la historia, en ese pasado, para recoger el germen de otras estéticas y obligarnos a reconsiderarlas. Hacen ahora conscientemente lo que antes ocurría, la mayoría de las veces, inconscientemente.

A esta gigantesca y alambicada maquinaria se le une ahora un agente externo, la ImA. Se trata de un factor delirante por varios motivos. En primer lugar, porque, en su versión libre, no ligada a producciones utilitarias, se presenta como un excedente de la tecnología que fundamenta los dispositivos, la cual se halla situada en la cúspide de la racionalidad. Podríamos decir que escapa de esta tecnología, ilustrando perfectamente la idea de Goya de que el sueño de la razón produce monstruos o, por lo menos, una de sus posibles interpretaciones, la más acertada para la actualidad —no la razón debilitada por su estado de somnolencia, sino la propia razón produciendo sueños monstruosos al razonar. En segundo lugar, porque su producción es febril, incesante e irrepetible como las imágenes producidas por el sueño o los estados hipnagógicos. Con la diferencia de que, en el caso de la ImA, el instrumento es capaz de fijar en imágenes concretas unas visualidades que son efímeras por naturaleza. Como si pudiéramos fijar un sueño. No reproducirlo, sino fijar imágenes directas del mismo.

Las imágenes de la ImA son a la vez efímeras, por prácticamente irrepetibles, pero también estables, puesto que permanecen materializadas en una composición visual. La ImA se introduce en la cultura visual contemporánea como una disrupción. Los dispositivos actúan con la misma inconsciencia con que antaño se producían las influencias, pero ahora, mezclando pasado y presente de manera activa. No hay conciencia ni intención en sus actos, pero sus resultados se imponen como si las hubiera. Si el arte creaba expectativas, se ofrecía para ser explorado, la ImA impone su presencia, sin esperar nada. Nos propone la posibilidad de un museo delirante en el que las obras irían cambiando sin cesar, para no repetirse jamás. Sin embargo, a pesar de este frenesí visual, sus registros generales son reconocibles y dejan huella. Son el reverso de todo lo que conocemos en torno a las relaciones de las imágenes con el resto de la cultura y, por lo tanto, su presencia nos obliga a repensarlo todo.

Ética, estética y política de la fantasmagoría

En la citada entrevista de «Ghost Dance», Derrida, al referirse a la ciencia de los fantasmas, añade que «el futuro pertenece a los fantasmas y que la tecnología moderna de la imagen, de la cinematografía, de la comunicación redobla el poder de los fantasmas y el retorno de los fantasmas». Han transcurrido cuarenta años y el mismo Derrida se ha convertido, o reconvertido, en un fantasma, si aplicamos su criterio, según el cual su imagen ya era fantasmagórica entonces al prestarse a participar en la película y convertirse, por tanto, en una imagen de sí mismo. Pero es también fantasmagórico, si tenemos en cuenta que su anunciada ciencia de los fantasmas acabó convirtiéndose en el concepto de hauntología, desarrollado posteriormente en su libro *Espectros de Marx,* que publicó diez años más tarde y cuya presencia no deja de inquietarnos. Mark Fisher, uno de los principales promulgadores de este concepto derridiano, considera que existe una estrecha conexión entre la palabra inglesa *haunt* y el vocablo alemán *unheimlich,* es decir, entre lo que, con dificultades, podríamos traducir por embrujar, asediar o encantar y el concepto freudiano de lo siniestro (Fisher, 2018a: 159). La hauntología de Derrida sería, pues, una fantología o espectrología, una ciencia de esos fantasmas que invaden o perturban una escena familiar. Según Derrida, Marx es uno de tales fantasmas, representa un paradigma que fue dado por muerto precipitadamente y que regresa, como el fantasma de *Hamlet,* para desestabilizar con su espectral presencia la realidad contemporánea. Una presencia que hace que esta realidad familiar se desfamiliarice y muestre sus aspectos siniestros. Un retorno inquietante de lo reprimido.

Pero el propio Marx está directamente relacionado con lo fantasmagórico por dos razones fundamentalmente. En primer lugar, porque incorporó el concepto en su discurso metafóricamente cuando, en el *Manifiesto comunista,* declaró que un fantasma recorría Europa. Se refería al comunismo, una presencia inquietante cuya aparición perturbaba el hogar burgués europeo, pero tampoco hubiera errado si se hubiera referido a las incipientes tecnologías de la imaginación, que estaban en aquel momento llenas de fantasmagorías. En segundo lugar, y de forma más determinante, introdujo lo fantasmagórico directamente en su teoría económica, al señalar que, con el capitalismo, la mercancía pierde solidez y se convierte en un fetiche, en un fantasma ideológico que aliena la mente de los hombres al ocultarles los verdaderos mecanismos de intercambio en los que están sumidos.

Son muchos y diversos los fantasmas que empiezan a recorrer Europa a mediados del siglo XIX, producidos por un sistema capitalista que carcome los cimientos de una burguesía en decadencia, aquella misma que le había dado vida hasta entonces y de la que se alimentaba aún. Lo que se prepara es un porvenir ontológicamente fantasmagórico. ¿No hablaba Didi-Huberman de un tiempo de los fantasmas para referirse a la persona y el pensamiento de Aby Warburg? ¿No introducía este pensamiento refiriéndose a la aparición de una imagen-fantasma?

Los fantasmas y las fantasmagorías tienen una presencia primordial en el siglo XIX. En el campo de la tecnología precinematográfica proliferaron los espectáculos que representaban imágenes fantasmagóricas. Según Terry Castle,

> pocas personas conocen la aplicación técnica original de la palabra [fantasmagoría] a los llamados espectáculos de fantasmas de la Europa de finales del siglo XVIII y principios del XIX: exhibiciones ilusionistas y espectáculos públicos en los que se producían «espectros» a través del uso de una linterna mágica (Castle, 1988).

Castle es una eminente crítica literaria interesada tanto en el concepto de lo siniestro como en el de un equivalente de la hauntología de Derrida:

> Desde su invención, el término fantasmagoría, como una de las ambiguas palabras primarias de Freud, ha cambiado de significado de una manera interesante. A partir de una conexión inicial con algo externo y público (una ilusión «espectral» producida artificialmente), la palabra ahora se refiere a algo totalmente interno o subjetivo: las imágenes fantasmáticas de la mente. Este cambio metafórico revela una transformación muy significativa en la conciencia humana durante los últimos dos siglos, lo que llamaré aquí la espectralización

> o «fantasmagoración» *(ghostifying)* del espacio mental. Por espectralización me refiero simplemente a la absorción de fantasmas en el mundo del pensamiento (Castle, *ibíd.).*

La producción tecnológica de fantasmagorías en el capitalismo acaba siendo internalizada por la mente. Y lo hace al mismo tiempo que la propia realidad, con el capitalismo, se vuelve fantasmagórica. Denominar fábrica de sueños al cinematógrafo, heredero de la fotografía que ha sido considerada eminentemente positivista, no es en absoluto intrascendente.

Los fantasmas, las fantasmagorías y los espectros se mezclan fácilmente con los sueños, de modo que la textura de las imágenes-sueño es formalmente equivalente a la de los estados de duermevela, así como a la de las alucinaciones y las visiones. Por eso ahora, cuando la tecnología nos suministra imágenes que provienen del inconsciente tecnológico, vemos aparecer en ellas la estética de este turbulento imaginario.

Sueños industriales

Afirmaba Marshall McLuhan con su entusiasmo habitual que la publicidad era el arte del siglo XX. Declaraciones como esta hicieron que su colega de la Universidad de Toronto, Roger Frye, defensor acérrimo de la tradición literaria, dijera de él que «se había convertido en el gurú de los medios, el apóstol de la chatarra eléctrica, el avatar de los intereses corporativos, el traidor de la palabra impresa, una figura sacrificada a las combustiones de la celebridad» (Powe, 2014: 8). Se podía comprender que Frye, desde la serenidad patricia que promueven las humanidades, despreciara el entusiasmo frenético que McLuhan empleaba para anunciar el fin de la galaxia Gutenberg y el nacimiento de una nueva época que no solo era electrizante, sino también y en gran medida delirante. Pero el desdén humanista de Frye no podía evitar el advenimiento de esa nueva realidad que amenazaba con dejar atrás no solo la cultura humanista, sino también el tipo de sujeto que la acompañaba. El problema psicoepistemológico de los cambios de época reside principalmente en que lo nuevo viene acompañado de una subjetividad diferente que no entiende lo que se está dejando atrás, allí donde reside otro sujeto que, a su vez, no comprende lo que está llegando. La inercia mental lleva a considerar automáticamente que lo nuevo es lo bueno y que, por lo tanto, la incomprensión de lo que se abandona es menos grave que la indiferencia hacia lo que se avecina. A los primeros se les acostumbra a considerar progresistas y modernos, mientras que los otros son tildados de conservadores y antiguos. Pero la realidad es que ninguno de los sujetos es capaz de comprender el proceso adecuadamente porque, ni siquiera en los más drásticos cambios de época, la realidad se divide radicalmente en dos para que, mientras que una parte avanza, la otra se quede irremisiblemente atrás. Por lo tanto, no se puede entender nada, a menos que se intente comprenderlo todo.

Puede que quizá no sea tan descabellado considerar que la publicidad ha sido el verdadero arte del siglo XX, si tenemos en cuenta que, en muchos aspectos, gran parte de la estética de las vanguardias clásicas es equivalente a la estética publicitaria. Las intenciones de ambos medios eran sin duda distintas, pero las técnicas tenían muchos puntos en común. Dejando otras cuestiones aparte, asuntos no menores que tienen que ver con las corrientes futuristas o con formas visuales concretas como las empleadas, por ejemplo, por El Lisitski o Rodchenko, pero que se relacionan sobre todo con las teorías y el cine de Eisenstein, lo cierto es que existe un sustrato compartido por ambos ámbitos que es mucho más amplio que lo que abarcan esas analogías puntuales, un sustrato que recorre transversalmente los campos del arte de vanguardia y de la publicidad. Este sustrato implica la aparición de un nuevo imaginario, cuyas características determinarán gran parte de los aspectos mentales y socioculturales del siglo XX. Estas tendencias, que empiezan a detectarse a partir de la segunda mitad del siglo anterior, preparan el terreno para poder comprender las características de las imágenes que, en la siguiente centuria, producirá la tecnología de la ImA. Estas imágenes son, como hemos dicho, oníricas, pero lo que nos interesa precisar ahora es la relación que este onirismo mantiene con la tecnología y especialmente con la producción industrial. No son el producto de sueños humanos, sino de sueños industriales. Estos sueños se manifestaron, a lo largo del siglo XIX, de muy distintas maneras. Benjamin calificaba, por ejemplo, de «casas de ensueño» colectivo los pasajes que surgieron en París a partir del primer cuarto del siglo XIX. Fueron ellos los que «iniciaron el culto de las mercancías que otorgó expresión material a las promesas de felicidad para las masas urbanas» (Buck-Morss, 2005: 226). Por regla general, los sueños industriales giraron en torno a las mercancías y se expresaron directamente en las grandes exhibiciones internacionales, al tiempo que se materializaban también en los recién inaugurados grandes almacenes o en configuraciones urbanas como los pasajes, donde los incipientes productos de consumo se exhibían en los escaparates de tiendas situadas en ámbitos donde se mezclaba lo público y lo privado, el interior y el exterior, provocando, por tanto, como en todo el resto de los casos, una situación de ensueño. Eran todos ellos lugares donde, parafraseando a Benjamin cuando se refería al Jugendstil, se puede decir que era posible «soñar que se está despierto» (Buck-Morss, *ibíd.:* 231).

Se han dado muchas razones para explicar el surgimiento de las corrientes vanguardistas del arte a finales del siglo XIX y todas ellas son válidas porque los grandes cambios paradigmáticos no son nunca unívocos. Pero la historia del arte sigue siendo básicamente lineal y continúa impregnada de la idea de progreso que hace que los cambios, por drásticos que sean, acaben considerándose prácticamente naturales y, por supuesto, necesarios, porque se tiende a contemplarlos desde la perspectiva creada por el propio cambio. Pero vale la pena situarse de nuevo en el punto de intersección y tratar de dilucidar algunos de los aspectos más determinantes de lo que estaba sucediendo. A grandes rasgos, se puede decir que se estaba abandonando la representación realista o naturalista de la realidad, a la que se estaba sustituyendo por una serie de estilos que eran diversos pero tenían en común el desplazamiento hacia un ámbito visual distinto al de la figuración. Esta desaparecía por completo en el arte abstracto; se descomponía en sus partes en el cubismo; o se incluía segmentada o deformada en el seno de una configuración espacial de nuevo cuño, estructuralmente distinta de la del espacio euclidiano, es decir, aquel que, a través de muy diversos estilos, había dominado la imagen occidental desde el Renacimiento. Muchos autores, en la línea de Arnold Hauser, señalan la invención de la fotografía como la causa principal de que la pintura se aleje súbitamente y de manera tan drástica de las formas ópticas de la realidad. La idea es que, si esta se puede reproducir técnicamente de forma tan fácil, la pintura debe ocuparse de otra cosa. La cuestión es de qué otra cosa debía ocuparse el arte o, mejor dicho, cuáles eran las consecuencias efectivas de este giro en el ámbito de la estructura de la imagen.

Abandonar el realismo implicaba, si nos atenemos a la evolución de las formas, penetrar en un nuevo régimen visual que, por sus características, puede tildarse de onírico. Esto ocurría al margen de las intenciones concretas de los distintos creadores o de las corrientes artísticas, y al margen también de lo manifestado por críticos e historiadores.

En cierta forma, tienen razón los historiadores que focalizan en la invención de la fotografía las causas del cambio de paradigma, pero las verdaderas razones son exactamente las contrarias de las que se esgrimen. La fotografía no genera el cambio por que su extremo realismo desplace el interés de la pintura hacia una estética autorreferencial. La fotografía, en realidad, inaugura la era onírica. Sus imágenes solo son superficialmente realistas, puesto que de inmediato se deslizan hacia estados mentales como la memoria o la nostalgia. Su relación con el tiempo es negativa, puesto que lo detiene y lo extrae del flujo de la existencia, convirtiendo en espectrales sus imágenes: imágenes de un tiempo muerto que no cesa de regresar para inquietar al presente. Por todo ello, la fotografía en su conjunto es una fantasmagoría. Acertaba Didi-Huberman cuando situaba el tratamiento de las imágenes por parte de Aby Warburg en un tiempo de los fantasmas, ya que el historiador alemán del arte

> sustituía el modelo ideal de los «renacimientos», de las «buenas imitaciones» y de las «serenas bellezas» antiguas por un modelo fantasmal de la historia en el que los tiempos no se calcaban ya sobre la transmisión académica sino que se expresaban por obsesiones, «supervivencias», remanencias, reapariciones de las formas. Es decir, por no-saberes, por impensados, por inconscientes del tiempo. En última instancia, el modelo fantasmático del que hablo era un modelo psíquico, en el sentido de que el punto de vista de lo psíquico sería no un retorno al punto de vista ideal sino la posibilidad misma de su descomposición teórica (Didi-Huberman, 2009: 43).

Esto ocurre cuando la fotografía se inserta en el imaginario social como un fantasmagórico eterno retorno promovido por medio de imágenes técnicas.

Las fantasmagorías pueden interpretarse de distintas maneras, una de las cuales se refiere literalmente a determinados espectáculos decimonónicos en los que, mediante el recurso a técnicas de proyección de imágenes, se promovía la visión de figuras fantasmagóricas para espanto y regocijo del público. Estos entretenimientos son el síntoma palpable de una realidad que empieza a moverse entre sueños y dentro de la cual todo acaba resultando fantasmagórico de una forma u otra. Fantasmagoría y espectralidad se combinan para conformar una nueva ontología: la crisis del tiempo lineal hace que se confunda el pasado con el presente y se produzcan, por tanto, constantes e inesperados retornos, formas espectrales del tiempo y la memoria que diluyen la consistencia de la realidad y la convierten en fantasmagórica. Se inician así una serie de preocupaciones teóricas que se desplegarán en el tiempo separadamente, pero que, contempladas desde el punto de vista común de lo espectral y lo fantasmagórico, forman una inesperada constelación cuyos elementos resuenan unos con otros desde sus distintas temporalidades. Así, las raíces del concepto freudiano —más tarde lacaniano— de retorno de lo reprimido pueden rastrearse hasta la idea del eterno retorno de Nietzsche, pasado quizá rizomáticamente por la concepción hegeliana de la negación de la negación y yendo a desembocar en las propuestas de Bergson sobre el tiempo y la memoria. Se trata de una extraña concordancia de intereses, cuyos últimos destellos se pueden detectar en algunos escritos de Deleuze, especialmente los relativos a Proust y al fenómeno cinematográfico, pero que ya se expresaban de forma contundente en *Diferencia y repetición,* cuando el autor decía, por ejemplo, que

> el eterno retorno emplea la negación como un *Nachfolge* e inventa una nueva fórmula para la negación de la negación: todo lo que puede ser negado es y debe ser negado. El genio del eterno retorno no está en la memoria sino en el derroche, en el olvido que se vuelve activo. Todo lo que es negativo y todo lo que niega, todas esas afirmaciones medias que llevan lo negativo, todos esos pálidos Sí inoportunos que salen del No, *todo lo que no soporta la prueba del eterno retorno, todo eso debe ser negado*. Si el eterno retorno es una rueda, hay que dotarla además de un violento movimiento centrífugo que expulse todo lo que «puede» ser negado, todo lo que no soporta la prueba (2017: 99).

La profunda convulsión de la realidad que provocan estos planteamientos resquebraja el suelo de lo real como por efecto de un terremoto y deja salir de sus entrañas el fuego del pasado y de todo aquello que había sido impensado, olvidado o reprimido. Es en este marco donde debemos comprender la confluencia del cinematógrafo, la publicidad y las características de los distintos estilos artísticos, representados especialmente por los *collages* y los fotomontajes como emblemas de los cambios de régimen espacial que se están produciendo.

Puede resultar sorprendente que en pleno apogeo de la novela realista y naturalista, cuando aún reina el positivismo, se proponga la existencia de un paisaje estético y conceptual situado completamente en las antípodas. Pero Didi-Huberman, al analizar en *La invención de la histe-*

ria las fotografías que Charcot hizo de sus pacientes, ya efectuó una crítica de las relaciones entre la fotografía y la ciencia. Puso de manifiesto el profundo cisma que se estaba produciendo entre dos concepciones de la realidad antitéticas pero que, al ser concebida desde la perspectiva de la que era dominante, se interpretaba erróneamente:

> El historiador francés evidencia el modo en que la histeria, como enfermedad estrella de un régimen de representación académico, mimético, literario y naturalista, fue en verdad un oscuro pacto entre una paciente fatalmente convertida en maniquí de poses patológicas y el clínico, que basaba sus pruebas visuales de la enfermedad en manipular las tomas de mujeres enfermas «puestas en escena» del modo más teatral imaginable [...]. El arte, tradicionalmente vinculado a la religión, cobró en la Salpêtrière las maneras de un empirismo naíf y de un conductismo brutal, basado en la copia artística de poses histéricas en el momento de su máxima convulsión; la estimulación de las poses histéricas por toda suerte de medios electroquímicos y acústicos agresivos era una práctica donde el animismo y el sortilegio, la medicina y el chamanismo, fundieron la magia blanca de la razón con las malas artes de la invocación de los espíritus (Repollés, 2008).

Las fotografías que tomaba Charcot de sus pacientes posando con gestos extravagantes eran siniestras y fantasmagóricas. La fotografía, al pretender ser científica, producía fantasmas.

El salto del arte figurativo a las vanguardias se contempla de forma mecanicista. Esta visión olvida la presencia paralela al naturalismo de corrientes como la simbolista o el hecho de que la misma época vio nacer el cuento de fantasmas. Pero es cierto que, como indica Hauser acertadamente, a partir de determinado momento,

> la atención se concentra en el movimiento psicológico de la historia; los acontecimientos externos solo se toman en consideración en la medida en que producen reacciones espirituales. La psicologización de la novela es la prueba más contundente de la espiritualización y subjetivación por la que atraviesa la cultura de la época (Hauser, 1999: 15).

Tanto la psicologización como la consecuente espiritualización es un signo de que el positivismo ha perdido fuerza y la mirada se dirige hacia la mente, y de que lo que se tiende a representar ya no son los paisajes exteriores, sino los interiores. Y estas regiones interiores tienen una estructura distinta, más parecida a la de los sueños.

Fue precisamente un pensador naturalista, Hipólito Taine, quien propuso la idea de la imagen entendida como alucinación. Mientras escribía en 1866 su tratado sobre la inteligencia, le pidió a su amigo Flaubert, escritor muy cercano al naturalismo, que le explicara cuáles eran, según él, las fuentes de la imaginación literaria. Taine estaba interesado principalmente en las relaciones que las alucinaciones podían mantener con la creación artística. Para Flaubert, la imaginación

> se refiere al dominio sobre la actividad mental del autor cuando está completamente absorto en su obra, cuando ve a sus personajes, cuando los escucha, cuando todo lo que imagina, objetos, paisaje, escenario, ha asumido una mayor presencia para él que su entorno real (Chevrier, 2012).

De ello extrajo Taine la idea de que existe una tendencia general del espíritu a la alucinación, de que en todas nuestras operaciones mentales hay una alucinación, aunque sea en un estado inicial, de que la percepción exterior es, en fin, una alucinación verdadera: «A partir de la percepción, se produce en nosotros, junto con la imagen de la sensación experimentada, un simulacro del objeto percibido, y esta representación tiende a volverse alucinatoria» (Taine, 1895: 69). Como indica Bernard Vouilloux:

> El caso es que algo está pasando, en la segunda mitad del siglo XIX, en torno a las imágenes que se forman en la mente. Estas imágenes que empezamos a calificar de «mentales» son ampliamente discutidas en el monumental libro de Taine, y es solo con Bergson (en el *Ensayo sobre los datos inmediatos de la conciencia,* 1889, y en *Materia y memoria,* 1896), luego con Sartre (en *L'Imagination,* 1936) que la psicología tainiana de la imaginación se verá discutida o reemplazada por otras influyentes teorías. Si este libro tuvo varias ediciones en vida de Taine, aún hubo muchas más, mucho después de su muerte, señal de que habrá sido un hito en la historia de las teorías de la mente y habrá marcado a varias generaciones. Así, Breton todavía menciona, en 1924, en su primer Manifiesto, «esta hermosa mano que, en las últimas páginas de *L'Intelligence,* de Taine, se entrega a curiosas fechorías» (Vouilloux, 2014).

Al margen de la precisión de las consideraciones de Taine acerca de las relaciones entre la creación y los estados alucinatorios o las relaciones entre percepción, imagen y alucinación, lo que nos interesa es la aparición de una tendencia, un impulso extraordinario que surge en la segunda mitad del siglo XIX hacia lo mental y que es una de las causas de que todo lo sólido se desvanezca en el aire.

Sociedades de la mente

Años más tarde, hacia finales del siglo XX y en lo que era ya una ruta entusiasta hacia la IA, Marvin Minsky se referiría a lo que llamaba las sociedades de la mente en un libro con este mismo título donde ponía de relieve la importancia que la mente tenía en ese ámbito. Parecía, de esta manera, querer entroncar esa tecnología puntera con el paradigma creado a partir de finales del siglo anterior y del que solo el arte se había hecho cargo de forma decidida. Sin embargo, esta percepción era un espejismo, puesto que el brillante científico norteamericano no acertaba a concebir que la IA y sus consecuencias pudieran pertenecer a un paradigma distinto de aquel que la había generado, el de la tecnología. Por uno de esos quiebros de la historia que rompen la aparente linealidad de las filiaciones, y que la aparente inercia de los acontecimientos hace tan difíciles de detectar, la IA, a partir de su génesis tecnocientífica e industrial, se había desplazado hacia un ámbito mental que dominaba, efectivamente, los perfiles de la cultura, como él afirmaba, pero de forma distinta a como suponía. El problema radicaba de manera esencial en cómo se entendía la mente. Minsky afirmaba que, «para explicar la mente, tenemos que mostrar cómo las mentes se construyen a partir de cosas sin sentido, a partir de partes que son mucho más pequeñas y simples que cualquier cosa que consideremos inteligente» (Minsky, 1986: 18). Desde esta perspectiva, la mente queda reducida a un mecanismo más, un mecanismo altamente sofisticado, pero mecanismo, al fin y al cabo. De ello se deriva una concepción igualmente reduccionista de la IA. Minsky anunciaba el advenimiento de una era de la mente un siglo después de que la realidad se hubiera drásticamente «mentalizado» y pocos años antes de que el presidente de los Estados Unidos George Bush declarase el inicio de la llamada década del cerebro en la que la hegemonía de las neurociencias seguiría reincidiendo en ese error de base reduccionista que permitía pensar que la IA podía llegar a sustituir la inteligencia humana con solo reunir un conjunto de elementos inertes y equivalentes a los que, según Minsky, hacen funcionar la mente. Es decir, se trataba de una tendencia que se remontaba al siglo XIX, pero para recoger de allí el impulso erróneo, el que ya en ese momento se estaba agotando. Ignoraba la bifurcación onírica que se había producido entonces generada por la propia inercia industrial del capitalismo y que era la que mejor ilustraba el panorama que inauguraba la IA. La IA y su ecosistema post- y transhumanista no pueden comprenderse adecuadamente si se sigue contemplando desde la perspectiva de la tradición mecanicista —que hace que la figura del robot sea, por ejemplo, tan emblemática en este contexto. Lo cierto es que la IA tiene su origen en el paradigma tecnocientífico e industrial, pero desarrolla por sí misma un tipo distinto de mentalidad perteneciente a un imaginario antitético que debe ser asimilado al tiempo que se implementa la tecnología. A partir de este punto, pensamiento y tecnología deben avanzar dialécticamente para ser de verdad efectivos. El simple desarrollo tecnológico al margen de un tipo de pensamiento adecuado se dirige a un callejón sin salida.

A la larga, se comprueba que es esta perspectiva, y no la positivista y mecanicista, la que mejor explica las producciones visuales de la ImA. La capacidad de esta tecnología para producir visualidades inesperadas y diversas constituye una prueba de que ni la IA ni la mente humana funcionan de manera tan mecánica como pretenden disciplinas aún ahora dominantes en el sector. Disciplinas que pueden considerarse espectrales porque siguen infestando el conocimiento después de muertas.

Para comprender la estética de la ImA no realista, debemos relacionarla con la estética de la publicidad y sus equivalentes vanguardistas. Su filiación es esta y, si nos preguntamos por qué, la respuesta la encontraremos en el hecho de que ambas formaciones surgen de la cultura onírica, una cultura que ha estado transitando por sueños tecnológicos e industriales desde hace casi dos siglos. Los dispositivos actuales surgen del mismo caldo de cultivo que, a finales del siglo XIX, hizo que la realidad se decantara hacia la región de los sueños, prácticamente sin asumirlo, a pesar de que las evidencias eran múltiples. A ello contribuyó la evolución del capitalismo industrial y financiero. Pero también las nuevas formas de percepción que se crearon a partir de la experiencia generada por las formaciones urbanas.

El problema principal para reconocer el desarrollo onírico de la realidad o el despliegue de la realidad a través de formaciones oníricas reside en el hecho de que lo onírico aparece como un pliegue en lo real. Lo real, a partir de mediados del siglo XIX, se escinde en dos niveles de desarrollo, uno de ellos constituye la prolongación de la forma realista, mientras que el otro origina un doble onírico de este primer aspecto. Ambos son lo mismo que se presenta con dos caras y es susceptible por ello de dos interpretaciones, aunque normalmente el pensamiento no capta las dos a la vez y se centra solo en una de ellas.

Si bien no cabe preguntarse cuál de las dos capas es la «real» y cuál la «imaginaria», entendida esta última como menos real o subsidiaria, lo cierto es que, desde la perspectiva de las formaciones visuales, artísticas o de cualquier otro tipo, es mucho más productivo partir del nivel onírico para comprender la capa más aparentemente realista que hacerlo al revés. La forma expresa, sin embargo, ambos niveles a la vez.

Lo habitual es acudir al surrealismo a la hora de encontrar un equivalente de la interpretación onírica de la realidad. Al fin y al cabo, los surrealistas se consideran herederos directos de *La interpretación de los sueños* de Freud. Pero esta apreciación es la más obvia y quizá por ello la menos productiva. Mucho mejor es poner sobre la mesa la hipótesis de que todo el arte de vanguardia es básicamente onírico, más allá de cualquiera de sus estilos particulares y de los propósitos que manifiestan los artistas que lo producen. La ruptura onírica de la realidad, producida por la incidencia de la industrialización en las formaciones sociales, en consonancia con el desarrollo del capitalismo, hace que la realidad se perciba como un sueño directa o indirectamente. La percepción directa produce una corriente posfigurativa que desemboca en el surrealismo, concretamente el de pintores como Dalí, Magritte o Delvaux —una estética que ya se había podido detectar en los simbolistas, especialmente Odilon Redon y Gustave Moreau. La indirecta, por su parte, va al corazón del sueño, a su estructura fundamental, que es básicamente fragmentaria. Los surrealistas detectan, y reproducen, la elaboración secundaria del sueño, mientras que los pintores abstractos perciben, sin tener una verdadera conciencia de ello, la elaboración primaria. Estos están más en contacto con el inconsciente que los otros, a pesar de que la percepción puede ser la contraria. Los surrealistas reproducen el sueño, mientras que en la génesis del arte abstracto se encuentran las formas primarias del inconsciente.

La estructura fragmentaria del sueño se acomoda a una realidad que, por compleja, se percibe también como fragmentaria. Por ello, se produce una relación estética con la forma de la publicidad que gestiona el deseo de los consumidores a través de formas oníricas igualmente truncadas. En realidad, la forma publicitaria reúne las dos vertientes de la estética onírica, la figurativa y la abstracta, puesto que utiliza figuras realistas para componer estructuras que, por su composición fraccionada, se asemejan a las que configuran los sueños.

Según Susan Buck-Morss, «Adorno consideraba el Art Nouveau una continuación de la fantasmagoría de Wagner, similar a la de la mercancía» (2005: 212). En afirmaciones como esta se detecta el fenómeno por el que una forma puede transitar por distintos lugares sin modificarse sustancialmente, a la manera de un billete de banco que no cambia de aspecto al circular pero que en cada momento desempeña un rol distinto, según las circunstancias en las que inscribe su valor.

En el momento de la consolidación del capitalismo industrial, la realidad cambia de forma, aparecen los atisbos de una nueva ontología que regirá en el futuro. Las características de esta ontología las describirán Marx y Engels en la primera frase del *Manifiesto comunista* cuando digan que todo lo que es sólido se desvanece en el aire. Es decir, todo lo que hasta ese momento había mostrado una impenetrable solidez, aquello que había mantenido unos perfiles precisos y perdurables, se convierte en evanescente. O sea, en incorpóreo o fantasmagórico. La fantasmagoría tiene su origen en la mercancía, pero pronto se traslada al resto de la realidad porque toda la realidad tiende a convertirse en mercancía. Aparecen, entonces, dos factores más, dos síntomas de la transformación, uno es el onirismo, el otro el delirio. La fotografía y el cine expresan la estética de este onirismo que es también epistemológico, puesto que, a la par que se desarrolla a través de determinadas tecnologías y aparece asimismo en el arte, incluidas la literatura y la arquitectura, impulsa también ciertas formas de pensamiento, con el psicoanálisis a la cabeza. Y en este punto, la formación industrial capitalista empieza a producir delirios. Todos ellos —desde las exhibiciones internacionales a los espectáculos deportivos o musicales— son básicamente delirios de grandeza, expresados de distintas maneras. Es decir, productos industriales que sirven de envoltorio a su producción más directa, la de los bienes de consumo. Con ello, se empieza a mezclar lo material con lo mental, puesto que al valor de uso de los objetos se le añade el factor del deseo, muchas veces formalizado. En un próximo futuro, el diseño y la publicidad, juntos y por separado, se encargarán de este territorio mental que se acaba de poner a su disposición.

La ImA, al heredar la forma onírica de la publicidad y las vanguardias, al tiempo que se presenta como el último de los delirios capitalistas, nos sitúa frente al dilema de despertar o seguir soñando. La idea de un despertar es problemática porque no está claro cuál es la región que nos espera en una vigilia que, desde la perspectiva actual, se presenta como otro sueño, el sueño utópico. Cabe la alternativa de seguir soñando, pero, en tal caso, es necesario desarrollar un pensamiento del sueño, un sueño clarividente que desmantele desde dentro las estructuras del sueño capitalista. Las formas básicas de este pensamiento-sueño están expresadas en las composiciones visuales que produce la ImA. En sus formaciones visuales se encuentran las bases para una nueva lógica que aguarda a ser desarrollada, pero que, como hemos dicho, tiene antecedentes muy concretos.

En este sentido, es necesario prestar una atención especial a la estética del *montaje* que domina la vanguardia de entreguerras, a partir principalmente de las propuestas del dadaísmo pero que excede estas características. El *montaje,* que predominó en el arte alemán de la época de Weimar, tiene un interés particular porque asume directamente la tendencia a lo que denominamos los sueños industriales, al extraer su inspiración del mundo de la cultura de consumo, la publicidad y los *mass media:*

> A los artistas radicales asociados al dadaísmo y al constructivismo, el montaje les parecía preferible a las torpes traducciones del francés *collage* porque evocaba directamente el mundo de las máquinas, la producción industrial y el consumo masivo, enfatizando así la calidad construida de los artefactos y su dependencia de materiales encontrados y piezas prefabricadas (McBride, 2016: 14).

Evocaba esos mundos pero no los reproducía tal como eran, o como se manifestaban en sus ámbitos respectivos, sino que extraía de estos ámbitos elementos diversos con los que componía otras configuraciones que no podían sino ser los sueños de la cultura industrial, tal como lo demuestran especialmente las composiciones de Hannah Höch o John Heartfield. Según McBride, «para Heartfield el montaje muestra la concepción de un mundo como un tapiz semiótico en el que los objetos tienen una doble tarea como signos» *(ibíd.:* 18). Esta tarea doble, que también se puede aplicar a las composiciones de Höch, es parecida a la que los elementos del mundo real tienen en el sueño, donde, por un lado, mantienen su nexo con la significación en el mundo real y, por el otro, despliegan otro significado que puede calificarse de alegórico. Se trata de un desdoblamiento que se encuentra también en los procesos por los que la ImA construye sus configuraciones. A raíz de esta equiparación, nos podemos preguntar hasta qué punto los artistas que utilizaban el montaje lo hacían mediante procesos conscientes que los llevaban a ir añadiendo elementos a sus configuraciones, uno por uno, a partir de sus significados, explícitos o alegóricos. O si, por el contrario, actuaban mediante acciones espontáneas o intuitivas. Si el proceso era aleatorio, el significado aparecía forzosamente *a posteriori,* a partir del conjunto terminado. En este sentido, la ImA no sustituye la conciencia del artista, sino que reproduce automáticamente su trabajo aleatorio. Y de la misma forma, compone configuraciones que no tienen un significado previo que se expresa semióticamente a través de los elementos o las formas que componen el conjunto, sino que propone automáticamente unas visualidades que adquieren una significación posterior. En este sentido, no proponen un discurso, sino que se prestan a él. Se prestan a ser invadidas por un discurso capaz de insuflarles una vida semiótica *a posteriori.*

A partir de esta inversión de la semiosis, se puede hablar de un mecanismo parecido al paranoico-crítico de Dalí, un método que el pintor define como «método espontáneo de conocimiento irracional basado en la asociación interpretativo-crítica de los fenómenos delirantes». En todo caso, no debe confundirse el sistema con una proyección de ideas sobre las formas, sino que debe considerarse, por el contrario, como la extracción de ideas de esas formas. Exprimir la formas para que destilen el jugo de las ideas. Se trata de unas formas que se presentan en la ImA como signos a la inversa. Este tipo de «signo» no se refiere a algo que existe previamente, sino a algo por venir, un porvenir conceptual que se puede esclarecer por medio de ese mecanismo epistemológico que Peirce denominaba abducción: «La abducción es el proceso de formar una hipótesis explicativa. Es la única operación lógica que introduce alguna idea nueva; pues la inducción no hace más que determinar un valor, y la deducción desarrolla meramente las consecuencias necesarias de una pura hipótesis» (Peirce, 2012: 280).

Capítulo 4

Marquesina

> ¿Por qué debería inclinarme ante los tiempos
> Si son tristes y ajados?
>
> G. K. Chesterton

Imagen y diagrama

Las imágenes que producen los dispositivos de la ImA cuando estos son liberados de una finalidad práctica, básicamente mimética, se distinguen por su heterogeneidad espacial. Por una parte, son figurativas, pero las figuras se relacionan entre sí de forma extemporánea y muchas veces se sitúan en el seno de configuraciones espaciales insólitas, es decir, no realistas. Todo esto se produce espontáneamente, pero pone de manifiesto lo que podríamos denominar la esencia de las imágenes, el entramado visual que las formula al alejarlas de una posible apariencia mimética ideal que sirve de contrapunto a su extravagancia. Si consideramos, con Jacques Rancière, la imagen como una escena, podemos descubrir en el interior de esta el juego de relaciones y de fuerzas que constituyen lo que realmente es una imagen:

> La escena no es la ilustración de una idea. Es una pequeña máquina óptica que nos muestra el pensamiento ocupado en tejer los lazos que unen percepciones, afectos, nombres e ideas, en constituir la comunidad sensible tejida por estos lazos y la comunidad intelectual que hace pensable el tejido (Rancière, 2014: 11).

La imagen no es la ilustración de una idea, ni tampoco es solo la reproducción de lo real. Es, como indica Rancière, una máquina óptica en el sentido de que está compuesta por las diversas relaciones que se generan entre los elementos que la componen y el espacio que los contiene, el cual se muestra como una escena que se prolonga en el tiempo, ya sea porque están en movimiento o porque las mueve la mirada del observador que descifra los entresijos de la máquina y su intercambio de fluidos estéticos, emocionales e ideológicos. Cada imagen deja ver a su manera y con diferente intensidad el entramado maquínico que la constituye, pero incluso las imágenes miméticas, plenamente figurativas, tienen un trasfondo estructural que podríamos denominar diagramático y que debe ser desentrañado: «El diagrama permite vislumbrar el estado que precede a la formación de un objeto y lo que interviene en su formación» (Zdebik, 2012: 2). El diagrama es siempre una virtualidad que requiere ser actualizada, incluso en aquellas imágenes en las que las maquinaciones son obvias porque forman parte de su propuesta estética fundamental. Pongamos por caso de estas últimas *El gran vidrio* de Duchamp (1915-1923) o *Boy with Machine* de Richard Lindner (1954). La imagen de Lindner sirvió de frontispicio para el *Anti Edipo* de Deleuze y Guattari, como referencia directa a su interpretación maquínica del funcionamiento de la realidad. La estética pop de Lindner influyó en el trabajo del ilustrador también alemán Heinz Edelman, director artístico de la película de los Beatles *The Yellow Submarine* (George Dunning, 1968), que mezcla visualidades surrealistas y psicodélicas combinadas con el *pop art* en lo que puede considerarse una ilustración muy reveladora del funcionamiento secreto de las máquinas deseantes en el marco de la incipiente sociedad de consumo. Aunque solo en movimiento adquieren pleno sentido estas maquinaciones fluidas que componen y recomponen la imagen del deseo, la heterogeneidad visual que muestran es suficientemente significativa incluso cuando se presenta de forma estática. En la figura 7, se pueden ver un par de fotogramas del citado film.

Las imágenes producidas por la ImA acostumbran a mostrar visualidades heterogéneas de este tipo. No puede decirse que pongan de manifiesto el flujo de máquinas deseantes porque su funcionamiento es solo maquínico —pero esto no sería relevante desde la perspectiva de Deleuze y Guattari—, sin ninguna función aparente del deseo en la operación. No obstante, a pesar de ello, tienen la virtud de enfrentarnos con disposiciones equivalentes a las de la maquinación del deseo. Solo desde una perspectiva pueden ser consideradas producto del deseo, la

Figura 7

perspectiva del usuario, que expresa su deseo al elaborar el comando y, especialmente, al permanecer expectante ante la pantalla, a la espera de unas respuestas visuales siempre imprevisibles. Si las imágenes de la ImA funcionan como un espejo de nuestra realidad, mostrándonos su contrapartida, en este caso, a través de su composición, lo que hacen es poner de relieve la condición diagramática de toda imagen. Nos incitan a explorar esta dimensión, tanto en las imágenes tradicionales como en las mismas imágenes que produce la ImA.

Figura 8

En este sentido, es siempre productivo introducir en el dispositivo elementos que tengan que ver con la parte de la reflexión correspondiente. El dispositivo funciona entonces de forma parecida a un oráculo que, igual que en la antigüedad, también responde con enigmas que deben ser descifrados. Estos enigmas, entonces y ahora, son un pasaporte para lo real, pero tanto entonces como ahora no está de más prestar atención a las propias figuras que lo componen. Por tanto, al escudriñar atentamente la composición visual de las imágenes de la ImA, estamos en realidad examinando el tejido de las imágenes producidas por humanos. En la figura 8, una imagen que responde al comando «Images of desire in the style of *The Yellow Submarine* of The Beatles» («Imágenes del deseo en el estilo de *El submarino amarillo* de los Beatles»); en la figura 9, el comando fue el siguiente: «Desire machine in the style of Richard Lindner» («Máquina deseante en el estilo de Richard Lindner»). Hay que tener en cuenta que, a cada comando, el dispositivo responde con una o varias imágenes y que, si se repite la demanda, el conjunto de imágenes que aparecen será distinto siempre y cuando el valor técnico de la semilla inicial sea diferente, aunque el texto sea el mismo. De esta manera, el proceso podría proseguir indefi-

Figura 9

nidamente.. Lo que se muestra en las figuras es, por lo tanto, representativo de un momento del proceso. Se prevé, por consiguiente, la posibilidad de una conversación infinita e indefinida con una máquina que responde a los requerimientos del usuario con imágenes-adivinanza, las cuales estimulan la imaginación de este. Hasta alcanzar —o no— un punto de saturación que puede responder a una improbable satisfacción del deseo que no solo estaba en el origen del proceso, sino que ha ido variando a lo largo del mismo. La otra posibilidad, mucho más productiva, es detenerse en las visualidades y tratar de comprender su estructura, mediante una mirada atenta y especulativa que puede buscar ayuda en visualidades equivalentes producidas por humanos. Queda también la eventualidad del trabajo estético, es decir, de la colaboración con la máquina para producir visualidades propias. Quizá lo más indicado sea combinar las tres vías. Para ello habrá que diseñar nuevos instrumentos tecnológicos, capaces de gestionar estas distintas fases que combinan prácticas emotivas, reflexivas y funcionales. En este sentido, cualquier dispositivo tecnológico dispuesto para esta tarea debe ser tan maleable como las mismas prácticas que facilita. Las nuevas formas visuales de la realidad virtual, la realidad extendida, los hologramas y los metaversos están en condiciones de hacer factibles este tipo de dispositivos en los que el diseño estructural y su uso se retroalimentan constantemente. Se trata de máquinas virtuales, cuyo uso las acaba convirtiendo en únicas, en máquinas adaptadas a un proceso específico.

La fase del espejo

De la misma forma que, al inicio de la modernidad, en una obra tan emblemática como *Alicia a través del espejo,* el personaje de Alicia atravesaba un espejo para entrar en un mundo desquiciado, ahora es el mundo del otro lado del espejo el que atraviesa la frontera y nos suministra imágenes que en gran medida también pueden considerarse desquiciadas en un sentido literal, es decir, fuera de quicio.

Es suficientemente conocida la función simbólica que tienen los espejos en la constitución del yo. Desde Lacan hasta el uso que del espejo se hace en el autorretrato, pasando por la proliferación de los actuales selfis y esos espejos simbólicos que constituyen la redes sociales, el uso del espejo en esa operación es múltiple. La ImA, en su versión libre, o sea, no sujeta a finalidades prácticas, nos sitúa ahora frente a un espejo ligeramente distinto, puesto que lo que ofrecemos a su superficie no es tanto la imagen de nuestro cuerpo como la de nuestra subjetividad expresada textualmente y vehiculada a través del deseo. Si, tal como afirmaba Lacan, nuestro inconsciente está estructurado como un lenguaje, es la estructura de nuestro inconsciente la que arrojamos al espejo del dispositivo para que este nos devuelva un inconsciente estructurado como una imagen, más acorde con la forma del imaginario de la actualidad.

Los espejos que cotidianamente parecen cumplir una función banal se transfiguran al introducirse en una imagen y desvelan desde ella todo su potencial desestabilizador. Duplican, subrepticiamente alterados, objetos y cuerpos, a la vez que abren una brecha desestabilizadora en el equilibrio del espacio naturalista. Desde el interior de las imágenes anuncian lo que ya sucede en el exterior, si bien de una manera que tiende a pasar desapercibida al estar enmascarada por una mirada narcisista. Ante el espejo, se busca confirmar la imagen del yo, ignorando que en él se reflejan más nuestros deseos que la estricta realidad. Los espejos no mienten más que en la medida en que nosotros nos mentimos a nosotros mismos. Son tan sinceros cuando tendemos a reconocernos insensatamente en su superficie como cuando, por el contrario, pretendemos ignorar perversamente lo que constatan. En un caso, nos ciega el narcisismo, en el otro nos impulsa la autodestrucción. De hecho, se trata de dos fases que están siempre presentes en la mirada proyectada en los espejos, si bien varía la intensidad de cada una de ellas.

Las imágenes de la ImA son a un mismo tiempo posfotográficas y pospictóricas, en la medida en que comparten ambas tendencias, es decir, que aparecen como una hibridación de la estética fotográfica y de la estética pictórica, mezclándose y a la vez anulándose o matizándose la una a la otra. Proceden del otro lado del espejo, si consideramos que la tecnología es, en este caso, un espejo que por un lado es reflectante, mientras que por el otro es translúcido, puesto que se deja atravesar. Pero no por quienes lo contemplan, sino por lo que reside en su interior, por aquella maquinaria que lo produce.

Tipos de imagen

A los dos tipos fundamentales de imagen, las figurativas y las abstractas, se añade una tercera clase que combina las características de las otras dos, se trata de lo que podríamos denominar una imagen estructural. Estas son imágenes que pueden considerarse figurativas, desde el punto de vista de sus objetos parciales —son, en este sentido, realistas—, pero a la vez muestran una organización de esos elementos que puede tildarse de abstracta, porque altera el orden natural del espacio. En este tipo de imágenes se pueden incluir desde los ornamentos o las formaciones grotescas hasta los *collages* o los fotomontajes. En su ámbito se insertan también algunos artistas que trabajan directamente el tipo de espacio visual que se configura en él.

El concepto de diagrama no solo nos acerca a estas disposiciones, a la peculiaridad creativa de los ensamblajes que se producen en esas imágenes, sino que nos indica que, de hecho, cualquier imagen, figurativa o abstracta, realista o no, contiene disposiciones como estas, inscritas de forma virtual o implícita y a las que hay que desentrañar mediante un ejercicio de visión cercana. Deleuze descubre en la pintura de Bacon un juego de fuerzas parecido, que descomponen lo figurativo para poner de relieve lo que él denomina la Figura. Descubre también las relaciones internas que en el espacio del cuadro se establecen entre los elementos básicos de este:

> El armazón o la estructura material, la Figura en posición, el contorno como límite de ambos, no dejarán de constituir el sistema de la más alta precisión; y es en ese sistema donde se producen las operaciones de enturbiamiento, los fenómenos de borrosidad, los efectos de alejamiento y de desvanecimiento, tanto más fuertes cuanto que constituyen un movimiento preciso en ese conjunto (Deleuze, 2002: 38).

La pintura de Bacon se situaría, pues, en esa categoría intermedia que resuelve la dicotomía que la modernidad estableció entre las dos grandes categorías de lo figurativo y lo abstracto.

Reseguir esas formas diagramáticas es en cierta manera crearlas, puesto que en su origen muchas de ellas son virtuales. O recrearlas, puesto que su germen está presente en lo que se ha denominado el rostro de la imagen, es decir, conforma los pliegues visuales de esta. Examinar atentamente este rostro para encontrar las conexiones internas y externas que lo constituyen implica poner la imagen, cualquier imagen, en movimiento, incluso aquellas que ya son imágenes en movimiento, como las cinematográficas. En este sentido, las imágenes están compuestas por gestos internos, gestos que el observador atento activa por su cuenta con la mirada: «Un gesto, en este sentido, es, pues, lo que puede dar lugar a otro aspecto del "rostro", a una "expresividad" que no se reduce a un sentido significativo. El rostro expresivo, como concepto, es por tanto una especie de no-rostro, algo que nos afecta y que surge del tiempo social» (Dupuis, 2012: 31). El concepto de diagrama remite, pues, en este sentido, a la estructura básica del gesto visual o, mejor dicho, al conjunto de gestos posibles que contiene la imagen. Hay, por consiguiente, diagramas particulares, referidos a un gesto, y diagramas generales que recogen esa proliferación de gestos que forman virtualmente cualquier imagen en su totalidad.

La estructura es un armazón, una arquitectura interna, virtual o efectiva, que sostiene efectivamente el conjunto de una imagen y, al mismo tiempo, ofrece la posibilidad de reestructurarla, estableciendo conexiones distintas entre los elementos que la componen y el espacio que en su conjunto forman. La estructura, entendida de esta manera, no es un signo, sino que se sitúa más allá del signo. No es la expresión de algo, el vehículo de un significado estricto, sino que, por el contrario, se abre a múltiples significados posibles, es decir, significados que la imagen hace posible.

La ImA tiende a producir imágenes del tercer tipo cuando responde a comandos ambiguos o creativos. Estas imágenes, como las confeccionadas por humanos en este estilo, hacen visible su armazón, su estructura o, por lo menos, una de sus estructuras posibles. No muestran un espacio naturalista, ni una superficie abstracta, sino que componen un tipo de espacio, de organización espacial a partir de las relaciones particulares que los elementos de la imagen establecen entre sí.

Ya hemos dicho que Francis Bacon es un pintor representativo de esta tercera fase. Quizá el más eminente de todos ellos, pero el juego de fuerzas en su pintura se concentra más en los cuerpos —la que Deleuze denomina la Figura— que en el espacio. Para establecer una relación más evidente del *tercer estilo* con las visualidades de la ImA conviene referirse a otro pintor, cuya obra no es tan conocida como la del autor inglés, pero por el contrario en ella la confrontación de los elementos pictóricos que confeccionan relaciones espaciales extemporáneas es mucho más evidente. Nos estamos refiriendo al alemán Neo Rauch.

Es necesario puntualizar que la efectividad estética y epistemológica de estas estructuras no se hace evidente en solitario, de forma aislada. Si bien para reconocerlas es necesario abstraerlas del conjunto en el que se insertan y al que a la vez construyen, solo son efectivas cuando se comprenden relacionadas con otros aspectos estéticos y semánticos de la imagen, así como con la comparación de los espacios resultantes con sus equivalentes naturalistas. En cualquier caso, como hemos indicado antes, los diagramas son polisémicos o, dicho de manera más precisa, son la puerta a múltiples significados que deben ser construidos. Como indica Annette Hamilton, refiriéndose a la obra de Rauch: «Técnicamente, sus imágenes están llenas de varios puntos de fuga que crean una sensación de desestabilización en el espectador, mientras que los sugerentes gestos que rodean a las enigmáticas figuras humanas pueden llevar a una conclusión o a otra» (2011: 180).

Se considera que la obra de Neo Rauch, descendiente de la llamada Escuela de Leipzig, surgida en los años setenta en esta ciudad, muestra «el fracaso del ideal socialista mediante la representación de cierta desolación melancólica, en la que los elementos insólitos aproximan dicho ideal a la categoría de lo fantástico» (González García, 2019: 71). En sus imágenes, los elementos de un realismo socialista en descomposición confluyen con la iconografía del cómic y del cine, junto con restos del romanticismo alemán, para confeccionar imágenes cuyas temporalidades son tan contradictorias como sus coordenadas espaciales. La referencia a lo fantástico en la obra de Neo Rauch podría relacionarse con el vector gótico que autores como Mark Fisher detectan en la cultura contemporánea, ya que en realidad las pinturas de Rauch tienen más de gótico que de lo estrictamente fantástico. En cualquier caso, lo que destaca en ellas, aparte de las particulares estructuras espaciales que muestran, es que en sus visualidades confluye un imaginario colectivo:

> Conduce al espectador a un reino extraño donde los recuerdos del pasado circulan a través de la imaginación colectiva de todos los que vivieron a mediados del siglo XX, que han «estado» allí a través de los códigos y símbolos visuales que han ocupado nuestros espacios colectivos, ya sea en películas, cómics o carteles de heroicidades realistas del socialismo tan populares en la década de los sesenta [...]. Es una forma de creatividad colectiva, tanto en la manera en que ha captado los elementos de un imaginario compartido del pasado como en el modo en que el espectador se ve obligado a entrar en complicidad con su visión, incluso cuando las experiencias en las que se basa no son compartidas (Hamilton, *ibíd.:* 178).

En este sentido, la relación entre las propuestas de Rauch y las de la ImA son extrañamente cercanas, si bien unas son el resultado de una intención y un trabajo consciente, mientras que las otras responden a un impulso automático y al trabajo inconsciente de algoritmos y redes neuronales. Pero en ambas circunstancias, se recurre a un conjunto de elementos de la cultura visual que permanecen desperdigados en el caso inconsciente colectivo, se halle situado este en la memoria individual, como en Rauch, o en multitud de archivos de Internet, como en el de la ImA. No se puede decir que la ImA imite a Rauch, aunque puede hacerlo a su manera, pero en cambio sí que Rauch propone una estética que se asemeja a la de la ImA. Es posible que el encuentro se produzca por el hecho de que en ambos casos interviene un mecanismo de recopilación no sistemática, ya sea a través de la memoria personal o del funcionamiento de las redes neuronales. Pero hay algo más que reúne ambas estéticas, el hecho de que en los dos casos las imágenes muestran una cierta imperfección en los acabados: son realistas, pero de un realismo que podemos denominar tétrico o quizá siniestro, por el hecho de que las asperezas son el signo de un proceso de desfamiliarización. Compárese un cuadro como *Abstracción* (2005), de Rauch (figura 10), con una de las imágenes resultantes de introducir en Stable Diffusion el comando «People arguing with each other, painted by Neo Rauch» («Gente

Figura 10

discutiendo entre sí pintada por Neo Rauch») (figura 11)[6]. Obviamente, el resultado de este comando no puede decirse que equivalga a una obra del pintor alemán o que pueda pasar por una de ellas, algo que quizá perseguirían los promotores más entusiastas de la IA. Por el contrario, el producto artificial es lo suficientemente distinto como para que se pueda observar que ambas imágenes pertenecen a un mismo mundo visual.

No está de más reflexionar sobre el hecho de que, por mucho que repitamos nuestro requerimiento en Stable Diffusion o en otro disposi-

[6] Entiéndase que tanto la elección del cuadro de Rauch que sirve de ejemplo como la demanda efectuada al dispositivo no obedecen a una intención específica. Este punto de aleatoriedad, que tiene ecos de las operaciones surrealistas, hace que las concomitancias entre las dos imágenes sean aún más intrigantes por no buscadas.

Figura 11

tivo, no volveremos a conseguir una imagen como esta, es decir, una copia de ella, a menos que introduzcamos una serie de parámetros muy precisos para lograrlo. Espontáneamente, el sistema responde con imágenes distintas.

Originalidad e imperfección

Hay dos características de la ImA que vale la pena destacar por separado. Una es su condición efímera; la otra, su relativa o posible imperfección. Las obras de ImA son efímeras, no porque desaparezcan, puesto que pueden ser conservadas, sino porque, en principio, los productos del dispositivo no son almacenados a menos que el usuario decida conservarlos, pero son sobre todo imágenes efímeras porque son irrepetibles. Como ya se ha mencionado, aunque se utilice el mismo comando, los resultados son siempre distintos, a menos que se utilicen parámetros específicos, como la semilla inicial, para reproducir exactamente la misma imagen. Por lo tanto, por mucho que el usuario tenga una intención más o menos concreta, el dispositivo siempre se aparta de ella, ofreciendo una y otra vez resultados muy dispares a pesar de que se encuentran dentro del rango de lo solicitado. Con la citada salvedad, por supuesto, de que sea el usuario el que conduzca expresamente la operación. A la luz de este fenómeno, se hace necesario reconsiderar el concepto de original.

En cuanto a la imperfección, no puede decirse que sea un factor inevitable de las imágenes artificiales, puesto que la rápida evolución de los dispositivos hace que los resultados sean cada vez más perfectos. Además, según el dispositivo utilizado, las imperfecciones dejan de ser evidentes. Sin embargo, la imperfección es una garantía de originalidad o de creatividad, incluso en el sentido que estos conceptos pueden tener en el ámbito de la IA. Mientras los resultados muestren alguna imperfección, se podrá considerar que en la actuación del dispositivo se introduce una cierta dosis de incertidumbre, una vacilación que parece escapar de la previsible exactitud de los algoritmos. Seguramente la gran mayoría de los usuarios buscarán la perfección y la exactitud. Van, en este sentido, al unísono con la industria y los diseñadores, por lo que paulatinamente la ImA se va convirtiendo en una máquina reproductora de lo real, un dispositivo esencialmente mimético y perfeccionista, muy hábil para sustituir la actividad humana que se mueve dentro de la esfera de la ilustración o el realismo, o sea, de los resultados prácticos en general.

Debería quedar en pie, sin embargo, la posibilidad de una actuación realmente creativa, relacionada con ese remanente estético que pertenece al terreno del arte y es capaz de producir visualidades inéditas, incluso cuando están relacionadas con algún estilo conocido, o quizá precisamente en estos casos. Esta actuación se activará cuando las demandas se alejen de lo concreto y ellas mismas propongan, a través del texto, ensamblajes inesperados de visualidades e ideas. Pero esto no es una garantía, si los dispositivos tienden a querer corregir lo que pueden interpretar como disfunciones cuando los resultados se aparten de los cánones estéticos o de las estructuras espaciotemporales establecidas. Hay que promover actuaciones tecnológicas que partan de la imperfección en lugar de hacerlo de lo perfecto. Quizá habrá que diseñarlas expresamente, una vez que las existentes sepan cómo corregir cualquier tipo de fallo.

En estas circunstancias, el concepto de original, que la reproductibilidad técnica había diluido en el terreno de la copia, regresa en el ámbito de una forma distinta de reproductibilidad, una reproductibilidad que no produce copias, sino variaciones de una misma «originalidad». La ImA, cuando es genuina, se convierte en una máquina de producir originales, pero no porque estos sean únicos, como lo es una obra de arte, sino porque son múltiples, infinitos. Una misma intención podría seguir generando «originales», es decir, visualizaciones distintas de esa intención, eternamente. Si el original artístico se refiere a lo que es único, en este caso, es decir, precisamente en el ámbito de lo tecnológico que había desactivado la originalidad al producir múltiples copias, la originalidad tiene que ver con multiplicidades, con una infinidad de originales. Lo original como lo infinitamente múltiple.

Lo múltiple y lo imperfecto deben convertirse en la divisa de una ImA que recoge así el testigo de un impulso vanguardista que el arte aquilató y agotó a lo largo del siglo XX. La estética artificial se enfrenta de nuevo a la figuración para dejar practicable un camino realmente creativo, pero no lo hace recurriendo a la abstracción, como hizo la imaginación vanguardista, sino a través de la posición intermedia de un arte que, situado entre la figuración y la abstracción, pertenece a una tercera vía, la del realismo posfigurativo que absorbe la abstracción para que intervenga en el proceso de recomponer lo real que implica esa vía. La realidad se transforma en estas producciones sin perder el anclaje con lo real, y lo hace reproduciendo y activando las líneas de fuerza que lo transitan, aquellas que producen efectos, afectos y especulaciones. En este sentido, se puede decir que esta actividad podría quedar inscrita en el ámbito del llamado realismo especulativo, aunque solo fuera de forma nominal.

Capítulo 5

Neto

> Las etiquetas murales de los museos ocupan más tiempo de los espectadores que las imágenes.
>
> W. J. T. Mitchell

Letra e imagen

Desde sus inicios, Hollywood ha ido siempre a la caza de buenas o exitosas novelas con el fin de convertirlas en películas. Como si los argumentos solo pudieran surgir de la literatura. La misma división primaria del trabajo que tiene lugar en las producciones cinematográficas entre guionistas y directores prueba que el paso por el desarrollo literario, o sea, lingüístico, se considera no solo esencial, sino incluso natural. Luego, los grandes creadores fílmicos saben convertir esas ideas literarias en expresiones fílmicas que exceden los planteamientos iniciales, ya que trabajan en un campo distinto, con capacidades expresivas muy diferentes. Pero son pocos los que se atreven a prescindir de la antesala de lo literario. Jean-Luc Godard fue uno de ellos, uno de los que se ha atrevido a «contar historias» —si es que es de esto de lo que se trata— apelando directamente a la retórica visual. Por eso, muchas de sus películas, sobre todo las de su última época, nos parecen *extrañas,* ya que el espectador tiende a buscar en ellas lo literario.

Desde el punto de vista argumental, una novela y su adaptación cinematográfica pueden ser muy parecidas, pero se verá que poco tienen que ver si se observa el aspecto que cada una ofrece del planteamiento argumental. Lo mismo podría decirse de la idea de que la pintura y la poesía son «artes hermanas». No cabe duda de que los trasvases entre ambas han sido innumerables, pero las diferencias son todavía más destacadas. Y no solo por la distinción que hacía Lessing entre la pintura como arte del espacio y la poesía como arte del tiempo. Los argumentos, las ideas o los motivos pueden trasladarse de un medio a otro, pero, como decía Croce, «cada hecho expresivo es un individuo y solo de un modo genérico, como expresión, es comparable con los demás» (Praz, 1981: 31). Lessing se mostraba contrario a la célebre propuesta de Horacio acerca de unas necesarias equivalencias entre la pintura y la poesía, una idea expresada mediante la conocida propuesta «ut pictura poesis», que significa «la poesía como la pintura» o, más concretamente, «como la pintura, así es la poesía». El concepto es, sin embargo, anterior. Proviene de Simónides de Ceos, para quien la poesía era pintura que habla, y la pintura, poesía muda. Añadamos a todo ello que Lessing consideraba que la poesía era superior a la pintura. Con ello inauguraba una larga tradición que viene a morir en nuestros días, aunque no porque ahora haya que invertir la apreciación del filósofo, sino porque ya no es necesario plantearse la superioridad de ninguna de las artes, puesto que todas pueden confluir en las actuales tecnologías de la imaginación para provocar fusiones inesperadas.

Con el fin de contrarrestar la pseudoleyenda, fomentada por el reduccionismo de las ciencias del cerebro que plantea que, puesto que tenemos dos hemisferios cerebrales, estos deben estar especializados cada uno de ellos en unas funciones particulares, las cuales coincidirían vagamente con lo visual y lo lingüístico o con lo irracional y lo racional, quizá valga la pena apelar al dinamismo de la teoría psicoanalítica, especialmente la lacaniana, para la que lo real, lo imaginario y lo simbólico pueden retroalimentarse de muy diversas maneras. De esta forma, estaríamos en disposición de entender los distintos equilibrios que pueden establecerse entre esas funciones en la esfera de la creatividad, dependiendo de las épocas, de los medios y del interés del creador correspondiente.

Una de las cosas más llamativas de las primeras manifestaciones visuales surgidas de los dispositivos de texto a imagen —de la ImA, por lo tanto— era el hecho de que las imágenes iban, a veces, acompañadas de un párrafo que expresaba las escuetas instrucciones suministradas al dispositivo. Luego esta duplicidad de texto e imagen presentados si-

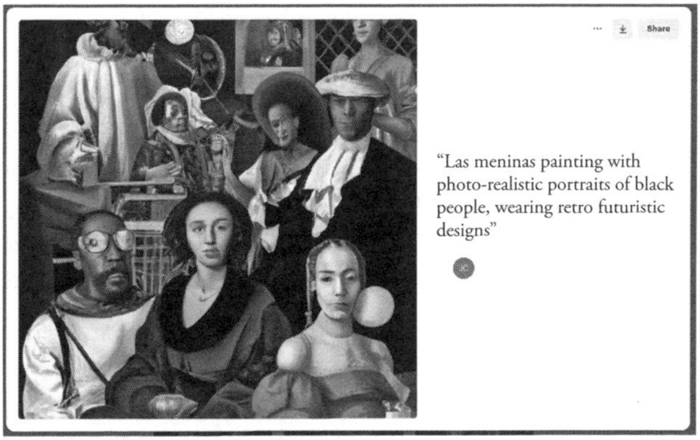

Figura 12

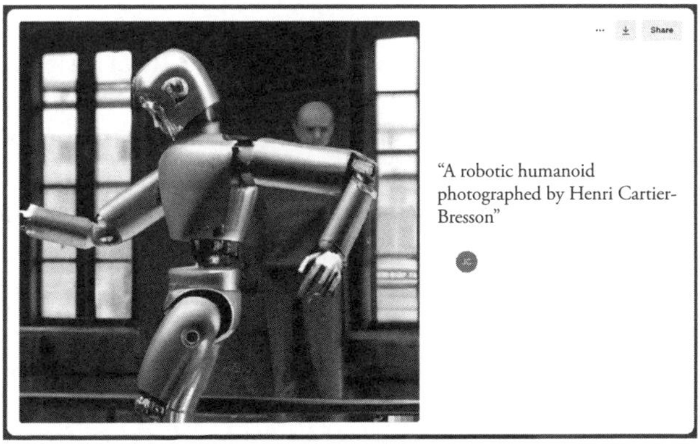

Figura 13

multáneamente tendió a desaparecer en favor de la imagen desnuda, debilitando así la intensidad del fenómeno. Esta atenuación de la complejidad no venía dada por el supuesto de que, faltando el texto, la imagen perdiera sentido, sino porque la presencia del texto permitía comprobar hasta qué punto ambas propuestas podían diferir, a la vez que instaba a descubrir cuál era la interpretación que el dispositivo hacía de las instrucciones suministradas.

A la propuesta «El cuadro de *Las meninas* con retratos fotorrealistas de personas negras, llevando vestidos de diseño retro futurista», el dispositivo responde con una intrigante agrupación de figuras humanas (figura 12). Mucho más sucinto es el resultado visual de darle al dispositivo las siguientes instrucciones, que son también más concretas: «Un humanoide robótico fotografiado por Henri Cartier-Bresson» (figura 13).

Las indicaciones humanas son un poco absurdas en sí mismas, pero quizá por ello funcionan como inspiraciones que, hablando metafóricamente o no, liberan la imaginación del dispositivo.

Si se conservase la dualidad estructural entre texto e imagen, descubriríamos que este medio reproduce la visualidad barroca de los emblemas. En ellos, también se establecía una dialéctica parecida entre descripciones textuales de una serie de ideas y su posterior plasmación visual. La formación de los emblemas barrocos se inició en el siglo XVI, mediante la recopilación de instrucciones para representar ideas, símbolos o motivos, tanto en la pintura como en la poesía, una tendencia que se extendió también, aunque de forma menos directa, a la literatura, al teatro y a la misma arquitectura. Posteriormente, a estos textos, que eran instrucciones para que los artistas elaborasen sus motivos pictóricos, se empezaron a incorporar ilustraciones que, más que recuperar el uso que de las fórmulas se hubiera podido hacer en las distintas artes, lo que pretendían era representar directamente la descripción textual que estaba en el origen. Las imágenes aparecían como una ayuda para memorizar los significados textuales en los que residía el significado. Poco a poco, sin embargo, la extensión del texto fue menguando hasta quedar reducida a un pequeño párrafo explicativo o mote que acompañaba, en un segundo plano, a una potente representación visual. Hasta que, a partir de un momento dado, muchos emblemas prescindieron completamente del texto, adquiriendo así total preponderancia, tal como ha sucedido ahora con las visualidades de la ImA, aunque con mayor rapidez. Lo que, durante el Barroco, se produjo a lo largo de decenios, ahora se ha consumado en unos pocos meses. Sin embargo, la esencia del fenómeno es semejante.

Cada uno de los emblemas era el resultado de la intensa destilación de numerosas informaciones e interpretaciones aquilatadas a lo largo de los años en numerosos textos, derivados de la mitología, la historia antigua, la historia sagrada, las vidas de santos, las fábulas y los apólogos, las fisonomías, los libros de iconos, los bestiarios, lapidarios y herbolarios, con influencias también de la obra de autores clásicos como Ovidio, Horacio, Marcial, etc. En última instancia, la tradición pretendía remontarse a los jeroglíficos egipcios, interpretados sesgadamente, pero considerados como la fuente de un lenguaje visual, conectado con las ideas platónicas, a las que hacían visibles. El emblema de la figura 14 es el número 97 del tratado de Diego de Saavedra Fajardo que fue publicado en Milán en 1642, con el título de *Idea de un príncipe político*

Figura 14

christiano, representada en cien empresas. Los conceptos de empresa y emblema eran frecuentemente intercambiables en ese contexto. Y lo son todavía ahora. La imagen de la figura 15 corresponde a uno de los jeroglíficos que aparecen en un libro anónimo de 1603, donde se describe el monumento erigido por el Colegio de Jesuitas de Madrid en honor de su fundadora, la emperatriz María de Austria.

También las imágenes de la ImA son el resultado de aglomerar numerosos elementos visuales desperdigados por Internet con orígenes tan diversos como los que informaban la imaginación barroca. Por algún extraño mecanismo, la parte imaginativa de la IA recompone tecnológicamente las fórmulas imaginativas del Barroco. El asunto no es una simple curiosidad, puesto que se produce en un contexto como el actual, que debe considerarse profundamente neobarroco, confirmando una tendencia que Omar Calabrese planteaba en un libro publicado hace unos años.

Figura 15

Más allá de lo visual y lo textual

Según Richard Rorty, el pensamiento filosófico, que es el índice superior de cualquier episteme, se ha desarrollado a lo largo de su historia a través de una serie de fases que lo han articulado hasta llegar a la era contemporánea, tildada de posmoderna o incluso de posposmoderna. Mientras que a la filosofía antigua y a la medieval les preocupaban las cosas, el pensamiento que va desde del siglo XVII al XIX se interesó especialmente por las ideas, una fase que dio paso a la modernidad concernida por las palabras (Rorty, 1979: 253). En este punto, se desarrolló el importante giro lingüístico que dominó gran parte del siglo XX y que ha sido sustituido, finalmente, por el giro visual de la contemporaneidad en consonancia con el desarrollo de una cultura visual cada vez más predominante. Esta articulación del pensamiento, que debe considerarse en paralelo con otras distribuciones del mismo tipo expuestas por otros autores y todas ellas tan igualmente relativas como acertadas, son especialmente indiscutibles en sus dos últimas fases, la concerniente al giro lingüístico y al giro visual, cuyas maquinaciones están todavía lo suficientemente activas en nuestro imaginario como para que podamos detectar sus consecuencias. De todas formas, en ningún caso se puede pensar que el predominio de una característica arrincona definitivamente todas las demás, de modo que la preeminencia de la episteme visual significaría la desaparición de toda inquietud por la palabra, las ideas o las cosas. Por el contrario, lo que se produce en cada caso es un nuevo entendimiento de los ejes epistémicos de las otras épocas: en la fase actual, un entendimiento de la palabra, las ideas y las cosas a la luz de la fenomenología de la imagen, por ejemplo. En otros momentos, la distribución ha experimentado variaciones similares en consonancia con el elemento dominante en cada caso.

Durante mucho tiempo —se podría decir que desde siempre—, la imagen ha ocupado un lugar subsidiario, constantemente situado por detrás de la palabra, de la que se consideraba, en ciertos casos, una ilustración, del mismo modo que ha sido considerada desde siempre una ilustración de las cosas, una réplica o simulacro de ellas o incluso una forma desvaída e incierta de las ideas. Dependiendo de las épocas, estas valoraciones de la visualidad han tenido distintas intensidades, pero por regla general podemos decir que Lacan tenía razón cuando afirmaba que el inconsciente estaba articulado como un lenguaje. Sin decirlo con estas palabras, se refería, por supuesto, al inconsciente de la modernidad, cuya mente estaba regulada por estructuras lingüísticas, más o menos estrictas pero, en cualquier caso, predominantes. Podemos visualizar la conformación de la mente moderna diciendo que en ella las imágenes estaban situadas siempre *dentro* de un campo lingüístico o textual. Ello implica no solo estar rodeadas por el texto, sino estar también transitadas por sus regulaciones. Ahora la situación es exactamente la contraria: es el texto, la palabra, la imaginación lingüística la que está rodeada por la imagen y atravesada por todo lo que a ella concierne.

A pesar de estos desequilibrios generales entre imagen y texto, han existido modalidades expresivas en las que ambos se han interconectado aparentemente en igualdad de condiciones. Peter Wagner (1995) denomina «iconotextos» a estas construcciones, cuyos principales ejemplos se encuentran, según él, en la obra de William Hogarth. Los iconotextos pueden considerarse equivalentes, pero también de alguna forma opuestos, a aquellas obras que se acogen a lo que W. J. T. Mitchell denomina lenguaje visible, una forma que donde mejor estaría representada sería en los peculiares grabados de Blake, en los que el poeta combina escritura e imagen. Mitchell los califica de *composite art* o arte compuesto. Tanto Hogarth como Blake incorporan textos en sus imágenes, aunque no en todas ellas. Y ambos también pretenden que sus imágenes sean comprensibles o «legibles» por sí mismas. Se diferencian en el tratamiento del texto en relación con la imagen. En Hogarth, el texto aparece casi siempre como una alusión externa, como una explicación, mientras que en Blake se funde muchas veces con la imagen, de manera que los dos modos penetran el uno en el otro.

Para discutir la idea expresada por Barthes en su libro *Elementos de semiología* acerca de que resulta difícil concebir un sistema de imágenes u objetos cuyos significados puedan existir independientemente del lenguaje, Mitchell considera que

> si Blake nos enseña algo sobre los sistemas simbólicos, es que el lenguaje tiene una tendencia igualmente fuerte a echarse atrás ante lo que no se puede designar, el reino sin palabras de la imagen y el sonido puros, y que este reino puede tener características sistemáticas independientes del lenguaje (1978: 5).

Sin embargo, Mitchell admite que «la dificultad de Barthes para concebir un sistema independiente del lenguaje puede decir tanto sobre el sesgo lingüístico del estructuralismo como sobre la naturaleza real de las cosas» *(ibíd.)*.

Con ello, nos sitúa de nuevo en esa zona fronteriza entre el lenguaje y la imagen en la que la imagen y la palabra intercambian papeles mediante una tensa dialéctica por la que el significado bascula entre uno y otro lado. De ahí la importancia de esos iconotextos o esas imágenes compuestas, que no son tan excepcionales como parece, si tenemos en cuenta que, además de ser patrimonio de un tipo de imagen y presentar unas peculiaridades estéticas determinadas, también ilustran una situación que es a la vez cognitiva, epistemológica y fenomenológica. Si la mente moderna envolvía las imágenes con el lenguaje, y la posmoderna cubre el lenguaje con las imágenes, podemos hablar tam-

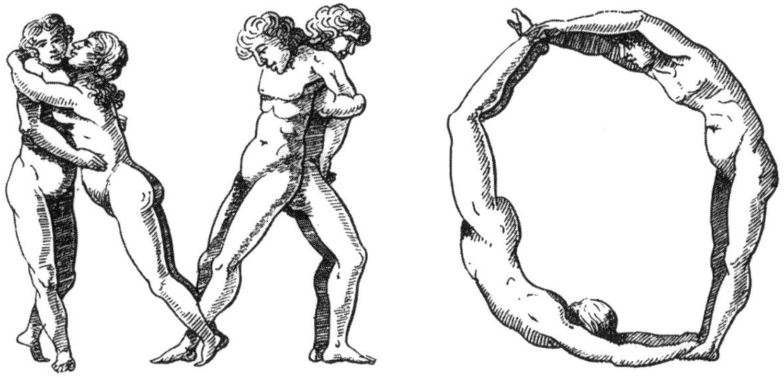

Figura 16

bién de una situación intermedia, expresada estéticamente, en la que la imagen y la palabra se entrecruzan.

Aparte de los casos citados de Hogarth y Blake, existen otros muchos ejemplos de esta estética híbrida. Por un lado, los llamados alfabetos antropomorfos, en los que las letras están formadas por cuerpos humanos en distintas posiciones, como los ejemplos de las letras M y O de la figura 16, pertenecientes al alfabeto que Martin Weigel produjo a mediados del siglo XVI. Por el otro, el propio arte de la caligrafía, con la que se desvía la relación del lector con el texto hacia lo estrictamente visual. Algo parecido ocurre también en la pintura japonesa clásica, donde los trazos pictóricos se funden con la técnica caligráfica. Los monjes medievales, que generalmente eran simples copistas y, por lo tanto, poco creativos, sobresalieron sin embargo en el arte de la caligrafía y la miniatura, es decir, básicamente en la decoración de los textos, concentrada de forma especial en la confección de «iniciales historiadas, donde las escenas se desarrollan en el interior de la letra, o las figurativas, en las que el cuerpo de la letra está formado por figuras y escenas» (Camacho Martínez, 1991: 3).

Pero un campo en el que estas relaciones entre texto e imagen son básicas es el del cómic. El cómic hereda muchas tradiciones anteriores, entre ellas la de Hogarth, pero en su ámbito, lo que antes se presentaba como excepción o peculiaridad, se convierte en forma de ser. No se trata solo de que en el cómic lo textual y lo visual se combinen necesariamente, sino que lo más destacado de su fenomenología es que la lectura, sobre todo la de los diálogos, se efectúa en el seno de una visualización concreta que determina el significado y el alcance de lo leído.

En el cómic se materializa la citada característica de la ontología posmoderna por la que la palabra está envuelta por la imagen.

Los sistemas de producción de imágenes de la IA, es decir, la ImA, nos sitúan frente a una nueva forma de articulación de las relaciones entre el texto y la imagen. En principio, se diría que nos retrotraen a una situación anterior en la que el texto es el factor dominante, desde el que se generan imágenes puramente ilustrativas. Sin embargo, no puede decirse que los distintos dispositivos de texto a imagen actúen exclusivamente en esta dirección, es decir, a partir de una propuesta expresada lingüísticamente para producir resultados visuales en forma de imagen. En este sentido, la imagen sería como la ilustración de una idea construida mentalmente a través de la palabra convertida en escritura para comunicarle al programa los deseos del usuario. Todo parece indicar que este es el procedimiento, pero, en realidad, el dispositivo actúa ya sobre la mente del usuario desde el momento en que este pretende utilizarlo. Lo que se concibe mediante palabras y se expresa con un texto es ya una imagen, tanto si esta imagen es realista como si no. Más todavía si no lo es, una tendencia que, de momento, parecen estimular los programas. Así como el ChatGPT acoge preguntas lógicas o racionales, y es difícil concebir su funcionamiento de otra manera, los sistemas de texto a imagen, desde los mismos ejemplos que ofrecen al usuario para instarlo a usar el programa, se decantan por una amalgama a veces un tanto absurda de elementos visuales o una propuesta cuya utilidad es dudosa. Por ejemplo, al iniciar ahora una sesión en un programa de generación de imágenes mediante IA, la interfaz visual de los modelos de Stable Diffusion, en el espacio dedicado al *prompt* o comando, aparece automáticamente la siguiente propuesta: «Bronze statue of a king, with regal attire, a crown, and a stern expression, highly detailed, dramatic lighting, commanding presence» («Estatua de bronce de un rey, con atuendo regio, una corona y una expresión severa, muy detallada, iluminación dramática, presencia imponente»), que en principio es realista, pero no se ajusta a ninguna necesidad práctica que pueda atraer a un usuario en busca de resultados útiles. En la figura 17 pueden verse dos de las imágenes resultantes, que no adquieren un sentido pleno hasta que les adjuntamos el texto que las ha generado. Pero el texto, en el momento en que se hace evidente como relativo a la imagen, pierde sentido o potencia en favor de la visualidad, que atrae todo tipo de posibilidades simbólicas. Da la impresión entonces de que el texto no es más que una explicación limitada y en gran medida re-

Figura 17

dundante de las imágenes. Por ello, el texto se acostumbra a descartar una vez se ha obtenido la visualidad deseada o intuida, lo que no deja de ser un error, no porque el texto sea importante en sí mismo, aunque en ciertas ocasiones podría tener un valor poético, sino porque en estas producciones la imagen y el texto forman una alianza especial, a través de la mente del usuario. Si en el caso que nos ocupa el comando lo hubiéramos escrito nosotros, deberíamos admitir que ya teníamos una visualidad formada en la cabeza a la hora de activar el dispositivo. De manera que lo que aparece, más que el reflejo de un imaginario particular, como podría serlo una pintura o una fotografía, es la interpretación maquínica de este imaginario, a través del imaginario social almacenado en las bases de datos de Internet. Se trata, por lo tanto, de imágenes muy complejas, a pesar de la aparente simplicidad de su factura y de la rapidez con que son producidas. ¿Qué tipo de análisis podemos aplicarles, si no parece servir para ellas ninguno de los métodos conocidos?

Por un lado, se habla mucho, como un escándalo, de las imágenes falsas que la IA parece destinada a producir exclusivamente, mientras se ignora su otra tendencia más creativa que en algunos programas aparece como ejemplo inicial de su utilización. Si la imagen que se forma en la mente del usuario a la hora de utilizar el programa no es realista, la potencia visual del resultado aumenta significativamente, ya que el conjunto no tiene otro soporte que su visualidad, al no referirse a nada existente fuera de ella. Por el contrario, este potencial visible del resultado tiende a menguar cuando la imagen mental es realista, ya que en tal caso la propuesta es fácilmente concebible y expresable sin necesidad de tener que visualizarla en la mente con mucha concreción o esperar a ver cuáles son los resultados que produce el programa. Ya hemos dicho que, de todas formas, el sistema tiende a procurar que el usuario visualice en la mente lo que va a exponer textualmente. Tales dispositivos son por lo tanto sistemas de visualización que obran en ambos sentidos. Los textos, las palabras, están situados en ellos en el interior de un mundo visual o de lo que Lyotard denomina un espacio figural, de forma parecida a como se establece la relación en el cómic pero, en este caso, separadamente por medio de una operación dividida en dos pasos.

Lyotard establecía una diferencia entre el espacio del texto y el de la figura, una diferencia que, según él, no es de grado, sino que constituye una escisión ontológica. Al posicionarnos ante las distinciones que existen entre el texto y la imagen, nos encontramos, pues, con una diferencia esencial relativa al espacio en el que opera cada ámbito. Lyotard precisa que, en lugar de hablar de espacio del texto o de espacio de la figura, es necesario referirse a espacio textual y espacio figural, ya que cada medio genera una organización específica del espacio que habita. En realidad, no se trata tanto de espacios habitables, como si fueran un contenedor que asimila algo externo, sino que son espacios que forma el propio medio en su actuación y en los que, en el caso del espacio textual, se «inscribe el significante gráfico» (Lyotard, 1979: 219). Hay una cierta ambigüedad en esta afirmación, puesto que el significante gráfico, el texto, no se inscribe en un espacio que lo espera, sino que moldea este espacio, ya que el espacio textual no corresponde a la página en blanco, sino al espacio de la letra, aquel que crea la letra al aparecer. Los alfabetos antropomorfos podrían considerarse una alegoría del fenómeno. Por otro lado, Lyotard indica que el espacio de la figura debe considerarse figural y no figurativo, ya que este último término se refiere a la analogía entre lo representado y el representante, a la vez que permite distinguir entre lo figurativo y lo no figurativo o abstracto. En este sentido, «lo figurativo es meramente un caso particular de lo figural» *(ibíd.)*. El espacio de lo figural no corresponde, por lo tanto, a la superficie en la que se inscribe la figura, sino al que forma la figura en sí misma. La interrelación de estos espacios cobra especial efectividad en los iconotextos o las imágenes compuestas.

Pero regresemos al dispositivo tecnológico y a la situación que adquiere en él la propuesta textual, la cual, como hemos dicho, acaba

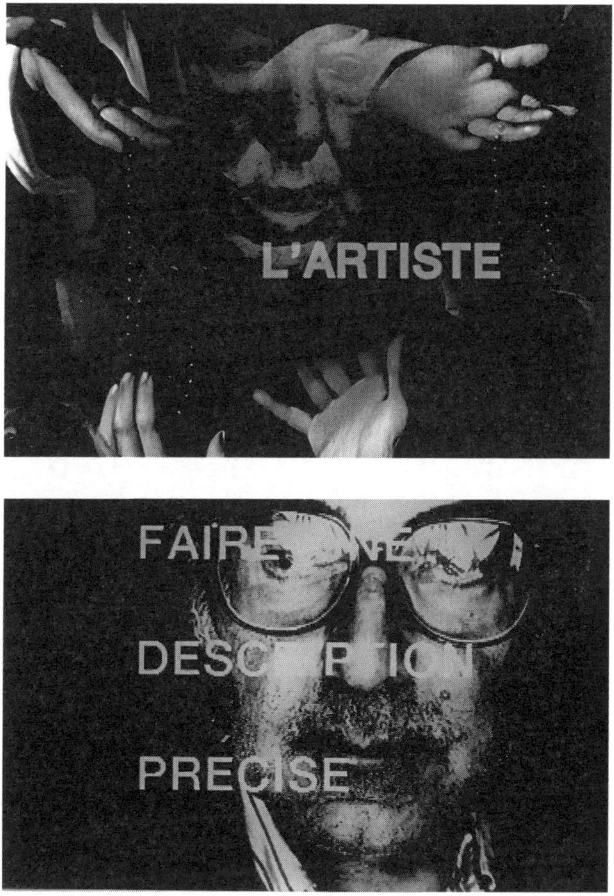

Figura 18

inscribiéndose en el *interior* del espacio de la imagen que lo rodea. Estamos hablando de operaciones mentales, cognitivas, que determinan el papel que cada ámbito desempeña en la operación. Podemos decir que, en este caso y en otros como este, el espacio textual y el espacio figural se funden en una unidad que, en última instancia, es visual, aunque esta visualidad se halla hendida por la textualidad. Ejemplos de este fenómeno cognitivo los podemos encontrar en operaciones cinematográficas como las que acostumbran a aparecer en los ensayos fílmicos de Godard, en los que ambos espacios se combinan en el campo de una visualidad generalizada que es a la vez figural y textual.

Godard no es solo especialista en crear espacios híbridos de este tipo, sino que muchas de sus imágenes fílmicas constituyen un perfecto ejemplo de lo que representa el espacio figural en contraste con un espacio donde simplemente se inscribe la figura, en su caso, la pantalla (figura 18). Se trata de imágenes que resultan de la superposición de distintos elementos visuales que crean una «escena» particular en la que el espacio está lleno de pliegues que se hacen particularmente evidentes cuando, como corresponde al medio al que pertenecen, están en movimiento. En tal caso, su funcionamiento es todavía más efectivo a la hora de servir de ejemplo a la formación mental cognitiva de los conglomerados de imagen y texto.

El habla de las imágenes

Según Guattari,

> a cada secuencia de expresión lingüística está asociada una red de enlaces semióticos de toda naturaleza (perceptivos, mímicos, gestuales, pensados por imágenes, etc.). En cada enunciado significante cristaliza una danza muda de intensidades que actúan a la vez sobre el cuerpo social y sobre el cuerpo individual (Guattari, 1979: 32).

Esta danza, de la que el enunciado es solo el eje inconsciente, donde mejor se plasma es en la imagen. Es en la superficie de la imagen donde aparecen la mayoría de esos enlaces semióticos o donde mejor pueden aparecer, puesto que la imagen ofrece el espacio propicio para que lo hagan, mientras que el enunciado, oral o textual, solo está preparado para ocultarlos. La imagen atrae hacia sí la red de implicaciones, mientras que la expresión lingüística la expulsa de su entorno, al que queda ligado virtualmente. Esta virtualidad se actualiza en la imagen o está presente de forma más intensa, más inmediata, en ella. En la imagen en movimiento este potencial se incrementa exponencialmente, puesto que, en ese tipo de imágenes, sucede como si lo visual resiguiera el camino de lo lingüístico, haciendo surgir de su interior opaco todas sus virtualidades a la manera de un arado que surca la tierra y la destripa. En la imagen en movimiento todo va surgiendo paulatinamente, sube a la superficie y se pone a danzar ante los ojos, a la vez que la propia imagen también participa de esta danza en el tiempo. En la imagen en movimiento se hacen efectivos los pliegues del Barroco.

Se cree que el cine adquirió el sonido cuando, a finales de los años veinte del siglo pasado, las películas empezaron a hablar, pero lo cierto es que, en ese momento, lo perdió. El sonido, que había acompañado al cine mudo desde el principio como una envoltura imaginaria, desapareció con el sonoro, tragado por un nuevo paso del naturalismo fílmico que continuaba desencantando incansablemente los elementos expresivos en pro de una engañosa función realista. El cine mudo era como uno de esos grabados de Hogarth que desarrollaban en imágenes una narración: por cualquiera de las abigarradas escenas de, por ejemplo, *A Rake's Progress* (1735) o *A Harlot's Progress* (1731) flotaba el sonido del texto como una presencia fantasmagórica, más allá de que las imágenes estuvieran acompañadas por descripciones textuales situadas al pie de cada una de ellas. De la misma manera que a un texto lo acompañan voces o sonidos inexistentes pero imaginados, por las imágenes, sobre todo si tienen un carácter narrativo como las series de Hogarth, transitan siempre formas sonoras imaginadas que, desde este limbo, están mejor preparadas para actualizarse con un fuerte potencial estético que cuando ya están naturalmente inscritas en sus objetos correspondientes. Lo mismo sucedía en el cine mudo, pero todos estos fantasmas desaparecieron cuando fueron actualizados por el cine sonoro, es decir, cuando se hicieron reales, tan reales e inexpresivos en cuanto que sonidos como lo son en la vida real. Podemos hablar de dos tipos de expresividad del sonido: una de ellas corresponde a la expresividad sonora del objeto; la otra, a la expresividad del sonido en sí.

El sonido volvió a recuperar una presencia efectiva con la voz en *off* o la *voice over*. Es decir, en el momento en que se separó del escenario realista, dejando de ser un aditamento natural de las cosas, y regresó a una región imaginaria, allí donde también residía la música desde los inicios del cinematógrafo, tanto cuando estaba fuera como cuando estaba dentro del film. Desde ese lugar inmaterial, el sonido podía regresar a la imagen de la realidad y actuar sobre ella, como hacía siempre la música cuando no era diegética.

Pero, aunque el sonido como expresión regresaba al cine con el dispositivo de la voz en *off* pseudonarrativa, que en el documental desplegaba una fenomenología propia y llevaba el dispositivo a sus últimas consecuencias, su actuación sobre la imagen era y es indirecta. Baña las imágenes con una lluvia explicativa que a veces puede ser emocional como la música. En algunos casos, la música ha traspasado la barrera entre lo real y lo imaginario y ha conseguido transfigurar mediante su fuerza propia la imagen. Por ejemplo, en los dibujos animados o en el musical, pero muy especialmente en ese experimento incomprendido de la factoría Disney titulado *Fantasía* (1940). En todos estos casos, la música no solo envuelve la imagen, acompañándola emocionalmente, sino que penetra en ella y la modifica según sus propios ritmos. La voz en *off* casi nunca ha tenido esta capacidad tan incisiva. Podríamos, por supuesto, encontrar excepciones, como *Casino* (1995), de Martin Scorsese, un film en el que la narración determina el engarce secuencial de las escenas, cuyo conjunto obtiene, de esta forma, una fluidez que no se encuentra en el cine más formalmente dramático. En el posdocumental también existen muestras de esta capacidad productiva de la enunciación sonora, de su incidencia directa sobre lo visual, pero casi siempre en el sentido de determinar el orden de la enunciación. Nunca para modificarlo formalmente. En raras ocasiones se produce el fenómeno que a veces genera la música y por el que se gestan hibridaciones entre el sonido y la imagen tan intensas que den paso a insólitas formaciones visuales. En realidad, habría que denominar visual-sonoras a estas formaciones, puesto que sus características visuales extremadamente proteicas son consecuencia de la penetración del sonido en el interior de las imágenes, de tal forma que estas son capaces de visualizar el sonido. Se trata de compuestos equivalentes a los llamados «iconotextos», que son «constructos dependientes de la interpenetración de textos e imágenes» (Wagner, 1995: 25). Pero así como en la mayoría de iconotextos las imágenes y los textos comparten un mismo espacio pero conservan sus propias características, excepto en ocasiones tan peculiares como los alfabetos antropomorfos, lo que aparece en las formaciones visual-sonoras es el resultado de una verdadera interpenetración de ambos factores.

Es precisamente esto lo que ocurre en las películas de la ImA, gracias precisamente a la imperfección quién sabe si provisional del instrumento. Nos encontramos, por lo tanto, ante una estética posiblemente perecedera pero de una extraordinaria potencia que resulta del hecho de que los enunciados narrativos de la voz en *off* determinan directa e intensamente la forma de las imágenes. Y lo hacen automáticamente, lo cual no deja de añadir, en este caso, un factor a tener en cuenta al estudiar este tipo de relaciones, ya que implica que se establece con ellas un conglomerado o aleación muy intensa entre un enunciado lingüístico y la forma visual concomitante. En este caso, el automatismo es en verdad significativo porque permite suponer que la relación que se establece entre uno y otro ámbito es estricta pero no necesaria. Se trataría de una especie de semiótica invertida por la que el significado produce su significante, un significante particular y transitorio. Para que esto tenga sentido, debemos contemplar el fenómeno desde la perspectiva de la semiótica visual y no de la lingüística. Para esta, la relación entre significado y significante es siempre arbitraria, pero, en cambio, desde el punto de vista de la semiótica visual, la base denotativa está siempre presente por mucho que, a partir de ella, se construyan significados arbitrarios. En el caso de la ImA, el significante no es la plasmación visual de un significado concreto, es decir, que entre significante y significado no se establece una relación intrínseca que hace que uno y otro sean las dos caras de una misma moneda en un contexto semántico determinado. Por el contrario, el significado produce significantes, un conjunto indeterminado de ellos, que solo son válidos en un ámbito espaciotemporal y tecnológico concreto. El concepto de significante vacío nos puede ayudar a clarificar el fenómeno. Frente a la idea de un significante vacío o flotante, aparece la noción de un significado vacío o flotante. Según la semiótica,

> para que exista significante vacío debe de poder existir significado. Que se diga que puede existir significado no supone que exista un significado preciso y unívoco, sino que al no poder existir un solo significado para el significante, se constituye un vacío que en vez de eliminar al significante y volverlo un sonido sin sentido sucede algo positivo: el significante puede tener un abanico de posibilidades que no admiten cierre[7].

En el caso de la ImA, y especialmente sus imágenes en movimiento, no es el significante el que puede abrirse a un conjunto de significados, sino el significado el que puede tener múltiples significantes.

Obviamente, la potencia semiótica se diluye con facilidad en lo azaroso del proceso, ya que, como es habitual en los dispositivos de la ImA, nunca el mismo enunciado produce idénticos resultados de forma automática: para conseguirlo hay que barajar una gran cantidad de

---

[7] Farit L. Rojas Tudela, «¿Qué son los significantes vacíos?», *La Época,* 27 de diciembre de 2014 (https://www.la-epoca.com.bo/2014/12/27/que-son-los-significantes-vacios/).

variables y modelos. Pero el hecho de que haya un enlace contingente entre la palabra y la imagen nos permite vislumbrar cuestiones como, por ejemplo, el aspecto que pueden adquirir los flujos de una actuación maquínica. Más allá de la narrativa concreta que articula voz e imagen, más allá de cualquier significado que se pueda desprender de esta articulación, los films de la ImA «imperfecta» pueden considerarse equivalentes a una ilustración del funcionamiento de alguna parte de una máquina social. Pero esta es solo una de sus virtudes.

Estamos ante una semiótica maquínica, impulsada por el movimiento. Lo que fundamenta las transformaciones de las imágenes, su extraña modulación, es el movimiento, pero se trata de un movimiento que parece surgir del sonido y la voz. Es como si el movimiento de la voz narrativa en *off,* alimentada por determinados parámetros técnicos o descriptivos, se convirtiera en puro movimiento transformador. La esencia del movimiento cinematográfico encuentra en los films de la ImA su plasmación más perfecta porque en ellos el movimiento no es solo el natural de las cosas ni el del propio desarrollo del film como secuencia de imágenes, sino que se convierte en fuerza transformadora, en un impulso que modifica las formas y que establece relaciones inesperadas. El mundo de imágenes se transforma empujado por la palabra que se convierte así en un impulso, en un soplo, materializando de esta manera el concepto de lo performativo que propuso Austin. Se trata de palabras que hacen cosas literalmente, palabras o sonidos que tienen un vínculo directo con las imágenes. Este vínculo no es estrictamente cognitivo, sino tecnológico, como no podría ser de otra manera. Pero las hibridaciones entre sonido e imagen pueden equivaler a la forma en que la mente capta el mundo y construye la realidad. La IA pretende emular el funcionamiento cognitivo humano y aparentemente lo consigue, pero lo que en verdad hace es establecer un ámbito paralelo al humano, construir técnicamente un campo parejo, en el que los mecanismos son similares pero no idénticos. Podríamos decir que son una copia a la que le falta el aura del original, pero que precisamente a través de esta falta se adivina lo que significa, en este campo, el tener un aura: la falta ilustra las características de lo que falta. El concepto de aura, como el más antiguo de alma, nos sirve de metáfora para comprender aquella parte de lo humano que no puede ser comprendida desde la perspectiva de lo material y mecánico. Es la llave que puede abrir una puerta que permanece en gran medida cerrada porque ninguna de las llaves que estamos utilizando encaja adecuadamente en la cerradura.

De este planteamiento no debe desprenderse la idea de un retorno al misticismo: aquí, el concepto de alma es una metáfora que se refiere a un campo material que escapa a la concepción que tenemos de la materia.

Ideografías dinámicas

Jorge Caballero, que investiga desde sus inicios la IA relacionada con la producción audiovisual, ha realizado varios films experimentales relacionados con la ImA en movimiento. En uno de los primeros, utilizó la voz en *off* de *La Jetée* de Chris Marker para generar una banda de imagen alternativa que, de acuerdo con la composición fotográfica del original, estaba formada por una sucesión de imágenes fijas. Posteriormente, Caballero utilizó un discurso de Martin Luther King Jr. como estímulo que produjo una vibrante secuencia con imágenes del predicador norteamericano junto con otras personas en diversas situaciones, todo ello presentado en forma de *collage* (figura 19). Si, en el primer vídeo, las imágenes se suceden lateralmente, en este, la sensación es que están organizadas a través de una panorámica circular. En otro experimento, se utilizó el mensaje de paz que emitió en 2022 Francisco de Roux, presidente de la Comisión de la Verdad de Colombia. El resultado fue enteramente distinto, más cercano a los dibujos animados por la fluidez con que se transforman las imágenes, es decir, cada uno de los elementos altamente expresivos que componen lo que parece un conjunto surrealista pero que, sin embargo, establece una intensa relación emocional con el contenido del discurso (figura 20).

Es en esta ocasión en la que la voz parece penetrar más intensamente en el tejido de la imagen para transformarla de acuerdo con sus impulsos rítmicos, semánticos y emocionales. El resultado se acerca a lo que, hace un par de décadas, Pierre Lévy denominó «ideografía dinámica», un dispositivo equivalente a un lenguaje por medio de imágenes que superaría los parámetros expresivos del cine mediante la interactividad y con el concurso del ordenador. Lévy apelaba a las ideas del pionero de la realidad virtual Jaron Lanier, quien proponía la posibilidad de una comunicación sin símbolos: «¿Por qué continuar utilizando el lenguaje, fundamentado en la imposibilidad de comandar rápidamente otra cosa que no sean las cuerdas vocales, si se puede comandar directamente la totalidad del mundo sensible?» (Lévy, 1991: 23). La propuesta respon-

Figura 19

Figura 20

día a las expectativas utópicas creadas en ese momento por los primeros escarceos de la realidad virtual, que en la versión de Lanier se parece de forma inquietante a unos peculiares personajes de *Los viajes de Gulliver*, los filósofos de la isla de Laputa que no conversan o discuten hablando, es decir, mediante el lenguaje, sino recurriendo a la fatigosa tarea de tener que mostrar directamente las cosas a las que se refieren. Así lo describe el escritor con su proverbial ironía:

> Siendo las palabras el nombre de las cosas, cada persona llevaba consigo todos los objetos a que hubiese de referirse. Tal proyecto se hubiese aprobado... si las mujeres y el vulgo y los ignorantes no hubiesen amenazado con sublevarse si no se les permitía hablar con la lengua. Sin embargo, algunos de los más inteligentes y doctos hacían uso del nuevo método que solo tenía el inconveniente para ellos de que cuando habían de tratar de varios asuntos estaban obligados a transportar fardos enormes a la espalda si no disponían de medios para contratar los servicios de dos criados que les aliviaban de su trabajo. Frecuentemente vi algunos de esos sabios abrumados bajo el peso de su carga, encontrarse en la calle, dejar la carga en tierra, abrir los sacos y después de una hora de conversación ayudarse mutuamente a cargar y a despedirse (Swift, 1934: 106).

Este proyecto que es, por supuesto, absolutamente inviable y que Swift plantea como una velada crítica al positivismo de la ciencia, se vuelve más razonable si las cosas que se utilizan en las estrambóticas conversaciones se sustituyen por sus imágenes digitalizadas y, por consiguiente, modificables con la misma facilidad con la que se construyen las palabras con la lengua. En este punto, la idea de Lanier cobra especial efectividad, ya que de lo que él hablaba no era de imágenes-objeto, sino de ambientes o modelos formados por medio de la realidad virtual. Desde esta perspectiva, la ideografía dinámica de Lévy aparece no tanto como un nuevo lenguaje visual, sino como unas propuestas visuales más amplias que, combinadas con textos, palabras o sonidos, crean visualidades que, a la manera de mapas extremadamente cambiantes y complejos, puedan albergar, planificar y conducir los discursos, los cuales, en su seno, pueden discurrir evidentemente a través del lenguaje: «Por un lado, la ideografía dinámica traducirá, semiotizará, los cuasi-objetos indeterminados de la imaginación; de otra parte, fabricará signos destinados a ser introyectados y retomados por la actividad imaginante de los sujetos y los colectivos» (Lévy, *ibíd.:* 75). En general, estos planteamientos nos remiten al concepto de interfaz en sus plasmaciones más desarrolladas. Las imágenes en movimiento de la ImA hacen pensar que dispositivos de este tipo son perfectamente posibles, puesto que demuestran que se puede establecer una conversación multimediática con la IA lo suficientemente rápida y fluida como para asimilarla a la escritura y al propio pensamiento. En este sentido, la IA no sería más que un intermediario entre diversos agentes o serviría de ayuda para un humano a la hora de desarrollar su propio pensamiento, una ayuda extremadamente eficaz sobre todo cuando la reflexión debe moverse por distintas disciplinas o manejar muchas informaciones diferentes. En tales ocasiones, la interfaz o la ideografía dinámica ofrecerían, conceptualizados visualmente, los datos o las informaciones pertinentes, que actuarían como eficaces alternativas a la reflexión.

Capítulo 6

Triglifos

> Me da vergüenza mostrarles imágenes, este debería realmente ser un curso sin imágenes.
>
> Gilles Deleuze

Joyce y la epifanía

Gilles Deleuze y Félix Guattari propusieron el concepto de personaje conceptual para referirse a aquella figura intelectual que mejor engloba un conjunto de ideas. Según ellos, no es el personaje el que crea las ideas, sino estas las que generan un sujeto que las representa especialmente. Con ello evitaban la trampa del sujeto trascendental que pretende articular, desde una posición de privilegio, el pensar del humanismo. Abundaban así en la insistente tarea de denigrar al sujeto, tan característica de la modernidad. Al margen de la validez de este subterfugio, la idea del personaje conceptual es muy útil para señalar la capacidad que tiene la obra de ciertos autores para representar o ser la catalizadora de una corriente intelectual o un aspecto de la cultura que determina alguno de los semblantes más sobresalientes de una época.

James Joyce es uno de estos personajes conceptuales. Situada en pleno modernismo literario, su obra expone un tipo de pensamiento que abarca mucho más que la estética literaria y se proyecta hacia el futuro, de manera que lo que realmente representa es la posibilidad de un pensamiento y una estética futuros, desde un paradigma que languidece y a cuya decadencia el propio Joyce contribuye. La imaginación de Joyce anuncia, desde la literatura, el funcionamiento de un modo de pensamiento que excede lo literario o incluso la cultura lingüística. Nos muestra la descomposición del entramado de la lengua y se proyecta hacia el paradigma futuro de la imagen, de lo visual. Por ello, si queremos comprender qué significa la ImA que ahora asoma por el horizonte, y lo queremos hacer en el marco general de una mente literalmente posmoderna, debemos empezar por dilucidar el papel que desempeña el tipo de imaginación que alumbra el escritor irlandés en el largo período de transición entre el ocaso del humanismo y el poshumanismo.

¿Por qué Joyce, precisamente? Hay muchas respuestas posibles a esta pregunta, todas ellas equivocadas porque ninguna puede agotar el enigma. Es necesario considerar a Joyce un síntoma, a pesar de que Lacan quisiera convertirlo en lo que el psicoanalista denominaba un *sinthome,* un concepto que, en sí, es también sintomático, como lo es asimismo la última deriva del pensamiento del psicoanalista, centrado en visualizar el aparato psíquico a través de una compleja topología. Añadamos, a título puramente informativo, que si hubo un tiempo en que todo eran signos, ahora la realidad se entiende mucho mejor si consideramos que todo puede ser síntoma. La diferencia entre el *sinthome* lacaniano y el síntoma estriba en que la noción de Lacan se refiere a la propia realidad psíquica del sujeto, mientras que el síntoma implica que el sujeto se convierte en referencia de algo externo que lo supera, pero que él asume, aunque sea a su manera. Joyce es el síntoma de un agujero negro que se abre en lo real, a principios del siglo XX. Se puede considerar que Joyce personaje conceptual es en realidad ese agujero negro que absorbe la luz del pasado y deja a la humanidad sumida en las tinieblas de un porvenir incierto, que solo empezará a recobrar la claridad prácticamente un siglo más tarde. No cabe duda de que existen otros personajes conceptuales que, pertenecientes más o menos a la misma época transitoria, podrían cumplir las funciones de representar el cambio de era. Para ser fieles al concepto tal como lo exponen Deleuze y Guattari, hay que matizar que estos personajes son destilaciones de las líneas de fuerza o las máquinas abstractas que producen el cambio de era y no inductores de la misma por medio de su obra, su estructura mental o su imaginación. Los personajes conceptuales nacen y habitan en el interior de las concepciones que su obra expresa o parece expresar directamente. Por ello son a la vez síntomas. Como personajes conceptuales, pierden su subjetividad para convertirse en la carátula de una determinada forma de pensar, eso que los citados filósofos franceses denominan imagen del pensamiento. Como síntomas, son sujetos que forman parte individual de un determinado imaginario en el que habitan junto con otros muchos síntomas que no son solo subjetivos.

Supongamos que escribir es perderse en el territorio desconocido que va creando la propia escritura. Supongamos que el escritor es un ente que surge de la textura compuesta por ese territorio ignoto en formación y el proceso de pensamiento que lo genera. Este proceso está impulsado por un pensamiento que es a la vez consciente e inconsciente y que emana de un peculiar estado de conciencia. Surge de una conciencia que avanza imaginariamente y un cuerpo que imagina desplazarse con ella por esa imaginación territorializada por la escritura.

Supongamos que Joyce es el «Ulises» cuando escribe el *Ulises*. Supongamos, pues, que se convertía en «Stephen, el héroe» cuando escribía *Stephen, el héroe* o que *El retrato de un artista adolescente* es su encarnación en la escritura. Imaginemos también que se fundía con el estrepitoso mundo de *Finnegans Wake* cuando lo estaba escribiendo... Ser el libro o el mundo que se crea en el libro no es lo mismo que ser uno de sus personajes, proyectarse en alguno de ellos. Ser un libro implica que el libro, el mundo que se genera en el libro, se convierte en la forma imaginaria del ser que lo crea. Devenir libro significa devenir ficción, devenir reflexión, devenir descripción, devenir emoción... E, igualmente, la ficción, la reflexión, la descripción, la emoción, etc., se encarnan en la confabulación de un sujeto corporeizado y un cuerpo subjetivado que se manifiesta a medida que este sujeto-cuerpo o este cuerpo-sujeto crea y recorre, imaginándolo, el mundo que habita, aquel en el que se ha instalado por medio del acto de escribir.

Ray Bradbury, al final de *Fahrenheit 451,* nos introduce en el concepto de los hombres-libro y las mujeres-libro, gente que ha hecho suyo un libro memorizándolo y con ello se ha convertido en ese libro. No se ha transformado, por supuesto, en el autor, sino en el mundo que el libro construye y que ahora el lector frecuenta mentalmente. Dice Richard Ellmann, el biógrafo de Joyce, que este, a la edad de veintidós años, «había encontrado la forma de convertirse en un artista por medio de escribir sobre el proceso de convertirse en un artista, su vida legitimaba su retrato al suministrar el modelo, mientras que el retrato vindicaba al modelo por su evidente admiración por él» (1982: 144). Asimismo, afirma Umberto Eco, al relacionar la obra de Joyce con las

Figura 21

de sus maestros, aquellos pensadores que, como Giordano Bruno o Nicolás de Cusa, el escritor italiano consideraba los más medievales del Renacimiento, que tanto para estos como para el mismo Joyce, «el mundo ya no es una pirámide formada por una serie de caídas continuas sino un círculo o una espiral cerrada sobre sí misma» (2000: 12). Una espiral cerrada sobre sí misma en cuyo interior se encuentra aquel que traza la espiral. Saul Steinberg expresó visualmente esta circunstancia, digamos que reflexionó sobre este proceso recursivo, autopoiético, en un dibujo publicado en *The New Yorker* en 1963, con la siguiente descripción: «Un hombre que se ha dibujado a sí mismo dentro de un remolino» (figura 21). Si ha habido un escritor que puede calificarse de remolino, este es James Joyce.

¿Por qué Joyce? Quizá porque Joyce, con su acto literario, pone de manifiesto este proceso de metamorfosis que fundamenta toda forma de escritura, pero que no había sido expuesto antes de manera tan clara.

Siempre el escritor se había presentado, hasta entonces, como un agente de la escritura, alguien que crea, que piensa, desde fuera de la escritura. Incluso Flaubert, quien dijo ser Madame Bovary, incluso Proust que acabó encarnando su propia memoria son antes que nada agentes de su escritura, mientras que Joyce escribe y a la vez es escrito. Dice Deleuze del trabajo de Proust que «no se trata de una exposición de la memoria involuntaria, sino de la narración de un aprendizaje» (1995: 12). Aprender a ser memoria, podríamos decir, de la misma manera que Flaubert aprendió a ser Madame Bovary mientras escribía *Madame Bovary*. He aquí la diferencia con Joyce: aquello que hace que Joyce se sitúe en otro imaginario es el hecho de que en él no existe una voluntad de aprendizaje, sino que su tarea está impulsada por actos involuntarios a través de los que se filtran los residuos de una época camino de convertirse en otra.

Anteriormente, o en el ámbito intemporal de un perenne romanticismo, las escritoras, los escritores, les escritores —¿qué importa ahora el género, si de lo que se trata es de que todos ellos se transforman en aquello que ellos mismos crean?— se reproducían a lo largo de su vida productiva, varias veces, dividiéndose cada vez en dos entidades —la del autor y la de su obra. Luego, cada una de las partes seguía su camino por separado, excepto por lo que a las operaciones de *marketing* se refiere, que tienden a mitificar los actos creativos. Pero la ingente producción actual de una literatura denominada del Yo demuestra que los autores se sienten atraídos cada vez más por la posibilidad de fundirse, y confundirse, con su obra. Renuncian a separarse de ella y prefieren acompañarla a todas partes de la única manera realmente factible, que es ser ella, fundirse con ella. De la misma forma en que la mitosis de las células no produce divisiones entre original y copia, entre causa y efecto, creador y criatura, también podemos contemplar los actuales actos creativos como una escisión entre dos partes exactamente iguales. Cada parte es autora y obra a un mismo tiempo, a partir de sus distintas polaridades. Decía Eisenstein que el director de cine tiene cien cabezas, una idea que sirve para designar a cualquier creador, cuyo número de cabezas es equivalente al de las obras que ha producido. Y la obra, por su parte, debe ser considerada como un simulacro del autor con todo lo que este tenía en su cabeza, o sus cien cabezas, cuando la estaba creando. Cada escisión del autor y su obra, cada parte escindida es una mónada que contiene su propio universo, el cual es a su vez parte del universo en el que existen todas ellas. Es así, a la manera de Leibniz, como mejor se entiende la simbiosis que existe entre el sujeto, sus acciones y la realidad. Se hace patente de esta forma la correa de transmisión por medio de la cual los flujos de la realidad transcurren a través del sujeto para impregnar finalmente su obra, lo que hace que, a partir de la obra, podamos inmiscuirnos en la imaginación del autor y alcanzar a comprender la realidad que los envuelve a ambos. Es de esta manera como alcanzamos a vislumbrar la vía por la que el imaginario se convierte en imaginación, como la mente colectiva se decanta en la imaginación particular, al tiempo que esta alimenta esa globalidad imaginativa.

Hablar de mundos imaginarios o de la parte imaginaria del mundo no nos aleja de la certeza, ni de la objetividad, puesto que estos mundos se materializan, por ejemplo, en un libro. La conversión digital de los objetos libro es un caso particular de la fenomenología de la digitalización. La digitalización convierte al libro en un objeto abierto, dispuesto a experimentar nuevas transformaciones, nuevas autorías, ya sea por simbiosis, parasitismo o pura intromisión. En cualquier caso, estas son acciones efectivas, es decir, efectuadas penetrando en el interior imaginario, fundiéndose en el magma formado por la escritura y la imaginación, por el gesto corporal de la escritura y el gesto mental de imaginar esta escritura. La digitalización de la escritura permite, aunque sea hipotéticamente, actuar en el interior mismo de la escritura, fundirse con ella en lugar de intervenir desde el exterior de su materialidad, puesto que el libro ya no es el objeto cerrado que produce la imprenta y que solo puede generar lecturas, plagios, influencias o pastiches. La digitalización permite que el libro sea etéreo, más imaginario que nunca. Por ello el paradigma digital está relacionado con los flujos que conectan realidades, subjetividades, imaginarios e imaginaciones.

Posiblemente sea la Realidad Virtual (RV) el dispositivo tecnológico más adecuado no solo para reproducir esta fenomenología concreta, sino para convertirse en el emblema del campo expresivo que se abre con la digitalización y que, en gran medida, aunque no solo, tiene que ver con el concepto de inmersión. Si consideramos que lo digital constituye la *materia* de la nueva realidad por la que la imaginación transcurre con una potencia inusitada, de forma parecida a como la electricidad se acelera en determinados medios, debemos asumir que la RV es la forma simbólica que mejor puede articular esta nueva ontología. La noción de lo virtual que propone Deleuze en sus estudios sobre el cine, como aquello que siendo real no ha sido aún actualizado, está contenida en la propia denominación de la tecnología de la RV, con el añadido de que, en ella, esa virtualidad se actualiza, sin dejar de ser virtual. La potencia de aquello que es real y virtual al mismo tiempo es inusitada.

Si estableciésemos una genealogía de los medios de expresión —aquellos que, por estar situados en el campo del arte, son algo más que medios de comunicación—, situándolos en un diagrama capaz de combinar expresivamente tanto su desarrollo histórico como sus características formales, el libro ocuparía un lugar central, rodeado de una serie de medios primordialmente visuales, pero cuya visualidad depende en gran medida del tipo de imaginación que el libro promueve en la mente del lector por medio de la escritura. El libro, entendido como depósito primordial del imaginario —y del inconsciente— impulsado por la escritura, proyecta virtualmente su formación a la pintura y al teatro, para desplazarse después a la fotografía, al cine, a la televisión y al vídeo. En este punto, que implica la última frontera de lo analógico, se produce una brecha que separa dos paradigmas, el analógico, que queda atrás, y el digital, que se abre al futuro. La tecnología da, entonces, un salto fundamental para generar un dispositivo que recoge el potencial de todos los anteriores y los transforma al desmaterializarlos digitalmente. En este nuevo ámbito, el instrumento primordial es el ordenador, que se dispone a ocupar el lugar central que antes había ocupado el libro. El cinematógrafo ya había iniciado esta tarea de asimilar el resto de los medios para reutilizar sus características, pero se había quedado a las puertas de un verdadero cambio, de una transformación tan profunda como la que efectúa el ordenador mediante la digitalización. El ordenador se convierte en gestor de nuevas tecnologías expresivas, imaginativas, de entre las cuales la más emblemática es la mencionada RV, donde vuelven a aparecer, profundamente transfigurados, los medios ancestrales que el ordenador había absorbido en su seno. La RV puede ser cine, puede ser teatro o pintura, puede ser fotografía o literatura, pero de una forma absolutamente distinta a como todos estos medios habían sido anteriormente.

La RV, entendida como forma simbólica y como dispositivo tecnológico, no solo es capaz de visualizar las formas del imaginario de los medios anteriores, donde estos imaginarios eran pura virtualidad, sino que los transforma estética y simbólicamente, proponiendo con ello una escenificación de la ontología de la nueva realidad compleja. El carácter simbólico de la RV implica que al referirnos a ella no solo señalamos el funcionamiento de una tecnología determinada que se conoce por este nombre, sino que significa que bajo el paraguas de la RV se agrupan otras muchas tecnologías digitales de carácter emergente, como la Realidad Aumentada, las técnicas holográficas o el 3D, por citar solo las más conocidas.

La relación de la RV con la escritura puede ser muy variada, pero para exponer la conexión que puede tener la técnica estricta con el libro vale la pena hacer hincapié en el hecho de que esa tecnología digital se presta a reproducir el imaginario de las narrativas, puede escenificarlo de modo que los lectores tengan la oportunidad de sumergirse efectivamente en el universo subjetivo-objetivo de los autores, ahora no solo imaginado, sino visualizado. Se trata de un universo que antes había sido solo virtual y que ahora se convierte en actual, en real. Los lectores, convertidos así en actores sin dejar de ser *lectores,* pueden recorrer paisajes a la vez reales y anímicos y vivir en ellos experiencias propias, combinadas con las de los creadores de mundos a través de la escritura. La relación con el libro se hace corporal, no solo visual e imaginaria. Ese cuerpo, que imaginaba transitar por el imaginario del libro, recorre ahora realmente un espacio que corresponde a ese imaginario. Al contrario de ciertas corrientes críticas con la imagen, la visualización de los imaginarios o de la imaginación no implica anular estas potencias, sino proponer territorios a partir de los cuales estas puedan ser ampliadas imaginativamente.

En el estado actual de la técnica, no puede decirse que esta experiencia sea la misma que la del escritor que se convierte en autor-personaje a través de su propio escrito. Sin embargo, la RV está solo a un paso de lograr esta substanciación del imaginario; bastaría para ello, aparte del propio desarrollo tecnológico, que abandonase el paradigma teatral-cinematográfico y descubriera lo que hay más allá de él. En todo caso, la RV se convierte, por esta posibilidad, en un emblema de un factor de la creación que solo ahora, a través de esta tecnología, somos capaces de concebir en todas sus dimensiones y que, por lo tanto, nos permite reconsiderar el análisis de los anteriores medios.

La revolución que en el siglo XIX supuso la electricidad como técnica y como idea es equivalente a la transformación que ahora implica la digitalización. En ambos casos, la realidad se ensancha, aparecen en ella capas insospechadas que se prestan a ser exploradas. Desde esta perspectiva, podemos decir que la RV es una forma simbólica, porque es capaz de articular en su seno técnico y simbólico el pensamiento que se genera a partir de la digitalización. La RV, más allá de ser una tecnología concreta, con todo lo que ello comporta, es una forma que articula el «lenguaje» de la nueva realidad configurada por la digitalización. La electrificación desplegó, en el siglo XIX, una capa de la realidad hasta entonces prácticamente inconcebible, a pesar de que los físicos hubieran podido explorar antes los antecedentes de esa fuerza, sin calibrar sus verdaderas posibilidades. Abrió la puerta a la aparición de instrumentos insólitos como el cine o la televisión, que permitían examinar la realidad de forma distinta a como había sido explorada hasta entonces, al tiempo que emprendía el camino hacia la posterior revolución de lo digital. A partir del concepto de RV, podemos articular más profundamente las relaciones entre la imaginación y la realidad, planteadas por medio de imágenes que ya no son contemplativas, sino inmersivas.

Afirmaba Lacan en su seminario XIV, dedicado a la lógica del fantasma —un concepto muy apropiado para el régimen actual de las imágenes—, que «el deseo es la esencia de la realidad» (2008: 2), una idea que el psicoanalista confesaba haber recogido de lo dicho por Spinoza, a saber, que «el deseo es la esencia del hombre». Lacan añadía algo que nos parece trascendental en el marco de la RV: «Lo que sostiene el fantasma es una superficie cerrada, en forma de burbuja no esférica, cuya condición sin costura está tejida de tal modo que sin darnos cuenta pasamos de una a otra de sus caras» *(ibíd.)*. Señalemos que los discursos, las teorías, se pueden desarticular, de manera que los conceptos que las componen se conviertan en herramientas para comprender, vía sintomática, otros ámbitos, distintos de los que originalmente se aplican. Lacan y Spinoza nos suministran así fórmulas para entender lo que se produce en una realidad virtual, ahora esférica, proporcionada por la tecnología y que no deja de ser una forma de ImA en la que se incluye el deseo. ¿Qué forma puede adquirir el deseo en el ámbito de las imágenes producidas artificialmente?

Un hombre pasea pensativo por la orilla de una solitaria playa de Dublín, cercana a la península de Howth. Se acaba de descalzar y avanza con los calcetines doblados en los bolsillos de su chaqueta y los zapatos anudados por los cordones colgando de los hombros. Si leemos este pasaje de *El retrato de un artista adolescente* a partir de los trazos fenomenológicos que hemos planteado, observaremos que por la playa avanza un ser tricéfalo. Es Stephen, el personaje de la novela, quien se moja los pies en el agua, pero a él le acompaña ciertamente el fantasma del narrador, que no es otro que el mismo Joyce, el cual, a su vez, proyecta su memoria y sus impresiones sobre esa figura solitaria que lo encarna junto al mar. Pero esta duplicidad se despliega una vez más para denotar la presencia de un paisaje antropomorfo en el que están incluidos ambos sujetos como dos aspectos pertenecientes a momentos diferenciados temporalmente pero reunidos por la narración en un mismo lugar que es a la vez real e imaginario y que, contemplado en su conjunto, tiene *aspecto* humano. Al mismo autor le resulta difícil diferenciar esas tres sombras que transitan por la escritura: la del personaje real que narra, la del personaje que es narrado por él y en el que él se proyecta a través de su escritura y, finalmente, ese ámbito envolvente de una realidad imaginada, una realidad virtual que pertenece al autor al tiempo que este le pertenece a ella. La escritura es aquí flujo material de ese sueño que es la memoria. Pero este envoltorio del sueño de la escritura está a su vez envuelto por un mundo imaginario que surgiendo de más allá de la conciencia crea un nuevo James Joyce que es a la vez escritor, persona y paisaje. Y en el centro de este ensamblaje fenomenológico se produce algo desconcertante, algo que Joyce denomina epifanía.

Joyce le otorga a Stephen, el personaje de su primera novela, *Stephen Hero,* la labor de describir el concepto:

> Por una epifanía se refería [Stephen] a una repentina manifestación espiritual, ya sea en la vulgaridad del habla o del gesto o en una memorable fase de la mente misma. Creyó que era una misión para el hombre de letras registrar estas epifanías con sumo cuidado, ya que son los momentos más delicados y evanescentes que hallarse puedan.

Pero Stephen es un tomista manifiesto y, por lo tanto, su concepción de la epifanía adolece de un obvio escolasticismo. Según él, el mecanismo por el que se produce la epifanía es el siguiente:

> Primero reconocemos que el objeto es una cosa integral, luego observamos que se trata de una estructura compuesta y organizada, una cosa, de hecho: finalmente, cuando la relación de las partes es exquisita, cuando las partes se ajustan al punto especial, descubrimos que es la cosa que es. Su alma, su qué, salta hacia nosotros desde la vestidura de su apariencia. El alma del objeto más común, cuya estructura está tan ajustada, nos parece radiante. El objeto logra su epifanía.

Stephen, mientras pasea por la playa dublinesa, se cruza con una niña que está mojando sus pies en la orilla:

> Una chica estaba delante de él en medio del arroyo, sola e inmóvil, contemplando el mar. Parecía alguien a quien la magia ha transformado en algo parecido a un pájaro marino extraño y hermoso. Tenía las piernas delgadas y desnudas, delicadas como las de una grulla, e inmaculadas a excepción de un reguero de algas que había formado como un signo sobre la carne. Los muslos, rotundos y de un tenue matiz como de marfil, estaban desnudos hasta las caderas, donde los bordes blancos de sus enaguas eran como las plumas de un plumón blando y blanco. Su falda color azul pizarra iba ceñida a la cintura y acababa en cola de milano. Tenía el pecho como el de un pajarito, suave y ligero, suave y ligero como el pecho de una paloma de oscuro plumaje. Pero el pelo largo y claro era de niña; y la cara también era de niña y tocada por el milagro de la belleza mortal[8].

La epifanía, transitada por el deseo, convierte a la niña en un pájaro, a ojos de Stephen. Pero, de alguna manera, el movimiento de la epifanía proviene de la propia realidad, es un momento en el que las cosas se muestran a sí mismas, tal como son, pero lo hacen de forma imaginaria, fantasmática. En este sentido, el significado del concepto de epifanía sería equivalente al de fenómeno, tal como lo entiende Heidegger en *Ser y tiempo,* es decir, una mezcla de apariencia y síntoma o manifestación. Con la epifanía, las cosas o los seres romperían este equilibrio y mostrarían su verdadero rostro, aquel que conecta el síntoma con aquello a lo que se refiere y que no es visible. Para Stephen y para Joyce, la epifanía es un fenómeno que se puede expresar literariamente, a pesar de que su entidad es puramente visual, como lo demuestra la aparición en la playa, ante los atónitos ojos de Stephen, de una niña-pájaro. El poeta victoriano Gerard Manley Hopkins acuñó el término *inscape* (paisaje interior) para calificar un tipo de experiencia semejante a la epifanía y relativa al súbito descubrimiento de una forma de belleza en el mundo natural como reflejo del propio mundo interior. Se produce, en tal caso, una inesperada simbiosis entre la naturaleza y el sujeto que pone de relieve una realidad que es a la vez objetiva y subjetiva, percibida y creada. En una carta a su amigo Robert Bridges,

---

[8] James Joyce, *Retrato del joven Artista,* Madrid, Cátedra, 2022, pág. 293.

Hopkins se expresa con más detalle sobre las características del paisaje interior:

> Pero así como el aire, la melodía, es lo que más me llama la atención en la música y el diseño en la pintura, así el diseño, el patrón o lo que suelo llamar «inscape» es a lo que más apunto en la poesía. Ahora bien, es la virtud del diseño, del patrón o del paisaje interior el ser distintivo y es la virtud del carácter distintivo el convertirse en algo inesperado o extraño (2013: 234).

El automatismo que parece caracterizar a las epifanías da la impresión de perder fuerza en la experiencia que expresa el poeta, para quien la naturaleza no hace sino responder a su llamada. Pero la respuesta no deja de ser autónoma. Para Hopkins, la belleza que descubre en el mundo está en el mundo, si bien es una belleza compartida. En ningún caso, la epifanía o el paisaje interior pueden manifestarse sin una presencia humana, pero cuando lo hacen, cuando emergen a los ojos atónitos de un ser humano, es porque se ven impulsados por una *voluntad* propia que reside en sus características inherentes, si bien estas se estructuran de una forma particular, relativa al deseo del observador. No en vano Hopkins era un ferviente admirador de Duns Scoto, el filósofo escocés del siglo XIII, para quien, al acto de conocer, contribuyen tanto el objeto como el que lo conoce.

Los seguidores actuales de la corriente filosófica denominada Ontología Orientada al Objeto serían partidarios acérrimos de la epifanía de las cosas, entendida como su forma de *hablar*, independiente en este caso del sujeto que las contempla. Así Jeanne Bennett titula *Materia vibrante* un libro que expone su experiencia con los objetos más cotidianos y cómo estos se muestran plenamente significativos a través de las relaciones que mantienen entre sí, aquello que Deleuze denomina resonancias. Si seguimos a Bennett, y también a Deleuze cuando considera que la epifanía resulta de la conjunción o resonancia de series distintas, veremos que hay algo automático o espontáneo en la epifanía, algo que se produce más allá de la relación entre la cosa y el observador, algo que podría considerarse objetivo, si no fuera porque no deja de ser la manifestación de un posible inconsciente de las cosas o de la propia realidad. Pero, sobre todo, esta revelación puede estar mediatizada actualmente por la tecnología, concretamente, por la tecnología audiovisual y, especialmente, por las imágenes. Las imágenes, las más realistas de las imágenes son, en este sentido, epifanías.

La tecnología puede ser esclarecedora, como la imagen. Ambas comparten críticas feroces por parte de aquellos que no saben leer en ellas los gérmenes de un futuro necesario que solo podrá llegar a ser a través del desarrollo adecuado de esos dispositivos. Afirma Eco que en la obra de Joyce «se entabla la batalla de toda una cultura que trata de fundir sus elementos más dispares, resolviendo sobre ese terreno algunos signos de contrastes» (2000: 6). Joyce es, pues, desde la literatura, un campo de pruebas de una mentalidad que aguardaba en el futuro y que, inesperadamente, conecta con la IA. Pensemos en el flujo de conciencia, una técnica que el escritor irlandés recogió de la lectura de *Les lauriers sont coupés* de Édouard Dujardin, un libro publicado en 1888. El concepto, sin embargo, fue acuñado dos años más tarde por William James en sus *Principios de psicología*. Curiosamente, este flujo de la conciencia depende, en gran medida, del inconsciente, esa latencia que Freud actualizó luego con enorme eficacia.

Joyce es el síntoma de una recomposición del sujeto, que, a través de su figura creativa, aparece como un remolino de fuerzas conscientes e inconscientes. Siendo un escritor tremendamente concienzudo, es a la vez el catalizador de poderosas fuerzas inconscientes que lo atraviesan, dejando un rastro en su escritura y en el entramado imaginario que esta despliega. Se puede considerar la representación de ese *sujeto sin sujeto* que recorrerá, a partir de Freud, el pensamiento del siglo XX y cuyos fulgores detectamos en los procesos de escritura automática de los surrealistas y en el contacto que estos quieren mantener con el inconsciente y los sueños. El mismo Joyce se desliza hacia esta escritura automática en algunas de sus obras, donde el flujo de conciencia es más bien un flujo del inconsciente personal y social. Un contemporáneo suyo, el poeta William Butler Yates, irlandés como él, practicaba con su mujer una escritura automática que ambos consideraban una forma de comunicación con el más allá, pero que, en realidad, no era otra cosa que otra versión de la comunicación esencial con el inconsciente. Lo que vemos aparecer en torno a Joyce es una visualidad espontánea, que él expresa lingüísticamente, pero que no por ello pierde su esencia visual. En Joyce, el sujeto se disgrega en palabras e imágenes, unas y otras revoloteando entre lo figurativo y lo abstracto.

Anulado, supuestamente de forma definitiva, el sujeto, en el ámbito de la IA, la tecnología alcanza finalmente un punto de saturación por el que pasa de ser el medio por el que la realidad muestra visualmente sus más especiales características a convertirse en productora de sus propias epifanías, sus propias visiones espontáneas que no remiten a nada que suceda en la realidad, aunque su visualidad puede reconducirnos a la realidad para experimentarla más profundamente. Según Baudrillard, hay tres órdenes de simulacros: «La falsificación es el esquema dominante de la época "clásica", del Renacimiento a la revolución industrial. La producción es el esquema dominante de la era industrial. La simulación es el esquema dominante de la fase actual regida por el código» (1980: 59). A lo que Mark Fisher añade que «en el capitalismo, la ficción ya no es meramente representativa sino que ha invadido lo real hasta el punto de constituirlo» (2022: 79). Desde este poso de ficción-realidad surgen las visualidades espontáneas de la ImA, que son equivalentes a las producciones imaginarias de la literatura, en su doble vertiente, la que produce el escritor en su mente y que vierte en la escritura, y la que genera el lector al leer esta escritura.

La epifanía es un producto espontáneo de la imaginación equivalente a las ensoñaciones, si bien estas están menos focalizadas, son menos concretas y mucho menos estables. En ambos casos, la mente actúa por su cuenta, apelando a un conjunto de imágenes, ideas y sensaciones que se entremezclan en el inconsciente.

Proust y la ensoñación

Afirmaba Borges que la literatura es un sueño dirigido. Confesaba ser un tejedor de sueños y proponía abandonarse a ese sueño voluntario que se llama creación artística. No le faltaba razón al escritor argentino, si bien sería más preciso hablar de ensoñaciones que de sueños. O, en todo caso, cabría distinguir entre la obra terminada, un sueño, y el proceso de construirla, que se produce siempre en un estado de ensoñación, un estado psíquico en el que, como decía Bachelard en *La poética de la ensoñación,* el soñador «escucha ya el sonido de la palabra escrita» (2011: 17). La ensoñación se sitúa entre el sueño y la vigilia, y el escritor se desliza por ella cuando escribe. En ese momento, su mente sueña al tiempo que su mano realiza, plasmándolos sobre la hoja en blanco, esos sueños. Según el psicoanalista Donald Meltzer, la actividad onírica no se limita al período en que el sujeto duerme, sino que está presente siempre, durante toda la jornada, si bien la intensidad de los procesos oníricos es distinta en ambos casos. Por eso podemos distinguir entre el sueño y la ensoñación.

Deleuze, en su estudio sobre Proust y los signos, califica de máquina artística al libro que resulta de la producción y reproducción de instantes privilegiados. *En busca del tiempo perdido* es una máquina solo comparable, según Deleuze, a Joyce y su máquina de epifanías, «pues Joyce también empieza buscando el secreto de las epifanías por el lado del objeto, en contenidos significantes o en significados ideales, y lo busca luego en la experiencia subjetiva de un esteta» (2021: 14). Siguiendo con Deleuze, la concepción proustiana de la imagen se puede comparar también con el «imaginismo y el "vorticismo" de Ezra Pound» *(ibíd.:* 182). Pero el nexo más claro lo establece Deleuze con las epifanías de Joyce. Si Joyce crea una máquina de construir epifanías, se diría que la máquina de Proust se ocupa de construir sueños. En ambos casos, se está recomponiendo la realidad para penetrar más profundamente en su textura, en su composición secreta.

Los escritores del realismo, de Stendhal a Zola, pasando por Austen, Pérez Galdós o Tolstói, por citar solo algunos de los puntos de referencia más conocidos, tienden a sobreponerse a la ensoñación en la que están inmersos al escribir, superponiendo a esa situación profunda una construcción racional, una narrativa sólidamente organizada. Sin embargo, si por algo se distingue el modernismo literario es por haberle dado la vuelta a este proceder, transcribiendo precisamente la ensoñación, dejando que la narrativa se organice según las peculiares distribuciones que este estado confiere a una realidad transitada por recuerdos y emociones que la modifican y le confieren la forma de un sueño:

> Solo cuando los contenidos significantes y los significados ideales se han desmoronado en beneficio de una multiplicidad de fragmentos y de caos, y las formas subjetivas en beneficio de un impersonal caótico y múltiple, adquiere la obra de arte todo su sentido, es decir, todos los sentidos que queramos según su funcionamiento, pues lo esencial, creámoslo, es que funcione (Deleuze, 2021: 142).

Lo que Deleuze, en su estudio sobre Proust, pone de manifiesto es precisamente el hecho de que el escritor, en su saga sobre el tiempo perdido y el tiempo recobrado, no solo escribe como en sueños, es decir, sumergido en ensoñaciones, sino que utiliza estas ensoñaciones para organizar sus recuerdos. Deleuze no se acerca a Proust con esta hipótesis, pero la pone de manifiesto por la manera en que analiza su obra. La somete a un *psico-análisis* que no persigue un diagnóstico, sino que se atiene a un empirismo radical que toma en consideración no tanto lo sintomático como el propio funcionamiento de la ensoñación, la forma que esta adquiere al producirse, es decir, la estructura funcional del síntoma. La lectura que hace Deleuze de las ensoñaciones de Proust es en sí misma una ensoñación que se superpone a la otra. De fondo, se escucha la voz de Freud y su *Interpretación de los sueños,* pero es una voz que nos llega filtrada por Lacan: lo que Freud denomina condensación y desplazamiento, Lacan lo convierte en metáfora y metonimia, pero lo hace absorbiendo antes la lingüística de Jakobson. A partir de esta constelación, que se despliega escalonadamente en el tiempo, Deleuze detecta en Proust procesos de remembranza, o sea, reconstrucciones de la memoria, que equivalen al mecanismo de la metáfora, como los de encaje o envolvimiento, los cuales relacionan continente y contenido; o al de la metonimia, como lo que denomina compilación, que establece conexiones de la parte con el todo. Las ensoñaciones de Proust —que escribía, no lo olvidemos, tumbado en la cama, el objeto más cercano a la vida onírica que tenemos— se organizan como un sueño. Es posible detectar en sus figuraciones las estructuras freudianas de la condensación y el desplazamiento que Deleuze interpreta, de forma indudablemente lacaniana, como metáfora y metonimia.

Según Susanne Langer, el arte es una forma de aparición que en el cine se manifiesta a través de lo que ella denomina un modo sueño. Ello no quiere decir que el cine imite los sueños o que haga que los espectadores se deslicen hacia un estado de ensueño, «el cine es como un sueño en su modo de presentación: crea un presente virtual, un orden de aparición directa. Este es el modo del sueño» (Langer, 1953: 412). El concepto de forma de aparición puede ser productivo si lo tomamos literalmente, como la manera en que se presentan las cosas, como la forma que el acontecimiento adquiere a partir de una determinada constitución de lo real, su ontología, y el medio a través del que este real aparece o lo hace aparecer.

La realidad se transforma, a los ojos del artista, mediante inesperadas epifanías que la reconfiguran. La muestra como si lo real fuera un guante al que se le puede dar la vuelta para enseñar lo que hay al otro lado de su piel, aquella parte que estaba oculta pero que sin embargo forma parte intrínseca de la prenda. El movimiento contrario, representado por la forma proustiana, consiste en absorber mentalmente la realidad y trabajarla con la imaginación para verter al mundo una reconfiguración de aquella, una especie de mapa secreto que muestra insospechadas conexiones internas. Joyce se enfrenta con alucinaciones; Proust utiliza, por el contrario, el tejido de los sueños. Uno mira hacia el exterior; el otro, hacia el interior.

En ambos casos, a través de su trabajo, de sus máquinas, se ponen de relieve los agenciamientos que fundamentan lo real en relación con el sujeto. Un agenciamiento, al igual que un dispositivo, es un conjunto de cuerpos relacionados, de dos o más elementos heterogéneos conectados. Pero el agenciamiento tiene que ver con el deseo, es una producción del deseo. Y el deseo es un productor de fantasías que finalmente acaban convirtiéndose en realidad. Podemos decir que, en última instancia, lo que produce el deseo no es tanto la fantasía como la realidad, si bien es una realidad transitada, impregnada de la fantasía. El teatro íntimo y la fábrica fantástica que Deleuze y Guattari contraponían en el *Anti Edipo* se confunden con la dicotomía entre alucinación y sueño, entre epifanía y recomposición onírica. El teatro como fábrica, la fábrica como teatro. La modernidad de Proust y Joyce preparan el terreno para una ulterior revolución por la cual

> ya no existe ni hombre ni naturaleza, únicamente el proceso que los produce a uno dentro del otro y acopla las máquinas. En todas partes, máquinas productoras o deseantes, las máquinas esquizofrénicas, toda la vida genérica: yo y no-yo, exterior e interior ya no quieren decir nada (Deleuze y Guattari, 1985: 12).

Decía Barthes que gran parte de la narrativa de Proust en su magna obra sobre la memoria se articula mediante figuras que muestran dos identidades en un mismo cuerpo. Se desarrolla a través de objetos en los que se reúnen dos estados absolutamente antitéticos o de apariencias que, de súbito, se convierten radicalmente en las contrarias de lo que parecían ser: «La inversión —como forma— invade toda la estructura de *La Recherche*», afirma Barthes (2002: 919), proponiendo una lectura de la obra de Proust cercana a la idea de que está compuesta por ensoñaciones que son las que procuran esas inesperadas relaciones entre los personajes o generan la transformación de su identidad o sus cualidades. Proust se interna en su prolija memoria por una región intermedia entre el pasado y el presente, donde los recuerdos y sus impresiones se mezclan unos con otros, estableciendo relaciones que, como las de los sueños, se refieren significativamente a la percepción del soñador. Solo que este sueño no es total, no se produce más allá de la conciencia diurna, sino en el seno de esta: se trata de un sueño lúcido, mitad dirigido, mitad espontáneo. Por esto mismo, se puede hablar de memoria voluntaria, «a la que se le escapa el ser en sí del pasado» (Deleuze, 2021: 54), y memoria involuntaria, que «interioriza el contexto, hace al antiguo contexto inseparable de la sensación presente» *(ibíd.:* 56).

Proust se desliza entre las dos memorias, pero su campo de actuación es la imagen, tal como lo expresa en un momento de *Du côté de chez Swann,* cuando afirma que «todos los sentimientos que nos provocan la alegría o el infortunio de un personaje no se producen en nosotros más que por la intermediación de una imagen de esta alegría o de este infortunio». Según Volker Schlöndorff, autor de una adaptación bastante plana de *El amor de Swann (Un amour de Swann,* 1983), este apunte probaría sin duda la relación privilegiada que la literatura mantiene con el cine (Montier, 2003: 204). Pero Schlöndorff parece olvidar algo de lo que Raúl Ruiz es muy consciente en su adaptación de *El tiempo recobrado (Le temps retrouvé,* 1999), a saber, que esa imagen envolvente no es naturalista, sino que recoge en su textura visual todas las tensiones que promueven las emociones a las que ella sirve de contenedor. Por ello, si el cine quiere ser fiel a la novela de Proust, debe acudir a ese fondo estético de carácter onírico que aguarda siempre tras el naturalismo impuesto por los gustos de la industria del audiovisual. Puesto que Proust se instala en la ensoñación, el cine debe situarse también en una región estética equivalente si quiere captar la esencia del universo proustiano, es decir, la forma de las imágenes que acompañan los recuerdos, entendidos como una profunda aleación compuesta por las rememoraciones voluntarias y las involuntarias.

Al recuerdo le acompaña siempre en Proust un entorno, de tal manera que se produce, según Deleuze, una intensa asociación en el espíritu del narrador entre el ser amado y el paisaje: «Toda explicación de algo es resurrección de un yo» (2021: 109), por la sencilla razón de que, para el narrador,

> el ser amado es como la cualidad sensible, vale por lo que envuelve. Sus ojos solo serían piedras, y su cuerpo un trozo de carne, si no expresasen un mundo o mundos posibles, paisajes y lugares, modos de vida que es preciso explicar, es decir, desplegar, desarrollar, como los pequeños papeles japoneses *(ibíd.).*

De modo que «existe una especie de doble movimiento mediante el cual un paisaje exige enrollarse en una mujer, lo mismo que la mujer exige desenrollar los paisajes y los lugares que "contiene" encerrados en su cuerpo» *(ibíd.)*. Las imágenes literarias de Proust vibran constantemente porque no son estáticas, sino que están siempre al borde del cambio, dispuestas a desplazarse hacia otras regiones del recuerdo o a combinarse con otros elementos de la memoria. De la misma manera, cualquier imagen, persona, objeto o paisaje está constantemente recibiendo impulsos que llegan de otra parte:

> Las operaciones de abstracción y condensación que la realidad se encarga de ejecutar son equivalentes a las que procede a elaborar la ficción; ficción y realidad son por lo tanto alimentadas por los mismos procedimientos; esto quiere decir que, en el orden de la ficción, los objetos y los personajes novelescos son el resultado de muchos elementos condensados (Cléder. 2003: 199).

El film de Ruiz capta estos movimientos de manera formalmente muy fidedigna:

> Tanto en el texto como en la imagen, la frase y la imagen pueden conocer por consiguiente muchos trayectos y muchas duraciones. Por otro lado, una figura puede reenviar a varios elementos heterogéneos en el tiempo y en el espacio; pero, a su vez, un elemento puede ser representado por diversas figuras que además no lo tienen como referente; de forma que el referente (real o ficcional), desalojado, expropiado, acaba por desfigurarse para liberar las esencias fuera del tiempo *(ibíd.:* 198).

En una primera impresión, podemos decir que la ImA procede mediante epifanías, lo cual es cierto. Pero luego nos damos cuenta de que la epifanía es compleja, que en su interior bulle el producto de extrañas relaciones. Cuando Deleuze pone de relieve los rasgos comunes que la concepción proustiana de la imagen mantiene con la tradición postsimbolista de Joyce y sus epifanías o de Pound y su imaginismo, aparece un cúmulo de interrelaciones a las que la imaginería espontánea de la ImA parece apelar también, aunque quizá no tanto como origen de estas producciones, sino más bien como correlato de los resultados visuales:

> La imagen como lazo autónomo de dos objetos concretos en cuanto que diferentes (la imagen, ecuación concreta); el estilo como multiplicidad de puntos de vista sobre un mismo objeto, e intercambio de puntos de vista sobre varios objetos; el lenguaje como elemento que integra y comprende sus propias variaciones constitutivas de una historia universal, y que hace hablar a cada fragmento con su propia voz; la literatura como producción, como puesta en marcha de máquinas productoras de efectos; la explicación, no como intención didáctica, sino como técnica de enrollado y desenrollado; la escritura como procedimiento ideo-gramático (al que Proust recurre en varias ocasiones) (Deleuze, 2021: 182).

Esta enumeración de funciones puede ser asumida por la actividad de la ImA, si entendemos que las producciones visuales de estos dispositivos están compuestas por la siguiente cadena de acontecimientos: se trata de una secuencia que se inicia con un texto, poseedor de sus propias peculiaridades estilísticas y deseantes, que continúa con la producción de una imagen o serie de imágenes, fijas o en movimiento, las cuales se abren, a su vez, a una determinada operación hermenéutica filtrada por un conjunto de emociones estéticas. Es en esta última parte donde reside virtualmente la constelación de actividades que señala Deleuze. Podría parecer, si nos atuviéramos a la ilusión lineal que se desprende del proceso, que la imagen se presenta envuelta por dos discursos lingüísticos, pero, en realidad, es la imagen resultante la que absorbe en su seno tanto al texto causal como a la posible especulación promovida por la visualidad resultante. Por ello, las epifanías de la ImA no son puntuales, concretas, como las de Joyce, sino que se muestran como ensoñaciones dinámicas, incluso cuando se trata de imágenes fijas.

Blake y el vértigo de la imaginación

Muchos autores coinciden con la apreciación de Northrop Frye acerca de que Blake parece haber trabajado en sus textos y sus imágenes de forma simultánea:

> La habilidad para pintar y la habilidad para escribir han pertenecido a menudo a la misma persona; pero es raro encontrarlas igualmente desarrolladas. La mayoría de las personas tan dotadas han sido o bien escritores que han hecho de la pintura un *hobby* [...] o pinto-

> res que se han dedicado a la escritura como un divertimento. Cuando se combinan las dos facetas, una de ellas suele predominar [...]. En un mundo tan especializado como el nuestro, la concentración en una de las capacidades y la subordinación rigurosa de todas los demás es prácticamente un principio moral [...]. Está claro que la actitud de Blake era diferente (Frye, 1951: 35).

La actitud de Blake coincidía más con la de Marshall McLuhan, que era absolutamente contrario a la especialización. Consideraba que «el especialista es aquel que nunca comete pequeños errores mientras avanza hacia la gran falacia». Blake era una figura que unía, sin embargo, a McLuhan y Frye. Ambos coincidieron en la Universidad de Toronto a mediados del siglo pasado y, a pesar de que sus intereses parecían antagónicos, lo que originó algunos desencuentros, su presencia en el campus hacía presagiar el surgimiento de lo que Steiner denominaba el centro absoluto para el estudio de las Letras y las Humanidades:

> Steiner se refiere aquí a la forma idealizada de la universidad que los dos visionarios buscaban iniciar: la universidad podría convertirse en una Escuela del Ser y el Devenir. Esto haría que una escuela fuera más que un remoto castillo kafkiano o un laberinto burocrático y claustrofóbico: significaba que una institución como la Universidad de Toronto podría ser un poderoso vórtice de conocimiento profético: una *paideuma,* el renacimiento de Alexandria, donde las cargas y las corrientes de pensamiento y de la poética se fusionaran y se proyectaran ondulantes hacia el exterior, llevando iluminaciones, transformaciones, visiones e inspiraciones a nuestra sociedad y cultura (Powe, 2014: 9-10).

No cabe duda de que Blake se hubiera unido a esta empresa, destinada, sin embargo, al fracaso, a pesar de la concurrencia diversa pero poderosa de los dos visionarios.

El escritor canadiense Bruce William Powe, en un libro singular sobre las relaciones entre Frye y McLuhan, fantasea sobre su primer encuentro en la universidad: «Me gusta imaginar su primera conversación. ¿Fue sobre Blake? Tal vez se trató de James Joyce. Compartían una pasión por estos dos autores revolucionarios: Blake, una figura del apogeo del Romanticismo; Joyce, pionero del Modernismo» *(ibíd.:* 4). Todos ellos —Blake, Joyce, Frye y McLuhan— tenían en común, a pesar de la diversidad de sus ideas, la presencia de la epifanía en su forma de pensar. Según Powe, las epifanías de McLuhan giraban en torno a las siguientes ideas:

> Todas las cosas se conectan y nuestros inventos, como la naturaleza misma, nos moldean. Cada artefacto humano (tecnologías o medios) nos influye en una reciprocidad perpetua [...]. Damos forma a nuestro mundo con la tecnología, pero nuestras tecnologías a su vez nos recrean a nosotros *(ibíd.:* 6).

Por lo que respecta a Frye, Powe expone su experiencia de la siguiente manera:

> Frye había estado trabajando en *Fearful Symmetry* durante una década. Sus lecturas de Blake habían dado lugar a epifanías: la imaginación tiene un orden, y este orden se percibe mejor a través de la poesía. La humanidad es una extraña en un universo alienado y corrosivo; sin imaginación, sin arte, pereceríamos en el sinsentido y el engaño; el miedo y la brutalidad dominarían nuestros ideales. Pero una vez que comenzamos el proceso de lectura profunda de los textos literarios, empezamos a percibir unidades, patrones duraderos (tipos). Todos los textos se interpenetran, formando un gran texto que es la forma en que el espíritu humano se fusiona con el gran *Espíritu* de la creación. La literatura es el terreno educado de la imaginación misma. Las frases y líneas poéticas de la literatura nos moldean, reformando y aclarando nuestras mentes, impulsándonos hacia una revisión épica de nuestras almas *(ibíd.:* 7)

Las iluminaciones de Frye y McLuhan eran claramente simétricas, ambos vislumbraban mundos interconectados por la literatura o la tecnología, unos medios que no solo formaban mundos, sino que moldeaban también al ser humano que los creaba y habitaba. Se adivinaba de esta forma la posibilidad de una productiva sinergia entre humanismo y tecnología que algunas disciplinas actuales, como las llamadas humanidades digitales, tratan de producir, aunque sin la intensidad que el encuentro de las visiones de Frye y McLuhan hacía presagiar.

Según Frye, Blake practica un tipo de cosmología destinada no tanto a entender el mundo tal cual es como a darle la forma del deseo humano. Se trata de una cosmología que, «en lugar de especular, se preocupa, que no es reaccionaria, sino revolucionaria, no una visión de las cosas tal y como han sido ordenadas, sino de las cosas tal como pueden ser ordenadas» (Frye, 1990: 6). Entre las múltiples epifanías de

Figura 22

Blake, destaca la relativa a la visión de Ezequiel consistente en el carro de Dios con sus «ruedas dentro de otras ruedas»: «Es una visión revolucionaria del universo transformado por la imaginación creativa en una forma humana» *(ibíd.)*. Pero, sorprendentemente, la imaginación de Blake no se halla tan lejos de la realidad como puede parecer:

> Ningún estudioso de Blake puede dejar de quedar profundamente impresionado por la prontitud con que Blake se apodera de la máquina como símbolo de un nuevo tipo de existencia humana que se desarrolla en su propio tiempo. Su poesía es un mecanismo imaginativo diseñado para luchar contra la era de la máquina; se apodera de las «ruedas dentro de ruedas» de la visión de Ezequiel que invertirán el sentido de la «rueda sin rueda, con dientes tiránicos moviéndose por compulsión unos a otros» que vemos en toda maquinaria natural, incluidos los movimientos de las estrellas. De ahí que su visión del apocalipsis sea, como la de la Biblia misma, presentada en un contexto curiosamente mecánico, y la palabra «maquinaria», en su sentido anticuado de la articulación de un plan épico, es claramente aplicable al simbolismo de Jerusalén *(ibíd.:* 359).

En la figura 22, vemos, a la izquierda, la representación que hace Blake de la visión bíblica de Ezequiel; a la derecha, se muestra la interpretación que la ImA ha hecho de los parámetros que componen la visión: «Las ruedas de Ezequiel, que presenta al hombre cuádruple humano, con la mano levantada en señal de paz sobre las ruedas que giran en llamas». La variante «Blake» no se ha introducido en los comandos y, sin embargo, hay una insólita similitud entre ambas visualidades, una parecida estructura visual que nos lleva a preguntarnos sobre los mecanismos creativos que Blake y la ImA utilizan para resumir visualmente la impactante visión profética que se describe en Ezequiel 1:15-28.

Imágenes inconscientes

Se acostumbra a considerar que los creadores de imágenes, desde los pintores a los cineastas, pasando por fotógrafos, diseñadores o ilustradores, parten siempre de una referencia externa. La imagen del pintor de caballete, popularizada por los impresionistas, es en este sentido prototípica. Está compuesta por una figura primordialmente masculina que reproduce sobre un lienzo enmarcado y sostenido por un trípode el paisaje que tiene frente a él. Esta formación estructural y en gran medida simbólica forma parte de un imaginario que engloba también a pintores de grandes formatos y escenas no realistas, los cuales, sin embargo, acostumbraban a reproducir modelos situados frente a ellos. La fotografía y el cine recogieron para reproducirla en su ámbito esta disposición básica por la que se relaciona linealmente a un hombre, una cámara y la realidad. La imaginación parece tener en todos estos casos un papel secundario, parecido al de los elementos técnicos que, desde los pinceles y los colores hasta las cámaras y los instrumentos digitales, median entre el sujeto creador y su modelo real. El concepto de cliché explorado por Deleuze abunda en esta dirección. El cliché es esa imagen que se halla virtualmente incrustada sobre la tela del pintor antes de que este empiece su trabajo: antes mismo de que comience el acto de pintar, «la tela ya está llena de clichés» (2008: 60). Al cliché se le opone el diagrama: «la necesidad de un diagrama que va a remover, que va a limpiar el cliché para que de allí salga algo [...], para que la pintura salga» *(ibíd.)*. Hay que añadir que el diagrama, es decir, la forma o estructura que organiza el acto pictórico o los elementos que lo componen, es absolutamente moderno. Para Deleuze, aparece con Cézanne y se consolida con Bacon, para quien «en un cuadro, incluso en un retrato, existe un diagrama» (Deleuze, 2008: 51). Es decir, existe la plasmación de una serie de fuerzas que organizan la imagen de manera exclusivamente pictórica y, por tanto, ni figurativa ni narrativa. Del cliché, como forma prototípica y estandarizada, pasamos al diagrama, entendido como manera de mostrar lo invisible a través de lo visible: «El pintor no reproduce lo visible, más que para captar lo invisible» *(ibíd.:* 69). Según Deleuze, lo que se pinta son fuerzas, no formas. Seguimos lejos, pues, de la imaginación, del trabajo de la imaginación como agente primordial de la creatividad.

La escritura parece situarse en una disposición completamente distinta a la de la pintura, aunque los conceptos de cliché y diagrama le conciernen igualmente. Pero, desde el punto de vista del gesto y de la disposición corporal, cuando el escritor o la escritora se sitúan frente a la página en blanco, esta no se halla situada ante la realidad, dispuesta a recibir sus impulsos, sino que se posiciona, por el contrario, ante la imaginación. Lo que se va a verter en esa superficie impoluta es primordialmente imaginativo. Es decir, la realidad no está frente al creador, sino detrás de él. No se le impone como al pintor, desde fuera, para que la plasme a través de algún instrumento técnico, sino que viene desde su interior, filtrada por la imaginación, aunque esta pueda estar enviciada también, como en otras artes, por clichés o alimentada por diagramas.

En cualquiera de estos casos, estamos hablando de imágenes. Imágenes visuales o imágenes literarias capaces de suscitar imágenes mentales. Habrá que esperar al surrealismo del siglo XX para que la imaginación alimente, aparentemente sin mediaciones o con mediaciones secundarias, el acto creativo visual, la producción de imágenes puramente imaginarias. En todos los otros casos, existe una intención, cuyo propósito, más o menos claro, es la reproducción de la realidad. En literatura, podríamos referirnos a la memoria involuntaria de Proust, que, según Benjamin, se hallaría «más cerca del olvido que de lo que se suele denominar "recuerdo"» (Benjamin, 2007: 317). El olvido se situaría aquí como reverso del recuerdo, de manera que, si el recuerdo es un producto de lo real pasado, el olvido sería una forma imaginaria de lo que podría ser recordado. La memoria involuntaria es una forma, pues, de producción de imágenes, entendidas en este caso como productos de la imaginación que, en Proust, se nutren de lo real pero para transformarlo: «Es sabido que Proust no describe una vida según ella fue, sino una vida como la recuerda el que la ha vivido» (Benjamin, *ibíd.)*.

Las raíces de la imaginación indomada, salvaje, residen en el inconsciente. Cuando se trasladan al imaginario, que es en su mayor parte colectivo, se organizan mediante distintas estructuras que basculan entre el caos y la necesidad. El surrealismo y la memoria involuntaria son dos instancias en las que se puede decir que la imaginación parece desbordarse y surgir directamente del inconsciente. Nominalmente es así, pero la operación no siempre escapa a la truculencia del estilo ni a las distintas atracciones del imaginario. El surrealismo se declara deudor de los sueños, pero no siempre lo es más allá de la imitación. Nunca pueden descartarse absolutamente las intervenciones conscientes del autor en los actos creativos, pero en algunos casos esta intención es totalizante, mientras que en otros, más cercanos al sueño, queda en un mero impulso.

Los casos en los que la imaginación, entendida como dispositivo irracional y no como instrumento de una racionalidad operativa, se muestra de forma más desnuda son los del sueño, la alucinación y la hipnagogia o ensoñación. En todas estas circunstancias, la producción de imágenes es espontánea, como sucede asimismo en algunas experiencias visuales inducidas por la droga. Las epifanías podrían considerarse incluidas también en esta categoría, siempre que sean algo más que un recurso literario. En cuanto a los estados visionarios, místicos o no, resulta difícil determinar hasta qué punto son espontáneos o están inducidos por otras experiencias como el sueño o la ensoñación. O si se trata de la interpretación subjetiva de ideas o estados mentales.

Nikola Tesla, el gran visionario de la electricidad, describe en su autobiografía una peculiaridad personal que en un principio era un inconveniente que él vivía como una aflicción, pero que acabó convirtiéndose en una gran ventaja para su trabajo de inventor. Se trata de un fenómeno de la visión por el que, ante sus ojos, aparecían imágenes muy realistas de cosas que había visto anteriormente, sin que él las pudiera controlar. Las apariciones eran tan concretas que no era capaz de distinguirlas de la realidad:

> Inevitablemente, en la quietud de la noche, una vívida imagen de la escena se presentaba ante mis ojos y persistía a pesar de todos mis esfuerzos por desvanecerla. Si mi explicación es correcta, debería ser posible proyectar en una pantalla la imagen de cualquier objeto que uno conciba y hacerlo visible.

Poco a poco, Tesla aprendió a dominar estas visiones y a utilizarlas a su conveniencia:

> Todas las noches (y a veces durante el día), cuando estaba solo, comenzaba mis viajes: veía nuevos lugares, ciudades y países; vivía allí, conocía a gente y hacía amistades y tenía conocidos que, por increíble que parezca, es un hecho que me eran tan queridos como los de la vida real, y no menos intensos en sus manifestaciones.

Finalmente, esta facultad se unió a su extraordinaria inventiva y acabó usándola para diseñar sus artilugios:

> Observé para mi deleite que podía visualizar con la mayor facilidad. No necesitaba modelos, dibujos o experimentos. Los podía imaginar a todos como reales en mi mente. Así, inconscientemente, he sido llevado a desarrollar lo que considero un nuevo método para materializar conceptos e ideas inventivas, que es radicalmente opuesto al puramente experimental y, en mi opinión, es mucho más rápido y eficiente [...]. Mi método es diferente. No me apresuro en el trabajo real. Cuando tengo una idea, empiezo de inmediato a construirla en mi imaginación. Cambio la construcción, realizo mejoras y manejo el dispositivo en mi mente [...]. Cuando he ido tan lejos como para incorporar en la invención todas las mejoras posibles que se me ocurren y no veo fallas en ninguna parte, pongo en forma concreta este producto final de mi cerebro. Invariablemente mi dispositivo funciona como concebí que debería hacerlo, y el experimento sale exactamente como lo planeé. En veinte años no ha habido una sola excepción (Tesla, 1995: 5).

En estas experiencias de Tesla se combinan estados que podríamos denominar alucinatorios con producciones hipnagógicas extrañamente controladas que, finalmente, se convierten en una herramienta de trabajo imaginativa. Este utensilio facilita de forma muy clara un tipo de pensamiento visual, centrado especialmente en el diseño tecnológico. Según Simondon, «el término imaginación es precioso, puesto que supone que las imágenes mentales proceden de cierto poder, expresan una actividad que las forma y suponen quizá la existencia de una función que las emplea» (2013a: 13). Una parte de la imaginación de Tesla producía imágenes espontáneamente, si bien, al principio, eran imágenes correspondientes a experiencias que ya había tenido. Pero, luego, al trasladarlas al ámbito nocturno, lo real y lo subjetivo se combinan, lo espontáneo y lo volitivo forman una alianza que antecede al uso práctico de la imaginación. Sigue diciendo Simondon que el sueño «manifiesta un poder, una intención, una realidad que no tiene su origen en el sujeto, sino que, por el contrario, llega a él y lo busca. La imagen que llega al sujeto es una aparición» *(ibíd.:* 14). Y entonces, el pensador francés se pregunta:

> ¿Por qué excluir como ilusorios los caracteres por los que una imagen resiste al libre albedrío, rechaza dejarse dirigir por la voluntad del sujeto y se presenta por sí misma según sus propias fuerzas, que habitan la conciencia como un intruso que llega a perturbar el orden de una casa donde no está invitado? *(ibíd.:* 13).

En cualquier caso, no se trata de valorar esta espontaneidad visual por encima de las construcciones estéticas más controladas, sino de acercarse al funcionamiento no mediatizado de la imaginación con el fin de equipararlo al trabajo de los dispositivos de la ImA. Hacemos nuestras las palabras de Aletea Hayter, autora de un intrigante estudio sobre la relación del opio con la imaginación romántica, cuando afirma que ella solo está interesada en

> lo que los escritores románticos han soñado, no por qué lo soñaron; en la trama y escenario de sus sueños, en el contenido manifiesto, no en los deseos y temores latentes encarnados en estas tramas de símbolos y escenarios que componen el contenido manifiesto [...]. Es el contenido manifiesto de los sueños con su aura de emoción, la trama y el escenario del sueño, lo que generalmente se usa en poesía; y es el uso de estos símbolos oníricos en las obras imaginativas de estos escritores, no el significado de los símbolos para su psicología personal, lo que me preocupa (Hayter, 1971: 67).

Esta perspectiva permite centrarse en la imagen y su composición, al margen de su posible significado, poniendo de manifiesto así una de las características primordiales de las visualidades producidas por la ImA, su independencia de impulsos subjetivos, conscientes o inconscientes. Permite también equiparar estas producciones artificiales a las formas poéticas, si con respecto a estas nos ceñimos a la creación o uso de imágenes literarias, dejando de lado la producción estricta de significados. Desde esta perspectiva, se pone de relieve un espacio visual autónomo que está presente en las imágenes del sueño, de la hipnagogia, de la alucinación, de los estados inducidos por la droga, de las epifanías y las visiones. En todos estos casos, como en la ImA, las imágenes aparecen sin que intervenga una intención consciente. Son imágenes inconscientes y, por lo tanto, imágenes del inconsciente, en un caso, el inconsciente humano; en el otro, el inconsciente técnico o maquínico.

Inconsciente colectivo

Para Jung, el inconsciente colectivo es un archivo de imágenes ancestrales que se acostumbran a hacer evidentes en los sueños, pero que, en ocasiones —los mitos, ciertas narraciones, sobre todo infantiles, las visiones místicas, los tratados de alquimia—, la cultura utiliza como material creativo, proyectándolas a la superficie visible de la realidad. Es relevante el caso del físico teórico Wolfang Pauli, premio nobel, que fue tratado por Jung. Curiosamente, las imágenes de los sueños de Pauli coincidían con imágenes alquímicas, lo que despertó el interés del psicoanalista. Teniendo en cuenta que Pauli conocía de antemano la obra de este, no se puede descartar que, como ya había ocurrido en el famoso caso del hombre de los lobos que Freud describe en *De la historia de una neurosis infantil*, el físico recompusiera el material de sus sueños con el fin de complacer las expectativas de Jung. En cualquier caso, las imágenes alquímicas se convertían en moneda de cambio de experiencias psíquicas, ya fuera directamente, como sueños genuinos, o indirectamente, como recomposiciones de unos sueños relacionados con la personalidad neurótica del físico. Un signo adicional de esta neurosis podía ser la propia escaramuza que suponía el intento de querer engañar al terapeuta para ponerlo evidentemente a su favor.

En ninguna de las circunstancias se podría decir que se ponían en entredicho las teorías de Jung sobre el inconsciente colectivo, ya que de todos modos se probaba la existencia de imágenes poseedoras de un potente peso cultural que se podían convertir en vehículos de determinadas funciones psíquicas. Estas imágenes tanto pueden estar en el inconsciente y aflorar a la superficie, por ejemplo, en los sueños, como formar parte de la cultura visual y, desde ella, introducirse en el inconsciente individual. En el caso de Pauli, las imágenes arquetípicas se encontraban en los libros de alquimia, pero también ilustraban los tratados que Jung había escrito sobre esta práctica. Si el físico no soñó realmente con estas —es una hipótesis—, sí que fue atraído por ellas cuando quiso que Jung le aceptara como paciente. Las imágenes fueron el primer vehículo que conectó su atormentada personalidad con el terapeuta, que era de esperar que, de este modo, la comprendiera. Pauli le ofreció esas imágenes a modo de ofrenda intelectual, como un mensaje visual capaz de iniciar una conversación que efectivamente tuvo lugar. También es posible que Pauli, después de haber visto las imágenes en los libros de Jung, soñara con ellas involuntariamente. En este caso, se repetiría en el inconsciente el mismo mecanismo que, de la otra manera, se había realizado en el consciente o, por lo menos, una parte del mismo.

Cabe preguntarse también, como hace Jung, cuál es el origen de las construcciones visuales alquímicas. Estas funcionan como una especie de fórmulas simbolizadas visualmente. Pero como acostumbra a suceder con las imágenes en general, las imágenes alquímicas muestran mucho más de lo que en principio pretenden. Según el psicoanalista,

> no hay una idea o visión esencial que no posea antecedentes históricos. Todos se basan en último término en protoformas arquetípicas, cuya claridad surgió en una época en que la consciencia aún no *pensaba* sino que *percibía*. El pensamiento era objeto de la percepción interior, no pensado sino sentido como fenómeno, por así decir, visto u oído (2002: 33).

Julian Jaynes se refiere a algo parecido con su hipótesis de la mente bicameral. Apuntan estas apreciaciones a un depósito común de imágenes ancestrales que se comunican entre sí y se renuevan a lo largo de la historia, a partir de unos esquemas básicos, arquetípicos, los cuales, según indica Jung, podrían corresponder en última instancia a la visualización de la vida instintiva: «Los arquetipos son las imágenes inconscientes de los propios impulsos [...]. Son el *modelo paradigmático del comportamiento instintivo*» (Jung, *ibíd.:* 43). De ello, Jung extrae la conclusión de que la hipótesis de un inconsciente colectivo no es más absurda que la del hecho de que existan los instintos.

Este inconsciente colectivo no tiene por qué estar limitado a las imágenes arquetípicas, ni sus orígenes han de estar localizados en ámbitos ancestrales de la historia o regiones recónditas del yo. La sociedad crea constantemente formas imaginarias que, a modo de sueños o mitos, envuelven sus actividades más importantes. La tecnología, por ejemplo, acarrea desde siempre un aura imaginaria a través de la que se discuten sus presuntas bondades o maldades. En este sentido, la literatura, el arte o el cine son tan determinantes como la filosofía, la economía, la política o la misma ingeniería que produce los instrumentos, ya que quienes se mueven en estos sectores más racionales se hallan inmersos también en los efectos del imaginario que los otros ámbitos formalizan de manera más directa. No me estoy refiriendo solo a las regiones más estables del imaginario social y cultural, sino a una zona intermedia, anclada también en la psique individual, por la que circulan impresiones, imágenes y sentimientos que pueden derivar, consciente o inconscientemente, en imágenes o ideas más concretas, pero que, en cualquier caso, establecen marcos en los que se inserta el pensamiento racional y las acciones y decisiones que se derivan de él. Se trata de un inconsciente colectivo fluido y cambiante que tiene diferentes niveles de intensidad y de intersubjetividad. Es como una corriente de aire —del griego *pneuma,* viento, deriva espíritu y psique— que afecta a todo el mundo pero de forma distinta, a menos que sea tan fuerte que los arrastre a todos.

Internet puede considerarse un vasto archivo de archivos, pero también es algo más que lo eleva por encima de la categoría del archivo entendido como un repositorio estático de elementos objetuales a los que se accede mecánicamente. Internet es equivalente a un soplo, a una corriente de aire que circula por todos ellos y los desmaterializa y deslocaliza, al tiempo que afecta de esta misma manera a sus contenidos. Cada archivo se halla situado en un lugar virtual, mientras que Internet está en todas partes, lo que permite una potencial conexión entre todos los archivos y su contenido, procurando que la virtualidad de ambos se actualice. Este aire psíquico, este *pneuma* de Internet no puede considerarse mental más que por equivalencia. No es ni siquiera metafórico o quizá es más que metafórico, puesto que apunta a formas de funcionamiento y estructuras relacionales que son estrictamente equivalentes a las mentales. De hecho, toda la IA se halla instalada en esa región que reproduce formas de funcionamiento mental, formas que actúan como la mente —o como entendemos ahora que actúa la mente—, pero sin el concurso de la conciencia. Internet se puede considerar, pues, un viento espiritual sin espíritu, de la misma manera que la IA es una inteligencia sin alma, sin conciencia y, por lo tanto, sin verdadera inteligencia. Junto con todas las demás tecnologías de la imaginación, estos dispositivos —IA e Internet— se sitúan en esa región intermedia que equidista, por un lado, de la máquina y, por otro, de la psique. Poseen más aspectos de la máquina que del psiquismo, pero los utilizan precisamente para emular el funcionamiento básico, insensible, de la mente. Y desde el aspecto formal, lo consiguen.

Aceptando, pues, esta equivalencia formal entre el consorcio que forman Internet y la IA y la mente humana, podemos afirmar que existe un inconsciente colectivo artificial, cuyo contenido se ve activado —más allá de los buscadores primarios de Internet, que actúan como mnemotécnica o formas técnicas de la memoria— por los actuales módulos creativos que producen textos o imágenes *ex novo.* Después de las tecnologías de la imaginación que vehiculan la imaginación humana, aparece una nueva generación de dispositivos que, en principio, parecen destinados a suplantarla. En este transcurso, el foco situado en el inconsciente humano, colectivo o personal, se ve desplazado al inconsciente tecnológico. Pero es necesario tener en cuenta que, de momento, este inconsciente tecnológico está formado por elementos más o menos dispersos cuyo origen es la imaginación humana. Es cierto que la forma artificial de acceder a estos ítems ha eliminado los nexos emotivos o intelectuales que la mente humana podía mantener con ellos, pero estos vínculos no siempre existían en los procesos memorísticos o intelectuales humanos. Muchas veces, especialmente a medida que se han ido imponiendo las formas instrumentales del pensamiento —antesala, está claro, de la IA—, esas actividades han sido asépticas. Pero, en todo caso, la mente humana establecía su particular conexión con los elementos del archivo o de la memoria, *a posteriori.* El archivo y la memoria, el primero como externalización de la segunda, han formado siempre una íntima alianza, hasta el punto de que algunas corrientes artísticas han recurrido al archivo para obtener no tanto documentos objetivos como el equivalente de sus procesos mentales, sean estos de carácter emocional o intelectual. Formas cinematográficas relacionadas con el cine documental, como el *Found Footage Film* (cine de metraje encontrado) o el film-ensayo, se han basado en operaciones de este tipo. Estas modalidades encuentran en el archivo formaciones que podemos considerar arquetípicas, pero cuya consistencia es mucho más liviana que la de los arquetipos que alimentan el inconsciente colectivo según Jung. Estas modalidades fílmicas, junto con otras corrientes artísticas que acuden también al archivo, otorgan valor arquetípico a imágenes, sobre todo a imágenes que en principio carecen de él, aunque, examinadas atentamente, quizá podríamos hallar en ellas elementos que forman parte de un sedimento más profundo de la relación entre la memoria cultural y la mente humana.

La ImA se articula por medio de estas maquinaciones. Produce artificialmente imágenes sin emoción, es decir, las genera sin emoción,

Figura 23

pero las imágenes producidas causan emociones o vehiculan ideas. Y, desde este punto de vista, estas imágenes artificiales se sitúan al mismo nivel estético que las que utilizan los artistas del archivo o las que se basan en los procesos de apropiación. Una vez ofrecidas al público, una caja de Joseph Cornell o un film de Gustav Deutsch se hallan al mismo nivel de apreciación que una imagen producida por Midjourney o Stable Diffusion. Hay algo de estas imágenes que resuena en la mente del espectador, igual que cuando contempla un ensayo fílmico con imágenes de archivo o cuando examina una de las enigmáticas composiciones de Cornell.

Veamos lo que nos ofrece el modelo 1.5 de Stable Diffusion cuando introduzco el comando «Alchemical images in a box by Joseph Cornell» («Imágenes alquímicas en una caja de Joseph Cornell») (figura 23).

Ninguna de las imágenes resultantes es despreciable, desde la perspectiva de la idea inicial en la que se combinan dos mundos, el de la alquimia y el de un artista concreto, pero con la intención de que esa combinación transite por la idea de inconsciente, que si bien no se explicita en el comando, forma parte de la intención inicial. ¿Cómo podemos calificar este resultado? ¿Es equivalente a las imágenes de un sueño, sujeto a intrincadas funciones de condensación y desplazamiento? ¿Se mueve el dispositivo artificial por medio de lo que podríamos denominar formaciones arquetípicas a la hora de escoger las fuentes? Y, en última instancia, nos preguntamos: ¿de dónde surge la composición, el espacio visual de la imagen? En el caso de la figura citada, la estética de Cornell suministra una determinada estructura, pero esta se combina con otros elementos y forma un conjunto que trasciende la visualidad del artista norteamericano. La esencia de la estética de Cornell está presente en las producciones de la ImA, pero esta logra trascenderla sin traicionarla.

Capítulo 7

Estilóbato

Los inventores hace mucho tiempo que sueñan con crear máquinas pensantes.

Yoshua Bengio

En la mente del Bosco

En los inicios, aún recientes, de la ImA, cuando el asombro y la inquietud se generaban a partes iguales, Lev Manovich fue uno de los principales guías para explorar el ignoto territorio. Teórico de la cultura de las imágenes en la era digital, Manovich, con sus improvisados escritos que publicaba en las redes sociales desde muy diversas partes del mundo, a donde acudía para dar conferencias sobre el tema, arrojaba un poco de luz sobre un territorio en el que unas exuberantes fauna y flora crecían salvajes, cambiando de forma a cada momento. Esas apreciaciones, casi siempre referidas principalmente a imágenes de su propia producción, eran equivalentes a las iluminaciones de Benjamin, esos relámpagos que, en medio de la noche, alumbran súbitamente un territorio ignorado. Estas iluminaciones tienen como contrapartida a su potente claridad el hecho de que son instantáneas: su luz se apaga pronto y el explorador vuelve a estar sumido en la oscuridad, tratando de fijar en su mente esas formas que ha vislumbrado tan fugazmente. Es cierto que las imágenes producto de la colaboración de Manovich con la ImA permanecen depositadas en la página del autor, junto con los improvisados textos que tratan de explicar su origen, pero, una vez allí, ya han perdido el fulgor inicial, como esos guijarros de vivos colores que reposan en el fondo del mar y se vuelven vulgares cuando se los saca a la superficie. La proliferación de imágenes acaba enceguecíendo a quien trata de explorarlas. Aparecen, con la frecuencia histérica de los disparos de una ametralladora, acompañadas por el esplendor efímero de los fuegos artificiales —nunca mejor dicho—, pero pronto se sumergen en la oscuridad que esparcen sus incógnitas. No es fácil detener este obsesivo y variopinto flujo para poner un cierto orden en un ámbito en el que da la impresión de imperar el caos. Manovich intenta poner orden, pero a veces sus explicaciones son tan herméticas como sus enigmáticas imágenes, las cuales, sin embargo, nunca dejan de sacudir al observador como una descarga eléctrica. En tales condiciones, hay que ser muy cuidadoso para que la potencia de lo visual no se diluya en el magma de las explicaciones textuales. Porque nunca antes estos ámbitos habían estado a la vez tan juntos y tan separados.

Durante el primer año de los nuevos dispositivos, Manovich no dejó de experimentar con ellos, produciendo series de imágenes muy diversas como el alquimista que, encerrado en su laboratorio, transmuta los metales en oro, guardando celosamente la fórmula magistral, pero alardeando de los resultados. De entre las series más impactantes que ha generado durante todo este tiempo, destaca la relativa a «Ciudades futuras en el estilo del Bosco» (figura 24). Puede que el resultado, que es espectacular, no sea el más interesante de los que había obtenido hasta ese momento. Él mismo afirmaba que el estilo del Bosco es demasiado obvio, por lo que, si bien la operación permite apreciar la capacidad de los dispositivos para imitar estilos, no es indicio de su posible originalidad, mejor demostrada en otros casos. Pero, de todos modos, las imágenes no dejan de ser fascinantes. Al ser tan fieles a una visualidad muy determinada sin dejar de ser únicas, ante ellas se plantea de manera insistente el problema de la autoría. Y, relacionada con él, se suscita la cuestión del origen. Un humano ha elaborado un comando textual, una fórmula que no es matemática, sino discursiva hasta cierto punto. Luego la ha introducido en un dispositivo tecnológico, como los antiguos rabinos metían un papel con un texto por la boca del Gólem. El texto, en este punto, se convierte en formulaciones algorítmicas que, expandidas por las redes neuronales, producen una imagen o varias de ellas. El texto se transforma en imagen, pues, a través de una alianza entre las matemáticas y la tecnología. Lo que cabe preguntarse en este

Figura 24

punto es cuál ha sido el redactado causante de ese prodigio que supone producir algo que es a la vez original y copia.

Como ya hemos dicho, Manovich no acostumbra a explicitar los procesos mediante los que trabaja, sus referencias son siempre muy ambiguas. Lo que más le interesa son los resultados y el marco teórico en el que pueden insertarse. Pero el origen de las imágenes producidas por la ImA es importante, ya que es el único anclaje estable del proceso. El funcionamiento básico de la IA, a pesar de tener una estructura general precisa, no funciona de forma estándar, de manera que es imposible establecer una relación estricta entre el comando, los resultados y el funcionamiento algorítmico o el de las redes neuronales. Lo prueba el hecho de que, a partir de un mismo comando y de un mismo dispositivo, los resultados visuales son siempre distintos cuando el sistema responde automáticamente, sin indicaciones expresas. Por otro lado, la dispersión formal de las imágenes generadas no favorece el establecimiento de criterios concretos acerca de la operación. Lo único que queda es el texto original, que a modo de semilla produce una muy variopinta cosecha, mediante procesos que son a la vez concretos y aleato-

Figura 25

rios. Añadamos a estas irresoluciones la indeterminación que presenta la ecuación creativa. En ella tenemos dos partes principales: por un lado, el «generador» o «pseudoautor» humano y, por el otro, el dispositivo o «pseudoautor» artificial. Pero a ellas es necesario agregar un tercer factor que, sobre todo en el caso del Bosco, debe ser considerado, el del autor original que suministra el panorama estilístico. Todo ello funciona como una máquina, a la que falta añadir la idea expresada textualmente, el detonador de todo el proceso.

Tratar de encontrar la fórmula general del procedimiento, cuando se ignora todo lo que no concierne a la estructura tecnológica y esta solo se conoce hasta cierto punto, no es de todas formas una operación inútil, ya que permite, si no esclarecer la incógnita, por lo menos ampliarla de manera productiva, poniendo de manifiesto transcursos que, de otra manera, permanecen escondidos. La indagación tiene algo de detectivesco, aunque el resultado no sea la resolución de un crimen, sino el descubrimiento de otros muchos crímenes.

Para empezar, lo más práctico era investigar en la cuenta que Manovich mantiene en Midjourney para tratar de descubrir en la lista de *prompts* empleados a lo largo de sus intervenciones aquel que pudiera haber generado las pseudoimágenes del Bosco. Finalmente, dimos con uno que tenía visos de ser el adecuado por los elementos que contenía. Pero, al ser introducido de nuevo por nosotros, en Stable Diffusion produjo una serie de imágenes completamente inesperadas, dos de las cuales se muestran en la figura 25. Ninguna de las imágenes generadas tenía nada qué ver con el Bosco y además el conjunto de las producidas en dos tandas se dividían en dos configuraciones generales distintas, según se hubiera activado alguna función de estilo en el dispositivo, proponiendo que fuera «Enhance» o «Cinematic», unas variables que, de todas formas, no justificaban la drástica diferencia. Esta diversidad de paisajes visuales no parecía estar relacionada con un dispositivo técnico poco relevante. Un misterio se añadía a todos los demás: ¿cómo conseguía el consorcio de los algoritmos y las redes neuronales ser tan «creativo»?

Había que descartar, por lo tanto, que el comando elegido en la web fuera el original o, si no, aceptar que un mismo comando no solo puede producir imágenes distintas de un mismo tipo, sino también de tipos muy diversos. El siguiente paso consistió en utilizar el procedimiento inverso. Bajamos la imagen de Manovich al ordenador y la pasamos por un dispositivo de imagen a texto (el contrario del texto a imagen), que sirve para describir imágenes, y obtuvimos la siguiente descripción, no menos alambicada: «A painting of people and animals in a desert, by Hieronymus Bosch, flickr, surrealism, painted tower of the moon, realistic painting of a complex, (h. r. giger), carnaval». A continuación, usamos esta descripción como base para generar una nueva tanda de imágenes con el dispositivo texto a imagen, usando la versión de 1.5 de Stable Diffusion. El resultado, que puede verse en la figura 26, ya queda dentro de los parámetros de las imágenes de Manovich, pero ello no garantiza que hayamos encontrado la clave exacta, es decir, la que utilizó el teórico ruso, lo cual abre la posibilidad de que no solo el mismo comando produzca imágenes distintas, sino que, a veces, un comando distinto puede generar imágenes parecidas. La conclusión es que la IA, pero sobre todo la ImA, nos obliga a abandonar el terreno de las certezas y a asumir que es necesario trabajar sumergidos plenamente en la esfera de la incertidumbre. Puede que esta incertidumbre que provoca la ImA encuentre sus herramientas más adecuadas en la propia ImA.

Imaginemos, como he apuntado antes, una novela policíaca en la que el misterio original, en lugar de disolverse, se multiplica a lo largo de ella. Cuanto más intensa es la indagación, mayor es el número de incógnitas. Estaríamos ante una narración fractal que nos colocaría frente a un infinito, es decir, que, parafraseando a Meillassoux, podríamos afirmar que nos situaría más allá de la finitud. Nuestra mentalidad nos lleva a procurar la desactivación de lo ilimitado, a controlar el caos, convirtiendo las grandes y expansivas complejidades en unidades míni-

Figura 26

mas y asequibles. En el arte, donde se producen imágenes únicas, originales, se tiende a seguir una orientación parecida, a pesar de que un mismo autor puede crear innumerables obras, algunas de ellas estéticamente conectadas entre sí o con otros productos de la tradición artística. La idea es que una obra es un elemento encerrado en sí mismo que concentra la mirada del espectador como si, en el acto, quedara anulado su contexto. Cuando, en 1930, Benjamin escribió su famoso artículo sobre la imagen en la era de la reproductibilidad técnica, estaba contemplando el inicio de un cambio de paradigma que se había producido en el siglo anterior. La generación de copias y su diseminación técnica hizo que las imágenes entrasen en un régimen fenomenológico inédito. En este sentido, la copia no solo no empobrecía a la imagen, sino que, por el contrario, la llenaba de posibilidades que solo el futuro activaría de forma conveniente. La copia, al reproducir infinitamente el original, esa unidad epistemológica tan perseguida, sacaba a ese original del primer término y lo desplazaba a un oscuro inicio. El original se encerraba en el museo, mientras que las copias transitaban por infinidad de medios sociales y culturales. En tal caso, se tenía multitud de copias de una misma imagen, mientras que ahora, con la ImA, lo que tenemos, por el contrario, es una multitud de originales, generados a partir de un mismo gesto.

Capítulo 8

Fuste

El técnico siempre aspira a ampliar el dominio de la mecánica, y por eso exige la mecanización de todo lo que puede ser mecanizado.

Friedrich Georg Jünger

El pecado de la imaginación

La capacidad creativa ha sido contemplada siempre con recelo por la tradición judeocristiana. Crear de la nada se considera un atributo de la divinidad, y es por ello que la imagen, el arte y la imaginación resultan sospechosos, cuando no se consideran directamente diabólicos. Como en tantos otros casos, la Ilustración se encargó de transformar las inquietudes religiosas en miedos terrenales que, poco a poco, se fueron desplazando a los avances tecnológicos, que es donde se concentra de manera más palpable la capacidad demiúrgica de la ciencia. Pero también es cierto que en paralelo a este desasosiego se ha desarrollado a lo largo de los siglos, y con el concurso de las ciencias ocultas alimentadas por mitos ancestrales, un imperioso deseo de suplantar a los dioses para generar seres artificiales. Es decir, para ejecutar el acto creativo esencial, aquel que se muestra capaz de generar la vida. Desde el mito de Galatea de Ovidio al Gólem del rabino Loew o al Frankenstein de Mary Shelley, el desenlace del sacrílego proyecto es el mismo: el artificio acaba independizándose y, en muchos casos, se vuelve directamente en contra de su creador, emulando así la propia rebeldía del ser humano. El cine se ha encargado de promocionar este arquetipo que la mitología puso en evidencia por primera vez. Desde *Metrópolis* (Fritz Lang, 1927) hasta *Ex Machina* (Alex Garland, 2014), pasando por *The Terminator* (James Cameron, 1984), son innumerables las películas en las que lo artificial, lo creado, se muestra extremadamente peligroso. En última instancia, la literatura y el cine no hacen más que plasmar los resquemores ancestrales que suscita la creatividad. Si la Ilustración había absorbido las interdicciones religiosas para verterlas en los adelantos tecnológicos, la literatura y el cine recogen la vertiente oculta y le dan la vuelta para hacer que las aspiraciones creativas de los magos aparezcan también como altamente peligrosas, sobre todo cuando la modernidad las hace confluir con la tecnología y produce la popular figura del sabio loco. Por todo ello, no es de extrañar que la IA, con sus pretensiones explícitas de sustituir al ser humano en muchas de sus funciones, haya levantado tantas suspicacias y se presente, a veces, como el anuncio del Apocalipsis.

Si retrocedemos hasta la Biblia, el libro del Génesis, que está situado en las antípodas del libro del Apocalipsis, comprobaremos que la presunta linealidad del mito y su claridad arquetípica esconden un complicado juego de interacciones que reúne en una sola enunciación visual —una escena— varios tabúes esenciales, si bien todos ellos expresan distintas facetas de la rebelión creativa. Uno de los episodios más determinantes del libro de los libros es el que se refiere al árbol del conocimiento del bien y del mal, cuyo fruto prohibido comió Eva a instancias de una diabólica serpiente. En realidad, son dos los árboles prohibidos en el Jardín del Edén. Como indica Frye, «se nos dice que había dos árboles en el jardín del Edén: el árbol de la vida y el árbol del conocimiento del bien y del mal [...]: serían metafóricamente el mismo árbol en dos áreas o categorías de existencia diferentes» (Frye y Macpherson, 2004: 32). En este escenario mítico se combinan dos elementos afines, el sexo y la imaginación creativa. La tentación de la serpiente —un símbolo fálico, en algunas culturas, y un símbolo de la sabiduría, en otras— es bífida como su lengua: el ofidio le está ofreciendo a Eva dos placeres a cambio de transgredir la ley divina, el placer del sexo y el del conocimiento. No está de más recordar que Freud, insigne explorador judío del alma humana, puso de relieve, muchos siglos más tarde, la relación que existe entre la sexualidad y la cultura, aunque fuera para contraponerlas, determinando que el incremento de cualquiera de las dos iba en detrimento de su contraria: el principio del placer y el principio de realidad se confrontaban indefectiblemente, según la economía avara de la libido. Propuso, por tanto, que la represión era necesaria para el proceso civilizatorio, algo que otro judío, Herbert Marcuse, trató de desmentir más tarde en un libro cuyo título, *Eros y civilización,* ya anunciaba la idea de que ambas pulsiones podían ser colaborativas. Lo que la Biblia había equiparado negativamente, Marcuse lo transformaba en una equivalencia positiva, para tratar de vencer las resistencias ancestrales hacia la creatividad y su posible fuente de placer, atreviéndose a quebrantar así un tabú que Freud solo había discutido a medias.

Ambas potencias, el sexo y la imaginación creativa, tienen una parecida consecuencia, la de producir algo nuevo. El sexo crea vida y el ansia de saber engendra conocimientos insólitos. Y los dos impulsos están transitados por el placer. En la Biblia, la escena primordial donde se debate este drama del alma humana se desarrolla en torno a un árbol que es también un emblema de la creatividad, puesto que los árboles producen frutos, como los puede producir esa mujer, Eva, que está siendo tentada ante una alegoría arbórea del bien y del mal. El sexo, el conocimiento, el árbol, la transgresión, la creatividad, la potencia disruptiva de la imaginación, todo ello aparece en el relato bíblico de forma implícita, con una ambigüedad que hace que los diferentes valores simbólicos se mezclen y, por ello, se potencien mutuamente de manera más efectiva que presentados por separado. Es a causa de este prolijo ensamblaje de elementos diversos que circulan a nivel simbólico por el texto narrativo que las transcripciones visuales realistas de los episodios bíblicos tienden a quedarse cortas. Son incapaces de gestionar adecuadamente los distintos niveles simbólicos que circulan por el relato. Ocurre algo parecido a cuando se pretende representar un sueño con un realismo fotográfico: puede que se transmita el extrañamiento en sí, pero no la complejidad que encierra. En este sentido, las imágenes de la ImA tienden a ser espontáneamente más expresivas, si no se constriñe la creatividad del dispositivo con comandos ceñidos al naturalismo. Comparemos, por ejemplo, alguna de las imágenes que produce el modelo de 1.5 Stable Diffusion a partir del comando «Temptation of Eve, The Tree of Knowledge of Good and Evil in the Style of John Martin engravings» («La tentación de Eva, el árbol del conocimiento del bien y del mal al estilo de los grabados de John Martin») (figura 27) con el paisaje impresionante pero en exceso literal que John Martin confeccionó para

Figura 27

Figura 28

ilustrar el episodio correspondiente de *El Paraíso perdido* de John Milton en 1826 (figura 28). La ambigüedad formal de la imagen de la ImA captura mucho mejor la propia ambigüedad del texto original, algo que la literalidad de la imagen más realista de Martin tiende a ignorar, esperando que el observador adivine lo que está implícito. Pero esta adivinanza solo se puede producir a partir de un conocimiento previo del relato bíblico y su posible exégesis, mientras que la ImA nos enfrenta directamente con una extrañeza que nos obliga a pensar.

Cualquier creador podría hacer algo parecido a lo que hace la ImA, pero la ventaja de esta es que lo hace espontáneamente, poniendo en evidencia tensiones insospechadas incluso para los más afinados exegetas. Hay algo de surrealista en esta operación, sobre todo por la espontaneidad, esa que, para los surrealistas, afines al psicoanálisis, constituía la garantía de una conexión genuina con el inconsciente.

Así como el pintor realista se ciñe a la consistencia visual del tema, las producciones de la ImA trabajan con las contradicciones, con el contraste de la diversas tensiones internas, de las que ofrecen una imagen. En ninguno de los dos casos, los conceptos que baraja el texto se hacen explícitos, pero la ImA pone de manifiesto que existen, y lo hace a través de las distorsiones visuales. Las nuevas imágenes de la ImA ponen de manifiesto un cambio de paradigma en el que la imagen y la realidad ya no se presentan como necesariamente equivalentes. Dicho de otro modo, las imágenes ya no son gestoras de distintos tipos de equivalencia con lo real, sino que en ellas, para decirlo en palabras de los promotores de la Ontología Orientada al Objeto, «la indeterminación de lo real sustituye a la certeza epistemológica. [De lo que se trata es de] formular nuevas proposiciones de lo que se entiende por realidad» (Vaíllo, 2023: 15 y 17).

Los mecanismos por los que se producen estas confluencias son en gran medida desconocidos. Hay como una barrera en la tecnología de la ImA que separa la razón de la ingeniería de la sinrazón de la creatividad interna. Esta última parece encontrar caminos y procesos que su oponente ignora. Sin embargo, los intentos de explicación subsisten. Lev Manovich, por ejemplo, trataba de aclarar estos procesos creativos artificiales en uno de sus diversos comentarios, publicados en Facebook, si bien su planteamiento iba en este caso en detrimento de la posible creatividad del artificio:

> Por supuesto, aquí la IA es muy superior a los creadores humanos individuales, ya que puede simular miles de estilos existentes o

> de artefactos de medios y también interpolar entre ellos. Sin embargo, actualmente, aquellos creadores humanos capacitados y experimentados tienen una ventaja importante: pueden dibujar (escribir, componer, etc.) objetos particulares o composiciones que no existían antes o diseñar objetos familiares pero con detalles únicos que tal vez estén aún fuera del alcance de la IA en la actualidad. ¿Por qué es eso? En el proceso de entrenamiento de una red neuronal artificial, los que esta aprende con mayor facilidad son los bits que ocurren con más frecuencia, así como las estructuras y los patrones más grandes que concurren en los datos de entrenamiento. Se vuelven más «importantes» en la «mente» de la IA cultural. Por el contrario, no se aprenden los bits y estructuras que ocurren muy raramente (de los que hay pocos ejemplos en los datos comerciales) o solo una vez. Estos se descartan y no se vuelven parte del espacio cultural de la IA.

La explicación de Manovich, al indicar por qué la tecnología aún no puede ser tan creativa como un ser humano, expone indirectamente las razones por las que puede hacerlo en un futuro próximo, si es que no lo está haciendo ya. En realidad, la exposición del teórico no parece referirse tanto a una posible originalidad visual fuera de toda medida razonable como a la capacidad de acercarse a un naturalismo detallista. Quizá acabemos pensando que existen dos sistemas o dos tecnologías de ImA casi contrapuestas: la realista y la verdaderamente creativa. Una sería útil pero trivial, la otra inútil pero profunda.

Genealogía e historia de las imágenes creadas artificialmente

Tan infructuoso es declarar sistemáticamente que no hay nada bajo el sol, como insistir en que siempre impera la novedad. Ambas posturas impiden descubrir ciertos perfiles de los acontecimientos, detalles que, a veces, están anclados en el pasado y solo es posible vislumbrar como ingredientes de lo nuevo cuando se contemplan bajo una peculiar mirada retrospectiva. Esta mirada no implica el gesto tan habitual de ir a buscar en el pasado los rastros de lo que tenemos en el presente, o sea, proyectar el presente sobre el pasado, sino que supone, por el contrario, detectar en el pasado virtualidades que solo ahora se están haciendo efectivas, pero que seguramente ignoraríamos si no las viéramos venir, por decirlo coloquialmente. No hay nada nuevo bajo el sol, excepto el sol mismo, que cada vez ilumina de forma distinta y crea sombras y reflejos en lo antiguo para que se convierta en nuevo. Dice Giedion que la historia es un espejo mágico, ya que

> quien se mira en él ve su propia imagen en forma de acontecimientos y cambios. Nunca está inmóvil. Siempre está en movimiento, como la generación que lo contempla. Su totalidad no puede ser abarcada, ya que la Historia solo se desnuda por facetas que fluctúan según lo ventajoso de la posición del observador (Giedion, 1978: 17).

Son importantes estos movimientos para entender que el tiempo histórico no está compuesto por un flujo lineal y unívoco, sino que avanza y retrocede formando pliegues donde se balancean constantemente los hechos.

Resulta conveniente volver a recordar ahora esa parábola del ajedrecista automático que Benjamin utilizó en sus tesis sobre la historia y que ya mencionamos anteriormente:

> Un muñeco, trajeado a la turca y con una pipa de narguilé en la boca, se sentaba ante el tablero colocado en una mesa espaciosa. Gracias a un sistema de espejos se creaba la ilusión de que la mesa era transparente por todos los costados. La verdad era que dentro se escondía, sentado, un enano jorobado que era un maestro del ajedrez y que guiaba con unos hilos la mano del muñeco (Mate, 2006: 49).

Benjamin afirma que una réplica de un artilugio como este cabe imaginarlo en la filosofía, pero nosotros podemos indicar que, con más razón aún, es necesario pensarlo en el caso de la IA, en cuyo interior se esconde un ser humano moviendo los hilos. Reyes Mate, en sus comentarios sobre el escrito de Benjamin, nos recuerda que este se refería a un cuento de Edgar Allan Poe, *El ajedrecista de Maelzel,* en el que el interés del autor norteamericano era «mostrar que la máquina nada lograría con su dotación tecnológica si no estuviera manipulada por una inteligencia humana oculta a la mirada del espectador, pero presente y eficaz» *(ibíd.:* 50).

Amazon posee un sistema llamado precisamente «Mechanical Turk» («Turco mecánico») al que determinadas empresas suben tareas para que humanos, generalmente mal remunerados, entrenen modelos de IA. Una vez entrenado, el sistema puede hacer el trabajo por sí solo, automáticamente. Lo irónico es que justo esta emblemática aplicación de Amazon destinada a entrenar modelos de IA se inspira en un autómata como el que describían Poe y Benjamin, un ajedrecista supuestamente mecánico que, a finales del siglo XVIII, era muy popular porque se acostumbraba a exhibir en ferias o certámenes parecidos. Como se constata en el relato, quien llevaba los hilos era un ser humano, igual que el turco mecánico de Amazon trabaja en principio con seres humanos para lanzarse luego al automatismo que prescinde de ellos. Pero siempre el dispositivo se halla bajo la égida de la empresa, que es el verdadero *turco* escondido dentro de un recinto de cristales en apariencia transparentes. Turco es el anagrama de truco.

Si tomamos como punto de partida el triunfo contemporáneo de la IA y creemos en una historia positivista, nos será fácil retrotraernos a la antigüedad para trazar una línea ascendente que reúna los diversos antecedentes de la actual tecnología, considerada la culminación del proceso. Incluiremos en este, por ejemplo, el *hydraulis,* un órgano de agua que fue diseñado por primera vez en la antigua Grecia, o los músicos mecánicos del ingeniero Ismail al Jazari en el siglo XII. También pueden entrar los autómatas creados por los relojeros Jacques de Vaucanson o Jaquet-Droz, en el siglo XVIII, una de cuyas figuras dibujaba y escribía textos de manera automática. Y si la examináramos con atención, seguramente encontraríamos en la ciencia delirante de Athanasius Kircher, el imaginativo y barroco jesuita del siglo XVII, una genealogía particular de los procesos de mecanización que supuestamente conducen hasta la actual IA. Es más, teniendo en cuenta la copiosa imaginería que trufa su obra —seguramente lo más destacado de ella—, se podría decir que se trata de un notorio antecedente de la ImA, que en sí misma es igualmente barroca y acostumbra a proceder de textos en gran medida también enfebrecidos. Al elaborar esta implausible saga, no conviene olvidar tampoco a Leibniz, ya que en algunas de sus ideas se detectan los antecedentes más claros de esa máquina universal, el ordenador, cuyas bases esbozó posteriormente Turing en un célebre artículo publicado en 1936 y titulado «On Computable Numbers». En él, el científico británico se refiere por vez primera a una máquina computadora. El concepto de *arte combinatoria* que Leibniz extrajo de Ramon Llull, así como su invención de una *máquina aritmética,* basada en una propuesta anterior de Pascal, son dos muestras de la posible pertenencia del filósofo de Leipzig a esa historia ideal que parece conducir inexorablemente a la IA.

Todo ello, sin dejar de ser cierto, es a la vez engañoso, porque una visión de este tipo no hace sino consolidar la idea de que era absolutamente necesario llegar a donde hemos llegado, que la IA es la consolidación de un proceso casi natural, dentro de su artificialidad, de modo que someterla a la crítica puede parecer tan absurdo como criticar el crecimiento de los árboles. Hegel nos puede ayudar a entender este dilema, si aceptamos su idea de una dialéctica según la cual la historia avanza mediante contradicciones que hacen que cualquier avance contenga a su vez el germen de un retroceso. Podríamos incluso añadir que lo contrario también es cierto. En cualquier caso, nos podemos quedar con la idea popular de que no es oro todo lo que reluce, ya que el resplandor que desprende ahora la IA es tan fuerte que puede llegar a cegarnos con facilidad. Ahora bien, ¿quiere esto decir que debemos renunciar a ella, negando al mismo tiempo el fulgor de sus ilustres antecedentes? No es esta la vía para la correcta comprensión de las cosas, puesto que si emprendiéramos el camino de una drástica negación, al punto aparecería la propia negatividad del acto. ¿Cuál es, pues, la salida a este conjunto de contradicciones que amenaza con paralizarnos? La salida está en lo que podríamos denominar la deconstrucción de los fenómenos, una operación que, sin necesidad de ceñirnos estrictamente a las propuestas de Derrida, nos otorgue la capacidad de proceder con la suficiente dosis de escepticismo epistemológico como para desconfiar tanto de los avances como de los retrocesos, por muy positivos o negativos que nos parezcan unos y otros.

En primer lugar, debemos tener en cuenta que los avances tecnológicos proceden por saltos, de manera que es difícil establecer filiaciones lineales incluso entre aparatos o sistemas que son aparentemente iguales. Pongamos por caso el concepto de «máquina universal», a través del que pueden relacionarse los nombres de Leibniz y Turing. ¿Hasta qué punto ambos están hablando de un mismo tipo de máquina? Es posible que Turing, cuando concibió las bases del actual ordenador, estuviera más cerca de Leibniz de lo que lo estamos nosotros ahora de ellos dos, de manera que puede que ambos experimentaran un asombro parecido si pudieran usar uno de nuestros dispositivos. Ello es porque uno y otro trabajaban básicamente en el terreno de las matemáticas y, de alguna forma, también en el terreno de la física. Sin embargo, las máquinas universales de la actualidad se han trasladado, a partir de esas plataformas, a un territorio muy distinto:

> Lo que es necesario comprender es que la máquina universal es un nuevo tipo de máquina. No puede estar contenido dentro de la definición que heredamos de la Física. La máquina universal no es simplemente un dispositivo capaz de cambiar la dirección o la intensidad de una fuerza por medio del trabajo. La máquina universal es una máquina inteligente, conceptual y cognitiva. Es menos un instrumento, una herramienta, un recurso, un aparato artificial capaz de sustituir el trabajo humano y más un dispositivo que prolonga, complementa, amplía las actividades y capacidades humanas (Pombo, 2017: 7).

El concepto de *extended mind* propuesto por Andy Clark y David Chalmers proviene, por ejemplo, de un imaginario distinto de aquel en el que trabajaban tanto Leibniz como Turing, uno situado en el origen y el otro en el final de un determinado paradigma. Además, deberíamos establecer una genealogía distinta para llegar a esta concepción de la mente extendida, un desarrollo que incluiría a Leroi-Gourhan y a Roger Bartra, pasando por Marshall McLuhan, entre otros. Una forma compleja del pensamiento nos obliga a discernir en qué punto se cruzan o divergen estas líneas, suponiendo que realmente lo hagan y, si es así, qué resulta virtualmente de ello, es decir, qué marcos mentales se ponen a nuestra disposición, se hayan o no realizado. Es en este punto cuando podemos empezar a pensar en la positividad o negatividad de los distintos desarrollos.

Pongamos por caso la contraposición entre los pensamientos de Leibniz y Descartes, contemplada a la luz de la situación actual en la que celebramos la brillante inteligencia del primero en un momento en que Descartes es, para la modernidad y la posmodernidad y tanto para la ciencia como para la filosofía, una figura caída en desgracia. Cuando Leibniz propone la extraordinaria idea de un pensamiento ciego opuesta a la necesidad que, según Descartes, tiene el alma de verlo todo, ¿quién tiene las de ganar en un contexto como el actual que sin Leibniz no existiría?:

> Frente a Descartes, que reivindicaba la necesidad de verlo todo con los ojos del alma, que fundamentaba las matemáticas en la evidencia de sus proposiciones, Leibniz propone seguir progresando a través de un pensamiento ciego, es decir, pretende progresar sin ver nada. Solo con el soporte externo, material, sensible del simbolismo (Pombo, 2017: 17).

No podemos dudar de la eficacia o la conveniencia de este lenguaje ciego o simbólico, sin el que no existiría la matemática moderna, los ordenadores o la IA. Pero, como indica Elster con intenciones que no son las nuestras, el pensamiento de Leibniz estaría en los orígenes del espíritu capitalista, puesto que muchas de sus teorías «pertenecen más a nuestro siglo que al suyo. El pensamiento leibniziano es a menudo subterráneo, anticipante y generalizador; no se ajusta al contexto propiamente dicho» (Elster, 1975: 8). Si el triunfo actual del pensamiento de Leibniz, o de una parte de él convenientemente desarrollado, se halla en consonancia con la apabullante implantación de un capitalismo desbordado, quizá ha llegado el momento de mirar atrás y, siguiendo el consejo de Benjamin, tratar de descubrir los cadáveres de los vencidos que ha ido dejando atrás el avance imparable de la historia de los vencedores. Puede que sea conveniente reanimar alguno de esos despojos con el fin de reformular el optimismo actual y sus inevitables dosis de insensatez que sin duda el mismo Leibniz hubiera criticado. Quizá de lo que se trata es de invertir el ritmo que, según Lenin, caracterizaba a la socialdemocracia, y de ahora en adelante avanzar siempre dando dos pasos adelante y uno atrás. Este paso atrás no es solo cauteloso, sino sobre todo reflexivo.

Los caminos triunfales solo se inauguran cuando se cree haber alcanzado el destino deseado. Llega entonces el momento de colocar cada pieza en su sitio con un entusiasmo que hace pensar que siempre estuvo allí. En realidad, es cierto que cada peldaño de la escalera del éxito siempre estuvo dispuesto para facilitar el ascenso, pero hubo que ir a buscarlo allí donde estuviera. La escalera tuvo que ser construida escogiendo unos peldaños y rechazando otros, aunque, al llegar arriba, se tuviera la impresión de que no había otra forma de subir.

Cuando el imaginario de una cultura, en este caso la occidental, está estructurado de esta forma por una sedimentación acumulada durante siglos es muy difícil cambiar de perspectiva, sobre todo cuando los hechos, interpretados así, no dejan de corroborar el proceso. De esta manera, se llega una y otra vez a la conclusión de que nos encontramos en el mejor de los mundos posibles —ya lo afirmaba Leibniz y lo sigue creyendo ahora Steven Pinker— y que nada podía haber sido de otra forma. Si hemos progresado hasta aquí, por algo será. Cualquier alternativa estaba condenada al fracaso. Posiblemente, ningún historiador serio aceptará que la cuestión sea tan simple, pero, en el fondo, es lo que piensa el conjunto de una cultura.

Por lo que respecta a la IA, demos el conveniente paso atrás para reflexionar sobre lo que nos ha llevado hasta aquí. No necesariamente hasta una tecnología que puede ser provechosa, sino hasta la ideología que la envuelve. Para ello, es necesario retrotraerse al final de la Segunda Guerra Mundial, cuando el mundo cambió drásticamente de paradigma. La guerra fue el punto de inflexión o el detonador de un proceso que ya se había ido desarrollando antes y que se precipitó con la derrota de Alemania.

Vale la pena detenerse un momento en este punto para evitar malentendidos. No cabe duda de que era necesario que Alemania y con ella el nazismo y el fascismo fueran derrotados. La alternativa implicaba caer en la barbarie. Pero queda por ver si la victoria de los aliados no señalaba el camino hacia otro tipo de barbarie, esta a largo plazo y, al parecer, menos cruenta, aunque los muertos no han dejado de acumularse desde entonces en todo el mundo, gracias a la hipócrita *Pax americana*. La víctima era en ambos casos Europa. Los valores europeos estaban destinados a desaparecer. Lo hubieran hecho bajo una dictadura nazi, pero también se diluyeron con la victoria de los aliados. Detrás venía otro mundo.

Es fácil culpar, como se ha hecho, a la tradición cultural europea por la ascensión del nazismo y el fascismo, así como por el abismo humano del Holocausto. Pero aparte de ser excesivamente injusta y reduccionista, esta postura triunfal tiende a olvidar que del otro lado estaban el Gulag y la bomba atómica, así como esperaba en el futuro el reguero de desastres humanitarios que la razón de un capitalismo rampante no dejaría de justificar a partir de entonces. Si fuera posible dejar momentáneamente a un lado estas cuestiones, aunque solo fuera para poder hacer un diagnóstico cultural del nuevo paradigma, veríamos que derrotar a Alemania significó también aniquilar, sin motivo, el pensamiento europeo y sustituirlo por la razón capitalista de la tecnociencia. No se trata de negar que la criatura estaba sucia y que había que limpiarla, sino de decir que no era necesario tirarla con el agua del baño. Se hizo así, confundiendo ambas cosas, porque interesaba hacerlo. Digámoslo claramente: la Alemania nazi no representaba la tradición cultural europea, sino unos perversos despojos de la misma, una interpretación trágicamente sesgada de ella. Pero quienes se enfrentaban al Eje tampoco acudían para defender esa tradición herida, sino para instaurar la suya propia, aquella que se había forjado al otro lado del Atlántico, dando la espalda desde el principio a la Europa que se había dejado atrás. Por lo tanto, por debajo de una contienda que enfrentaba a dos sistemas políticos —tres, si tenemos en cuenta que la Unión Soviética formaba parte del bando aliado—, se desarrollaba otra guerra sorda entre varias formas de entender el mundo, unas de mayor calado ético que las otras, aunque ninguna estaba exenta de culpa. La victoria política salvó la democracia y evitó el hundimiento definitivo de la humanidad, pero al precio de permitir que el mundo se diseñara a partir de entonces a imagen y semejanza de los vencedores. Suponer que la historia del desarrollo tecnocientífico que se produjo a partir de entonces nada tiene que ver con esas circunstancias es pecar de ingenuidad.

No todo lo ocurrido desde entonces es despreciable ni mucho menos. La cultura norteamericana, expandida por todo el mundo, ha producido logros espectaculares que forman parte indiscutible del acervo cultural de la humanidad. Más preocupante es, sin embargo, lo que le ha sucedido a una parte de la cultura europea, la más reflexiva y filosófica, que renació de las cenizas para quedar abducida, en todo o en parte, por la tradición opuesta. En cualquier caso, no se trata de establecer una historia maniqueísta ni de separar el supuesto grano de la supuesta paja, sino de saber en qué lugar nos encontramos ahora y por qué.

Por ejemplo: ¿por qué las vanguardias de un lado y otro del Atlántico decidieron incorporar las matemáticas en sus procesos creativos? En un principio, los sistemas matemáticos aleatorios o incluso algorítmicos de los dadaístas o del grupo Oulipo podían parecer un juego más de los muchos que las vanguardias habían emprendido desde sus orígenes, con Duchamp a la cabeza. Pero al margen del interés que pudieran tener los resultados de estos juegos, sus razones eran mucho más profundas que la voluntad de escandalizar a los burgueses. Mucho más profundas incluso que lo que declaraban los distintos manifiestos que se destinaban a justificarlos. Y son estas razones las que no se deberían olvidar. Es relevante lo que dice Matilde Marcolli acerca de la velocidad con la que se implantaron en el arte conceptos claramente procedentes del ámbito de la ciencia:

> No hay otro concepto que haya sido más influyente en la historia del arte contemporáneo de la era posterior a la Segunda Guerra Mundial que el de la «aleatoriedad». A partir de los años de la posguerra, el concepto de aleatoriedad penetró en la conciencia colectiva de la cultura europea como nunca antes. Alteró profundamente sus principales modos de expresión tanto en las artes como en las

> ciencias. Esta aceptación del concepto de aleatoriedad provocó un cambio importante en la conciencia y la visión del mundo (Marcolli, 2020: 137).

En absoluto hay nada malo en ello, pero se trata de un síntoma de la decantación de la cultura y el pensamiento hacia el automatismo, algo que, a la larga, tuvo otras consecuencias. Los artistas, al apostar por el azar y la generación automática a la hora de confeccionar las obras, no solo abandonaban adecuadamente el mito romántico del creador, sino que mostraban una desconfianza en el sujeto muy acorde con unos tiempos cada vez más absorbidos por otro mito, el de una ciencia sin conciencia. Los artistas de la vanguardia consideraban que, si la ciencia es progreso, y lo es ciertamente en su campo, ellos no debían interferir en un progreso equiparable del arte que se conseguiría si este abandonaba la subjetividad y se alimentaba de procedimientos científicos. En realidad, el arte no estuvo solo en esta propensión, todas las disciplinas no estrictamente científicas, incluso las más humanistas, emprendieron el mismo camino hacia la tierra prometida de la ciencia, abandonando con ello su potencial propio para adquirir otro de segunda mano.

Cuando entre estas formas estéticas aparece una disciplina científica como la cibernética, el panorama se ensombrece como si una nube hubiera ocultado de pronto el sol de las festividades vanguardistas. Quizá la cibernética era inevitable, si queríamos tener ordenadores y llegar a los modelos actuales de la IA. La pregunta que debemos hacernos es si no era evitable el determinado tipo de cibernética que acabó alumbrando, por ejemplo, a un Skinner y su obsesión por el control social y humano que luego gobiernos y corporaciones han normalizado.

Ahora ya es demasiado tarde para volver atrás y rehacer el camino que nos ha llevado hasta aquí. De hecho, nadie quiere volver atrás. De lo que se trata es de seguir adelante, tratando de escoger otro camino, buscando una ruta alternativa a aquella que parecía inevitable porque nos ha conducido a donde estamos. Digámoslo ya de una vez, la única forma que tenemos para desviarnos es recurrir a la metafísica, esa región filosófica que la cultura tecnocientífica practicista, cuantitativa y obsesa con la exactitud y el control quiso anular para siempre. Nada que objetar, pues, a los logros tecnológicos y científicos, pero sí a su metafísica, es decir, a lo que hace que estos logros sean pensados de determinada manera y no de otra.

En estos desarrollos, tan profundo e intrincado es lo que sucede arriba como lo que sucede abajo. El problema es que la deriva cultural nos ha llevado a suponer que solo existe o solo es relevante lo que sucede abajo, en la infraestructura social, económica o tecnológica, no lo que lo envuelve, como si los meteorólogos solo se preocuparan por las calles mojadas y no por las borrascas que traen la lluvia. Pero una cosa tiene que ver con la otra, de modo que, al contemplar el desarrollo de determinada tecnología, no debemos contemplar solo lo que hay, sino también aquello que envuelve lo que hay. Flusser estuvo muy acertado a la hora de dirigir nuestra mirada a las imágenes técnicas e indicarnos que estas son hijas de unos dispositivos tecnológicos que, a su vez, provienen de unas teorías a las que acarrean consigo, incrustadas en sus mecanismos y su funcionamiento. Y las teorías son siempre ideológicas, puesto que responden a una forma concreta de ver el mundo, aquilatada desechando todas las demás posibles. Como indica Friedrich G. Jünger, «a la especialización científica se le añade la especialización técnica. La separación de las disciplinas del saber, que crea aislamientos y deslindes artificiales, encuentra su correspondencia en la técnica, en la cual el trabajo humano se ve descompuesto y despedazado» (Jünger, 2016: 97). Una vez las piezas producto de este desglose se ponen en marcha, es fácil olvidar el proceso que las ha construido, así como el funcionamiento de las mismas que ya no parece mecánico, sino natural, y que, por lo tanto, rige también *naturalmente* la conducta humana.

Los teóricos apuntan a un momento fundacional de los modelos de IA para el desarrollo de imágenes artificiales. Lo sitúan primero en 2014 con la llegada de las GAN o «Generative Adversarial Networks» («Redes Generativas Antagónicas»), que se basan en tener dos modelos computacionales. Uno genera imágenes y el otro las analiza y «critica», es decir, el sistema posee muchas imágenes reales almacenadas que le permiten «criticar» u opinar sobre el modelo generativo. Una parte del sistema le puede decir a la otra: esta imagen que estás generando no se parece a las que yo tengo almacenadas, ¡mejórala! Los dos procesos funcionan en paralelo, compitiendo para ser uno mejor que el otro. El generador trata de engañar al crítico, produciendo imágenes tan perfectas que este no consiga distinguirlas de las que ya tenía almacenadas. Como en las imágenes cristal que Deleuze detectaba en un cierto tipo de cine, imágenes en las que no se pude discernir entre lo virtual y lo actual, entre lo real y lo imaginario, la máquina alcanza su punto óptimo de funcionamiento cuando la imagen artificial que crea es indiscernible de la *natural* que ya posee como referencia. ¿Cuál puede ser el problema? No otro que la tendencia de la tecnología hacia el naturalismo. Este sistema, internamente competitivo, pugna por alcanzar el máximo de realismo o verismo, dando paso a la creación con la ImA de imágenes hiperrealistas, precursoras de los actuales *deepfakes* y todas sus variantes.

Otro punto álgido de esta crónica se produce un año después, 2015, con la aparición del llamado *Deep Dream* de Google, un algoritmo que busca imponer en los ordenadores una forma de ver. Con este dispositivo, los ingenieros se plantearon el reto de abrir la caja negra de Flusser y ver qué pasaba en su interior con las redes neuronales. Por ejemplo, qué sucede si en un sistema que ha sido entrenado con fotos de perros se introduce una imagen de, digamos, la Mona Lisa. Descubrieron que el sistema asumía que la imagen de la Mona Lisa debía relacionarse de alguna forma con la figura del perro para lograr una composición relativa a los perros. Sin que los ingenieros hicieran expresamente nada para conseguirlo, el sistema sacaba sus propias conclusiones con el fin de contemplarlo todo a través del filtro con el que había sido entrenado. La máquina no se sitúa de esta forma frente al dilema filosófico referente a los modos de ver. ¿Vemos lo que realmente es o lo que hemos sido entrenados para ver culturalmente? La tecnología nos responde que, en su caso, si se la ha entrenado a ver el mundo desde la perspectiva de las formas perrunas, el resultado será un mundo en el que estas prevalezcan, aunque sea a costa de producir composiciones absurdas (figura 29). Es posible que, de algún modo, el funcionamiento del *Deep Dream* pueda activarse como un antídoto para contrarrestar la peligrosa tendencia naturalista de otros sistemas.

Durante el período de tiempo señalado, 2014-2015, se produjeron otros inventos importantes, como las transferencias de estilo. Es decir, modelos que permitían aplicar a las imágenes estilos visuales existentes, pictóricos o de otro tipo. Cabe destacar también la llegada de los llamados transformadores, que son modelos de aprendizaje automático para el procesamiento del lenguaje natural, muy eficaces para detectar ciertos patrones y que se pueden entrenar para que se concentren en algunas características concretas.

Las imágenes de la ImA son imágenes técnicas no solo porque han sido producidas tecnológicamente y, por consiguiente, como indicaba Flusser, son el producto de una teoría que el dispositivo ha incorporado en su diseño, sino porque además son capaces de penetrar en ese inconsciente óptico al que se refería Benjamin cuando decía que la cámara fotográfica o cinematográfica era capaz de captar elementos de la realidad inaccesibles al ojo humano. Joanna Zylinska habla, por ejemplo, de que la primera imagen fotográfica de la que tenemos constancia,

Figura 29

es decir, la de la *Ventana de Le Gras* de Niépce, obtenida en 1826, era de naturaleza maquínica, no solo porque estaba impresa en un soporte fotosensible, sino porque para elaborarla fue necesaria una exposición de cerca de nueve horas, lo que significa que ningún ojo humano sería capaz de capturar en el instante de su mirada el juego de luces y sombras que capturó esa placa tras ese tiempo de exposición. Ni siquiera aunque fuera posible que el ojo humano permaneciera nueve horas observando lo mismo, alcanzaría a discernir las características de lo real que nos muestra esa imagen. Este es un motivo más para distinguir entre lo que se ve en una fotografía y lo que ve el ojo en la realidad. Puesto que incluso ahora, que las imágenes fotográficas se obtienen instantáneamente, no es lo mismo ver la realidad que ver una imagen de la realidad, puesto que esta nos facilita el descubrimiento de matices que a simple vista nos pasan desapercibidos. Si acaso, la fotografía ha desarrollado un sistema de observar la realidad, un modo de ver que podemos tildar de «fotográfico», es decir, una mirada atenta y exploratoria que las imágenes en general facilitan e incluso requieren. Y que, por supuesto, la manipulación de las imágenes digitales puede ponderar, resaltando los detalles de las visualizaciones de la misma forma que un escritor trabaja su relato para destacar aquellos elementos que mejor convienen a su narración, o también igual que los científicos intervienen en las imágenes obtenidas con sus aparatos, sea un microscopio o una sonda espacial, para resaltar en ellas aquellos elementos que les parecen más pertinentes.

En esta evolución hay una serie de hitos particulares, desde la primera imagen digital que data de 1967 y con la que Russell Kirsch, también inventor del escáner, fotografió a su hijo de tres meses, hasta la primera imagen enviada por un teléfono en 1997. Esto lo realizó Philippe Kahn, creador del sistema de envío de archivos multimedia por teléfono, y la imagen enviada también fue en este caso la de una hija recién nacida. No deja de ser llamativo que, cuando se acrecientan los automatismos, y por lo tanto el sujeto deja paso a la máquina, se introduzcan en el proceso escenas familiares de este tipo, puede que para recordar nostálgicamente que todavía somos humanos o, por el contrario, para ocultar el hecho de que ya no lo somos.

Existe otro vector relativo a ese desarrollo que debe tenerse en consideración y cuyo origen se sitúa en los CGI o «Computer-generated Imagery» («Imágenes generadas por computadora») de los años setenta. También es relevante la evolución que han experimentado los sistemas de creación de imágenes por ordenador, unas imágenes que puede que no sean más que el desarrollo más avanzado y tal vez más «democrático» de otros sistemas de simulación de gran detalle que hace mucho tiempo que funcionan.

Por último, se añadiría a estos procesos otra línea que tendría que ver específicamente con la IA y cuyo origen más preciso se podría situar a principios del siglo XIX con la máquina analítica de Charles Babbage, o el motor analítico de Lovelace, pero que se concreta, a partir de los años cuarenta del pasado siglo, con las investigaciones de Turing y continúa con Minsky y con la teoría contemporánea de las redes neuronales de Bengio, LeCun o Hinton, siempre teniendo en cuenta los saltos conceptuales que pueden existir entre los distintas propuestas, saltos que deben ser considerados para poder calibrar adecuadamente el alcance de los distintos avances.

Los científicos y los ingenieros dedicados a la IA son, por regla general, optimistas. Contemplan cualquier escollo como un reto que hay que superar indefectiblemente. Puede que esta confianza irreductible sea necesaria para lograr sus objetivos, el único inconveniente es que, por lo que se refiere a la IA, estas metas no se alcanzan tanto porque la tecnología logre ir emulando poco a poco la complejidad humana como porque paulatinamente la compleja inteligencia humana va adquiriendo, a sus ojos, la forma mecánica de la IA. Así, referente a los procesos de *deep learning,* Yoshua Bengio afirma lo siguiente:

> Irónicamente, las tareas abstractas y formales que se encuentran entre las empresas mentales más difíciles para un ser humano se hallan entre las más fáciles para un ordenador. Durante mucho tiempo, los ordenadores han sido capaces de derrotar incluso al mejor jugador de ajedrez humano, pero solo recientemente están igualando algunas de las habilidades de los seres humanos promedio para reconocer objetos o hablar. La vida cotidiana de una persona requiere una inmensa cantidad de conocimiento acerca del mundo. Gran parte de este conocimiento es subjetivo e intuitivo y, por lo tanto, difícil de articular de manera formal. Las computadoras necesitan capturar este mismo conocimiento para poder comportarse de manera inteligente. Uno de los desafíos clave de la inteligencia artificial es cómo llevar este conocimiento informal a un ordenador (Goodfellow, Bengio y Courville, 2016: 2).

No cabe duda de que para Bengio, así como para tantos otros de sus colegas, esto se logrará tarde o temprano. El problema reside en si realmente han acertado en su diagnóstico sobre las bases de la inteligencia humana o si, por el contrario, contemplan esta desde una perspectiva ya convenientemente formateada por los parámetros de la IA. Como afirma Jünger, se dice que una máquina «está muerta» cuando podemos dar una descripción de su funcionamiento con ayuda de los términos de la mecánica clásica. Y añade que, «en efecto, allí donde, con ayuda de tales términos, logramos describir suficientemente las funciones, encontramos algo muerto. Si logramos describir adecuadamente en estos términos el funcionamiento de un hombre, este estaría muerto» *(ibíd.:* 171). La diferencia entre un ser humano y una máquina, por sofisticada que esta sea, y los ordenadores lo son mucho, es que la máquina carece de voluntad, de manera que está sujeta a las leyes mecánicas de la causa y el efecto. Cada una de sus partes se mueve porque otra la empuja a ello:

> Dicho con exactitud, la máquina no se mueve, sino que es movida. La diferencia es fundamental. Todas las funciones son procesos en los que algo es movido; este movimiento pasivo, esta movilidad debe existir en todo funcionamiento [...]. Por lo tanto, las funciones que se describen en el hombre [...] no nos dicen nada sobre el hombre, y no importa lo grande que sea el número de funciones halladas, pues estas se referirán solo a lo pasivamente móvil, es decir, a una dependencia mecánica, a algo muerto *(ibíd.:* 172).

Las acciones del ser humano, y el pensamiento es una de las más complejas, no están causadas mecánicamente, no provienen de un acto anterior que las origina. No forman parte, por lo tanto, de una cadena de funcionamientos, sino que se sostienen a sí mismas, son a la vez causa y efecto de ellas mismas. Son fenómenos que, utilizando el concepto de Humberto Maturana, podemos calificar de autopoiéticos. Pero no por describirlos con este concepto se hacen más asequibles a los investigadores de la IA, cuyo proverbial optimismo les hará suponer de inmediato que de lo que se trata es de lanzarse a alcanzar el nuevo objetivo, a saber, el de emular la autopoiesis sustancial de la actividad mental humana. Se equivocarían porque, como dice Bengio, el ser humano, puesto que no está muerto, no puede reducirse a una serie de funciones o a una función concreta, de manera que, por mucho que afinemos en las descripciones, su esencia compleja siempre estará situada más allá de ellas. Esto no quiere decir que los ingenieros deban abandonar su afán por emular la inteligencia humana al ser una meta imposible de alcanzar. No deben hacerlo porque su tarea, aunque en el fondo sea ilusoria, sirve para crear cada vez mejores y más afinadas tecnologías que pueden ayudar al ser humano en muchas de sus funciones, aquellas a las que este puede renunciar sin dejar de ser humano.

En el interior de las máquinas poéticas

Tendemos a considerar la IA como la punta de lanza del progreso tecnológico, pero sería igualmente posible considerarla un sistema arcaico porque su propuesta es fundacional, implica la fundación de un nuevo orden poshumano que surge después de que haya sido aniquilado, teórica o prácticamente, todo lo que de humano le antecede. La IA, pero sobre todo la ImA, implica por tanto un comienzo y, como tal, no puede dejar de ser primitiva con respecto a lo que vendrá después de ella. Esta condición *ancestral* no impide que los dispositivos tecnológicos relativos a la IA sean extremadamente sofisticados con respecto a nuestro tiempo, pero no lo son si los referimos al tiempo que ellos inauguran. Su complejidad actual se vuelve simple cuando la contemplamos desde ese futuro del que ellos son un inicio *primitivo*.

Para comprender el funcionamiento *mental* de tales herramientas, podemos retrotraernos a las producciones culturales más antiguas de nuestra civilización, allí donde se estaba formando la mente humana del futuro. Equiparando tácticamente dos inicios y conociendo el desarrollo de uno de ellos, quizá podamos hacernos una idea no de lo que le espera a la IA, sino de qué manera está empezando a hacerlo. Estamos hablando de dos tipos de mente, por supuesto. La mente técnica que pretende ahora desplazar a la mente humana es de un tipo completamente distinto de esta, aunque imita algunos de sus procedimientos. En todo caso, cuando hablamos de funcionamiento mental de los instrumentos tecnológicos relativos a la IA, nos referimos a un ámbito operacional que está más allá del programa, algorítmico, neuronal o de cualquier otro tipo, que organiza el funcionamiento básico de la máquina. En este sentido, se podría decir que no solo los diseñadores ignoran en cierta medida el funcionamiento profundo de la máquina, sino que también esta ignora lo que está haciendo, pero no solo porque no tiene conciencia, sino porque hace cosas imprevistas para su propia programación. Es precisamente por esta inconsciencia que las tecnologías de la IA pueden considerarse inteligentes o creativas, aunque de una manera que en ningún caso puede considerarse humana. Es pseudohumana, puesto que imita en su ámbito exclusivo los procesos humanos. Roman Jakobson ya se preguntaba si los poetas eran conscientes de las implicaciones últimas de su trabajo creativo, de los mecanismos que el análisis lingüístico ponía de manifiesto en sus obras: «La cuestión sigue abierta de saber si, en algunos casos, los fenómenos de latencia verbal intuitiva no preceden y no son subyacentes a un conocimiento consciente como este. Puede ser muy bien que la toma de conciencia de la estructura surja en el autor *a posteriori,* si es que llega a producirse» (1977: 110). De nuevo aparece aquí la cuestión del trabajo del inconsciente, referida a la posible equivalencia entre los inconscientes humano y maquinal. Cuanto más primitivo, en el sentido de próximo a los orígenes de la forma poética, sea el funcionamiento poético, más cercano se hallará del inconsciente, es decir, que tendrá menos consciencia de los mecanismos que fundamentan su creatividad y será por ello más espontáneo. En consecuencia, resulta muy relevante lo que dice Frye acerca del uso de la metáfora en la Biblia:

> La metáfora en la Biblia no es un adorno del lenguaje: es el modo de control del pensamiento, y la metáfora es una declaración que gramaticalmente dice: «Esto es eso». Como sea que todas las afirmaciones en las que se asevera que dos cosas son la misma cosa, siendo dos cosas distintas, son ilógicas o más bien analógicas, debemos tener en cuenta también, como una de las cuestiones importantes de la Biblia, que en esta no se usa el lenguaje de la lógica o de la predicación. Se está usando un lenguaje que es común con el de la poesía, pero utilizado para un propósito ligeramente distinto (Frye y Macpherson, 2004: 31).

En la poesía, la metáfora se desprende de su función explicativa para centrarse en su capacidad de construir imágenes que son válidas en sí mismas y que, por ello, como en la Biblia, funcionan como controladoras o generadoras de un pensamiento nuevo. En la metáfora explicativa, el énfasis se pone en el tenor, en aquello de lo que se habla y que debe ser aclarado por la función metafórica, por el vehículo, gracias a la semejanza entre ambos términos. Sin embargo, en el territorio de la imagen, cuando las metáforas se convierten en imágenes visibles, el proceso se invierte, de modo que el tenor se diluye en el territorio que delimita visualmente el vehículo. El énfasis visual se decanta hacia este, de modo que es más potente el resultado que surge de la metamorfosis que la posibilidad de que esta sirva para regresar al origen y explicarlo. La función poética de la metáfora está mucho más cerca de este procedimiento visual que el del uso lingüístico común del tropo. Se podría decir que, paradójicamente, esta función metafórica es *literal,* en el sentido de que otorga a la imagen resultante una validez ontológica. Jakobson entiende la poesía como el uso del lenguaje en su función estética, de manera que el énfasis se coloca en la forma de expresión. Lo que se dice está tan profundamente modulado por cómo se dice que, en la gran mayoría de las ocasiones, prevalece el cómo sobre el qué, de manera que el qué inicial se diluye en el magma creado por el cómo, igual que ocurre en la imagen metafórica.

Parecería que el arte procede, en general, de esta misma manera, mediante la transformación metafórica de las cosas, pero no está tan claro que utilice normalmente la metáfora o que lo haga como un primer recurso. Las transformaciones estéticas de la realidad acostumbran a ser de una índole distinta de las que suministra la función metafórica. Interpretarlas metafóricamente no deja de ser una forma reduccionista de comprender el trabajo del arte plástico, mucho más complejo. Ello no quiere decir que no se produzca algún mecanismo metafórico primario en la mente del artista, durante el proceso creativo. Pero las visualidades resultantes son siempre más complejas, ya que provienen de fuentes muy diversas, muchas de ellas, inconscientes. Decir que es en la poesía donde la metáfora adquiere valor artístico de forma directa no es afirmar que la función poética es menos compleja que la artística o que la imagen poética es menos intensa que la artística. En realidad, los mecanismos creativos por los que ambos tipos de imagen, lingüística o literaria y visual o artística, se producen son muy parecidos. Con la particularidad, sin embargo, de que la imagen visual añade una capa al proceso lingüístico al poner de manifiesto, de forma directa, algunos elementos profundos del proceso creativo que la lengua tiende a ocultar por su proceder básicamente sintético. Pero también porque diluye, al traducirlas a otro ámbito, la imagen mental o el cúmulo de imágenes mentales que pueden estar en el origen, a veces confuso, de la expresión poética o literaria y que la expresión visual es capaz de materializar. Dicho esto, cabe afirmar que la poesía se sitúa entre los dos ámbitos, el lingüístico y el visual, y es por ello que la metáfora adquiere en su seno una preponderancia especial al ver su función parcialmente alterada. El efecto poético surge del intervalo que existe entre los términos de la metáfora. O dicho de otra manera, el enlace entre términos antitéticos da lugar a un efecto metafórico con propiedades poéticas. No decimos que lo poético se reduzca a este procedimiento, sino que es uno de los diversos posibles, pero que, en todo caso, desmonta el mecanismo metafórico sin reducirlo a una simple comparación. Podemos observar, en la poesía, la forma metafórica en su proceso de construcción, pero sobre todo como un movimiento constante que hace que la metáfora deje de ser una imagen concreta y se expanda, formando un proceso metafórico continuado que da lugar a fluidos visual-cognitivos parecidos a los del sueño. La poesía está, por supuesto, repleta de formaciones metafóricas tradicionales, pero se distingue por la capacidad de producir ese otro tipo de metáforas deconstruidas y fluidas.

A partir de esta constatación, se puede afirmar que las imágenes que generan los dispositivos de ImA, en su modalidad más libre y expresiva, son construcciones poéticas, de un determinado tipo de poesía visual basada en procesos de ensamblaje, agenciamiento y contraste, ejecutados a partir de la ingente y heterogénea cantidad de materiales que se hallan dispersos por Internet y que son procesados por esos mecanismos. Pero hay otro factor que debe añadirse a esta modalidad de imágenes artificiales. Se trata del hecho de que estas son el resultado de la transposición de otras imágenes con las que se hallan conectadas de forma imprecisa. Transforman esas visualidades originarias, imposibles de concretar, de una manera que puede considerarse metafórica, pero siempre que entendamos estas metáforas como equivalentes a las que se generan en la poesía, es decir, el producto explícito de amalgamas puestas al descubierto. Las imágenes de la ImA, cuando no están dirigidas a la producción de imágenes naturalistas, es decir, cuando el dispositivo actúa más por inspiración que por constricciones, son el producto de extrañas alianzas. Las figuras o los objetos que aparecen en ellas provienen de un intenso proceso de desfamiliarización que ha dejado al descubierto las cicatrices provocadas en las referencias últimas de las que provienen y cuya presencia solo se puede adivinar. Lo cierto es que este origen es irrelevante a la hora de asumir el resultado de su transformación múltiple, pero sirve para descubrir la intensidad estética de las grietas que se han producido durante la transformación. Cuando las imágenes de la ImA se hallan en movimiento, estas impresiones se acrecientan y el resultado resulta aún más equivalente a la experiencia poética.

Máquinas transformadoras e improductivas

La poesía es una máquina improductiva, transforma pero no produce nada concreto, nada esencialmente útil para el comercio, que es la forma simbólica prevalente en nuestro mundo. De la misma manera, existen máquinas poéticas, asimismo improductivas pero esencialmente transformadoras. Refiriéndose a una poesía pospoética, Fernández Mallo indica que

> se presenta como un «método sin método», no como una doctrina. Más que de una forma de escribir, se trata de poner en diálogo todos los elementos en juego, no solo de la tradición poética sino de todo aquello a lo que alcanzan las sociedades desarrolladas, a fin de crear nuevas metáforas, verosímiles e inéditas (2009: 37).

A tenor de esta reflexión, se puede afirmar que la ImA es una máquina pospoética, una máquina improductiva pero enormemente transformadora y capaz de producir nuevas metáforas, tan inéditas como inverosímiles.

Si queremos adivinar los procesos por los que la IA construye visualidades de este tipo, podemos acudir a los procesos por los que las imágenes tradicionales se forman y transforman. Especialmente adecuadas son, en este sentido, aquellas imágenes simbólicas que conectan con las corrientes profundas de la cultura y la psique humana, ya que, en este caso, la creatividad es espontánea y no va expresamente dirigida a producir figuraciones concretas, sino a gestionar el acervo de las existentes que sirven de vehículo de determinadas pulsiones. La espontaneidad de estos procesos viene dada por el hecho de que es complicado establecer el punto exacto en que una tradición visual se convierte en otra; cuándo una idea expresada visualmente presta la visualidad a otra tradición para prolongar de manera distinta un equivalente de la idea anterior. En estos casos, no es el símbolo en sí el que se transforma, sino que cambia la intención principal que lo mueve. Pero también varía la expresión visual de ese contenido, aunque no lo hace drásticamente: podríamos decir que hay un proceso de traducción de las formas, de manera que estas no dejan de ser las mismas pero son expresadas de manera distinta. Debemos acudir al concepto de arquetipo para comprender mejor lo que sucede en estos casos en los que dos culturas se comunican por medio de formas simbólicas comunes que son transformadas durante el traspaso de una a otra. Lo que se transmite son figuras arquetípicas, tanto visuales como conceptuales. No tanto las formas y las ideas concretas como la esencia arquetípica de ambas. Se produce entonces un mecanismo que podría interpretarse a través de los conceptos de diferencia y repetición que Deleuze puso de manifiesto en el pensamiento filosófico. Los arquetipos generados por una cultura se transmiten a otra, se repiten en ella gracias a que son esencialmente diferentes. Es decir, se prolongan o repiten a través de las diferencias: «La paradoja de la repetición, ¿no consiste en que no puede hablarse de repetición más que por la diferencia o el cambio que produce en el espíritu que la contempla?» (Deleuze, 2017: 119). Pero en el ámbito de la genealogía de las imágenes, la diferencia no se produce solo en el espíritu del nuevo espectador, sino que este cambio interno modifica la estructura arquetípica, visual y conceptualmente, de manera que solo queda su armazón, el cual sirve de soporte a las nuevas ideas, que ya circulaban por el espíritu y la sociedad pero que carecían de soporte. Las nuevas ideas se concretan, en realidad, cuando son actuadas y visualizadas. El gesto y la imagen no son simples reproducciones de lo existente, sino que contribuyen a formarlo.

El concepto de máquina abstracta de Deleuze y Guattari resulta muy conveniente a la hora de describir el funcionamiento de estas transiciones que actúan como si realmente hubiera una máquina abstracta situada en la frontera para gestionar el paso de un lado a otro de la misma, teniendo en cuenta que las máquinas abstractas no existen más que a través de los procesos de agenciamiento que las producen:

> Una última componente específicamente maquínica debe supuestamente mostrar cómo las máquinas abstractas se efectúan en agenciamientos concretos, que proporcionan precisamente una forma distinta a los rasgos de expresión, pero no sin proporcionar también una forma distinta a los rasgos de contenido —estando las dos formas en presuposición recíproca, o manteniendo una relación necesaria no formada, que impide una vez más a la forma de expresión considerarse suficiente (aunque tenga su independencia o su distinción propiamente formal) (2002: 148).

Se comprenderá mejor el fenómeno mediante un ejemplo que muestra de forma bastante clara este mecanismo de transformación visual y cultural. El proceso al que nos referimos pone en contacto la cultura griega clásica con la tradición cristiana e informa de la conversión del mito de las ninfas en el de la figura cristiana de la Virgen. El procedimiento utilizado tiene mucho que ver con el método genealógico tal como lo plantea Nietzsche, según la interpretación que Andrea Soto Calderón hace de él:

> En la genealogía que Nietzsche crea hay un doble gesto; por una parte, desarrollar un método de análisis que permite pensar lo impensado para el pensamiento, esto es, nos dirá más tarde Gilles Deleuze, pensar la diferencia; por otra, realizar performativamente una genealogía, intuirla en su hacer. En muchos sentidos, el método y lo que piensa el método es indisociable (Soto Calderón, 2023: 17).

Este procedimiento genealógico tiene mucho que ver con el método ensayístico, por el que el pensamiento y el método se alimentan mutuamente. Algo que vale la pena tener presente para interpretar la forma de las imágenes desarrolladas mediante la ImA, como indicaremos más adelante.

Veamos, pues, cómo una imagen nos da la clave que conecta el panteón clásico de los dioses griegos y latinos con la posterior mitología cristiana. El proceso parte de la imagen de la figura que representa la fundación de Aetna, una ciudad de Siracusa, en el 476/5 a.C. y que Carol Dougherty describe de la siguiente manera:

> Han sobrevivido varias vasijas en las que se presenta la fundación de la ciudad como la violación de una ninfa local, Talía, por parte de una deidad olímpica, Zeus. La versión más detallada e iconográficamente más interesante aparece en un ánfora de Paestum. La escena muestra un águila feroz en pleno vuelo, con sus poderosas alas extendidas y llevándose a la ninfa a la que tiene sujeta por la cintura con sus garras. Un arco radiante atraviesa el aire entre sus alas, imitando la corona usada por Talía. Las representaciones de la vida vegetal indican que se trata de una escena exterior. Hay un altar a la izquierda; a la derecha, vemos una caja con un diseño geométrico, una pelota y un niño (¿un sátiro?) que lleva una corona. Los detalles iconográficos se combinan para sugerir que se trata de una escena erótica (Dougherty, 1993: 85).

Las ninfas eran deidades menores de la mitología griega que se asociaban comúnmente con lugares recónditos como un manantial, un arroyo, un monte, una cueva o una arboleda. Es decir, más o menos los lugares donde, más tarde, acostumbraban a manifestarse las vírgenes cristianas. Por otro lado, las ninfas eran criaturas libres que se movían por tierras no sujetas a las regulaciones convenientemente establecidas de la *polis:*

> Personificada como una ninfa, la tierra misma se vuelve virginal, fresca, verde, lista para ser ocupada por primera vez, y es fácil ver cómo esta retórica se aplica a una empresa colonial [...]. La ninfa simboliza tanto la tierra física como sus ocupantes; su conquista sexual representa así tanto la domesticación agrícola de su tierra como la dominación política de su pueblo *(ibíd.:* 69).

Capturar una ninfa era equivalente a adscribirla a ella y a su territorio al dominio de la *polis,* lo que nos hace pensar en la costumbre de la Iglesia de erigir ermitas o santuarios allí donde se había aparecido la Virgen, lo cual era una forma de encerrarla en un recinto sagrado, al tiempo que la propia Iglesia podía reclamar las tierras circundantes al lugar donde se había producido la aparición. Por su tendencia a habitar y a personificar manantiales, ríos y lagos, a las ninfas se las considera deidades provistas de algún poder curativo. Sus lugares de culto están relacionados, además, con ámbitos naturales, como las cuevas y los citados lugares conectados con el agua, lo que subraya su carácter pastoril (Larson, 2001: 5). Estas dos características, la de la capacidad curativa y su relación con los pastores, se identifican fácilmente con la figura cristiana de la Virgen.

Por otro lado, está claro que la captura de la ninfa tiene una connotación erótica o sexual muy clara: «Una vez que se asentó la colonia, la Atenea de Esquilo contó la historia de la fundación colonial como la violación de una ninfa local (Aetna o Talía) por parte de Zeus, rey de los dioses olímpicos» *(ibíd.:* 75). La brutalidad del mito clásico se edulcora al trasladarse al dogma cristiano de la Inmaculada Concepción, concretamente, a la conocida, por prototípica, escena de la Anunciación. Si examinamos las imágenes de la figura 30, podremos observar cómo se produce el tránsito entre ambas iconografías: en la clásica, el poderoso dios Zeus tiene a la ninfa entre sus garras, en lo que se interpreta como una violación que el mito interpreta como fundacional; en la cristiana, el águila se ha desdoblado en un ángel y una paloma: el primero se encarga de anunciar a la Virgen María que ha concebido al

Figura 30

hijo de Dios por mediación del Espíritu Santo, representado por la segunda. La escena ancestral se ha dulcificado, pero viene a ser la misma. En la iconografía cristiana, la divinidad —Zeus en el origen— se ha retirado a un segundo término. Su voluntad se ejerce vicariamente, sin necesidad del acto sexual, de ahí el misterio y las reticencias que tradicionalmente ha provocado la idea de la Inmaculada Concepción. Este proceso de atenuación de las brutalidades paganas, de las que la mitología clásica está plagada, se halla en consonancia con el hecho de que, durante la Edad Media, cristianizar el paganismo equivalía a moralizarlo:

> En ocasiones, con pleno conocimiento de causa [los clérigos] transformaban el sentido de la imagen mediante una simple inscripción; y Cupido se convertía en el Ángel de la Anunciación,

Figura 31

> Minerva en la Virgen María. Pero sobre todo, esos tratados alegóricos en los que los atributos de las divinidades paganas eran sistemáticamente interpretados en un sentido moral, engendraron curiosas series de miniaturas: en efecto, esos tratados insertaban en sus marcos moralizadores descripciones extremadamente precisas y llamativas; y a los ilustradores les resultaba fácil inspirarse en ellas (Seznec, 1987: 92).

La imagen original es un ensamblaje obvio de motivos diversos, cuya potencia visual ha disminuido al representarse, con posterioridad, de forma «realista» (figura 31). Ha aumentado la potencia estética de la imagen, pero ha menguado lo que podríamos denominar el caudal poético, si consideramos que este se manifiesta mediante la aparición de los contrastes.

Podemos ver el mecanismo de transformación, y la diferencia entre la forma naturalista y la estructural, si nos referimos a un proceso que ha actuado a la inversa, es decir, reconvirtiendo la tradición cristiana a

Figura 32

la pagana. Edgar Wind se refiere a un fenómeno muy interesante de este tipo (figura 32):

> El humanista germano Conrad Celtes, habiendo aprendido acerca de las trinidades paganas en Italia, eligió una forma singularmente pedante y obvia, pero por la misma razón muy instructiva, de mostrar su conocimiento en un grabado de madera de 1507. Adoptó la forma iconográfica tradicional de la Santísima Trinidad combinada con las Déesis (representación de Cristo, generalmente entronizado y flanqueado por la Virgen María y san Juan Bautista), pero sustituyó las figuras cristianas por las paganas. En el lugar de Dios Padre

Figura 33

> bendiciendo al Hijo, puso a Júpiter cerniéndose sobre su hijo Apolo, mientras que en el Espíritu Santo la paloma es sustituida por el alado Pegaso, cuyo casco hace surgir la fuente de Helicón: «el espíritu cerniéndose sobre las aguas». La Virgen María, al lado de Cristo, es sustituida por la diosa virgen Minerva, y el precursor y anunciador Juan Bautista por Hermes, el mensajero de los dioses. En el centro de las tríadas, Apolo tocando la lira está provisto de su atributo trinitario, el trípode (que lleva expresamente escrito su nombre). Las nueve musas que enmarcan la escena corresponden a los nueve coros de la jerarquía celestial (Wind, 1998: 245).

El conjunto es mucho más tosco que cualquiera de sus réplicas tradicionales, como la que se muestra en un detalle de *La disputa del Sacramento,* de Rafael, pintado más o menos en la misma época (figura 33). El retroceso no solo muestra, invertidos, los procesos por los que la mitología clásica se transformó en cristiana, sino que añade la idea de que los espacios que acogen a cada modalidad son distintos. En un caso, prima la poética generada por los contrastes que engendran opacidad; en el otro, la estética que emana del equilibrio y la transparencia.

La ImA, instada por el comando «Zeus carries the Nymph as an eagle in the style of Fra Angelico» («Zeus llevando la Ninfa como un águila en el estilo de Fra Angélico»), produce una serie de inquietantes

Figura 34

imágenes que parecen ser producto de una interpretación muy particular de la mezcla de ambos mitos o de lo que significa la transformación del mito griego en el mito cristiano (figura 34). Se podría decir que, a través del ensamblaje artificial de elementos solo identificables de forma elíptica, se construye lo que podría ser un nuevo mito, dispuesto para la interpretación.

Indica Dougherty que:

> El lenguaje del oráculo de Delfos es característicamente enigmático, y precisamente por eso, porque exige interpretación, es una valiosa herramienta de representación para el discurso colonial. El Apolo de Delfos favorece el lenguaje simbólico y ambiguo para sus

mensajes sobre el futuro, lenguaje que requiere reflexión, intuición y agilidad intelectual para ser interpretado correctamente *(ibíd.:* 54).

Lo mismo puede decirse de las imágenes que produce la ImA, no porque pertenezcan a ningún oráculo, sino porque su carácter poético-enigmático propicia también la reflexión. Son imágenes enigmáticas con un alto contenido poético, de carácter metafórico, sobre todo si las consideramos con respecto a las fuentes originales. La más impresionante quizá sea esa en la que la ImA ha decidido representar el resultado de la acción original, es decir, la presencia del hijo de Dios, como aglutinante de todos los motivos de la escena (la segunda imagen del grupo). En este caso, el dispositivo ha trasladado la escena original, arquetípica, a sus obvias consecuencias.

Podría decirse que las imágenes de la ImA proponen la posibilidad de una genealogía a la inversa. Es decir, en lugar de remitirse a unos antecedentes cuya concreción es problemática, más allá de las indicaciones dadas por los comandos que las han generado, estas imágenes proponen un desarrollo de las consecuencias, un proceso genealógico invertido por el que se despliega un posible desarrollo interpretativo que, en lugar de retrotraerse al pasado, a los orígenes, se proyecta hacia el futuro, a las consecuencias.

En cualquier caso, la ImA ha actuado de manera parecida a como las formas arquetípicas se trasladan de una cultura a otra, o sea, modificando subrepticiamente los modelos y sus relaciones, para que se adapten a las nuevas mitologías que, en parte, se han elaborado a partir de los antiguos planteamientos. En ninguno de los dos casos, la transferencia se ha producido conscientemente, si bien es cierto que hay una cierta diferencia entre ambos procesos, ya que la tradición cultural actúa de manera acumulativa, a base de empujes, préstamos y equilibrios impulsados por intenciones que puede que sean vagas pero existen, mientras que en la ImA los fenómenos equivalentes suceden de manera automática.

La máquina pagana y la máquina cristiana se conectan, pues, automáticamente para procesar sus respectivas visualizaciones simbólicas, dando paso a intensos y continuos procesos de territorialización y desterritorialización. Luego, al reconectarlas con la máquina abstracta de la ImA, se generan imágenes desconcertantes que proyectan la imaginería anterior hacia una región visual y conceptual sin nombre que, como un significante vacío, resta a la espera de ser reterritorializada imaginativamente.

Se puede llegar fácilmente a la conclusión de que los dispositivos de ImA *piensan* mediante ese tipo de máquinas abstractas, puesto que los procesos que se dan en ellas están construidos, como los de las máquinas abstractas, en torno a un frenético concurso de variables y variaciones. Las máquinas abstractas, como afirman Deleuze y Guattari, exceden todo lo mecánico, «se componen de materias no formadas y de funciones no formales. Cada máquina abstracta es un conjunto consolidado de materias-funciones (fílum y diagrama)» (Deleuze y Guattari, 2002: 519). Pero debe añadirse que no por ello dejan de actuar a través de mecanismos cuya modulación es fluida y que, por lo tanto, cambia constantemente a partir de unos vagos patrones preestablecidos. Así es como procede misteriosamente la ImA:

> Hay, pues, como un doble movimiento: uno por el que las máquinas abstractas actúan sobre los estratos, y hacen que constantemente algo se escape de ellos, otro por el que son efectivamente estratificadas, capturadas por los estratos. Por un lado, los estratos nunca se organizarían si no captasen materias o funciones de diagrama, que ellos formalizan desde el doble punto de vista de la expresión y del contenido; como consecuencia, los regímenes de signos, incluso la significancia, la subjetivación, continúan siendo efectos diagramáticos (pero relativizados o negativizados). Por otro lado, las máquinas abstractas nunca estarían presentes, incluso ya en los estratos, si no tuvieran el poder o la potencialidad de extraer y de acelerar signos-partículas desestratificados *(ibíd.:* 146-147).

Capítulo 9

Capitel

> No es el miedo a la locura lo que nos obligará a arriar la bandera de la imaginación.
>
> André Breton

Automatismos

André Breton definía el surrealismo como

> puro automatismo psíquico por el cual se propone expresar, ya sea verbalmente, ya sea por escrito, o de cualquier otra forma, el funcionamiento real del pensamiento. Dictado por el pensamiento, en ausencia de cualquier control ejercido por la razón, al margen de cualquier preocupación estética o moral (1962: edición electrónica).

Con el surrealismo se consolidaba la idea muy romántica de dejar al azar la creación artística. Ya en 1785, un pintor inglés, Alexander Cozens, había publicado un opúsculo donde promulgaba un nuevo método de pintura o dibujo partiendo de una o varias manchas dejadas caer fortuitamente sobre una superficie blanca. A partir de esas manchas azarosas, como si de un test de Rorschach se tratase, el artista construía insólitos paisajes imaginarios. Esta propuesta

> está en el origen de una revolución estética en la que se ha reconocido buena parte del arte moderno. Ya no es el arte el que imita a la

naturaleza, es el arte el que recrea la naturaleza, y más allá, adquiere su valor en sí mismo sin necesidad de un referente externo: la mancha por la mancha [...]. Esta estética anuncia un romanticismo salvaje, la escritura automática, el *Action Painting* (Moureau, 1991: 540).

Cozens iniciaba el camino del arte hacia el inconsciente que los surrealistas erigirían como fuente del «funcionamiento real del pensamiento», pero que pronto acabaría convirtiéndose, después de ellos, en «lo inconsciente». Hay una diferencia, no tan sutil como parece, entre el inconsciente y lo inconsciente en el campo artístico. Con razón consideraría Walter Benjamin el surrealismo como «la última instantánea de la inteligencia europea», ya que después de este movimiento la inteligencia, el pensamiento, sería relegado a un muy último término por lo que a la creatividad se refiere, puesto que una cosa es dejarse llevar por los sueños —creer en el poder del inconsciente— y la otra dejar de soñar, abandonarse a lo inconsciente.

Se pueden escuchar los ecos de la temprana propuesta surrealista en la idea de una imagen del pensamiento propuesta por Deleuze como lo que determina una forma de pensar sin que el pensamiento sea consciente de ello, de la misma manera que la preocupación de Deleuze y Guattari por el acontecimiento tiene sus raíces en el concepto de evento acuñado y profusamente utilizado por los artistas pertenecientes a la poderosa y variopinta corriente de Fluxus. De estas reminiscencias se puede sacar la conclusión de que gran parte del arte del siglo XX oscila entre el inconsciente y lo inconsciente. Entre el puro automatismo que desprecia la conciencia y la consciencia de un automatismo que se remite al inconsciente. En ambos casos, se aprecia la creencia de que, como afirmaba Benjamin,

> la vida solo parecía digna de ser vivida allí donde el umbral que abre y separa la vigilia del sueño había quedado del todo destruido por pisadas de imágenes que de repente fluían en masa, y el lenguaje ya solo parecía ser el mismo donde palabra e imagen se entrelazaban tan plena y felizmente, con una exactitud tan automática, que no dejaba resquicio ya para el «sentido» (2007: 302).

El asunto podría quedarse en esta voluntad de desaparecer tras la glorificación del caos, el azar o lo automático, o bien iniciar desde esa *tabula rasa* del yo un camino de regreso, como parece ser el caso de esos últimos surrealistas que fueron, a su manera, Deleuze y Guattari, quienes más que instalarse en el nihilismo se nutren de él para fundamentar, con el inconsciente, una nueva conciencia, cuya posibilidad se adivina en la segunda parte del anterior argumento de Benjamin, cuando este, en su glosa de lo surreal, afirma que, en él,

> la imagen y el lenguaje como tales tienen preferencia [...], no solo sobre el sentido. También sobre el yo. En el ensamblaje del mundo, el sueño afloja la individualidad como un diente hueco. Y este aflojamiento del yo en la embriaguez es, al mismo tiempo, la experiencia viva y tan fecunda que hizo salir a estas personas del hechizo de la embriaguez en cuanto tal *(ibíd.:* 303).

Decía Boris Pasternak que no bastaba la acción política para influir en la cultura, que para ello era necesaria una hegemonía plástica que hablase a través de él sin él saberlo o incluso contra su voluntad. Escéptico ante los acontecimientos, afirmaba que él eso no lo sentía. El escritor ruso estaba convencido de que solo aquella fuerza que ha modificado el inconsciente, o el imaginario, es capaz de generar verdaderas revoluciones. Se trata del viejo dilema sobre las primacías: cambiar el mundo para cambiar al hombre o cambiar al hombre para cambiar el mundo. La modernidad se ha visto obligada a escoger entre Rimbaud o Marx, sin darse cuenta de que el dilema es irresoluble. Los surrealistas, especialmente a través de André Breton, pronto observaron la intrínseca imposibilidad de una alianza entre las dos posturas. Después de acercarse al partido comunista, con el que creían coincidir por el ansia revolucionaria común, se vieron obligados a distanciarse al descubrir que la intransigencia política que requería la revolución social iba en contra de la aspiración a una libertad total que promulgaba la revolución estética. Finalmente, ni el hombre cambió el mundo ni el mundo cambió al hombre. Las corrientes subterráneas seguían su propio curso, provocando cambios, tanto sociales como subjetivos, a largo plazo. Pero estos cambios, causados por fuerzas demasiado profundas para ser completamente controladas, no tenían por qué ser todos ellos positivos.

La gran mayoría del arte del siglo XX, que nació fruto de una revolución estética, pronto se sintió afín a la revolución social y política. En el imaginario se había introducido y empezaba a regir el poderoso concepto de revolución, que no era otra cosa que el remate final de la idea de progreso. Ciencia, política y estética se aliaban para alcanzar el ideal de una sociedad, una estética y un ser humano perfectos.

El problema de gran parte del pensamiento y el arte del siglo XX es que sus artistas y sus pensadores han sentido el impulso de una corriente subterránea que les traspasaba y les instaba a actuar de determinada manera, sin ellos saber exactamente por qué, pero a la que, sin embargo, confundían con un imperativo categórico al suponer que esa energía era un reflejo de la verdadera naturaleza de las cosas o de cómo las cosas debían ser. También muchos pensadores se han dejado llevar por este viento de la historia que parece soplar siempre en una sola dirección. El hecho de que este impulso haya producido una gran cantidad de obras artísticas y filosóficas de considerable valía no quita que haya mantenido siempre al arte y al pensamiento canalizados por un rumbo único, desde el que todas las demás rutas tienden a contemplarse con desdén. El imperativo era estar siempre a la vanguardia, en la cresta de la ola del progreso, una idea que se mantuvo incluso cuando esa ola ya había ido a romper en una fangosa orilla. En ese punto, la alianza entre la ciencia, la política y la estética se había convertido ya en una corporación capitalista que repartía funciones entre esos antiguos aliados. Pero una parte del arte continuó actuando como si nada hubiera ocurrido, creyéndose impulsado por un vanguardismo cuya ética había sido desactivada tiempo atrás. Sin embargo, no podía evitarse una cierta sensación de fracaso que, en lugar de provocar un pesimismo regenerador, pronto se transformó en un nuevo optimismo. Si el hombre, después de tantos esfuerzos políticos y estéticos, no había cambiado, quizá el obstáculo era ese hombre. Por lo tanto, había que apartarlo de una vez por todas de la ecuación, un proyecto que la filosofía ya llevaba tiempo procurando culminar. Apareció entonces un nuevo concepto rector de la mano de la ciencia, el del automatismo. La cibernética sirvió de aglutinante e hizo que, en el imaginario del arte, las ideas concomitantes de revolución y vanguardia se diluyeran en el seno del concepto de lo automático. En realidad, esas ideas ya estaban presentes en el fondo de esos movimientos, sobre todo en el arte, puesto que parecía que, si se era vanguardista se era automáticamente revolucionario y, a la inversa, si se era revolucionario, se era también de forma automática vanguardista. Al final, lo que quedaba de todo ello era la idea de lo automático, muy del gusto de la tecnociencia que tenía una de sus propias vanguardias en la cibernética, una disciplina que pronto empezó a colonizar amplias áreas del saber.

Ahora la IA parece culminar la entusiasta persecución de los automatismos y nos empuja de nuevo en una sola dirección, sin reparar en si esta es o no la más acertada. Es posible que, llegados a este punto, algunas corrientes artístico-literarias instaladas en el ámbito de los automatismos o de la espontaneidad creativa, como Oulipo, Fluxus u otras neovanguardias, estén encantadas con los nuevos dispositivos y se dispongan a seguir jugando con ellos. Pero es precisamente la aparición de la IA y sobre todo su popularización lo que nos obliga a proponer un drástico cambio de trayectoria generalizado, empezando por el arte. Ha llegado el momento de dejar a un lado los juegos y de desembarazarse de las trayectorias únicas, aquellas determinadas por un espíritu de los tiempos demasiado mediatizado como para hacerle caso. Es hora de ponerse a trabajar en otra dirección que, si bien no podemos decidir unilateralmente, como antes, que sea la adecuada, nos debe, sin embargo, permitir contemplar un panorama más amplio. La alternativa no es otra que tomar los mandos del proceso y conducirlo en lugar de dejarse conducir por él, como hasta ahora. De la misma forma que llegó un momento en que algunos filósofos decidieron que había que dejar de interpretar el mundo para pasar a transformarlo, ahora es necesario tomar conciencia de que ya no es posible dejarse llevar por las corrientes hegemónicas del arte y el pensamiento, impulsadas por una historia altamente mediatizada y, por lo tanto, políticamente comprometida en el sentido negativo del concepto, sino que es necesario estar alterando constantemente el curso de los acontecimientos para que nunca más sean ellos los que nos dicten su ética sesgada. Nada mejor que el arte para emprender esta tarea, pero para conseguirlo debe aliarse con el pensamiento, alejándose así de los automatismos de todo tipo que pretenden regir nuestras vidas.

No se trata de proponer la desactivación de cualquier tipo de automatismo, como si fuera posible una toma de conciencia absoluta que forjara un monstruoso sujeto sin inconsciente, tan imposible e indeseable como una sociedad caracterizada por la mayor de las transparencias. Muchas distopías, con las de Orwell y Huxley como prototipos, se basan en estos tenebrosos perfiles. Con razón, los médicos del Departamento de Salud Pública de *Nosotros,* la novela distópica que Yevgueni Zamiatin publicó en 1920, le diagnostican al protagonista la existencia de un alma: «Malo, muy malo, dice uno de ellos. Por lo visto se le ha formado un alma». En un mundo sin dimensiones, poblado por individuos absolutamente exteriorizados, la aparición del alma es considerada una enfermedad grave, incurable.

Por consiguiente, no todo está ni puede estar bajo el control del sujeto, de lo que se deriva que existen funciones sociales o subjetivas que se producen automáticamente a partir de formaciones que están *fuera de control,* aunque no son ajenas al conocimiento: no están forzosamente fuera de su alcance. El capitalismo, y con él todo lo que está a su servicio, no aspira al conocimiento, sino al control. Por ello, tiene una noción distinta de lo automático. Lo automático no es en su seno lo que no se puede controlar pero es necesario saber, sino todo lo contrario: es lo que sirve para controlar aquello que no es necesario saber.

Se debe distinguir, pues, entre lo automático técnicamente controlado y los automatismos del inconsciente que ofrecen densidad al sujeto. En realidad, existe, sin embargo, una perfecta conexión entre ambos: el automatismo tecnológico tiene su equivalencia en el tachado del inconsciente que propugnan, por ejemplo, el conductismo y sus alianzas formales con la cibernética o las neurociencias. Por lo tanto, las necesarias nuevas formas de pensar, a la vez que critican la voluntad hegemónica del automatismo tecnocientífico, deben defender la existencia de un automatismo del inconsciente. En última instancia, todo se resume en mantener vigente o no la idea de la conciencia. Una vía, en la que está incluida una cierta estética, la niega directa o indirectamente, mientras que otra considera que sin su factor el ser humano va encaminado al desastre. No es una postura apocalíptica, puesto que es obvio que un ser humano sin conciencia es forzosamente un desastre. La mayoría de los retos del poshumanismo se inscriben en esta disyuntiva.

Para que los automatismos tecnocientíficos funcionen, deben ir acompañados de la exactitud, y esta debe estar envuelta en la certeza, lo que implica necesariamente un control que tiende a lo absoluto. Si falla o falta alguna de las piezas de este sistema, el proceso desemboca en el caos. Solo el arte se ha atrevido a introducir el azar en este juego, elevando el caos, lo aleatorio y lo impredecible a una condición estética. En general, la IA tiende a inscribirse en el primer paradigma. Sin embargo, el sector más creativo de la ImA tiende a funcionar en el segundo. Cuando nos planteamos las funciones del poshumanismo, debemos tener en cuenta estas dos caras de la IA, ya que esta es la punta de lanza del proceso, a la que, quieran que no, están ligadas las interpretaciones más filosóficas o reflexivas de esa tendencia.

Fronteras

Estamos traspasando la frontera que nos separa de una tradición humanista llena de claroscuros y al otro lado de la cual se encuentra un poshumanismo igualmente indeterminado. Con la diferencia de que podemos hacer un diagnóstico más o menos preciso de lo que estamos dejando atrás, pero no de lo que nos espera. Es más fácil corregir los errores del pasado que los del futuro. Los entusiastas del poshumanismo celebran que se estén eliminando muchas convicciones que en su momento fueron certezas y que ahora son consideradas con razón negativas, pero sobre el porvenir solo nos pueden ofrecer precarias esperanzas, cuya certeza es ya cuestionable, aunque llegue envuelta con el fulgor de la utopía. Mientras, la tecnociencia avanza por su cuenta con paso decidido, ajena a cualquier consideración ética o política; ajena a esos filtros que las humanidades han construido, pero que ahora parecen estar diluyéndose precipitadamente en el caldo de cultivo de unas tendencias que parecen tener prisa por instaurar el futuro.

El cambio social y cultural es ineludible, lo llamemos como lo llamemos: poshumanismo o cualquier otra cosa. Con el poshumanismo ocurre algo parecido a lo que ya ocurrió con el posmodernismo: que parece ser más inquietante el nombre que lo que este anuncia. Hablar de posmodernismo significa dejar atrás la modernidad, y esto es algo para lo que el pensamiento moderno, precario heredero de la Ilustración, no está preparado todavía. Es más cómodo, por lo tanto, centrarse en el nombre, como si fuera este la causa del malestar. Al parecer, si nadie hubiera hablado de posmodernidad, la modernidad, habría podido seguir su curso sin inquietarse, de la misma manera que si nadie hubiera sacado a colación el concepto de poshumanismo, nadie pensaría que el humanismo está agotado. Este pensamiento mágico, al que se añade un cierto malhumor por la actuación de los aguafiestas, se detecta incluso en el trasfondo de los análisis más profundos. Sin el nombre, la cosa no existiría. Pero la cosa existe, con o sin nombre. Aunque sí es cierto que el nombre funciona como una llamativa señal de tráfico.

El poshumanismo implica, por lo tanto, un cambio de rumbo que debe ser asumido, pero siempre que este salvoconducto que supone el prefijo «post» se aplique concretamente a otros ámbitos, principalmente los de la ciencia y la técnica, y que se obre en consecuencia, es decir, no centrándose de nuevo en las denominaciones para ignorar lo que ellas comportan. Se debe entender que, para que el poshumanismo suministre las bondades que le suponen sus partidarios, es necesario que la ciencia y la técnica, sus máximos aliados, experimenten grandes variaciones: es necesario un cambio de dirección que desemboque en una posciencia y una postécnica que se superpongan al funcionamiento de una tecnociencia que ahora preside hegemónica las mentalidades y tiende a dictar todas las normas de conducta. La tecnociencia —en la que han confluido la ciencia y la técnica tradicionales, cuyo ideal ha quedado reducido a un mero espantajo que se agita ante los críticos— puede seguir su propio curso como un dispositivo auxiliar de las sociedades complejas, pero no puede continuar rigiendo el saber y las conductas tal y como lo hace. Se precisa ahora un cambio parecido al que sucedió el siglo pasado con la llegada de la física cuántica, que no fue tanto un avance como un cambio de perspectiva. El nuevo enfoque implica que la ciencia y la técnica se miren a sí mismas con los ojos de ese humanismo al que están tratando de suplantar. Solo así el poshumanismo será realmente asumible.

En este punto, es necesario que el arte, pieza clave del tránsito que estamos experimentando, tome conciencia de cuáles son los nuevos requisitos y cambie también drásticamente de trayectoria. Es fundamental que, en la era poshumanista, no sea la ideología del progreso la que siga dictando la ética de la historia. Hay que cambiar la idea de progreso, que es mecanicista, lineal y poco profunda, por la de prosperidad, mucho más sutil y menos determinista. La idea de progreso pretende ser universal y, por lo tanto, conlleva el convencimiento de un beneficio generalizado, mientras que la prosperidad es selectiva y, por consiguiente, debe ser políticamente interpretada. Nadie osaba estar contra la idea de progreso, a la que han acabado defendiendo incluso los conservadores, pero, cuando se invoca la prosperidad, de inmediato hay que preguntarse quién prospera y quién no. Por ejemplo, Daron Acemoglu y Simon Johnson, en un estudio sobre las relaciones entre el progreso tecnológico y la prosperidad, llegan a la conclusión de que, invariablemente, los avances tecnológicos contribuyen, antes que nada, al incremento de la prosperidad de las élites (2023). Es decir, el progreso, por sí solo, no implica una prosperidad generalizada.

Más allá de la ciencia y de la técnica

De la misma manera que la posciencia y la postécnica no pueden basarse en una constante fuga hacia el futuro, como requiere el sistema capitalista al que ahora sirven la ciencia y la técnica convertidas en tecnociencia, sino que deben reconsiderar la temporalidad de sus descubrimientos, la necesidad de pensar en un avance interno correspondiente a un tiempo igualmente interno no necesariamente lineal, también el arte debe abandonar su histeria vanguardista y plantearse avances hacia el interior de sí mismo. Desde esta perspectiva, podemos ver que, a pesar de sus indudables logros estéticos, gran parte de las vanguardias del siglo xx, sobre todo aquellas tendencias que, obnubiladas por una ciencia cada vez menos científica y más capitalista, abandonaron la reflexión en pro de una producción automática e inhumana, son en parte responsables de esa deshumanización que es la cara oculta e innoble del necesario poshumanismo.

Considerarlas responsables quizá sea excesivo. Sería como responsabilizar de la guerra a los niños que juegan con armas de juguete. Sin embargo, nadie negará que estos reproducen la ideología de la guerra. Por lo tanto, se trata de que el arte reproduzca una ideología distinta de aquella que va contra la humanidad. Se dirá que el arte no tiene por qué reproducir ninguna ideología, pero es precisamente esto lo que conseguían quienes se abandonaban al azar, a los automatismos o a las matemáticas: la reproducción de la ideología de la ausencia de ideología. Es decir, la ideología de la neutralidad y la objetividad científicas, del automatismo de los algoritmos.

Regresemos al surrealismo, que es ciertamente el último bastión de la inteligencia en el arte occidental antes de llegar al método alegórico del arte conceptual con el que el arte recupera el pensamiento, aunque por un camino distinto del de la peculiar inteligencia surrealista. A pesar de trabajar en un ámbito dominado por la idea de la espontaneidad, el automatismo y los sueños, ni Dalí ni Magritte se abandonaron a un espontaneísmo estéril. Representaban la esencia del absurdo para que pudiera ser comprendida; mostraban un nuevo orden de la realidad, sin ser prisioneros de ese nuevo orden. Sin embargo, gran parte de los artistas confundieron, de ahí en adelante, la función del arte con una simple correa de transmisión. Habiendo abandonado la mímesis realista, se apuntaban a una mímesis espontaneísta: no había que copiar la realidad, sino dejar que esta fluyera espontáneamente a través del cuerpo del artista, relegado a la función de médium. El pincel o la cámara dejaban de ser una herramienta y se convertían en la varita de un zahorí. Dalí y Magritte, sin abandonar su cuerpo al sueño o al absurdo, produjeron las más perfectas visualidades del sueño o del absurdo. No estaban solos, por supuesto, pero sus figuras son emblemáticas. Sus obras dan qué pensar a través de un impacto emocional, de manera que ambos factores van tan inextricablemente unidos que es difícil decir cuál de ellos es el vehículo del otro. Gran parte del resto del arte, a partir del surrealismo, y mucho del que lo rodeaba, renunció al pensamiento, buscando solo un impacto emocional que, sin el pensamiento, no acaba nunca de producirse. ¿Por qué nos sigue interesando Duchamp, si no por sus ideas? ¿Qué escuchamos en la música de Cage, sino el sonido de sus teorías?

Deleuze, analizando la pintura de Bacon, hablaba de afectos y de cómo estas obras van destinadas directamente al sistema nervioso, mientras que la pintura abstracta pasa, por el contrario, por el cerebro. En cualquiera de los dos casos, sin embargo, la emoción, el afecto, pronto se convierte en pensamiento, precisamente porque no somos máquinas. Puede ser cierto que, como dice Deleuze, la pintura abstracta nos obligue a pensar, a utilizar el cerebro antes de que nos dejemos llevar por las emociones, pero el impacto estético de Kandinsky o Matta es innegable. Por otro lado, las pinturas de Bacon sacuden el cuerpo, es verdad, pero de inmediato llegan al cerebro, al pensamiento. Hacen pensar porque los espectadores no son simples dispositivos de reconocimiento de imágenes. Además, ¿no hay una idea en el origen de toda la producción del arte vanguardista? ¿Una idea que, conforme este arte se va enrareciendo y perdiendo capital estético, se hace necesaria para producir alguna emoción, que es, entonces, forzosamente intelectual?

Magritte, en uno de sus escritos, pone de relieve la especificidad de la estética: «Aunque la existencia de la gravedad está probada por las leyes que influyen en todos los cuerpos, lo que puede desencadenar una emoción estética parece no existir excepto en la imaginación del hombre, y es creado por él de la nada; entonces, para descubrir lo que es, tienes que ser un buscador diferente al buscador de oro: tienes que CREAR LO QUE ESTÁS BUSCANDO; el artista tiene una aptitud natural para esta actividad. El fin esencial de la obra de arte, sinónimo del "descubrimiento-creación", es desencadenar la sensación estética en el espectador AUTOMÁTICAMENTE» (2016: 3). Magritte parece decirlo todo: por un lado, la estética no es una ley como la de la gravedad, que actúa en cualquier caso, automáticamente; pero por el otro lado consiste en producir una sensación automática (las mayúsculas son del autor). Pero esta sensación proviene de un acto de creación que está perfectamente delimitado, puesto que va dirigido a algo que se está buscando y que, por lo tanto, no es automático ni producto de la espontaneidad. Recordemos, por lo que a Dalí se refiere, su método paranoico-crítico, que, por un lado, es un constructo y, por el otro, una herramienta crítica, una forma incisiva de ver. Ambos autores movilizan a la vez la vista, las emociones y el pensamiento. Movilizan el cuerpo en su totalidad y en sus distintas dimensiones. ¿Hay alguna necesidad de prescindir de alguna de ellas?

En su estudio sobre las relaciones de Oulipo con las matemáticas, Natalie Berkman se refiere a un trovador provenzal del siglo XII, Arnaut Daniel, que ideó una curiosa estructura poética que la autora interpreta como un antecedente temprano de los procedimientos de Oulipo, es decir, los de una escritura que debe amoldarse a algún tipo de requisito previo. Se trata de plantear restricciones que sean una paradójica fuente de libertad o, como se afirma desde el grupo, «actuar como ratas que construyen un laberinto del que se proponen salir». Esta mención de las ratas de laboratorio es significativa, puesto que Oulipo se presenta precisamente como un laboratorio donde se experimenta con una literatura tildada de potencial. El procedimiento, que pretende ser a la vez lúdico y científico, plantea la veracidad de un fenómeno similar a aquel que es conocido en los países que tienen regímenes dictatoriales y donde se ejerce una férrea censura: el hecho de que la censura estimula la imaginación. Pero, de la misma manera que esto no hace que las dictaduras sean deseables, tampoco se acaba de justificar la necesidad, más allá de la loable intención lúdica, de poner trabas a la imaginación con el fin de estimularla. En cuanto a la vertiente científica del experimento, es posible que esos ejercicios sean útiles a los psicólogos cognitivos, pero es difícil considerarlos literarios en un sentido estricto de la palabra, de la misma forma que pintar con el pincel en la boca o cogido con los dedos de los pies no puede calificarse de un ejercicio pictórico en sí mismo por mucho que sus resultados lo sean a pesar de esas constricciones, debidas la mayoría de las veces a problemas físicos del pintor y no a una novedad expresiva.

En cualquier caso, las restricciones que Arnaut Daniel imponía a sus ejercicios poéticos son de un orden completamente distinto de aquellos que imponen los miembros de Oulipo, a pesar de que estos se hayan interesado intensamente en el procedimiento del trovador medieval. El método compositivo de este es la sextina[9], una estructura tradicionalmente considerada artificiosa, por medio de la cual el poeta narra la historia de un enamorado que anhela poder transgredir una

[9] Composición poética formada por seis versos, de los cuales riman el primero con el tercero, el segundo con el cuarto y los dos últimos entre sí. La estructura se puede repetir seis veces con un colofón final de tres versos añadido.

prohibición, la de entrar en la habitación de su dama. Berkman describe el proyecto de la siguiente manera:

> Dado que el material temático trata sobre reglas y restricciones, la forma en sí propone una serie de reglas: cada verso de cada sexteto termina con una de las seis palabras que riman, las cuales se repiten a lo largo de las primeras seis estrofas en un orden específico, así como en una configuración distinta de pares en el *envoi* de tres líneas, que sirve como un autógrafo (2022: 1).

La innovación de Daniel se inserta en la estructuración que organiza las distintas formas poéticas que no se componen mediante el verso libre. En este caso, no se trata tanto de una verdadera constricción, impuesta de forma artificiosa, como de una forma expresiva, de la misma manera que practicar la poesía no puede considerarse un obstáculo añadido a la práctica de la escritura narrativa. De todas formas, la sextina del poeta provenzal llegó al siglo XX a través de las matemáticas, a pesar de que Daniel nada tenía que ver con ellas. Lo cierto es que la estructura llamó la atención de los miembros del Colegio de Patafísica, el grupo fundado por Alfred Jarry, quienes se apercibieron de que era posible confeccionar una tabla con los elementos que componen la sextina y así entender cómo funciona realmente el orden de la rima (Berkman, 2022: 3). Al parecer, no fueron los únicos, puesto que también detectaron el carácter calculado o calculable del poema algunos matemáticos tan insignes como Fermat y Euler. La discusión en torno a estas relaciones continuó en el Colegio de Patafísica, a través de diversos artículos de algunos de sus miembros, entre ellos el propio Raymond Queneau.

Criticar estos movimientos vanguardistas, que han sido mitificados por una cultura muy propicia a ello, aún significa un sacrilegio. Berkman considera que con ellos se desmiente la conocida declaración de Snow acerca de las dos culturas, es decir, la distancia que desafortunadamente separa la ciencia de las humanidades. Pero, en realidad, lo que hace el Colegio de Patafísica es abundar en las conclusiones del autor inglés, para quien la separación se solventaría en el momento en que los humanistas se interesaran por la ciencia. El movimiento contrario no le parecía ni factible ni necesario o, por lo menos, no lo mencionaba. En principio, puede parecer que el Colegio de Patafísica pretende convertir la ciencia en arte, pero lo que en verdad hace es transformar el arte en ciencia. ¿Qué queda del poema de Daniel, una vez ha sido pasado por el tamiz neoestructuralista, sino una curiosidad matemática?

Cabe preguntarse si es realmente necesario criticar estas tendencias que son claramente lúdicas y que, la mayoría de las veces, están impulsadas por un encomiable sentido del humor. Sin embargo, más que de criticarlas, de lo que se trata es de ponerlas en contexto, sabiendo que la valoración del arte moderno ha estado altamente supeditada a la idea metafísica de progreso. El concepto de vanguardia, que ha servido de mecanismo impulsor del desarrollo artístico hasta hace bien poco, era la plasmación más directa de esa confusa alianza entre estética y progreso que obnubilaba por igual a artistas, críticos e incluso a algunos historiadores. Para comprender el papel que han desempeñado los movimientos artísticos del siglo xx en la formación del imaginario sociocultural es necesario recomponer la historia del arte librándola del envoltorio del progreso para que aparezcan las verdaderas líneas de fuerza que han impulsado a los distintos movimientos que la componen, así como las relaciones que estos han establecido y sus consecuencias a largo plazo. Una vez puestas las cosas en su lugar, podremos efectuar las adecuadas valoraciones estéticas. Y podremos comprender hasta qué punto el arte nos ha ido preparando para aceptar un humanismo descarnado de corte tecnocientífico. Pero si el arte moderno ha contribuido a llevarnos hasta una situación tan inquietante como la que plantea la IA, lo cierto es que, paradójicamente, es también el arte o la estética la que puede solventar las contradicciones que nos embargan. Como afirma Pablo Sanguinetti, «a estas alturas, debería quedar claro que con "educación estética" de la inteligencia artificial no me refiero a enseñarle a pintar retratos o a escribir haikus. Me refiero a entrenarla para leer el único lenguaje en el que podemos explicarle quiénes somos y qué queremos» (2023: 45). Las bases de este lenguaje comunicativo con la IA que reclama lúcidamente Sanguinetti nos las suministran ya los dispositivos de ImA. De momento, son ellos los que nos proporcionan imágenes inéditas y estéticamente impactantes, a la espera de que nosotros, los humanos, les otorguemos significado y seamos capaces de transmitírselo. Como añade Sanguinetti, «hay algo paradójico en la idea de que la estética sea la vía por la que podemos transmitir formalmente a una máquina todo lo vivo, lo complejo, contradictorio, múltiple que encierra el ser humano» *(ibíd.)*.

Capítulo 10

Gárgola

ella se desnuda en el paraíso
de su memoria
ella desconoce el feroz destino
de sus visiones
ella tiene miedo de no saber nombrar
lo que no existe.

Alejandra Pizarnik

Las raíces del cielo

La religión y el mito, esas dos caras de una misma moneda antropológica, nunca desaparecen, solo se transforman. No puede decirse que invadan la cultura humana infiltrándose en sus vasos sanguíneos, ya que es de esta infinita red de capilaridades secretas de donde proceden en primer lugar. De ahí que estén por todas partes, a veces manifestándose como tótems en la superficie, otras veces sustentando desde las profundidades de la realidad algunas operaciones que nadie relacionaría con lo mítico o lo religioso, sino incluso con todo lo contrario. Sin embargo, estas formas tan asépticas no dejan de ser el disfraz *moderno* de aquello que se había dado por superado, por muerto. En tales casos, no es que regrese el fantasma de lo reprimido para recordar su perentoria vigencia y desestabilizar una paz creada artificialmente, sino que es esa realidad en apariencia equilibrada la que está fundamentada en algo que, como la religión o el mito, ella misma considera espectral o fantasmagórico.

Max Weber, a la hora de elaborar su conocido tratado sobre los orígenes del espíritu capitalista, se inspiró en una cita de John Wesley, el fundador del movimiento metodista inglés, quien consideraba que la religión es fuente de laboriosidad y templanza, por lo que produce riqueza, pero que, al mismo tiempo, la riqueza genera soberbia, egoísmo y pasiones mundanas. Con ello, se da la paradoja de que «subsiste la forma de la religión, pero su espíritu se va secando paulatinamente» (Schluchter, 2017: 113). Desde la perspectiva del predicador, está claro que la forma sin el contenido, sin el espíritu, no es válida. Weber, por su parte, «se interesaba por las fuerzas motrices internas, no por las externas; por el espíritu, no por la forma» *(ibíd.:* 115). Pero son precisamente las fuerzas motrices internas formalizadas las que han acabado circulando por un mundo secularizado o desencantado y han forjado su espíritu, invirtiendo, por lo tanto, el diagnóstico de Wesley, así como la visión de Weber. La forma que ha subsistido no proviene de la desecación del espíritu religioso, sino de su decantación, constituye la quintaesencia de ese espíritu. Las *fuerzas motrices internas* son ahora las formales, mientras que las externas están preñadas de un determinado *espíritu* cuyos orígenes se ignoran. Según Schluchter, «Weber se propone seguir el rastro del nacimiento religiosamente condicionado u origen codeterminado del tipo de ser humano profesional moderno, y después su secularización y propagación» *(ibíd.:* 115). Es en este sentido que podemos decir que gran parte del mundo moderno es religioso o mítico, que en el fondo del capitalista y del capitalismo reside un impulso que tiene muchos rasgos en común con la Reforma protestante.

Del mito podríamos decir algo parecido, a saber, que, en un primer lugar, formaliza tensiones antropológicas y sociales para acabar transmitiendo la formalización descarnada, que es la que alimenta conductas del futuro consideradas ajenas a cualquier tipo de mitología. El complejo de Edipo, que se sitúa en la base del psicoanálisis freudiano, es un buen ejemplo de estas maniobras. El mito, expresado formalmente por Sófocles, es la plasmación en primer lugar de formaciones antropológicas profundas con un largo recorrido. Freud, al final de este, recoge la estructura mítica para regresar a ese magma antropológico con el fin de explicarlo psicológicamente. Deleuze y Guattari, en su libro *Anti Edipo,* efectuaron una crítica feroz a esta concepción freudiana, pero no por ello quedaba invalidado el trabajo del mito en general a través de su forma.

Curiosamente, encontramos en el primer Lukács una reivindicación paralela de la esencial función que la forma tiene en la gestación de los procesos sociales. Lo que el filósofo descubre en la literatura puede extrapolarse fácilmente a la acción social, pues en ambos casos es cierto que la forma permite «abordar las relaciones entre la vida externa y la interna» (Lukács, 2015: 96). La forma actúa desde el fondo, pero impregna toda la actividad anímica y las prácticas consecuentes, a pesar de que no se tiene un conocimiento inmediato de su actividad o precisamente por ello. Según Lukács,

> todas las formas son valoración y juicio acerca de la visión del mundo, y tienen ese poder y facultad por el hecho de que en sus fundamentos más profundos son siempre visiones del mundo. Podríamos analizar cada forma hasta sus raíces anímicas últimas; siempre debemos llegar a la visión del mundo *(ibíd.:* 100).

Puesto que todas las formas son visión del mundo, es lógico que su potencia estructural ponga en marcha formas de conducta de esas visiones del mundo. Desde la perspectiva de nuestro argumento, podemos concluir que la religión pervive más allá de su espíritu a través de un formalismo constituido según los fundamentos estructurales de este espíritu. Se convierte en máquina abstracta que organiza mentalidades e impulsa conductas aparentemente alejadas de la religión. Algo parecido podemos decir del mito, si tenemos en cuenta que el mito se convierte en una máquina abstracta que se constituye cuando ya se han olvidado las vivencias que lo generaron en primer lugar y solo sobrevive de ellas la estructura funcional, más poderosa ahora porque brega desde la sombra. Carabantes acierta, por lo tanto, en gran medida cuando afirma que la IA es

> la expresión tecnológicamente actualizada del eterno deseo contenido en el complejo de Edipo. Queremos matar al Padre para ocupar su lugar, y anhelamos que las inteligencias artificiales sean nuestros hijos sometidos que nos libren del último vestigio de un dios anterior: el castigo bíblico a ganarnos el pan con el sudor de nuestra frente (Carabantes López, 2016: 46).

Su acierto, sin embargo, no se halla tanto en el diagnóstico, bastante discutible, como en el hecho de movilizar una serie de mitos a la hora de efectuar una interpretación profunda de la IA.

Estos mecanismos no son aplicables solo a grandes formaciones como el capitalismo, sino que pueden encontrarse en prácticamente todas las organizaciones o conductas humanas, las cuales, en mayor o menor medida, contienen, en su fuero interno, ese fulgor mítico o religioso que dirige subrepticiamente sus pensamientos o sus acciones: los mitos y las religiones reinan por largo tiempo después de morir. La ciencia y la técnica no son ajenas a este determinismo oculto. De ahí que el fenómeno también podamos rastrearlo en la IA, donde confluyen poderosas corrientes ancestrales de este tipo.

Pensemos, al respecto, en la división que establece Carabantes entre las formas esenciales de interpretar la moderna IA. Cada una de estas tendencias antagónicas está basada, según el autor, en fundamentos que pueden considerarse míticos o religiosos. Por un lado, tendríamos la perspectiva monoteísta; por el otro, la politeísta. La aproximación monoteísta concebiría la IA negativamente. Sería la representante de un sector crítico que, en el fondo de las consideraciones filosóficas, éticas o incluso tecnológicas, albergaría la impresión de que una tecnología como la IA representa una afrenta a las leyes divinas. En su afán creador, la IA pretendería emular a Dios e incluso suplantarlo, al promulgar la posibilidad de una humanidad superior generada por la técnica. Esta perspectiva estaría vehiculada fundamentalmente a través de la ficción, ya sea en forma de leyenda, como la del Gólem (popularizada en especial a través de la novela expresionista de Gustav Meyrink, publicada en 1915), por medio de novelas como *Frankenstein, o el moderno Prometeo,* de Mary Shelley (1818), o de películas que han recogido gran parte de esta energía mítica como la saga de *Terminator* (1984-2003), *Ex Machina, Her* (Spike Jonze, 2013) o un film mítico por mérito propio como es *Metrópolis,* de Fritz Lang. Todas estas ficciones tienen en común la idea de que las «máquinas» van a acabar con nosotros, es decir, que harán lo mismo que nosotros le hicimos a nuestro creador: «Así como el hombre se rebela contra la tiranía de Dios, quebrantando la censura del signo para convertirse en creador, también el Gólem, el monstruo de Frankenstein y el robot acaban por rebelarse contra la tiranía del hombre» (Carabantes, *ibíd.:* 45).

Por otro lado, tendríamos la versión politeísta para la que no existe este ultraje, puesto que su planteamiento parte de la base de que los diversos dioses no contemplan la creación como algo exclusivo. Cuando «no existe un Padre todopoderoso, sino una pléyade de deidades, los dioses ordenan una pluralidad de normas que no se excluyen entre sí»

(Carabantes, *ibíd.:* 46), lo que establece «la diferencia que existe entre las culturas monoteístas y politeístas respecto al mito del autómata antropoide» *(ibíd.)*.

Sin embargo, estas tendencias no pueden considerarse como dos campos absolutamente enfrentados, sino que cada una de ellas impregna con varios grados de intensidad diferentes imaginarios que, a su vez, las matizan. En ocasiones, incluso las podemos encontrar mezcladas en una misma forma de pensamiento. Por un lado, parece obvio que la IA es un producto directo del capitalismo y la ciencia, pero a poco que penetremos en la esencia de ambos, encontramos rastros de un origen religioso evidenciados en los rasgos que distinguen su espíritu. En concreto, tres de ellos: el utilitarismo, la exactitud y la verdad, todos altamente fetichizados. El culto de lo útil y lo exacto como fundamento de la conducta tiene sus raíces en la frugalidad esencial de muchos reformistas, pero desemboca en la actual burocracia y en un rechazo directo o indirecto de la complejidad, aparte de alimentar las sociedades de control actuales, con las que la IA se halla relacionada en gran medida. Recordemos la famosa afirmación de Mies van der Rohe —«menos es más»—, que equivale en parte a la economía de la austeridad defendida, en Europa, por gobiernos del Norte, frente a la actitud contraria de los del Sur: es decir, protestantes frente a católicos. Todo ello está apuntalado por un concepto de Verdad prácticamente inapelable al que se recurre como antes se acudía a Dios para zanjar definitivamente los desacuerdos. A un lado, se encuentran quienes creen en una única verdad, una verdad absoluta que se halla más allá de toda disputa, mientras que en el otro residen quienes aceptan una posible pluralidad de verdades. Monoteístas contra politeístas.

Sin embargo, no puede decirse que las reticencias sobre la IA provengan solo de la actitud monoteísta frente a la politeísta, como tampoco podemos afirmar que es un asunto que enfrenta a católicos con protestantes. Todo es bastante más complejo y no puede resolverse mediante contraposiciones binarias. Pensemos, por ejemplo, en la presencia del movimiento iconoclasta de la Reforma inglesa:

> Los iconoclastas abogaban por la destrucción de estatuas, ídolos y pinturas relacionadas con la veneración católica y por lo tanto vistas como producto de la superstición. Un principio central de la iconoclasia era privilegiar la palabra de Dios más allá de la representación visual de cualquier tipo (Reilly, 2011: 16).

Sin embargo, también es cierto que, desde determinado punto de vista, podemos decir que dos iconoclasias o reticencias hacia la creatividad humana se mezclan en una misma postura crítica acerca de la IA que puede considerarse monoteísta porque apela a la autoridad de un solo Dios. El politeísmo, por razones obvias, no puede ser iconoclasta y es, por consiguiente, más proclive a la creación de nuevas figuras capaces de competir, en razón de igualdad, con los dioses existentes.

La corriente iconoclasta no puede dejar de inquietarse ante la posibilidad de que se puedan producir émulos artificiales del ser humano, unos artilugios generados, no lo olvidemos, por una ciencia capitalista que comparte con esa iconoclasia unas mismas raíces. La iconoclasia fue un arma empleada por los protestantes para contrarrestar la exuberancia visual que el catolicismo utilizaba también como arma contrarreformista. Pero de ello no puede deducirse que el catolicismo antropológico sea monolíticamente defensor de la IA.

Afirmaba el filósofo André Robinet que la figura del autómata está inscrita desde muy antiguo en el inconsciente colectivo. Quizá el secreto de esa mezcolanza de tendencias favorables o contrarias a la IA se encuentre en el hecho de que se gestan en ese inconsciente colectivo donde se generan todo tipo de conexiones esperadas o inesperadas. Es en ese mismo inconsciente colectivo donde residen las canalizaciones religiosas o míticas de las energías activas. Solo metafóricamente podemos hablar de capas y de profundidades del inconsciente, pero, aceptando esta salvedad, puede ser útil visualizar la situación de la forma religiosa en una de las capas más profundas, desde donde impulsa subrepticiamente las tendencias que afloran a la superficie de la conducta. A un estrato superior, siempre hablando metafóricamente, aparecen lo que Jung denominaba arquetipos, que son cristalizaciones de las energías más profundas. Dependiendo de su nivel de gestación, estos arquetipos pueden concretarse en figuras abstractas, como los mandalas, o generar personajes dispuestos a promover narrativas más complejas. La figura del robot puede considerarse, pues, la plasmación moderna de un arquetipo ancestral, alimentado por innumerables relatos míticos.

En la imagen del robot se concentra la visión moderna de una serie de prevenciones ancestrales, expresadas a través de mitos, leyendas y narrativas diversas, uno de cuyos orígenes más antiguos lo encontraremos en el personaje de Galatea que aparece en las *Metamorfosis* de Ovidio. Pero, forzando un poco la nota, podríamos remontarnos aún más en el tiempo y considerar que en el mito bíblico de la creación de la mujer, Eva, a partir de una costilla de Adán se encuentra el germen de la creación *artificial.* Es Dios quien crea a la mujer, pero lo hace a partir de una creación anterior, de lo que se podría derivar la idea de que, en este segundo intento, hay una voluntad de mejorar el original, de avanzar hacia un muy temprano poshumanismo. De ahí derivarían quizá algunas de las resistencias actuales a la poshumanidad, que se asimilarían a un ataque directo al «hombre». Lo corroboraría el hecho de que muchas de las principales corrientes favorables al poshumanismo lo contemplan como una posibilidad de avance feminista en su lucha contra el patriarcado. Podría considerarse como una especie de regreso a la Eva originaria para recoger de ese mito la alteridad con respecto al hombre o, más concretamente, a lo masculino y su preeminencia cultural. Recordemos que Auguste Villiers de L'Isle-Adam tituló su novela de 1896 *La Eva futura.* Se trata de un relato controvertido que recoge el mito de Galatea y prepara el terreno para que George Bernard Shaw actualice aún más el relato ancestral en su obra *Pygmalion,* estrenada en 1913. De la misma forma que el conocido profesor Higgins de Shaw pretende refinar a una inculta florista, el lord Ewald del escritor francés, enamorado de una mujer muy bella pero poco inteligente, le pide a Thomas Edison que le fabrique una réplica artificial más perspicaz. La misoginia de ambas propuestas es evidente, pero también pueden contemplarse como un jalón en el camino hacia una IA insertada en un poshumanismo esencialmente femenino.

En *La Eva futura* se utiliza por primera vez el concepto de androide en su sentido actual, pero lo que captó en su momento la imaginación popular fue la figura del «robot», creado por Karel Capek en 1920 en su novela de ciencia ficción *R.U.R.,* donde proponía esos seres artificiales como una nueva categoría de trabajadores automatizados y, por lo tanto, equidistantes tanto de la figura del Gólem como de las ideas luditas y posluditas de las máquinas suplantadoras de los obreros, una hipótesis que sigue alimentando en la actualidad algunas de las críticas hacia la IA. Frente a la idea masculina del robot se levanta, pues, la tradición de las distintas Evas, que van desde la Eva bíblica y la Galatea de Ovidio hasta la Ava de *Ex Machina,* pasando por Olimpia, la muñeca que aparece en *El hombre de arena* de Hoffmann (1816). De ella se enamora Nathanael ignorando que se trata de un ser artificial.

La figura de la Olimpia de Hoffmann es emblemática porque, como indica Kara Reilly, es contemporánea de la irrupción histórica de la idea de lo siniestro en el seno de la Ilustración (2011: 111). Y lo hace, como indica Terry Castle, a través de la figura del autómata, que empieza a hacerse presente en la cultura de la época:

> Los primeros autómatas funcionales (diseñados por el brillante científico francés Vaucanson) se exhibieron en Inglaterra en la década de 1740 en la Sala Grande de la Ópera de Haymarket y en exhibiciones similares (de ajedrecistas mecánicos, músicos, bailarines, dibujantes, etc.). Fueron una característica destacada de las exposiciones científicas, ferias, eventos y espectáculos populares celebrados en toda Europa hasta principios del siglo XIX (Castle, 1995: 11).

El prototipo de la figura del jugador de ajedrez que elaboraron primero Poe y después Benjamin forma parte de este panorama cultural. La invención del autómata, afirma Castle, fue también la invención de lo siniestro, como lo atestigua el hecho de que Freud, cuando concibió su teoría de lo siniestro, acudió precisamente al relato de Hoffmann. Aunque Freud a la hora de establecer el germen de lo siniestro equipare la muñeca de Hoffmann con la figura del doble, proverbialmente masculino —en Heine, en Hoffmann, en Dostoievski, etc.—, y que la posterior imagen del robot sea también esencialmente masculina —salvo casos excepcionales como la Eva de *Metrópolis,* la Ava de *Ex Machina* y las replicantes de *Blade Runner* (Ridley Scott, 1982)—, no deja de ser significativo que lo siniestro, en sus inicios como idea, se vehicule principalmente a través de un ser artificial de carácter femenino. No olvidemos que el término *uncanny* equivale a desfamiliarización y, por lo tanto, no es raro que sea la figura femenina del autómata la que provoque la primera desfamiliarización en el seno del humanismo, entroncando así con el futuro poshumanismo feminista.

Lo artificial como fuente de temores y como elemento desestabilizador presenta, pues, desde el principio dos caras, una masculina, capitalizada por el robot; la otra, femenina, expresada por la tradición de las distintas *Evas*. Cuando aparece la idea de una IA, lo hace en el seno de una corriente poshumanista, celebrada en gran parte por el feminismo que ve en ella la superación del patriarcado. Pero no todo el mundo coincide en este diagnóstico ni en la apropiación que efectúa de él el feminismo. Perdura en este sentido una visión masculina del poshumanismo y la IA, representada por las aproximaciones más tecnológicas y economicistas a los dos ámbitos, es decir, por la perspectiva más cientificista, cercana por lo tanto a las corrientes del capitalismo. Lo que mejor representa esta vertiente es el llamado demonio de Laplace, que ahora puede ser contemplado como un mito nacido en el interior de la propia ciencia en sus inicios, un mito que expresa tanto los anhelos como las limitaciones de una ciencia ahora tan sublimada que ha olvidado sus orígenes.

El matemático francés Pierre-Simon Laplace concibió, en los inicios del siglo XIX, una idea capaz de cristalizar el afán de exactitud y control que se halla en la base del espíritu científico. Lo hizo proponiendo la figura de un demonio que sería capaz de controlar todos los acontecimientos del universo porque conocería la ubicación precisa y el momento de cada átomo del cosmos, de modo que podría deducir de esos datos todos sus valores pasados y futuros. Nótese que esta figura del demonio de Laplace es equidistante de la que proponía Descartes, refiriéndose a un genio maligno que podría engañarnos, introduciendo en nuestra memoria una realidad inexistente, hipótesis que la ficción pone en práctica con brillantez en los replicantes de *Blade Runner*, a partir de la novela de Philip K. Dick, que es quien profundizó más y mejor en esta idea. De hecho, ambas figuras, la del demonio y la del genio maligno, son también complementarias, puesto que, si no podemos fiarnos de lo que creemos que es la realidad, no tenemos, según Descartes, más remedio que reconstruirla racionalmente, una tarea que el demonio de Laplace habría llevado al paroxismo, a un determinismo obsesivo que se expresa de la siguiente manera:

> Existe una inclinación natural a suponer que todo lo que existe está determinado. Siempre que haya la posibilidad de que algo sea indefinido, vago o ambiguo tendemos a atribuirlo no a cómo es el mundo en sí mismo, sino a nuestros (invariablemente inadecuados) pensamientos o declaraciones al respecto. Aunque en su mayor parte de forma inconsciente, nos inclinamos a pensar que todo podría, en principio, describirse de forma completa, precisa y sin ambigüedades. El crecimiento de nuestra perspectiva científica moderna, con solo una o dos excepciones, ha fortalecido esta presunción de una determinación universal. De hecho, la presunción ha sido llevada a su conclusión lógica con la opinión de que cualquier acontecimiento está determinado en todos los aspectos por las leyes de la naturaleza (Green, 1995: xi).

Parece obvio que la IA, o por lo menos una de sus facetas, se adhiere a estas premisas, a la vez que expresa unas ansias de control que finalmente serían factibles, llevadas a cabo por un *demonio* artificial. Esta visión «masculina» de la IA, representada por el ChatGPT contrasta con la vertiente más «femenina» de la ImA.

Subyace en la obsesiva hipótesis de Laplace una falacia recurrente en algunos campos de la ciencia y, en gran medida, en ciertas premisas que fundamentan la noción de la IA desde el principio. Consiste en confundir algo tan complejo como la inteligencia o el pensamiento y, en resumidas cuentas, el comportamiento humano, con la suma de los integrantes materiales básicos del cuerpo o el cerebro. Laplace consideraba que, como el universo está formado por átomos, controlando a estos se podría predecir todos los acontecimientos del universo, incluida la conducta humana, ignorando que lo que se produce en un ámbito, por ejemplo, el atómico, no tiene consecuencias directas o automáticas en otro, puesto que en cada uno de ellos rige un modo distinto de existencia.

Visión y conocimiento de la Inteligencia Artificial

Por regla general, el trabajo audiovisual realizado mediante redes neuronales se desarrolla a través de dos procesos determinados: la comprensión del contenido y la síntesis de contenido. Más allá de la utilidad performativa de esta división dentro del campo específico de la tecnología en cuestión, el alcance de nuestro proyecto nos obliga a hacer un ejercicio de traslación de conceptos para asimilarlos a un proceso de pensamiento menos especializado. Como es natural, cada especialidad tiende a generar su propia jerga que vehicula sin demasiados problemas la comunicación interna, pero que no solo resulta a veces ininteligible fuera del ámbito específico que la ha creado, sino que es susceptible de crear ambigüedades y malentendidos en general. No se trata, sin embargo, de anular o discutir la utilidad original de los conceptos, sino de reubicarlos en un marco más extensivo que amplíe su eficacia y permita ejercicios reflexivos más comprehensivos. La especialización de los conceptos, y de las ideas correspondientes, tiene que ver con los citados modos de existencia. Las definiciones o explicaciones que se dan del funcionamiento de uno de los ámbitos no son inmediatamente trasladables a otros. De ahí la inoperancia de afirmaciones que se escuchan a menudo de boca de algún especialista sobre la esencialidad de su disciplina. Así no es raro, pero sí escandaloso, escuchar a un premio nobel de química como Roger Kornberg afirmar que

> la gente se resiste a la idea pero la vida es solo química [...]. Químicamente el cerebro es una colección de cables e interruptores [...]. Es curioso, porque puedes no saber nada sobre Cervantes o Shakespeare y tener una vida muy productiva. Pero si no sabes nada de química, en mi opinión, no te beneficias de todo lo alcanzado por la civilización[10].

Habría que preguntarle a Kornberg qué parte de la química provoca la resistencia a ciertas ideas.

Que este no es un libro técnico debería ser obvio a estas alturas. Sin embargo, no por ello debería confundirse con un ejercicio contra la técnica, ni siquiera con una crítica de la técnica o de la tecnología. De lo que se trata básicamente es de recubrir la osamenta descarnada de la técnica con una capa de carnosidad reflexiva, absolutamente necesaria para que el pensamiento pueda sobrevivir en un mundo cuya tenaz vocación poshumanista debe ser matizada en todas sus fases para que sea realmente asumible.

Mieke Bal puso sobre la mesa una problemática que concierne principalmente a las humanidades, pero cuya repercusión aumenta cuando estas entran en contacto con las ciencias sociales, dos ámbitos del conocimiento que no se hallan tan distantes uno del otro como parece. O que, en todo caso, no deberían estarlo. Se trata de lo que Bal denomina conceptos viajeros, es decir, aquellas nociones que se desplazan de una disciplina a otra, variando muchas veces de significado de una manera que no siempre es evidente. Esta distorsión semántica, que tiene importantes repercusiones epistemológicas, puede resultar catastrófica cuando el pensamiento traspasa esa frontera tan bien defendida que separa las humanidades de las ciencias duras. La autora propone denominar interdisciplinar al itinerario que se establece cuando un concepto viaja de una disciplina a otra, puesto que

> llamarlo «transdisciplinar» sería presuponer la rigidez inmutable del concepto, que hubiera viajado sin transformarse; llamarlo «multidisciplinar» sería someter a ambos campos disciplinares a una misma herramienta de análisis [...]. Lo que se requiere es una negociación, transformación y revalorización a cada paso (Bal, 2009: 58).

---

[10] *El País,* 11 de enero de 2020.

Cuando los campos del saber se están haciendo, como ahora, cada vez más porosos, resulta imprescindible plantearse, como hace Bal, qué sucede cuando los conceptos se desplazan inevitablemente entre disciplinas y, a veces, estas se encuentran tan alejadas entre sí que la comunicación parece imposible. En estos casos, es necesario sumergirse en el espacio que se abre entre los dos campos del saber para examinar las operaciones epistemológicas y gnoseológicas que se producen cuando los conceptos se expanden para repartir su contenido entre diversos campos.

Es cierto que no puede considerarse que los conceptos están por encima de los cambios y que, por lo tanto, poseen unas cualidades esenciales que pueden aplicarse por igual a cualquier disciplina. Tampoco es plausible suponer, como se hace frecuentemente, que el trasvase de conceptos es imposible, ya que estos siempre van ligados al campo del conocimiento que los ha creado. Tengamos presente que una cosa es proponer la transferencia del contenido de un concepto, buscando su adaptación, y otra pretender que el concepto está anclado a una disciplina y que, por lo tanto, cualquier trasvase supone la colonización forzosa, y a veces considerada necesaria, de aquellos ámbitos a los que se desplaza el concepto. En la actualidad, es más factible una tercera vía que considera que, más allá de los campos del saber especializados, existe la posibilidad e incluso la necesidad de considerar la existencia de un saber y un pensamiento universales que no pretende eliminar las áreas concretas y sus capacidades, sino hacer que sus logros puedan participar de esas áreas globales del pensamiento a los que una IA adecuadamente encaminada podría sin duda contribuir profusamente. Esta globalidad no elimina las áreas especializadas, sino que las pone en movimiento para que fluyan, penetrándose unas a otras, y se generen formas de pensar verdaderamente complejas.

Proponer la negociación de los conceptos para transformarlos y revalorizarlos implica plantear procesos de hibridación y simbiosis por los que el concepto transforma la disciplina que visita, al tiempo que esta modifica a su vez al concepto. Las humanidades y en ciertos casos las ciencias sociales van siendo cada vez más permeables a estos planteamientos, pero resulta muy difícil que estos sean aceptados en el campo de la ciencia, donde los conceptos tienden a tener una rigidez esencial. Menos proclive es aún la esfera de la ingeniería que fundamenta los diseños tecnológicos, donde los conceptos conforman, por un lado, el vocabulario de una gramática particular, y, por el otro, son los soportes de una arquitectura que es esencial, puesto que conforma la ontología de un mundo particular relacionado con un dispositivo o un conjunto de ellos. En este sentido, cada aparato es literalmente un mundo o el elemento de un universo que contiene aparatos o dispositivos de una misma familia.

Cuando traspasamos la frontera de la técnica para penetrar en su ámbito particular, nos encontramos con una problemática distinta, prácticamente opuesta, a las planteadas —sería una cuarta vía o un matiz profundo de la tercera—, ya que no se trata en este caso de descubrir el cambio que experimenta un concepto al llegar a un territorio nuevo, sino de abrir los conceptos que florecen en ese territorio para ver si contienen más significados de los que en principio declaran. Se impone, pues, un metapensamiento de la tecnología que se superpone al pensamiento de la tecnología propiamente dicho, es decir, el que desarrolla el campo técnico concreto a partir de sus propios conocimientos. La IA requiere con urgencia actividades de este tipo para que su desarrollo no sea tan unilateral y sus logros no sean solo hipotéticamente transferibles al bienestar humano, sino que esa posibilidad esté contenida en su propia arquitectura técnica.

Pensemos, por ejemplo, en la idea de una «comprensión del contenido» que hace alusión a la capacidad que posee la IA para analizar el contenido audiovisual de cualquier fuente, vídeos, imágenes estáticas, sonidos, etc., y extraer información útil de la operación. Este campo se conoce dentro de las ciencias computacionales como recuperación de información multimedia *(Multimedia information retrieval,* MMIR) y se refiere al desarrollo de algoritmos para la detección de características en audio, imágenes o vídeo. Dentro de la noción de comprensión del contenido hallamos dos instancias, que denominaremos de bajo nivel y alto nivel, y cuyos fundamentos se podrían encontrar en la semiótica, entendida como una disciplina que se ubica en la intersección de la filosofía, la lingüística y la comunicación, entre otros campos; y que estudia los signos, sus sistemas y los procesos semánticos, es decir, cómo se construyen y transmiten los signos en diversos contextos culturales y comunicativos.

Este planteamiento, que delimita un campo de actuación concreto y pretende describir de forma muy precisa las operaciones que efectúa en él una determinada *maquinaria* algorítmica, nos plantea, visto desde el otro lado de la frontera, una serie de problemas que tienen que ver con los conceptos de «comprensión», «contenido» y, finalmente, con la idea de que el funcionamiento algorítmico pueda adscribirse a la semiótica.

Quizá en este caso sería más adecuado referirse a la cibernética, que estudia fundamentalmente las señales y la comunicación automática entre dispositivos. Los signos se refieren más al entendimiento humano, que es lo que estudia en esencia la semiótica. Pero recordemos que el apartado que nos concierne se refiere, de entrada, a un proceso de «comprensión», lo que nos lleva a preguntarnos hasta qué punto podemos concebir que un algoritmo comprende algo. Si la respuesta es que puede efectivamente hacerlo, entramos en el campo de la semiótica; de lo contrario, el fenómeno concierne a la cibernética. El problema reside, en este sentido, en el hecho de que, en el ámbito de la IA, el funcionamiento algorítmico pretende situarse en la intersección entre la inteligencia humana y la IA, es decir, con un pie en el funcionamiento cibernético y el otro en el semiótico.

Supongamos que efectivamente la comprensión algorítmica concierne a la semiótica, es decir, al campo de los signos y no al de las señales. Si esto fuera así, y para la IA es fundamental que lo sea, puesto que pretende emular la inteligencia humana, deberíamos entender que los algoritmos funcionan a dos niveles principalmente: uno, por el que detectan «señales», entendidas en un sentido amplio; otro, que implica una detección —más que comprensión— de los significados inherentes a estas señales.

Desde esta perspectiva, se hace una utilización un tanto restrictiva de la semiótica. Así, se entiende que esta se puede dividir en tres componentes principales:

—La semántica, que se refiere al estudio del significado de los signos en sí mismos. Es decir, cómo un signo específico (que puede ser una palabra, una imagen, etc.) se refiere a un concepto particular.

—La sintáctica, que examina las reglas y estructuras que rigen la combinación de signos. En el ejemplo de la lingüística estudiaría cómo se organizan las palabras en frases y oraciones para transmitir un significado.

—La pragmática, que estudia el uso de los signos en contextos comunicacionales concretos y analiza las relaciones entre emisores y receptores para determinar cómo afecta la interpretación de un signo.

Planteemos, a modo de ejemplo, una escena en la que se muestra a un joven comiendo en solitario una manzana en un parque público.

Desde un punto de vista semántico, reconocemos varios elementos y signos dentro de la escena. Hay un personaje principal: un joven vestido de una forma particular. También hay varios objetos que definen el entorno: una manzana, el banco en el que está sentado, los árboles que hay detrás de él y un edificio en la distancia. La IA nos permitiría desarrollar algoritmos capaces de detectar automáticamente dichos objetos e incluso delimitar sus formas de una manera muy precisa.

La sintáctica, por su parte, nos permitiría entender la relación entre estos signos. A través de ella, deducimos que el joven está comiendo la manzana o que la disposición de los árboles delante del edificio sugeriría que nos encontramos en un parque situado en una zona urbana. Con algoritmos de aprendizaje profundo podemos establecer las relaciones entre estos signos, detectar la posible distancia entre ellos o ver el porcentaje que ocupan dentro de la escena. Así, por ejemplo, podríamos discriminar la arquitectura del edificio en la distancia, lo que nos podría ofrecer pistas sobre la ubicación geográfica de la historia o la época en la que transcurre.

Finalmente, la pragmática nos sumerge en el contexto más profundo. Al examinar la vestimenta del joven, deducimos la temporalidad de la escena: indumentarias modernas apuntarían a un marco contemporáneo. Su atuendo también nos daría pistas sobre el clima, indicando si es una jornada fría o cálida. Su expresión facial, junto con otros matices, podría esclarecer aspectos de su estado anímico o el porqué de su decisión de comer la manzana. En este ejemplo quizá ha pasado mucho tiempo desde su última comida, o quizá esa manzana despierta en él un recuerdo preciado. En estos intrincados detalles es donde las herramientas de IA actuales encuentran sus más férreas limitaciones. Aunque podríamos discernir factores como el período histórico basándonos en el estilo de la ropa o la arquitectura, nos sería muy difícil mediante algoritmos entender las motivaciones, anhelos y la complejidad de las emociones que llevan al personaje a sentarse en un banco de un parque urbano para disfrutar de una manzana. Algunos expertos argumentan que este tipo de contexto podría ser inalcanzable para una máquina, ya que involucra una conciencia, una perspectiva cultural y una historia de vida; elementos que, al menos por ahora, una máquina no posee.

De esta especie de escala de comprensión del contenido hablamos cuando usamos IA para analizar materiales audiovisuales, y podemos encontrar algoritmos que trabajan en uno o varios de estos niveles. Utilizando técnicas algorítmicas de IA se pueden realizar múltiples tareas como, por ejemplo, la detección automática de planos o escenas, para simplificar la búsqueda y la clasificación de vídeos, o la coloración automática de planos, una vez detectadas sus formas. O la detección automática de personas y objetos, para confeccionar etiquetas y recomendaciones personalizadas; o para moderar contenidos por edades. También es posible la transcripción de textos para luego traducir a otros idiomas o para generar subtítulos de manera automática. Es asimismo posible la detección de resoluciones, frecuencias u otros valores técnicos del vídeo, para mejorar la codificación y la calidad en las diferentes plataformas de distribución. Todo ello, entre otras muchas tareas.

Vemos cómo, a medida que el conjunto visual se aleja de proponer una agrupación de señales fácilmente detectables y se acerca al territorio de los signos, disminuye la capacidad de *comprensión* de los algoritmos, la cual desaparece completamente cuando entramos en el campo de las intenciones, el poso de subjetividad que contiene la escena y que incluso resulta difícil de captar por parte de la semiótica. En realidad, cuando la IA recurre a la semiótica, tratando de trascender la cibernética, ejecuta un ejercicio interpretativo que está muy cerca del método iconológico e iconográfico establecido por Erwin Panofsky para analizar las obras de arte.

Partiendo de la base de que los historiadores del arte no siempre son capaces de determinar el tema de una obra, que puede resultar ambiguo incluso cuando lo acompaña un título pero más aún si no lo lleva, Panofsky propuso un método que pretendía articular la labor iconográfica de forma precisa. Se trata básicamente de identificar las historias y alegorías contenidas en las pinturas, sabiendo que lo que se ha venido plasmando en ellas hasta la modernidad ha sido una determinada tradición cultural, expresada originalmente a través de innumerables textos de todo tipo. Para empezar, es necesario distinguir entre el contenido temático o significado y lo que Panofsky define como forma. Efectuada la distinción, se desecha el nivel formal, entendido como el conjunto de colores, líneas y volúmenes que constituye lo más primario del mundo visual, para centrar la atención en la esfera del contenido o el significado.

A pesar de que el método iconográfico iba dirigido al análisis de las obras de arte, Panofsky utilizaba un ejemplo de la vida cotidiana para exponerlo. Proponía el análisis de la figura de una persona que se quita el sombrero cuando pasa delante de nosotros. Es obvio que esta circunstancia resultaba más familiar en su época que en la nuestra, pero sigue siendo efectiva, especialmente porque el cine ha preservado su iconografía. Decía Panofsky que, más allá de las cuestiones formales básicas, en el momento en que captó esa configuración de líneas, colores y volúmenes abstractos como un objeto, en este caso, un hombre, y las variaciones formales, o sea, el movimiento, como una acción, la de quitarse el sombrero, ya hemos penetrado en la esfera del contenido o significado. En este ámbito, aparece un primer nivel, denominado fáctico, que corresponde a la captación de tales impresiones relativas a los objetos y las acciones. Pero en el momento en que ello produce una reacción en nosotros, es decir, cuando descubrimos matices psicológicos en esa configuración inicial, entonces aparece el nivel expresivo. Tanto el ámbito fáctico como el expresivo forman parte de lo que Panofsky denomina el significado primario o natural. Ahora bien, esos fenómenos nos conducen hacia un significado cultural, puesto que estamos en condiciones de interpretar que la acción de quitarse el sombrero implica un saludo. En este caso, del significado primario o natural pasamos a otro tipo de significado, más complejo, el denominado secundario o convencional. El primario o natural se refiere a operaciones que son básicamente sensibles, mientras que el secundario o convencional es inteligible. Finalmente, Panofsky indica que, más allá de estas cuestiones, se encuentran otros campos del significado que no son acotables de manera tan precisa. Por ejemplo, aquello que determina la idiosincrasia de la persona que nos saluda y que tiene que ver con los aspectos de su biografía, los cuales determinan una forma de ver el mundo y de actuar en él. Todas estas cuestiones se encuentran en un estado latente en el personaje, constituyen un complejo conjunto de virtualidades que pueden actualizarse a cada momento:

> En la acción aislada de un saludo cortés, todos estos factores no se manifiestan por sí mismos comprehensivamente, pero sí sintomáticamente. No podríamos construir un retrato mental de ese hombre sobre la base de esa acción única, sino solo coordinando un gran número de observaciones similares o interpretándolas en relación con nuestra información general sobre la época, la nacionalidad, la clase, las tradiciones intelectuales, etc., de aquel caballero. Y sin embargo todas las cualidades que este retrato mental mostraría de forma explícita están implícitamente inherentes en cada acción aislada, de manera que, inversamente, cualquier acción aislada puede ser interpretada a la luz de esas cualidades (Panofsky, 1992: 14).

Al entrar en esta esfera, se abandona el ámbito de la iconografía propiamente dicha para desplazarse al de la iconología, que detecta la cualidad sintomática de las imágenes, aquella que las conecta con las corrientes profundas de la cultura. El nivel iconológico es relevante no solo porque permite captar la profundidad inherente a lo visual, sino también porque pone de manifiesto que los elementos visuales no pueden contemplarse de forma aislada, sino que forman conglomerados que interactúan entre sí, al tiempo que nos advierte de que el contenido del síntoma —un síntoma es algo más que una señal o un signo— se transmite a todo el resto de los niveles y, por lo tanto, recalifica sus significados intrínsecos.

Tal como se presenta el método iconográfico, es decir, estructurado mediante niveles muy precisos que acotan formas de percepción concretas y significados inherentes, no parece que los algoritmos de la IA, convenientemente informados, fueran a tener ningún problema en aplicarlo. Este tipo de maquinaria protosemiótica, muy parecida a la que propone Roland Barthes en *S/Z,* su análisis de *Sarrasine,* una narración de Balzac, parece estar encaminada básicamente a buscar interpretaciones exactas de los productos culturales. Son fruto de la época del llamado giro lingüístico y su derivación semiótica, todo ello bajo el paraguas de unas teorías de la comunicación que habían surgido de la cibernética. Pero, si bien los algoritmos de la IA pueden aplicarse perfectamente al análisis iconográfico, se muestran bastante incapaces de detectar lo que sucede en el nivel iconológico. Podrían llegar a localizar patrones de composición pertenecientes a distintos estilos de representación, pero difícilmente serían capaces de alcanzar los significados profundos que estos acarrean, más allá de la percepción mecanicista de estos significados. Pero, además, como sea que estas pulsiones profundas no son estáticas, ni siquiera dentro de un mismo ámbito cultural, sino que están sujetas a la presión de múltiples factores, la tarea se complica aún más. Sobre todo si tenemos en cuenta que el magma iconológico tiende a proyectarse en los niveles iconográficos, estableciendo en ellos capas de significado que exceden el ámbito de las señales y, en algunos casos, incluso el de los signos, a menos que entendamos que los signos son elementos fluidos, más cercanos a los acontecimientos inesperados que a los hechos establecidos una vez por todas.

Si recogemos el ejemplo utilizado para poner de manifiesto la posibilidad de una labor semiótica en el ámbito de la IA, es decir, la mencionada escena de un muchacho comiendo una manzana en el parque de una ciudad, veremos que es bastante fácil aplicarle el método iconográfico, pero que perdemos la certeza cuando intentamos establecer la cuestión sintomática, que requiere de otros instrumentos. Por ejemplo, Barthes, en su análisis, recurre para ello al psicoanálisis. Pero lo que resulta más interesante es darles la vuelta a estos procedimientos y reflexionar sobre cómo funcionan en el ámbito de la ImA. Mientras que la IA, en general, pretende obrar mediante una serie de pasos analíticos, como hace el método iconográfico, la ImA, como ya hemos afirmado, se nos aparece como una semiótica a la inversa. Produce conjuntos visuales, supuestamente añadiendo capas iconográficas hasta llegar a un punto en que el conjunto puede ser considerado iconológicamente. La cuestión de su creatividad puede ser considerada desde este punto de vista. Lo podemos comprobar si proponemos a un dispositivo de ImA el comando «Un hombre joven solitario, comiendo una manzana en un parque de una ciudad moderna». Lo que obtenemos son unos resultados susceptibles de ser analizados en una especie de viaje de vuelta hacia su origen. Es decir, no nos enfrentamos solo a la tarea de discernir el contenido, sino que nos concierne también el germen del contenido, puesto que este es distinto de aquel al que confronta la semiótica al examinar productos que son directamente culturales. En el caso de la imagen artificial, la cultura se expresa por otra vía, mediatizada además por la tecnología de manera distinta, más intensa, que la que procura el hecho de que una imagen cultural esté producida tecnológicamente. Por ejemplo, si analizamos una imagen cinematográfica o pictórica y llegamos al fondo de su iconografía, sabemos lo que se encuentra al otro lado. Pero esto no ocurre con las imágenes de la ImA, puesto que no podemos conocer exactamente qué hay detrás de ellas, más allá del funcionamiento de las redes neuronales. En el caso de la ImA, no puede decirse que haya una región iconológica más allá de la iconográfica. Pero si la hubiera, sería de una especie distinta de la iconología humanista que proponían Panofsky o Barthes.

Si aplicamos la técnica de comprensión de contenido de la IA a una imagen producida por la ImA, nos encontraremos con que el sistema semiótico funciona aparentemente sin problemas, pero solo si eludimos el hecho de que la imagen es en este caso artificial. La incertidumbre penetra en el sistema analítico tan pronto como entendemos que lo analizable es un conjunto de signos, señales y síntomas producidos artificialmente. Los significados convencionales son los mismos, pero como el fondo pseudoiconológico que los produce es ignoto, no tenemos más remedio que trasladar esa incerteza o ambigüedad a todo el conjunto. Por eso decimos que se trata de una producción semiótica a la inversa, porque en lugar de penetrar las capas de la imagen, estas se desdoblan y vienen hacia nosotros desde un lugar indetectable para el

Figura 35

Figura 36

sistema. Estamos hablando, por supuesto, de un sistema constituido por la colaboración entre la Inteligencia Artificial y la humana, ya que, si se tratase de una comunicación entre máquinas sin intervención del ser humano, el panorama sería muy distinto. En ese caso, no solo no tendría sentido hablar de un nivel iconológico, sino que tampoco lo tendría referirse a una iconografía. Desaparecerían también, por tanto, las funciones semióticas y todo quedaría reducido a procesos cibernéticos carentes de visualidad y, por consiguiente, exentos también de lo que entendemos por significado.

Como ya hemos dicho, los dispositivos de la ImA no repiten una imagen, a menos que el usuario intervenga expresamente para procurarlo. Por lo tanto, no es de extrañar que, al escoger un estilo distinto para generar una imagen con el mismo comando o *prompt,* los estilos por ejemplo *enhance* o *isometric* (respectivamente, figuras 35 y 36), el cambio se aplique sobre un paisaje visual absolutamente distinto. En el caso de proponer variaciones sobre una misma imagen, el cambio es menos drástico. Pero resulta productivo prestar atención al salto visual que se genera entre las dos versiones de un mismo comando a través de la variación del estilo. Se trata de un salto que puede calificarse de conceptual, puesto que, como se ve en las figuras citadas, las variaciones que se producen son muy drásticas y afectan incluso, a veces, al punto de vista que organiza los fundamentos de la visualidad. Es decir, influyen en lo que podríamos denominar forma de la realidad, si consideramos que la forma de la imagen determina la forma de una realidad posible, establecida especialmente a partir de un punto de vista, uno de los tantos posibles. Estas formas de la realidad constituyen puentes conceptuales entre lo real y lo cognoscible que la cultura visual se ha encargado de gestionar desde siempre pero no con la intensidad y la presteza que permiten los medios actuales, especialmente los articulados por la digitalización. Se hace necesario dilucidar, pues, qué implica que la IA se haga cargo de estos instrumentos de la representación relacionados con el conocimiento y el pensamiento: ¿por qué la ImA, en lugar de proponer figuras o elementos dispersos, los organiza según formas globales establecidas? ¿No supone ello un nuevo nivel de pensamiento posible de la IA, tal como lo es de la imaginación y el pensamiento humano? Lo más interesante de estas cuestiones no se refiere tanto a la conducta de las redes neuronales como a algo mucho más trascendente, a saber: de qué manera la plasmación de estas actuaciones y funcionamiento contribuye o puede contribuir a cambios en la naturaleza de nuestro conocimiento y, en consecuencia, en nuestra forma de pensar.

El ciberetnógrafo noruego Henrik Sinding-Larsen establecía, hace varias décadas, una sorprendente analogía de estos cambios cualitativos generados por la informática:

> Sostiene que la informatización formaliza el pensamiento. El impacto sobre el pensamiento en general será equivalente al impacto que tuvieron los sistemas formales de notación musical sobre la composición y la interpretación musicales. Después de una computarización exhaustiva, la diferencia del pensamiento será de la misma escala que la diferencia entre una sinfonía de Beethoven y el canto gregoriano (Hakken, 2003: 33).

Podemos invertir la analogía para indicar que la diferencia entre una sinfonía de Beethoven y el canto gregoriano equivale a la que existe entre el desarrollo lineal y unidimensional de un texto y la polifonía visual que puede contener una imagen compleja en movimiento. En Beethoven aparece una arquitectura compositiva de la que carece el canto gregoriano y que equivale a la forma de la imagen compleja. En este sentido, valoraciones aparte, la música de Beethoven se desarrolla a través de muchas más dimensiones que sus antecesores homofónicos.

Es difícil determinar por qué camino los algoritmos llegan a versiones tan distintas de una misma descripción o comando. Obviamente, no se trata de algo directamente relacionado con el estilo visual. En el caso de las figuras 35 y 36, la propuesta del cambio de estilo ha sido efectuada para introducir en el proceso una variable sujeta a un cierto control, con el fin de determinar hasta qué punto es factible conocer el alcance de los cambios posibles. La primera impresión es que esta posibilidad no existe, que cualquier variable genera líneas de fuga imprevisibles. De ello se deduce que no hay una lógica en el procedimiento, sino que entre las distintas versiones visuales de un comando textual concreto se produce un vacío cuyo significado escapa a la lógica de los procesos de comprensión artificial. Ahora bien, este vacío no tiene por qué ser inerte, sino que debe constituirse en el lugar de reflexión humana en el seno de la IA. Entre una imagen y otra, existe un hiato similar al que se produce entre dos planos cinematográficos, cuya distancia es variable dependiendo del género fílmico: así, en una película de ficción es menor que en un documental y en este, menor todavía que en un film-ensayo. Raymond Bellour teoriza un espacio similar al que denomina entre-imágenes. Es cierto que el crítico francés se refiere más a un transcurso a través de las imágenes que a una relación específica entre ellas que a la vez establece una distancia —la noción que estamos intentando proponer nosotros—, pero el concepto conserva su potencia heurística y clarificadora cuando se traslada a nuestro campo:

> Es entre las imágenes donde se producen cada vez más pasajes, contaminaciones, seres y regímenes: a veces muy claros, a veces difíciles de circunscribir y, sobre todo, de nombrar. Pero tantas cosas nuevas e indecisas suceden entre las imágenes porque también nosotros pasamos, cada vez más, delante de las imágenes, y todas ellas pasan cada vez más en nosotros, según una circulación cuyos efectos podemos intentar definir (Bellour, 2012: 6).

Quizá son esos pasajes, esas contaminaciones las que trabajan en el seno de las redes neuronales responsables de la ImA, emulando nuestro propio pasar entre y ante las imágenes. Pero, en cualquier caso, conviene tener presente que existe un vacío entre las imágenes y que es en este vacío donde se instala el significado de las relaciones que estas mantienen entre sí a distancias variables.

Karen Barad propone una teoría que nos puede ayudar a comprender el paradigma en el que se insertan este tipo de perspectivas. Afirma que «de acuerdo con mi ontología realista agencial, que también podría llamarse ético-óntico-epistemología (un entrelazamiento entre consideraciones éticas, ontológicas y epistemológicas, que solemos tomar como cosas separadas), los "individuos" no preexisten como tales, sino que se materializan en intraacciones [...]. Los "individuos" solo existen dentro de los fenómenos (relaciones particulares materializadas y materializantes) gracias a su iterativa reconfiguración intraactiva» (2023: 11). Es decir, que las entidades verdaderamente significativas surgen en los entresijos, el espacio «vacío» que, en nuestro caso, existe entre las imágenes. La «verdadera» imagen se produce, pues, en el espacio que se genera por la conjunción de diversas imágenes. La consideramos «verdadera» porque genera el significado global que envuelve a las imágenes visuales y, por lo tanto, las fija o constituye. Como añade Barad, «no es que no existan separaciones o diferencias, sino que estas existen solo en el interior de ciertas relaciones» *(ibíd.:* 12).

La creación de contenido

A partir del enfoque reconsiderado en el apartado anterior, es decir, el análisis profundo del contenido para desentrañar y comprender la mayoría de sus rasgos distintivos, surge una evolución natural y complementaria en el proceso: la creación de contenido. Tras alcanzar un punto en el que los algoritmos adquieren la habilidad de reconocer y decodificar una vasta gama de características inherentes a los materiales básicos, se abre la posibilidad de ir más allá de funciones como la detección, la agrupación y la clasificación. En este nuevo horizonte, la meta no es solo *entender,* sino también generar o crear. Esta posibilidad es especialmente importante en el ámbito de la ImA.

El proceso de creación, o síntesis de contenido, se refiere precisamente a la producción y construcción de materiales «originales» a partir de los datos ya adquiridos y procesados. Esta área, que se conoce comúnmente como Inteligencia Artificial Generativa, ha creado nuevos paradigmas en el mundo del diseño, la música y la literatura, entre otros ámbitos de la creatividad, al permitir la generación autónoma de obras.

Tanto en la vertiente analítica como en la generativa, es necesario entrenar a la red neuronal para que pueda realizar la operación deseada. Sea cual sea la naturaleza del proceso, los sistemas se nutren de la materia prima que son los datos iniciales. Pero la IA generativa presenta una serie de particularidades relativas al modo como se pide al sistema que cree contenidos, así como en la manera de obtenerlos. En este sentido, se pueden identificar dos enfoques distintos, el monomedial y el multimedial. El enfoque monomedial se refiere a aquellos sistemas que generan nuevos contenidos a partir de materiales del mismo tipo. Se trata de un sistema en el cual la entrada y la salida son de un mismo tipo: el medio del detonador *(trigger)* de entrada se corresponde con el de salida. Un texto de entrada genera un nuevo texto, una imagen genera una nueva imagen.

Supongamos, por ejemplo, un sistema de lenguaje lo suficientemente amplio como para ser capaz de completar los versos de un poema inconcluso o de ejecutar órdenes textuales concretas, como escribir una lista de la compra ajustada a una determinada dieta. En ambos casos, un texto genera un nuevo texto o complementa el inicial. En el caso de las imágenes, consideremos un sistema capaz de transformar una imagen ya existente, reconfigurándola a través de un determinado estilo pictórico, en la línea de lo planteado en el apartado anterior. Es decir, convirtiendo, por ejemplo, un retrato fotográfico a uno de estilo cubista, puntillista, etc.

Por su parte, el enfoque multimedial se refiere a la generación de contenido sin una referencia básica relativa al mismo tipo de contenido. En este caso, el detonador puede ser de una naturaleza mediática distinta. Los sistemas que operan bajo este principio pueden ser concebidos como «transductores». En términos generales, un transductor convierte una forma de energía o señal en otra. En el contexto de la IA generativa, esto implicaría transformar un tipo de contenido en otro. Por ejemplo, convertir una melodía en una representación visual o transformar una narrativa escrita en una secuencia animada. Estos sistemas capturan la esencia de un tipo de material y la reflejan en otro medio. Tomemos como ejemplo sistemas de transposición o conversión de texto a imagen, texto a audio, audio a vídeo, vídeo a texto, texto a 3D o cualquier otra combinación de medios.

Algunos aspectos del sistema monomedial nos remiten a la teoría de la Gestalt. Concretamente a alguna de las leyes que, según esta disciplina psicológica, articulan la percepción. Pero, en cualquier caso, la teoría gestáltica es susceptible de introducir una nueva perspectiva en la forma de funcionar de la IA tanto por lo que se refiere a su análisis de contenido como a la generación de este. En la medida en que propone que la percepción funciona a través de la captación de formas y no de elementos aislados, la Gestalt introduce importantes matices a la hora de considerar cómo los algoritmos analizan o pueden analizar una configuración determinada. Consideremos, por ejemplo, la conocida relación entre fondo y figura, planteada no solo como una cuestión de contrastes, sino apelando también a la idea de que toda figura se contempla sobre un fondo para llegar a la conclusión de que ambos, figura y fondo, acaban configurando una coalición visual cuyos elementos se influyen mutuamente hasta el punto de generar significados que no tendrían si fueran percibidos por separado. También resulta pertinente considerar las características de una serie de leyes —ley de pregnancia o buena forma, principio de continuidad, principio del cierre, etc.— por medio de las que se pueden explicar aquellas funciones monomediales que permiten a la IA completar elementos inacabados, como poemas, piezas musicales o pinturas. Cabe considerar también la posibilidad de que un enfoque gestáltico en el diseño de los algoritmos pueda contribuir a afinar su sensibilidad a la hora de reconocer contenidos y, hasta cierto punto, los significados inherentes. Aunque tampoco es desdeñable la posibilidad de que un enfoque de este tipo establezca más claramente los límites de lo posible en el campo de la percepción artificial.

Rudolf Arnheim, a partir de los planteamientos de la psicología de la Gestalt, se proponía eliminar con sus investigaciones lo que él consideraba una nociva discriminación entre percepción y pensamiento. Para Arnheim, percepción visual era equivalente a pensamiento visual y, más todavía, afirmaba que «en la percepción de la forma reside el inicio de la formación de conceptos» (1986: 40). Para él, percepción de la forma significaba «captar los rasgos estructurales que se encuentran en el material estimulante, o que se imponen a él» *(ibíd.)*. En un primer momento, da la impresión de que, desde esta perspectiva, el fenómeno perceptivo y los procesos mentales que le son inherentes quedan reducidos a una condición pasiva, como la que parece dominar la idea de un sistema de IA capaz de captar y discriminar contenidos. Pero Arnheim también propone la existencia de un pensamiento visual activo cuando se refiere a la percepción de la obra de arte, especialmente la pintura, «donde puede observarse cómo la visión utiliza su poder de organización [...]. Lo más frecuente es que el observador comience desde alguna sección [y] trate de orientarse respecto del esqueleto principal de la obra [...]. Cuando la exploración tiene éxito, se advierte que la obra reposa cómodamente en una estructura afín, que ilumina la significación de la obra para el observador» *(ibíd.:* 48). No sería excesivamente difícil entrenar a algunas redes neuronales para que captasen estas estructuras, siempre que estas obedecieran a un patrón que tuviera una cierta consistencia. Sin embargo, la tarea sería mucho más complicada si estas estructuras, que de una forma u otra se encuentran siempre en la obra de arte, respondieran a gestos creativos persistentemente distintos. Porque el alcance de la idea de pensamiento visual que propone Arnheim no solo tiene que ver con la percepción en sus fases activa y pasiva, sino que, de hecho, es mucho más amplio, ya que implica usar la visión para establecer relaciones formales que no obedecen a ningún patrón, sino que responden a maneras subjetivas de captar los *contenidos,* es decir, las expresiones formales de los significados. Suponen incluso la creación de nuevos significados por parte del observador a partir de determinadas enunciaciones audiovisuales que poseen su propio significado. En este caso, podría decirse que se invierte también la función alegórica: no son las imágenes las que representan ideas, sino que se convierten en vehículos de las ideas, creadas por un pensamiento visual *ad hoc.* De todas formas, este pensamiento no se produciría en el vacío, sino inmerso en un contexto cultural, o un imaginario, con el que las nuevas ideas se conectarían de alguna manera u otra, poniendo al descubierto así el contacto que esas imágenes mantienen con ese fondo hasta ese momento inconsciente.

En cualquier caso, al plantearse las operaciones perceptivas de la IA, se debe tener en cuenta la crítica que la teoría de la Gestalt ejerce sobre determinadas formas atomistas de la percepción:

> Estoy describiendo la percepción de la forma como la captación de rasgos estructurales genéricos. Este enfoque deriva de la psicología de la Gestalt. Existen otras teorías, en especial la concepción tradicional según la cual el sentido de la vista registra mecánicamente los elementos de la estimulación, que se agrupan luego adecuadamente para constituir formas sobre la base de la experiencia pasada del percipiente. No es necesario volver a explicar aquí por qué esta teoría es inadecuada, pero una de sus consecuencias resulta pertinente. Si la teoría estuviera en lo cierto, la percepción de la forma sería muy inferior desde el punto de vista cognoscitivo. Se limitaría al acopio automático del material que se fuera presentando. Por otra parte, si el enfoque que estoy proponiendo es correcto, la percepción de la forma opera al elevado nivel cognoscitivo de la formación de conceptos (Arnheim, *ibíd.:* 42).

La psicología de la forma pone en entredicho el verdadero alcance de la capacidad perceptiva de la IA cuando, desde aquella, se afirma que «la capacidad de ver formas no es el mero resultado de una repetida exposición a los estímulos» (Arnheim, *ibíd.:* 43). Sin embargo, tampoco se acepta que «una Gestalt se muestra con espontaneidad automática» *(ibíd.)*. Si esta espontaneidad no existiese —la Gestalt tiene dificultades para admitir que existe, puesto que sería contraria a su idea de que la percepción obedece básicamente a unas determinadas leyes—, se haría difícil explicar los procesos creativos, sobre todo en el terreno del arte, al que esta teoría tiende a contemplar como un producto terminado que ofrece a la visión unas formas y unas estructuras. Según ello, la visión debe descubrir esos elementos visuales mediante un proceso que tiene, efectivamente, algo de reflexivo pero que no adquiere la verdadera condición de pensamiento más que cuando se entiende que es un proceso más o menos libre por ambos lados, el del creador y el del observador. Sobre el pensamiento visual desarrollado a través de formas y estructuras dadas, percibidas y construidas mediante el concurso de unas ciertas leyes básicas, se eleva la posibilidad de pensar recurriendo a las formas visuales, ya sea haciendo que el pensamiento transite por ellas, desmenuzándolas, o que sean ellas las que vehiculen el pensamiento a través del despliegue de sus formas. Una imagen nos ofrece un pensamiento finalizado, un concepto, pero a la vez se abre a la posibilidad de repensarla a través de los indicios visuales que la componen, profundizando en ella o yendo más allá de ella, es decir, utilizándola como vehículo del pensamiento.

En las operaciones de la IA denominadas multimediales, encontramos una propuesta que nos remite a los fenómenos tan actuales de la transmedialidad, muy pertinentes en el terreno de la cultura visual. Se trata de una problemática relativa a la esfera de la traducción, enmarcada sobre todo en el lenguaje, pero a la que sobrepasa muy ampliamente. De la misma forma que se han popularizado los traductores automáticos, cuya efectividad no ha hecho sino aumentar en los últimos años, la IA abre ahora la posibilidad de transferir contenido visual de un medio a otro, un proceso que está relacionado más con el concepto de adaptación que con el de traducción.

La historia de las adaptaciones es antigua y diversa. Puede que los primeros trasvases de este tipo se produjesen entre la literatura y la pintura, para ilustrar, por ejemplo, pasajes de la Biblia, en especial del Nuevo Testamento. Pero ya antes la mitología clásica se había diseminado por distintos medios, literarios, pictóricos, escultóricos o teatrales. Sin embargo, los procesos de adaptación transmediática propiamente dichos tuvieron lugar principalmente en el teatro porque, en él, el espacio escénico obliga a repensar los espacios imaginarios de la literatura o del mito para hacerlos visualmente reales. En el cine, donde confluyen todos los medios anteriores en un ejercicio de transmedialidad básica, el ejercicio de la adaptación se hace mucho más complejo. Esta complejidad surge del hecho de que el cine pone en primer término algo que antes ya estaba presente en los ejercicios de adaptación pero no era detectado ni utilizado convenientemente, a saber, que adaptar no significa solo un trasvase del contenido, sino también un trabajo sobre la forma del contenido. Y que esta forma depende no solo del contenido —del tema o fábula—, sino también del medio a través del que ha sido desarrollado, de manera que el medio receptor tiene que *traducir* o adaptar no solo el significado, sino también el significante. Para ello, es necesario comprender en profundidad las estrategias del medio emisor con el fin de encontrar las equivalencias necesarias en el receptor.

En la actualidad poscinematográfica, se han popularizado los conceptos de transmedia, *crossmedia* o multiplataforma, que dan cuenta de una frenética circulación de contenidos entre diversos medios, unas operaciones que, a veces, se efectúan de manera tan automática que no pueden considerarse verdaderas adaptaciones, puesto que no surgen de un efectivo proceso de reflexión creativa acerca del trasvase. La aparición de los dispositivos de ImA en este panorama amenaza con convertir los trasvases transmediáticos en operaciones más automáticas aún, en procedimientos ausentes de toda reflexión y que, por lo tanto, eliminen todo el saber que se puede aquilatar durante los procesos de pensar los medios que implica la verdadera adaptación. En este sentido, vale la pena tener en cuenta que los conceptos de transmedia, *crossmedia* o multiplataforma se pueden relacionar con dispositivos epistemológicos como los de circulación, transformación, capa y transposición, relativos al trabajo de creación visual sobre todo en el caso de las imágenes en movimiento, teniendo en cuenta además las relaciones que el «movimiento» mantiene con el pensamiento actual. De ello se deduce que los medios pueden ser instrumentos de pensamiento a la vez que los instrumentos de pensamiento, o el propio pensar, tienen una vía de desarrollo mediática. Es por este camino que la IA, especialmente por medio de la ImA, puede convertirse en un verdadero instrumento inteligente, es decir, pensante, y contribuir de manera eficaz al pensamiento humano.

Actualmente los modelos de redes neuronales más usados en la generación automática de imágenes son multimediales, están compuestos por procesos que van de texto a imagen. En ellos, un sistema de aprendizaje automático transforma una descripción escrita en lenguaje natural en una imagen que *coincide* con dicha especificación. El lenguaje natural es el que usamos para comunicarnos entre nosotros, los seres humanos, y a diferencia de otros lenguajes, como pueden ser los de programación o los matemáticos, se trata de un lenguaje que es complejo y ambiguo y que evoluciona con el tiempo en función de las necesidades culturales de las sociedades.

Parecería, por lo tanto, que habríamos establecido, sobre todo en el ámbito de la ImA, un tipo de comunicación entre nosotros y las máquinas básicamente similar al que mantenemos en el ámbito humano. Pero la respuesta que obtenemos de las máquinas nos hace suponer que la comunicación no es exactamente del mismo tipo, puesto que las imágenes que se generan a partir de los comandos textuales no puede decirse que coincidan con ellos, más que de una manera muy general. Intervienen más o menos los mismos elementos solicitados pero de forma muy variada por lo que a sus características visuales se refiere, así como aleatoria por lo que respecta a la composición general del conjunto. Por ello, los ingenieros y programadores prefieren comunicarse a través de las matemáticas o mediante lenguajes informáticos altamente codificados. Lo cual no implica una operación neutra, puesto que el aumento de exactitud se obtiene a costa de un mayor distanciamiento del ámbito humano. En realidad, nos encontramos en una situación parecida a aquella en la que se hallaban los ordenadores antes de que se visualizasen sus operaciones mediante la incorporación a sus cajas negras de los monitores de televisión. Esta maniobra la facilitaron en primer lugar las ideas de Douglas Engelbart —inventor del ratón en 1967— relativas a las interfaces como medio de comunicación entre el ordenador y los usuarios:

> El problema de cómo imaginar la interfaz usuario-ordenador fue controvertido durante algún tiempo. Solo lentamente, como resultado de las decisiones e implementaciones realizadas en la comunidad

> de diseñadores de interfaces, llegó a darse por sentado que la pantalla era la ubicación de la interfaz usuario-computadora. Estas decisiones e implementaciones resultaron de la relación dialéctica entre las innovaciones tecnológicas y las concepciones de sus usos (y sus usuarios) mantenidas por sus diseñadores. Innovadores tecnológicos como Douglas Engelbart también inventaron el tipo de personas que esperan que utilicen sus innovaciones (Bardini, 2000: 103).

La visualización de los procesos del ordenador generó un salto cualitativo de enorme importancia con respecto a la comunicación con los dispositivos informáticos, pero también por lo que se refiere a los resultados obtenidos. La comunicación mediante formulaciones matemáticas o sistemas de programación pasó a ocupar un segundo término y se abrió un panorama conceptual que esos procedimientos, por sí solos, no habían podido generar.

Para que el ratón fuera realmente operativo era necesario que el ordenador externalizara primero su funcionamiento, visualizándolo en una pantalla mediante su conversión en metáforas visuales. El ratón permitía relacionar el ordenador, la visión y el cuerpo. Convertía el gesto en una forma de pensamiento, pero lo hacía en el ámbito de un nuevo lenguaje de imágenes. El pensamiento, como indicó Sinding-Larsen, se externalizaba, pero lo hacía al unísono con la externalización de las diferentes capas de funcionamiento del ordenador —circuitos integrados, matemática binaria, sistemas de programación, etc.—, generando una síntesis visual de ambas esferas, la artificial y la humana, que producía un salto cualitativo en el pensamiento humano, tal como había anunciado Engelbart en los años sesenta del pasado siglo:

> Para elevar el coeficiente intelectual colectivo [un término de Engelbart de la década de 1960 que se popularizó décadas después] son necesarias nuevas formas de comunicación: nuevos símbolos, nuevas maneras de estructurar argumentos, hechos y evidencias. Este cambio de paradigma nos permitirá aprovechar nuestras capacidades de percepción colectiva para una colaboración a gran escala, creando un paso evolutivo que va mucho más allá de la Web 2.0, en dirección hacia un nuevo paradigma capaz de resolver problemas globales complejos (Landau, Clegg y Engelbart, 2009).

En realidad, la efectividad de esta externalización visual del pensamiento equivale a la que supuso la formalización del pensamiento mediante las matemáticas. En ambos casos, se produce un salto cualitativo que permite a la mente cambiar de perspectiva con respecto a la realidad y elaborar nuevas herramientas para pensarla. Pero ambas revoluciones van en dirección opuesta, a pesar de que, en las circunstancias actuales, se necesitan mutuamente. La formalización matemática tiende a la abstracción, a la conversión de la realidad en fórmulas cada vez más precisas pero también más alejadas de la experiencia. Más que externalizar el pensamiento, lo que se obtiene es una internalización de lo real en un campo abstracto regido por reglas particulares. Por el contrario, la visualización que facilitan las interfaces informáticas propone un pensamiento comprometido con las formas de la realidad misma, un pensamiento menos preciso pero más creativo —en el sentido de su capacidad expansiva— y humano. En realidad, supone una forma superior de la formalización matemática, de su pensamiento, puesto que no hace sino visualizarlo.

Estos desarrollos iniciales pusieron las bases para una posible integración productiva de la IA con el usuario humano, ya que, como indicaba Brenda Laurel,

> para que una interfaz funcione, la persona debe tener alguna idea sobre lo que la computadora espera y puede manejar, y la computadora debe incorporar cierta información sobre cuáles serán probablemente los objetivos y comportamientos de la persona. Estos dos fenómenos (el «modelo mental» que una persona tiene de la computadora y la «comprensión» que la computadora tiene de la persona) son tan parte de la interfaz como sus manifestaciones físicas y sensoriales (Laurel, 1993: 12-13).

Cabe la posibilidad, pues, de pensar no solo en el desarrollo poshumano de la realidad, sino también en una humanización de la IA, es decir, en una inteligencia postartificial. Teniendo en cuenta que la función básica de las interfaces es visualizar las relaciones entre los dispositivos y los usuarios, establecer procesos de pensamiento comunes, parece que es la ImA el ámbito más adecuado para producir ese necesario cruce entre las direcciones del poshumanismo y lo postartificial.

La génesis de la ImA, en concreto, se produjo en la primera década de este siglo, cuando se crearon los primeros modelos de generación de imágenes, cuyo objetivo era crear representaciones visuales a partir de composiciones y *collages* previamente existentes, empleados para entrenar las redes neuronales. Modelos como alignDRAW y las Redes Generativas Antagónicas (GAN) demostraron ser altamente eficientes para la creación de nuevas imágenes a partir de estas bases. Sin embargo, la verdadera revolución llegó con la combinación de modelos de lenguaje y modelos de imágenes, permitiendo alinear descripciones textuales con la generación de imágenes. En años recientes, modelos como Imagen de Google Research, Dall-E de OpenAI, Stable Diffusion de StabilityAI o Midjourney han emergido, produciendo imágenes de alta calidad, a menudo comparables a fotografías realistas. Pero a la vez han abierto la posibilidad de forjar visualidades realmente imaginativas que nos mueven a investigar el significado de la creatividad en el seno de la IA.

Generalmente los modelos más eficientes se entrenan con vastas cantidades de imágenes y textos recopilados de la web. En la mayoría de los casos, estos conjuntos de datos incluyen pares imagen-texto, es decir, imágenes de la web junto con textos que los usuarios han utilizado para describir esas imágenes: pies de foto, etiquetas, encabezados, títulos, descripciones, etc.

Entre las bases de datos más usadas se halla COCO (Common Objects in Context), lanzada por Microsoft en el año 2014 y que consta de unas trescientas mil imágenes, doscientas mil de las cuales están anotadas, segmentadas y etiquetadas, lo que permite entrenar de forma precisa los modelos de IA. Otra base de datos muy empleada es ImageNet, que contiene más de catorce millones de imágenes, clasificadas a través de miles de apartados temáticos. Este repositorio está organizado según la jerarquía establecida por WordNet, una base de datos léxica del inglés creada por el Departamento de Ciencias de la Computación de la Universidad de Princeton, que la concibe como un diccionario extendido y un tesauro. Además de describir las palabras según sus categorías gramaticales —nombres, verbos, adjetivos y adverbios—, estas se hallan organizadas por medio de conjuntos de sinónimos denominados *synsets*. Además están interconectados a través de relaciones semánticas, incluyendo antónimos, hipónimos, hiperónimos, merónimos y holónimos, entre otras categorías. Cada término en WordNet puede corresponder a varias imágenes en ImageNet.

Otra base de datos relevante es LAION, consistente en cuatrocientos millones de pares (imagen, texto), cuya particularidad es que está disponible en abierto y de manera gratuita. Su mayor inconveniente es que el conjunto no está verdaderamente organizado y, por lo tanto, existe un cierto grado de duplicación en el conjunto de datos. Todas las imágenes y textos fueron filtrados usando CLIP (Contrastive Language-Image Pre-training) para calcular la similitud entre los pares de texto e imagen. CLIP es una red neuronal desarrollada por OpenAI que aprende conceptos visuales utilizando una supervisión mediante el lenguaje natural. En lugar de entrenarse por medio de conjuntos de datos específicos, CLIP utiliza pares de imágenes y texto encontrados en Internet, permitiendo que el modelo realice tareas de clasificación visual «Zero-shot» cuando se le proporcionan descripciones textuales de las categorías visuales. «Zero-shot» significa que puede clasificar imágenes en categorías nunca halladas durante su entrenamiento.

Estos modelos de texto a imagen han usado diferentes arquitecturas. Desde redes neuronales recurrentes, un tipo de red neuronal artificial con conexiones que se retroalimentan y que está diseñada para reconocer patrones en secuencias de datos, como series temporales o cadenas de texto, pasando por «transformadores», una arquitectura neuronal muy usada en el procesamiento de lenguaje natural que utiliza un mecanismo de atención para ponderar palabras en una secuencia y procesarlas de manera simultánea. Esta última es la base de modelos como BERT y GPT.

Recientemente han aparecido los denominados modelos de difusión, que utilizan un enfoque de dos pasos. Primero se añade ruido a los datos originales hasta convertirlos prácticamente en solo ruido y, luego, una red neuronal se encarga de revertir este proceso, restaurando los datos e intentando reconstruir la muestra original a partir del ruido.

El significado del concepto «ruido» es llamativo en este contexto porque parece referirse a un fenómeno distinto del que se produce en la teoría de la comunicación cuando en un sistema aparece el ruido, que implica en este caso distorsión. Por el contrario, existen en la IA modelos que agregan ruido a las imágenes, para luego eliminarlo. Por medio de este procedimiento se evita que se memoricen los datos del entrenamiento, impidiendo que el modelo cree imágenes exactamente iguales que aquellas con las que fue entrenado. La generación de ruido equivale a introducir datos distintos de los originales, pero también sirve para generalizar datos, es decir, para que incluso con el ruido el sistema sea capaz de encontrar patrones. Se trata, en resumidas cuentas, de estresar el modelo para que incremente su eficacia. Por ejemplo, si se introducen diez imágenes de manzanas con «ruido» en el entrenamiento, el sistema se verá obligado a discriminar a través del ruido y llegar a la conclusión de lo que es una manzana y lo que no lo es. También, al ir eliminando el ruido paulatinamente, mediante la exclusión de diversas etapas, el sistema aprende a distinguir el ruido y se vuelve muy preciso a la hora de eliminarlo en cualquier circunstancia.

Síntesis de vídeo

La síntesis de vídeo se asemeja al proceso de generación de imágenes estáticas, pues implica la producción de múltiples imágenes independientes que, al ser concatenadas, simulan el movimiento. Sin embargo, un desafío actual en la creación de vídeos con la intervención de la IA consiste en garantizar la coherencia entre estas imágenes. La coherencia se refiere no solo a la consistencia visual, sino también a mantener un flujo y una coherencia lógica entre las imágenes de una secuencia. Dado que cada imagen se genera de manera individual, es difícil garantizar que la transición entre ellas conserve una cadencia natural, especialmente cuando se manejan múltiples elementos y detalles en su contenido visual.

En este contexto también podemos encontrar las dos formulaciones expuestas en el caso de las imágenes fijas, es decir, las monomediales y las multimediales. Las monomediales se refieren a las variaciones generadas en productos ya existentes. Por ejemplo, aplicar un estilo distinto a la totalidad de un vídeo ya realizado. En este caso, la coherencia ya viene dada por el vídeo base y lo que varía son solo los elementos estéticos. Es el caso del modelo de vídeo a vídeo GEN1 de la empresa Runway, que funciona con varios modos. Existe el modo denominado de estilización, que permite transferir el estilo de una imagen o cualquier indicación a cada uno de los fotograma del vídeo. Por su parte, el modo *storyboard* convierte bocetos o maquetas en *renders* estilizados y animados. Y el modo máscara aísla sujetos específicos en el vídeo y los modifica a partir de indicaciones textuales. Finalmente, el modo renderización convierte modelos 3D sin texturas en productos realistas, aplicando una imagen o una descripción dada.

En la figura 37, se muestran varios ejemplos de la aplicación de diferentes estilos a una imagen fílmica, usando como base una secuencia de *Aguirre, la cólera de Dios* (Werner Herzog, 1972).

Por su parte, la forma multimedial permite hacer descripciones textuales de una escena y, a partir de ello, conseguir imágenes que, al proyectarse sucesivamente, creen el movimiento. En esta perspectiva encontramos al menos tres vías posibles de generación. La primera, que ya

Figura 37

mencionamos, implica crear cada imagen de la secuencia de forma independiente, ajustando los parámetros técnicos para asegurar la coherencia entre ellas. Por ejemplo, si queremos representar una secuencia del conejo blanco paseando por un bosque y su inesperado encuentro con Alicia, primero determinaremos la duración total de la escena, luego la dividiremos en *fotogramas* específicos y, finalmente, elaboraremos descripciones textuales para cada momento de la escena. Así, podemos construir una serie de descriptores o *prompts* para guiar la creación de cada imagen. Por ejemplo, la secuencia de comandos necesarios para confeccionar una secuencia como la mencionada escena del conejo blanco, con fotogramas de un segundo de duración, sería la siguiente:

Fotograma 1: Un bosque frondoso, con árboles muy altos, por la mañana.

Fotograma 2: Un bosque frondoso, con árboles muy altos, por la mañana, y un pequeño conejo blanco caminando por entre el follaje.

Fotograma 3: Un bosque frondoso, con árboles muy altos, por la mañana, y un pequeño conejo blanco caminando por entre el follaje, y una niña con cabello largo y rubio mirando al conejo desde lejos.

Fotograma 4: Un bosque frondoso, con árboles muy altos, por la mañana, y un pequeño conejo blanco caminando por entre el follaje, y una niña con cabello largo y rubio acercándose al conejo.

Fotograma 5: Un bosque frondoso, con árboles muy altos, por la mañana, y un pequeño conejo blanco quieto ante la mirada expectante de una niña con cabello largo y rubio ante él.

Fotograma 6: Un bosque frondoso, con árboles muy altos, por la mañana, y un pequeño conejo blanco corriendo entre el follaje y una niña con cabello largo y rubio corriendo tras él.

Esta lista conformaría una secuencia muy rápida sobre lo que podría ser una escena de *Alicia en el país de las maravillas* (figura 38). Con una técnica parecida a la de los dibujos animados, cada fotograma se genera como una imagen independiente que, junto con las demás, forman la secuencia en movimiento. El ritmo de los cambios puede modularse repitiendo alguno de los fotogramas cuantas veces sea necesario, quizá con pequeñas variaciones o dándole mayor duración a cada uno de ellos. De todas formas, el movimiento que se genera por este sistema es muy primario. Más que un verdadero movimiento de los elementos que configuran la escena, lo que se produce es una sucesión de situaciones distintas.

La segunda aproximación del sistema multimedial se deriva de la primera, solo que, en vez de generar cada fotograma de manera independiente, lo que se pretende es interpolar, es decir, estimar o predecir los valores intermedios de un conjunto de datos conocido. Un ejemplo de esta técnica lo encontramos en los algoritmos de reducción de velocidad de un vídeo que hacen que las imágenes avancen a cámara lenta. En este sentido, la interpolación implica crear fotogramas intermedios entre dos de ellos ya existentes. Supongamos que, en un vídeo, un fotograma muestra un avión en el punto A y el siguiente en el punto B. Al ralentizar el vídeo, se necesita mostrar un movimiento gradual entre esos puntos. Mediante la interpolación, se estima la posición del avión en puntos intermedios, creando fotogramas adicionales que hacen que el movimiento parezca suave y continuo de acuerdo con la nueva velocidad más lenta del conjunto. Aplicando este método a la escena anterior,

Figura 38

Figura 39

el sistema generaría los fotogramas demandados por medio de los comandos textuales y luego interpolaría las acciones y el movimiento necesarios entre uno y otro. Esta es una de las técnicas que usa DEFORUM, un proyecto de código abierto que sirve para la generación automática de imágenes y vídeos.

La tercera vía consiste en describir en un solo texto la posible secuencia de imágenes. Por ejemplo, si le damos como entrada al sistema un texto como este: «Una mujer joven caminando por una ciudad apocalíptica», el sistema puede producir una serie de imágenes como las que se muestran en la figura 39 o tratar de animar una de ellas para mostrar el acto de caminar de la joven, procurando adicionalmente dotar el fondo con elementos cambiantes que se adapten al carácter

Figura 40

apocalíptico del paisaje urbano en el que hemos situado la escena. Este sería el caso de GEN2 y GEN3, también de la empresa Runway, unas herramientas que permiten crear vídeos a partir de texto. En estos modelos, el usuario debe introducir una descripción textual y ajustar unos parámetros específicos según sus necesidades, como para aumentar, por ejemplo, el tamaño del vídeo o para seleccionar un *seed* (un identificador único de cada animación). El sistema se encarga de crear lo que puede considerarse una alucinación visual, basada en el texto y en las imágenes con las que fue entrenado. De momento estos sistemas funcionan para crear escenas independientes, puesto que es difícil encadenar, con dispositivos textuales como estos, varias secuencias con motivos diferentes.

Como sea que los dispositivos tienden a producir imágenes distintas a partir de un mismo comando, el sistema más efectivo para lograr una continuidad homogénea parece ser el tercero, si lo que se requiere es una secuencia realista. De lo contrario, cuanta más libertad se dé al programa, más creativo será el resultado, entendiendo aquí por creativo la aparición de imágenes inesperadas que sobrepasan las expectativas suscitadas por los parámetros del comando. Es lo que ha sucedido con la secuencia relativa a Alicia y el conejo blanco que, además de una serie de imágenes relacionadas directamente con las peticiones, ha generado también algunas que suponen una serie de intrigantes variaciones del tema (figura 40). Es a través de estos «errores» que el sistema pasa de lo útil y práctico a lo creativo.

Diferencia y repetición

No es del todo imposible, sin embargo, obtener imágenes similares, es decir, controlar su producción. Lo cierto es que sabemos más o menos cómo funcionan los sistemas de aquellos programas que son *open source* e intuimos que otros como Midjourney o Dall-E siguen procesos similares, aunque es imposible saberlo a ciencia cierta. De todas formas, la idea básica debería ser la misma.

En primer lugar, habría que diferenciar entre modelos, puesto que, aunque la mayoría partan de los sistemas de difusión, cada uno está entrenado y parametrizado de una manera diferente. En realidad, más que el modelo, habría que considerar la empresa que usa el modelo: OpenAI, Midjourney, Stability, etc. Cada uno de los dispositivos, aunque use la misma tecnología básica, ha sido entrenado con imágenes muy concretas y aparte ha sido «recompensado» con ciertos parámetros estéticos. Sabemos, por ejemplo, que Midjourney genera imágenes que pueden considerarse más «bellas», y esto es así porque el sistema ha estado recompensando continuamente con estéticas que son más «bonitas» que otras, muchas veces a través de usuarios que han elegido un determinado tipo en lugar de otro. Esta sería la primera gran variable, la empresa que confecciona el modelo. Sabemos que el mismo *prompt* utilizado en dos empresas diferentes da resultados totalmente distintos. A partir de ello, se trata de ir añadiendo capas de complejidad a las variables que hacen que una imagen sea igual que la otra, ya que, además del *prompt* en sí mismo, hay una gran cantidad de parámetros que hacen que las imágenes emerjan y que puedan ser parecidas. En cualquier caso, la similitud debe ser producida, no se puede esperar que surja espontáneamente.

Estos modelos de difusión lo que hacen básicamente es ir eliminando ruido hasta conseguir la imagen deseada. Existen además otras variables de inicio posibles que determinen, por ejemplo, que el resultado sea «creativo» o que se acerquen lo más posible al *prompt* o comando inicial. En los modelos de lenguaje, esa variable se denomina temperatura e indica la aleatoriedad de la salida del modelo. Aunque lo cierto es que no se trata realmente de palabras, sino de *tokens,* es decir, de las divisiones mínimas de los algoritmos de texto. De esta manera, podríamos ir añadiendo muchísimas variables técnicas que irían incrementando la complejidad del operativo.

Otra variable importante es el *seed,* la semilla, que es un número a partir del cual se genera el ruido. No es la imagen del ruido en sí, ni contiene todos los parámetros necesarios para confeccionar la imagen, sino que solo establece el punto de partida. Este número suele ser aleatorio y se genera cada vez que se lanza un comando, aunque en algunos sistemas también se puede introducir manualmente.

Dicho esto, si todas estas variables son iguales, entonces se podría llegar a generar las mismas imágenes, aunque en algunos casos se ha comprobado que incluso así aparecen pequeñas variaciones, porque algunos ruidos son más o menos susceptibles a los cambios. Pero, en cualquier caso, si todos los planteamientos son los mismos, teóricamente se pueden generar dos imágenes exactamente iguales. Pero ya vemos que, para conseguirlo, es necesario controlar muy bien todos los pasos, ser muy preciso en los comandos y añadir capas de complejidad que acoten muy estrictamente el funcionamiento del sistema. Es decir, obligarle a este a que sea lo menos «creativo» posible y se convierta en una «simple» máquina de producir imágenes ya previstas.

La creación del movimiento

Para producir una secuencia de imágenes en movimiento, son necesarios tres pasos principales: la generación de fotogramas, la conexión de fotogramas y la coherencia visual.

El primer paso consiste en generar cada uno de los fotogramas de la secuencia de modo que cada uno de ellos tenga una conexión lógica con el anterior y el siguiente. A continuación, es necesario unir los fotogramas. Se trata de la fase más simple y sencilla de todas y no es necesario usar la IA para efectuarla. El verdadero desafío radica en conseguir la coherencia visual. Para lograr que cada fotograma sea coherente con los que están a su alrededor, no solo se utilizan los *prompts,* sino también una serie de complejas variables técnicas. El proceso es similar a la comunicación que se establece con el equipo técnico de una película durante su producción: no solo se le indica, por ejemplo, al actor lo que debe decir y cómo, sino que también se dan instrucciones al director de fotografía sobre dónde colocar la cámara o cómo moverla, así como el tipo de lente que se debe usar, entre otros diversos detalles. En IA estas decisiones técnicas se traducen en variables que el algoritmo debe tomar en consideración. Tales variables equivalen a las herramientas que tiene a su disposición, por ejemplo, un director de fotografía o un operador de cámara: determinan el encuadre, la óptica, la velocidad del movimiento o la dirección, entre otros. Una determinada combinación de comandos, junto con una serie de variables como las señaladas, garantizan que la secuencia final sea visualmente congruente.

La utilización de textos para generar imágenes en movimiento se ajusta al procedimiento que se sigue en el cine, donde se parte de un guion, desde el cual se generará la puesta en imágenes correspondiente. La producción de cómics, sobre todo la industrial, sigue un mismo sistema. Ambos tienen como antecedentes, por un lado, el teatro, en el que existe una división, mucho más drástica que la del cine, entre la obra teatral y su puesta en escena, o también, como referente más lejano, el de la música, en la que hay igualmente una distancia significativa entre la composición y la interpretación. La ópera, por su parte, participa de ambos sistemas, el teatral, con el libreto, y el musical, dividido a su vez en la partitura y la ejecución orquestal o vocal. Esta segmentación implica una división del trabajo que se acrecienta en los sistemas industriales, de manera que es susceptible en el cine de subdividirse en múltiples especialidades, sujetas cada una de ellas a una diferenciación entre el planteamiento y la ejecución, parecida a la disparidad que existe en la arquitectura entre el plano o el diseño y la obra o el edificio en sí. De hecho, en el teatro o la ópera estas divisiones del trabajo se han producido desde siempre, pero con la llegada del cine se estandarizan.

La ImA en movimiento se inserta en esta tradición, introduciendo en ella unos automatismos que no existían en los otros medios pero que son susceptibles de incorporarse a ellos con el peligro de anular su creatividad. Lo que no había logrado completamente la división del trabajo creativo de carácter industrial, lo puede conseguir la IA con su tendencia a sustituir el factor humano en pro de una productividad más efectiva. Si lo que se busca es una ilustración lo más perfecta o realista posible de un guion textual con el fin de ahorrarse el engorro que suponen para la esencia del sistema los creadores humanos y sus neurosis, lo creativo puede quedar reducido a una estética efectiva pero superficial. Solo buscando todo lo contrario, como hemos propuesto a lo largo de este libro, el sistema de la ImA mantendrá la posibilidad de una fructífera prolongación de la imaginación humana. Pero para ello es necesario que la imaginación tecnológica no corte definitivamente el cordón umbilical que, lo quiera o no, todavía la une con la tradición humanista.

Movimiento y pensamiento

La ImA susceptible de crear imágenes en movimiento nos sitúa en el nuevo paradigma donde, a partir del cinematógrafo, el movimiento y el pensamiento se relacionan muy estrechamente. Es el cine el que inaugura este paradigma porque, en él, el movimiento se materializa en las imágenes y va más allá de la simple representación o imitación del movimiento natural de las cosas. En realidad, el cine, como heredero de la evolución de la serie de juguetes ópticos que lo antecede a lo largo del siglo XIX, constituye el punto de transición entre la representación del movimiento y su imitación. Pero va más allá, puesto que no solo imita el movimiento natural o lo reproduce, sino que añade un nuevo tipo de movimiento relativo, en principio, a la duración y, a la postre, al tiempo, pero a una nueva concepción del tiempo que el cine pone de manifiesto. Es por ello que Gilles Deleuze puede efectuar una drástica división de la evolución cinematográfica entre imagen-movimiento e imagen-tiempo. El hecho de que aparezca el factor tiempo en ese desarrollo, más allá de las razones que esgrime Deleuze a partir de las ideas de Bergson, es el resultado de la potenciación que el cine hace del movimiento. Hemos visto también cómo el movimiento y el pensamiento se relacionan en las interfaces inherentes a los sistemas informáticos. La utilización creativa de la ImA en movimiento, alejada del simple utilitarismo o mimetismo, puede convertirse en una herramienta perfecta para investigar el potencial de unas relaciones entre movimiento y pensamiento que se hallan presentes en prácticamente todos los dispositivos digitales.

Resulta pertinente traer a colación aquí el concepto de imagen del pensamiento que propone Deleuze. Especialmente, lo que dice acerca de que el cine pone al pensamiento, en concreto, a la filosofía ante su imagen. El concepto de imagen del pensamiento puede resultar un tanto ambiguo, si no se aclara convenientemente, puesto que Deleuze, a la vez que encuentra una imagen positiva del pensamiento en el cine, de modo que este le puede ofrecer a la filosofía nuevas formas de pensar, también afirma que es necesario encontrar una forma de pensamiento sin imagen.

La diferencia pasa por el concepto de imagen dogmática del pensamiento. Todo pensamiento conlleva una imagen de lo que significa pensar:

> La imagen del pensamiento es una serie de presuposiciones prefilosóficas que estructuran tanto la comprensión del pensamiento como el carácter de la producción conceptual que se deriva de esa base [...]. Deleuze sostiene que la reflexión filosófica sobre la naturaleza del pensamiento ha estado dominada por una serie de presuposiciones que juntas forman una única imagen «dogmática» del pensamiento. Estas presuposiciones se repiten a lo largo de la historia de la filosofía en formas varias, tanto empiristas como racionalistas. Juntas constituyen una imagen del pensamiento que es tanto más eficaz cuanto que permanece en gran medida implícita (Patton, 2000: 18).

El cine pone al pensamiento ante su imagen, le descubre al pensamiento que existe tal imagen, de modo que pueda desembarazarse de ella para avanzar hacia un pensamiento no dogmático. Podemos decir, por lo tanto, que el cine propone una nueva imagen de un pensamiento que no es dogmático, y no lo es porque está abierto al cambio, es decir, se fundamenta en el movimiento de la propia imagen. El cine propone un constante devenir de las imágenes que es también un devenir de la realidad. El pensamiento se abre a un devenir que afecta al mundo en su totalidad:

> Es justo porque el pensamiento se abre a su devenir que el mundo, las cosas, los sujetos y hasta los dioses devienen también. No hay devenir del mundo o del sujeto por fuera del devenir mismo del pensamiento. Cada imagen determina lo que le pertenece de dere-

> cho al pensamiento y lo que no, y con ello delimita las fronteras y los principios dinámicos mismos del ser de lo real como *Physis* (Cárdenas, 2011: 251).

La relación que mantienen el cine y la filosofía equivale a la que existe entre la imagen y el concepto:

> La imagen y el concepto hacen alusión el uno al otro, en un movimiento simétrico, en la medida en que el concepto puede referirse a la imagen para hacer patente su valor estético y, a la vez, la imagen tiene la capacidad de hacer visible para el pensamiento el juego dinámico de las relaciones que lo constituyen, esto es, la imagen puede hacerle saber al pensamiento su estructuración como pensamiento *(ibíd.:* 244).

La imagen y el concepto no mantienen solo una relación recíproca, cada uno desde su propio ámbito de pensamiento, sino que las imágenes pueden ser por sí mismas equivalentes a conceptos generados por un proceso de pensamiento al que a la vez fundamentan. En el cine, estos conceptos están en movimiento de diversas maneras.

En este orden de cosas, podemos recuperar la hipótesis de Bal sobre los conceptos viajeros comentada anteriormente y ver cómo Deleuze desarrolla una posibilidad equivalente cuando afirma que

> no hay modelos propios de una disciplina o de un saber. Lo que a mí me interesa son las resonancias, aunque cada dominio tenga sus ritmos, su historia, sus evoluciones y sus mutaciones extemporáneas. Puede que una de las artes tenga una primacía y ponga en marcha una mutación que luego será reproducida por otras, pero cada una con sus propios medios (Deleuze, 1996: 91).

El cine pone en marcha una de estas mutaciones que luego pueden recogerse en otros medios poscinematográficos como la IA, de la misma forma que también lo puede recoger el propio pensamiento filosófico. En la medida en que lo recoja la filosofía no dogmática o el propio pensamiento inorgánico sin más, quedará claro qué significa pensar en el cine o con el cine, puesto que se iluminarán sus mecanismos desde otra perspectiva, poniendo al descubierto su potencia reflexiva que parece difícil de detectar directamente. Es decir, la imagen en movimiento hace que el pensamiento reconozca potencias ocultas que, una vez puestas al descubierto, revierten sobre el propio cine para descubrir en él su potencial reflexivo.

Karen Barad propone una forma de pensar impulsada por el movimiento que abunda y profundiza las propuestas tanto de Bal como de Deleuze. Lo expone de la siguiente manera:

> Antes de sintetizar diferentes perspectivas, me gusta internarme en ellas y hacer experimentos de difracción. Esto es, ensuciarme las manos y experimentar con diferentes diferencias, intentando comprender cómo estas son productivas y cómo se materializan. Leer reflexiones difractivamente es experimentar con diferentes patrones de racionalidad, abriendo cosas, volteándolas una y otra vez, para ver cómo estos patrones cambian (2023: 15).

Para que estas operaciones sean efectivas, el pensamiento debe moverse sin cesar, con una intensidad que no permite el pensamiento dogmático que establece de antemano las reglas de un pensar mecánico, es decir, por medio de la interacción de piezas inmóviles y cerradas. El cine está ontológicamente preparado para no solo emular ese tipo de pensamiento no dogmático, sino para acompañarlo y ampliarlo. Y la ImA no mimética, con sus inesperados ensamblajes visuales, propone un nuevo territorio donde la imagen del pensamiento del cine amplía sus posibilidades.

En cualquier caso, vale la pena poner de manifiesto las consecuencias de estos planteamientos epistemológicos, a saber, que todas las teorías son, en principio, verdaderas, pero precisamente por ello son también falsas. Todas se prestan a ser exploradas con la intensidad que propone Barad, para extraer de ellas ideas sobre una realidad proteica que no podría ser captada de otra forma. Las teorías son, en este sentido, herramientas capaces de transformar la realidad y de ser transformadas por ella, puesto que «la materia no es una simple cosa, algo inanimado que está dado. Por el contrario, la materia es una sustancia en devenir intraactivo» (Barad, *ibíd.:* 16).

Pensar la imagen entre el movimiento y el tiempo

Deleuze divide la historia del cine del siglo xx en dos partes, la primera de las cuales está dominada por lo que llama imagen-movimiento, mientras que en la segunda prevalece la imagen-tiempo. Pero esta división no es solamente histórica, sino que también es ontológica, es decir, está referida a una ontología cinematográfica, o audiovisual, que se pone de manifiesto en el seno del cine a medida que este se va desarrollando históricamente por medio de técnicas cada vez más sofisticadas que permiten formas de enunciación más complejas. La imagen-movimiento produce, según Deleuze, una imagen indirecta del tiempo, mientras que la imagen-tiempo promueve una imagen directa del tiempo. El tiempo aparece indirectamente representado en la imagen en movimiento a través de diversas capas. La primera es puramente técnica y tiene que ver con el conjunto de imágenes fijas o fotogramas que, al mostrarse en movimiento sucesivo, provocan la ilusión de ese movimiento y, por lo tanto, de paso del tiempo. La segunda capa se refiere al «lenguaje» cinematográfico dominado básicamente por el montaje, o sea, la sucesión de planos, unidos por corte unos con otros, articulando así un movimiento de las imágenes en sí y una temporalidad de la narrativa, promovidos mecánicamente. Por fin, una última capa, aquella a la que Deleuze se refiere más directamente, que contempla la estructura narrativa, compuesta por acciones relacionadas entre sí mediante articulaciones de causa y efecto. En todos estos casos, el movimiento de la imagen-movimiento es ontológicamente ilusorio pero fenomenológicamente real. Del tiempo no puede decirse lo mismo, a menos que nos refiramos a la temporalidad general del film, es decir, a su duración total, pero en este sentido se trata de un tiempo que no es fílmico, sino existencial. Por lo tanto, el tiempo específicamente fílmico está construido en el cine a partir de la imagen-movimiento.

La aparición de la imagen-tiempo constituye una revolución tanto de la ontología cinematográfica como de su retórica. Así como la imagen-movimiento está fundamentada básicamente en el montaje, la imagen-tiempo tiene su plasmación en el plano secuencia. Deleuze considera que con el plano secuencia el tiempo se muestra directamente, porque la duración fílmica y la existencial coinciden al no producirse corte alguno que adultere esa plasmación directa de la temporalidad. Esta plasmación directa del tiempo implica también la incorporación de un nuevo tipo de movimiento. Con el plano secuencia, el movimiento licúa la imagen, tiene el poder de descomponerla directamente al entrar en contacto también directo con su temporalidad. Es decir, sitúa en un primer término ese movimiento retórico del cine que en la imagen-movimiento quedaba enmascarado por el naturalismo de la imagen y la plasmación indirecta del movimiento y el tiempo.

El vídeo primero y la digitalización después convertirán esta retórica fluida de las imágenes en una nueva forma a la vez ontológica y estética. Es decir, le otorgarán al movimiento y al tiempo la capacidad de actuar directamente en la imagen, no para acompañarla en su duración, sino para afectarla en su composición. Esta nueva estética revertirá sobre aquellas producciones audiovisuales más basadas en las formas de la imagen-movimiento, transformando sus concepciones básicas.

Estas disposiciones estéticas otorgan al film la posibilidad de pensar a través del movimiento o, dicho de otra forma, convierten el movimiento en una herramienta retórica especialmente adecuada a una forma de pensar que se halla también en movimiento. Se adecúa a la noción de un pensamiento no dogmático que se abre a

> nuevos conceptos cuya movilidad los transforma en herramientas para múltiples usos según las circunstancias. Un pensamiento utensilio que sirve siempre para problematizar la pacífica superficie del presente como consenso [...]. Ahora, renovado el pensamiento, la teoría se multiplica como herramienta para pensar de múltiples maneras, en maridajes extraños y productivos (Cárdenas, *ibíd.:* 258).

El pensamiento dogmático se desarrolla orgánicamente, sujetando al filósofo o al pensador a un programa ya establecido, a un método que dicta, desde fuera, las normas del pensar y que establece incluso lo pensable. Frente a esta imagen del pensamiento, se establece un pensamiento abierto, inorgánico, impulsado por un movimiento que lo ata al cambio:

> La movilidad del pensamiento es posible porque él está siempre en tensión con su propio afuera, con lo impensado en el pensamiento que no cesa de presionarlo en función de su devenir. No hay una ley de la historia ni un fin de los tiempos que organice la movilidad del ser y del pensamiento. Más bien, siempre por encuentros contingentes, aleatorios y salvajes, el pensamiento se re-hace al enfrentarse con lo que aún no ha sido (Cárdenas, *ibíd.:* 251).

Este tipo de pensamiento es un privilegio de la forma ensayo, que en el cine encuentra una plasmación específica al introducir en él diferentes maneras de articular las imágenes.

En la IA, se habla de *reasoning* o *chain of thoughts* para referirse a lo que sería una secuencia lógica de algoritmos para resolver un problema. Pero, en realidad, esos razonamientos o esos encadenamientos del pensamiento están limitados a formas lógicas estrictas como las siguientes: Sally (una muchacha) tiene tres hermanos. Cada hermano tiene dos hermanas. ¿Cuántas hermanas tiene Sally? La respuesta correcta es una. Que esta forma de razonar está basada en una lógica matemática se ve más claramente cuando hacemos que el enunciado sea más abstracto: Sally tiene m hermanos. Cada hermano tiene n hermanas. ¿Cuántas hermanas tiene Sally? La respuesta, en este caso, es n-1.

Esta forma de pensar mediante un sistema de lógica abstracta es fundamental en los sistemas de lenguaje LLM de la IA, destinado a procesar el lenguaje natural. Es el que utilizan los sistemas GPT y similares. Aun así, todavía les resulta complicado a estos dispositivos resolver este tipo de descomposición lógica. Los resultados que se obtienen en diferentes modelos, a partir de las propuestas, son muy distintos y la mayoría de ellos erróneos[11], del tipo: «Sally tiene n hermanos. Lo que, en término de criaturas, significa que son n+1, ya que hay que contar también a Sally» o «Cada uno de los hermanos de Sally tiene n hermanas. Puesto que Sally es la única niña de acuerdo con la información suministrada, n se debe de referir a Sally. Ello significa que cada hermano solo tiene una hermana, que es Sally. Por lo tanto, Sally tiene cero hermanas». Parece que incluso le resultaba difícil a la IA razonar mediante el único tipo de pensamiento al que puede aspirar, es decir, aquel articulado de forma lógica. Seguramente, estos problemas serán resueltos en un futuro próximo, pero resulta difícil suponer que la IA puede llegar a pensar inorgánicamente, es decir, sin una imagen del pensamiento muy limitada y según métodos previamente establecidos.

Sin embargo, en el seno de los dispositivos de ImA generadores de imágenes en movimiento no miméticas es posible encontrar el germen de un pensamiento más libre, por su conexión con la estética cinematográfica, especialmente la del ensayo fílmico. La fórmula de producir imágenes individuales para luego engarzarlas con el fin de generar una secuencia se alinea con los sistemas de montaje de la imagen-movimiento, es decir, con el film-ensayo más clásico, basado en la concatenación de imágenes diversas. Pero aparece algo nuevo cuando es el propio sistema el que produce su particular extensión de algún escenario visual determinado, es decir, cuando genera un plano

---

[11] https://benchmarks.llmonitor.com/sally?s=03.

secuencia. En cualquier caso, el ensayo audiovisual, como posible ampliación del ensayo fílmico, no funciona solo mediante el encadenamiento sucesivo de imágenes, sino que implica también la posible transformación de cada una de las imágenes, un trabajo en su interior que la digitalización hace posible y efectivo y sobre el que la ImA abre nuevas perspectivas.

Capítulo 11

Templo

El Cuerpo crece sin saber —
El camino más conveniente —
Si el Espíritu se quiere esconder
Su Templo permanece

Entreabierto, seguro, seductor
Pues no traicionó jamás
Al Alma que le pidió asilo
Con solemne honestidad

Emily Dickinson[12]

El futuro de la pintura

Michael Baxandall puso de relieve el hecho de que, en el siglo XVI, la pintura era un depósito de relaciones sociales, articuladas básicamente por dos estamentos, aquel al que pertenecían los que confeccionaban los cuadros, y aquel otro donde se incluían quienes los encargaban, aportaban los fondos necesarios para pagar a los anteriores y, finalmente, consideraban el uso que le iban a dar a la obra: «Ambas partes trabajaban en el seno de instituciones y convenciones —comerciales, religiosas, perceptuales y sociales en el amplio sentido de la palabra— que

[12] Traducción de Alberto Blanco.

eran distintas de las nuestras y que influían en la forma de lo que las dos partes hacían conjuntamente» (1988: 1). Evidentemente, esas convenciones y esas instituciones eran distintas a las nuestras, pero eso no quiere decir que, en la situación actual, las obras de arte o los productos de la creatividad no constituyan un crisol donde interactúan elementos culturales, sociales, económicos o subjetivos tan relevantes como aquellos. Uno de los principales inconvenientes de las actuales legislaciones acerca de los derechos de autor es que tienden a ser pensadas linealmente, como si solo intervinieran en la ecuación dos factores, el relativo a la autoría y el concerniente al uso de los productos de la misma.

Una de las diferencias fundamentales entre la época que estudia el historiador del arte y la nuestra gira en torno a la figura del autor. Por la descripción que hace Baxandall del proceso, podemos ver que, en ese momento, el artista, más que un autor, era considerado un artesano cuyo trabajo es remunerado por el cliente que lo ha encargado y sobre el que recae la propiedad de la obra una vez que esta ha sido terminada. No tenía demasiado sentido para los artistas del siglo XVI seguir reclamando derechos sobre una obra, una vez que esta había sido entregada a quien la había encargado o pagado. Para que esta posibilidad se instalase en el imaginario social, era necesario que antes surgiera la figura del autor, es decir, la de un creador que mantiene siempre una estrecha relación con la obra que ha creado, incluso después de haberla vendido o haber cedido los derechos.

McLuhan, en *La galaxia Gutenberg,* citaba a Ernst Philip Goldschmidt, quien en su libro *Medieval Texts and Their First Appearance in Print* efectuaba unas relevantes apreciaciones acerca de la relatividad histórica del concepto de autoría:

> Lo que he tratado de demostrar, afirmaba Goldschmidt, es que la Edad Media por varias razones y diversas causas no poseía el concepto de «autoría» con el mismo significado que tiene ahora para nosotros. Mucho del prestigio y el glamur con los que nosotros los modernos investimos al término, que hace que contemplemos a un autor que ha conseguido publicar un libro como alguien que ha progresado hasta alcanzar un estatus cercano al de convertirse en un gran hombre, es una adquisición reciente. La indiferencia de los eruditos medievales acerca de la precisa identidad de los autores cuyos libros estudiaban es innegable (McLuhan, 1962: 131).

La idea moderna de autor tiene dos fuentes principales. Por un lado, la tradición romántica y su encomio de la imaginación individual, fuente de inspiración de aquellos individuos privilegiados, en especial, los poetas, capaces de plasmar en sus creaciones una visión especial y única del mundo. Por otro lado, se encuentran el auge del capitalismo y sus aportaciones a la concepción moderna del sujeto. Si bien Elizabeth Eisenstein, en su influyente estudio *The Printing Press as an Agent of Change,* ha asociado el inicio del individualismo posesivo entre los escritores con el auge de los libros impresos, lo cierto es que esta condición necesaria no cuajó de inmediato en una figura tan emblemática y simbólica como la del autor, que está en la base de las modernas leyes sobre el *copyright:*

> Aunque la noción de autoría que informa nuestra moderna ley sobre derechos de autor es reciente, los impulsos que la alimentaron tienen sus raíces en los inicios de la modernidad. Vale la pena mencionar, en particular, la cepa de «individualismo posesivo» que fue responsable de la actividad adquisitiva, expansionista y colonial que asociamos con el capitalismo temprano en Inglaterra, ya que el comercio de libros era un sitio importante de tal actividad (Woodmansee y Jaszi, 1994: 5).

Sea como sea, la idea de autor ha adquirido una potencia tal que se ha proyectado sobre el pasado y nos ha inducido a contemplar la actividad artística de otros tiempos de forma no necesariamente errónea pero quizá sí anacrónica. No puede considerarse errónea del todo porque las relaciones entre la realidad, el sujeto y la actividad estética, aunque hayan adquirido distintas formas a lo largo de la historia, se refieren siempre a un núcleo esencial que está presente en diferentes gradaciones, sean estas detectadas o no por la cultura de la época.

Pero la idea de la autoría no solo se proyecta hacia el pasado, a partir de su eclosión a la vez romántica y capitalista, sino que también avanza hacia el futuro, a pesar de que sus perfiles han cambiado, sobre todo por la presencia de tecnologías inéditas que hacen que las relaciones sociales del autor varíen ostensiblemente.

Para empezar, hay que tener en cuenta el paso del concepto de autoría, de raíces europeas, a la noción de *copyright,* más acorde con la cultura anglosajona y sobre todo más manejable en una realidad en la que el individuo como autor o el autor como individuo tiene un valor secundario en el seno de las industrias culturales y su particular circulación de capital. Por otro lado, las revoluciones tecnológicas que pueden considerarse posmodernas han establecido nuevas coordenadas en las disputas entre los distintos actores. Si en un momento determinado, el litigio pudo establecerse principalmente entre autores y editores, en la actualidad el foco se ha desplazado ligeramente, a la par que entraban nuevas entidades en la ecuación, como la del usuario o la del pirata:

> El autor, el usuario y el pirata han mantenido una presencia constante en estos debates. Los defensores de determinadas industrias creativas invocan regularmente a los autores cuando piden más protección legal. Los usuarios también son relevantes, y comúnmente se discuten los derechos de usuario y el contenido generado por el usuario. El pirata es otro tema conspicuo, con quejas sobre la piratería en línea y el surgimiento de partidos piratas que colocan este tema en el centro de las discusiones sobre el funcionamiento actual y el futuro potencial de la ley de derechos de autor. De hecho, aunque otros actores están presentes en estas discusiones (como varios intermediarios, desde editores hasta motores de búsqueda), a menudo asumen estratégicamente el papel del autor o del usuario en los debates sobre las políticas relacionadas (Meese, 2018: 2-3).

Añadamos a este conjunto de intereses el hecho de que existe un importante debate

> entre quienes creen que la revolución digital está socavando progresivamente la protección de los derechos de autor, esencial para fomentar la financiación, la creación y la distribución de nuevas obras, y quienes consideran que las mejoras de los derechos de autor están inhibiendo la innovación tecnológica y la libre expresión (Merril y Raduchel, 2013: 1).

El hecho de que los legisladores tiendan a esquivar esta cuestión indica hasta qué punto se dejan llevar por la inercia de una legislación que nació hace más de tres siglos en unas circunstancias que poco tenían que ver con las actuales. Sobre todo si tenemos en cuenta que las leyes surgieron del ámbito de la literatura y, desde allí, han intentado absorber en su marco mental todas las circunstancias relativas a una cultura visual que presenta otro tipo de problemas.

En las discusiones actuales sobre los derechos de autor, conviene tener presente lo que indicaba Martha Woodmansee hace ya algún tiempo, cuando la autora investigaba la raíces del concepto:

> Uno de los vehículos más poderosos de la construcción moderna de la autoría lo proporcionaron las leyes que regulan nuestras prácticas de escritura. Nuestras leyes de propiedad intelectual tienen sus raíces en la reconceptualización del proceso creativo que duró un siglo y que culminó en pronunciamientos románticos como el de Wordsworth en el sentido de que este proceso debería ser solitario o individual e introducir «un nuevo elemento en el universo intelectual». Tanto el «derecho de autor» angloamericano como los «derechos de autor» continentales alcanzaron su forma moderna en este fermento crítico, y hoy un escrito u otro producto creativo puede reclamar protección legal solo en la medida en que se determine que es un producto del pensamiento único y original de un individuo (o individuos identificables). En resumen, las leyes aún no se han visto afectadas por la «crítica de la autoría» iniciada por Foucault y llevada adelante en la rica variedad de investigaciones postestructuralistas que han caracterizado los estudios literarios durante las últimas dos décadas (Woodmansee y Jaszi, *ibíd.:* 27).

A ello habría que añadir que, en la actualidad, a pesar de los cambios sociales y culturales aportados por las nuevas tecnologías, así como los incesantes litigios que se producen en torno a ellas por la cuestión de los derechos, la legislación al respecto sigue, en sus aspectos generales, anclada en el pasado, en un imaginario que hace tiempo ha dejado de existir.

El autor, derechos y deberes

La irrupción de la Inteligencia Artificial Generativa en el ámbito creativo ha promovido un interés inusitado en el público en general, a la par que se producía un crecimiento en casos de reclamaciones por derechos de autor y de litigios relacionados con la autoría de obras producidas mediante esta tecnología. Esto ha puesto el foco de atención en uno de los pilares fundamentales de nuestra sociedad de consumo: la noción de autoría y la explotación comercial de obras protegidas por los derechos de autor.

Resulta paradójico que en el seno de una tecnología como la IA, situada en los albores de un poshumanismo supuestamente destinado a corregir los errores del humanismo, reverdezca con toda su intensidad la cuestión de los derechos de una figura como la del autor que depende tanto de los presupuestos del humanismo. Ello es especialmente significativo en el terreno de la producción artificial de imágenes, puesto que fue en el ámbito de la imagen y su posible reproductibilidad técnica donde la noción original de los derechos de autor, ética y técnicamente indiscutible en la literatura, empezó a navegar por un mar de contradicciones que, ahora, con la ImA, no dejan de incrementarse.

A lo largo de los siglos, el concepto de propiedad intelectual y derechos de autor ha evolucionado de manera continua, como ya hemos indicado. En la antigua Grecia, no existía una noción consolidada de propiedad intelectual. Era común que los esclavos copiaran manualmente obras escritas de diferentes autores para luego regalarlas o venderlas. Paradójicamente, el valor de un autor en esa época se medía más por la difusión y replicabilidad de sus obras que por los beneficios directos que pudieran obtener de cada copia individual. Con el tiempo, esta labor manual de copiado fue realizada por los monjes recluidos en sus monasterios, entidades que se transformaron en auténticos epicentros editoriales y de conservación del conocimiento escrito. Gran parte de nuestro patrimonio cultural de la actualidad se lo debemos a esos laboriosos copistas.

Con la fundación de las universidades modernas en el siglo XII, impulsadas en gran medida por la labor de los monjes cristianos, surgió una acuciante necesidad de reproducir textos. Esta demanda trajo consigo un impulso para regular y autorizar ciertas reproducciones manuales. Sin embargo, fue la invención de la imprenta por Gutenberg en el siglo XV lo que realmente transformó la producción y distribución literaria. La invención de la imprenta revolucionó la reproducción de textos al posibilitar una difusión masiva de escritos, lo que no solo amplió el acceso a la literatura, sino que también impulsó la propagación selectiva de ciertas ideas.

En esa época cualquier persona podía copiar un libro sin la autorización del autor, pero no tardaron en surgir algunos privilegios de impresión que otorgaban el derecho exclusivo de imprimir determinadas obras por un tiempo limitado. En 1710, el Parlamento británico aprobó lo que se considera el primer estatuto de derechos de autor. Propuesto durante el reinado de la reina Ana, otorgó por primera vez a los autores los derechos exclusivos de reproducción, distribución y venta de sus obras, por un período de catorce años, renovables por períodos de catorce años adicionales. Este estatuto fue un hito importante, ya que estableció por primera vez que los autores son los titulares de los derechos de propiedad sobre sus obras, los cuales tienen a su vez una duración limitada. A principios del siglo XIX, el poeta romántico inglés William Wordsworth, apoyándose en ese estatuto, arguyó intensamente en favor de una drástica ampliación de los derechos establecidos por este, apelando por primera vez a las necesidades vitales del autor, es decir, a la necesidad de que su obra fuera convenientemente remunerada para cubrir sus gastos. Curiosamente, los editores secundaron esta propuesta, ya que temían más la circulación descontrolada de las obras que las posibles reclamaciones de los autores, puesto que, al fin y al cabo, sabían que estos no tendrían más remedio que cederles los derechos para publicar cuantas veces quisieran sus producciones. Se empezaba a establecer así un juego de tensas alianzas entre dos sectores que serían cruciales en el futuro y cuya mayor preocupación era la piratería, que en esos momentos no estaba centrada en los lectores, sino en otros editores sin escrúpulos.

En Francia, a partir de la Ilustración, se incrementaron las relaciones entre el autor y su obra, consolidando la idea de que los creadores poseen derechos intrínsecos sobre sus creaciones. Esta perspectiva se extendió a los Estados Unidos, dando lugar a las primeras organizaciones en defensa de los intereses de los autores. En 1790, el Congreso de este país aprobó la Ley de Derechos de Autor. Se trataba de la primera ley federal y se basaba en las regulaciones establecidas por el estatuto de la reina Ana. Introdujo principios tan importantes como la titularidad de los derechos del autor sobre sus obras, la limitación temporal y la transferencia de derechos a terceros.

En sus orígenes, los derechos de autor estuvieron centrados en la protección de los textos de todo tipo. Sin embargo, con la progresiva evolución de la tecnología y las formas de plasmar la expresión artística, fue necesario que los legisladores ampliaran el alcance de esa protección. Uno de los primeros litigios amparados en esta ampliación legislativa fue el caso «Burrow-Giles Lithographic Co. vs. Sarony» de 1884, planteado en los Estados Unidos. En dicho contencioso, se debatió sobre una fotografía de Oscar Wilde tomada por Napoleon Sarony, un notable fotógrafo de la época. Sarony demandó a la empresa Burrow-Giles Lithographic Co. por reproducir, sin su consentimiento, una litografía basada en la fotografía de Wilde. La empresa argumentaba que las imágenes, al ser meras representaciones mecánicas, no deberían clasificarse como «textos» y, por tanto, no podían ser consideradas como obras originales. La Corte Suprema de los Estados Unidos, en una decisión insólita, dictaminó que, aunque las fotos no son textos en el sentido estricto del término, no por ello dejan de ser merecedoras de protección, debido al control creativo del fotógrafo sobre la iluminación, la composición o la elección de motivos de las imágenes. De esta manera, las fotografías fueron reconocidas por los derechos de autor, ampliando la noción tradicional del concepto. Con el paso del tiempo estos derechos se extendieron para proteger no solo obras literarias o imágenes fotográficas, sino también creaciones musicales, teatrales, cinematográficas, digitales y *software*.

En la actualidad, la noción de derechos de autor se encuentra inmersa en el vasto marco de la propiedad intelectual, que se extiende más allá de los derechos de autor y abarca también lo que se conoce como propiedad industrial. Esta comprende áreas como patentes, diseños industriales, logos, circuitos electrónicos o marcas comerciales, entre otras posibilidades. Los derechos de autor son conferidos a creadores y titulares de cualquier tipo de obra, lo que les permite controlar, proteger y capitalizar sus creaciones. Estos derechos se dividen en dos categorías esenciales: por un lado, los derechos morales, que aseguran y reconocen la autoría de una obra desde el momento de su creación, y, por otro, los derechos patrimoniales, que brindan al titular la posibilidad de beneficiarse económicamente de una obra. Aparte de los derechos de autor, también existen una serie de derechos conexos que protegen los derechos de autoría de aquellos individuos y entidades que participan en la creación, producción y distribución de una obra sin ser los autores originales, como es el caso de productores, editores e intérpretes, por ejemplo.

Si bien cada país ejerce la jurisdicción sobre sus propios ciudadanos, existen tratados internacionales en materia de propiedad intelectual que fomentan la cooperación transfronteriza. Estos tratados buscan unificar criterios y garantizar a los autores derechos exclusivos sobre sus obras. Entre ellos, se encuentran el Tratado de Cooperación en Materia de Patentes (PCT), el Acuerdo sobre los Aspectos de los Derechos de Propiedad Intelectual Relacionados con el Comercio (ADPIC) y otros como el Convenio de Berna o el Convenio de París.

En el contexto español, la protección de la propiedad intelectual se encuentra regulada por la Ley de Propiedad Intelectual. Esta ley protege las creaciones originales en diversos formatos y medios, distinguiendo claramente entre derechos morales, que son inalienables e intransferibles, y derechos patrimoniales, que son temporales. Estos últimos perduran toda la vida del autor más setenta años tras su muerte, aunque existen excepciones según el tipo de obra. Una vez expirados estos plazos, las obras pasan a formar parte del dominio público, lo que significa que pueden circular libremente sin devengar derechos de autor.

Sin poner en duda la necesidad y el beneficio de la legislación sobre los derechos de autor y la propiedad intelectual, no podemos olvidar que su implementación se produce en marcos históricos determinados, donde se barajan numerosos elementos que, al ponerlos en contexto, explican las características de esa legislación y permiten comprender cómo, a partir de ella, se moldean tanto los actores como las obras que participan en el sistema. Conocer los orígenes nos permite comprender la deriva contemporánea no solo de esas leyes, su adecuación a un panorama extremadamente complejo, sino la recomposición de todos los componentes del ecosistema. Los dos vectores más importantes son la figura del autor y el desarrollo del capitalismo industrial. Ambos están íntimamente relacionados, puesto que el autor es una derivada de la construcción del sujeto moderno en consonancia con un capitalismo que paulatinamente va a ir convirtiéndolo todo en mercancía, con las ventajas e inconvenientes que se desprenden de ello. No se trata de suponer que anteriormente el campo del arte no estuviera transitado por transacciones comerciales o que las obras, su forma y su tema, quedaran al margen de ellas. Los estudios de Baxandall, entre otros, indican todo lo contrario. Pero la intensidad de esas determinaciones no era la misma, puesto que el sistema precapitalista no funcionaba con la intensidad que lo haría el capitalismo: no era una maquinaria tan precisa como este y, por lo tanto, su funcionamiento no absorbía con tanta persistencia al sujeto y sus creaciones, que solo podían considerarse mercancías de manera secundaria. Por el contrario, el sistema capitalista hace que los conceptos de mercancía, de autor y de obra formen una unidad, convirtiéndolos en las distintas manifestaciones de esta unidad en el seno de una maquinaria compleja.

En la actualidad, la introducción de la fenomenología relacionada con la IA en ese campo obliga a una serie de reconsideraciones del mismo, que pueden efectuarse prolongando la tendencia, lo más habitual, o aprovechando el impulso de la nueva tecnología para tratar de establecer nuevos horizontes para el concepto de autoría y de propiedad intelectual, de acuerdo con las variaciones que experimentan también los actores del sistema, empezando por el autor o la autora, el tipo de obras y los sistemas de producción.

En el ámbito específico de la IA generadora de imágenes, la ImA, es especialmente relevante la delimitación del concepto de autor y la noción de obras derivadas. En este escenario, que se halla en constante cambio, se plantea la pregunta fundamental de quién posee la autoría de una creación hecha por la IA, a la vez que surge el interrogante de si este tipo de obras deben ser clasificadas dentro de las categorías ya existentes en el marco de la propiedad intelectual.

El factor humano

Es crucial distinguir entre los sujetos a los que les corresponden derechos de autor y aquellos protegidos por otros derechos referidos a la propiedad intelectual. Mientras que los derechos de autor pertenecen generalmente a personas físicas (o naturales) que crean obras originales, existen otros derechos que protegen a figuras como intérpretes, productores de fonogramas y grabaciones audiovisuales, y entidades de radiodifusión. Estas últimas, aunque no son necesariamente las creadoras originales, desempeñan un papel vital en la producción, difusión y acceso a las obras, por lo que se considera que también deben contar con el reconocimiento y las correspondientes salvaguardas legales.

Aunque es cierto que la mayoría de los derechos protegen a las personas físicas, es decir, individuos humanos, también hay disposiciones legales para las personas jurídicas. Estas últimas son entidades con personalidad jurídica propia, independiente de las personas que las conforman. El término «autor» es esencial en el contexto de los derechos de autor: se refiere a la persona física que crea una obra original. Es necesario subrayar que la protección legal no se aplica a ideas generales, sino a la forma concreta en que estas ideas se materializan y manifiestan.

Aunque tradicionalmente se ha considerado al «autor» como un ser humano, han surgido dudas acerca de si entidades no humanas podrían producir también obras «originales» y, en consecuencia, si deberían estar protegidas por derechos de autor. Estas discusiones desafían las bases de la propiedad intelectual y demandan una reflexión escrupulosa sobre el destino de estos derechos en una era de tecnología avanzada.

Antes de explorar el ámbito algorítmico y maquínico de los derechos de autor, es relevante mencionar un debate previo. Con la evolución de la legislación y el posible reconocimiento de un espectro más amplio de la autoría, emergió una cuestión no poco inquietante: ¿Se podría considerar a los animales como autores en el contexto de los derechos de autor? En 2008, el abogado Dane E. Johnson analizó este dilema en un artículo con un título provocador que evocaba irónicamente el estatuto de la reina Ana: «Statute Of Anne-imals: Should Copyright Protect Sentient Nonhuman Creators?»[13]. En este escrito, Johnson ilustraba mediante ejemplos concretos la hipótesis de que ciertos animales, como chimpancés o elefantes, pueden producir «obras de arte» que parecen mostrar una intencionalidad o reflejan la capacidad de expresar emociones propias. Destaca, entre esos ejemplos, el caso del elefante asiático Siri, que solía trazar líneas con cierto sentido en el suelo de su jaula, o Ruby, otro elefante, capaz de dibujar formas que algunos expertos interpretaban como una expresión emocional. También descuella el caso del gorila Michael, cuyas pinturas, subastadas y exhibidas en galerías, mostraban lo que parecía una elección deliberada de colores y formas.

Reconocer a los animales como autores plantea un desafío tanto a nuestra comprensión práctica como a los fundamentos filosóficos de la autoría. A lo largo de la historia, solo los seres humanos han ejercido derechos de autor. Atribuir tales derechos a los animales abre la posibilidad de un debate sobre cuestiones tan espinosas como quién se encarga de representarlos y cuáles son los límites de la actuación de esa figura tan inquietante como es la del animal-autor. Si bien se podría contemplar un sistema parecido al que vela por los intereses de los menores o las personas incapacitadas, la verdad es que adaptar esta perspectiva a los animales no deja de ser una tarea compleja. Al considerar este enfoque, surgen peliagudos interrogantes como, por ejemplo, si los cuidadores de animales podrían ostentar derechos de autor sobre las obras generadas por estos. Si bien algunos de estos dilemas podrían solucionarse relacionándolos con la noción de trabajos por encargo, lo cierto es que se ubican en una zona gris del derecho, ya que no podemos equiparar el vínculo cuidador-animal con las relaciones laborales acostumbradas.

Debemos tener en cuenta, sin embargo, que estas discusiones sobre la posible autoría de los animales se enmarcan en un contexto mucho

---

[13] «Estatuto de los Ana-imaless: ¿Deberían los derechos de autor proteger a los creadores no humanos sensibles?», Lewis & Clark Law School, 2008 (https://www.animallaw.info/article/statute-anne-imals-should-copyright-protect-sentient-nonhuman-creators).

más amplio en el que caben disciplinas académicas recientes como los estudios sobre los animales —que, obviamente, exceden los parámetros tradicionales de la zoología o la biología—, junto con propuestas poshumanistas relativas al cruce entre el devenir animal y el devenir humano que pensadoras como Donna Haraway relacionaron, desde un principio, con la figura del cíborg y que, en última instancia, están vinculadas con la pregunta trascendental que se hacía Jean-Luc Nancy en el marco de la crisis del sujeto, así como con su pujante respuesta:

> ¿Quién viene después del sujeto? Esta pregunta se puede explicar de la siguiente manera: una de las principales características del pensamiento contemporáneo es la puesta en cuestión de la instancia del «sujeto», según la estructura, el significado y el valor subsumido bajo este término en el pensamiento moderno, desde Descartes hasta Hegel, si no hasta Husserl. Las decisiones inaugurales del pensamiento contemporáneo, ya hayan tenido lugar bajo el signo de una ruptura con la metafísica y sus mal planteadas preguntas, bajo el signo de una «deconstrucción» de esta metafísica, bajo el de una transferencia del pensamiento del Ser al pensamiento de la vida, o del Otro, o del lenguaje, etc., han supuesto poner a prueba la subjetividad. Un discurso muy difundido recientemente proclamaba la simple liquidación del sujeto. Sin embargo, todo parece indicar la necesidad no de un «retorno al sujeto» (proclamado por aquellos que quisieran pensar que no ha pasado nada, y que no hay nada nuevo que pensar, salvo quizás variaciones o modificaciones del sujeto), sino por el contrario, de un avance hacia alguien —algún otro en su lugar (esta última expresión es evidentemente una mera conveniencia: el «lugar» no podía ser el mismo). ¿Quién podría ser? ¿Cómo, él o ella, se presentaría a sí mismo o a sí misma? ¿Podemos nombrarlo/la? ¿Es adecuado preguntar «quién»? (Mis formulaciones parecen presuponer que ninguna de las designaciones existentes, por ejemplo, *Dasein* o «individuo», serían adecuadas. Pero mi intención es, por supuesto, dejar abiertas todas las posibilidades) (Cadava *et al.,* 1991: 5).

Indagar quién o qué puede venir después del sujeto es adentrarse en la pregunta, crucial en el contexto que estamos desarrollando, de cuál es el futuro de los derechos de autor en un ámbito en el que el sujeto no es ya la vara de medir. ¿Puede ser el nuevo sujeto una IA? ¿O instalarse en ese cruce entre el devenir animal y el devenir humano que teorizan Deleuze y Guattari, introduciendo la incertidumbre en lo que la legislación, y el pensamiento que la acoge, considera básicamente inamovible?:

> Los devenires animales no son sueños ni fantasmas. Son perfectamente reales. Pero, ¿de qué realidad se trata? Pues si devenir animal no consiste en hacer el animal o en imitarlo, también es evidente que el hombre no deviene «realmente» animal, como tampoco el animal deviene realmente otra cosa. El devenir no produce otra cosa que sí mismo. Es una falsa alternativa la que nos hace decir: o bien se imita, o bien se es. Lo que es real es el propio devenir, el bloque de devenir, y no los términos supuestamente fijos en los que se transformaría el que deviene. El devenir puede y debe ser calificado como devenir-animal, sin que tenga un término que sería el animal devenido. El devenir-animal del hombre es real, sin que sea real el animal que él deviene; y, simultáneamente, el devenir-otro del animal es real sin que ese otro sea real (Deleuze y Guattari, 2002: 244).

Pero dejando de lado la filosofía —lo cual es un riesgo, puesto que es ella la única capaz de poner de relieve las falsas premisas sobre las que se asientan presupuestos tan sólidos como los de la ley—, pasemos a algunos ejemplos que ponen de relieve la fragilidad de ciertas fronteras.

Un caso particular ejemplifica el dilema y la complejidad de la autoría no humana. En 2011, el fotógrafo británico David Slater viajó a Indonesia con el propósito de fotografiar la vida salvaje. Durante su expedición, una macaca nigra se apoderó inesperadamente de la cámara de Slater y capturó una imagen de sí misma: se hizo un selfi (figura 41). Slater, impresionado por el resultado de la acción, compartió la imagen en redes sociales y posteriormente la introdujo en un libro. La imagen fue finalmente alojada en Wikimedia Commons y en el blog estadounidense *Techdirt,* sin el consentimiento de Slater, amparándose, esos medios, en el argumento de que, al haber sido tomada por un animal, la fotografía pertenecía al dominio público. La Fundación Wikimedia rechazó, en su momento, la solicitud de Slater de que fuera retirada la foto de su página web, basándose en la idea de que solo el creador de una obra puede tener derechos de autor sobre ella y que un animal no es legalmente un creador. Además, el blog *Techdirt* arguyó que la había utilizado como parte de su labor, consistente en informar sobre los retos legales que produce la tecnología, así como sobre otras cuestiones relacionadas con la política comercial y económica en el

Figura 41

contexto de la revolución digital. En este caso, la apropiación debía considerarse efectuada en el marco de una noticia, del mismo modo que Wikimedia podía haber alegado que se trataba de la ilustración de una controversia que tiene relevancia social.

Más adelante, la organización People for the Ethical Treatment of Animals (PETA) se involucró en el conflicto, y en 2015 demandó a Slater y a la editorial de su libro, argumentando que los derechos de autor debían ser otorgados a la macaca —que para entonces ya tenía nombre: Naruto— y que, como defensores de los derechos de los animales, la PETA debería encargarse de administrar los beneficios derivados de la fotografía, con el fin de destinarlos a la protección de los chimpancés de Indonesia. Un tribunal de primera instancia determinó que, de acuerdo con la ley estadounidense, un animal no puede tener derechos de autor. En 2017, antes de una resolución definitiva, Slater y la PETA alcanzaron un acuerdo por el que aquel se comprometió a donar el 25 por 100 de los ingresos obtenidos por la foto a organizaciones centradas en la protección de los macacos indonesios. A pesar de este acuerdo, el Tribunal de Apelaciones del Noveno Circuito criticó a la PETA por manipular la situación, aludiendo al trato recibido por Naruto, a la que se había considerado como una obrera sin capacidad de opinar. El incidente no solo tuvo repercusiones legales, sino también económicas para el fotógrafo, quien afirmó haber perdido una cantidad de ingresos significativa a causa de la disponibilidad gratuita de la foto en plataformas como Wikimedia. No obstante, el fotógrafo vendió en 2018 los derechos para producir un documental sobre la polémica foto. Como se puede observar, normalmente, las discusiones sobre la autoría, incluso en casos tan complicados como este, acaban centrándose en la cuestión económica, lejos del interés filosófico que la situación pueda tener.

A raíz de la disputa relativa a la fotografía de Naruto, la Oficina de Derechos de Autor de Estados Unidos (USCO) emitió directrices claras sobre la autoría de las obras, estableciendo que solo la «obra original de un autor» está protegida por la ley, pero que, para ser considerada como tal, una obra debería haber sido creada por un ser humano. Por lo tanto, los animales no pueden poseer derechos de autor; y en situaciones donde un animal produce una *obra,* el propietario de los derechos sería aquel que facilitó los medios para su creación. Por ejemplo, en el caso de una fotografía tomada por un animal, el propietario de la cámara, aquí, Slater, sería el titular de los derechos.

La USCO es enfática al señalar que no registrará obras originadas por la naturaleza, es decir, ya sea por animales o plantas, o que sean atribuidas a seres divinos o sobrenaturales; aunque la citada entidad se reserva la potestad de registrar una obra en la que se indique, ya sea en la solicitud o en la copia depositada, que ha sido inspirada por el espíritu divino, pero siempre que la autoría concreta sea humana. Para ilustrar esta postura, la Oficina ofrece ejemplos emblemáticos de obras que no pueden tener derechos de autor, entre ellas, una fotografía tomada por un mono; un mural pintado por un elefante; una obra basada en una madera que ha estado a la deriva en el mar y cuya forma ha sido moldeada por el agua; una obra basada en marcas, defectos u otras características presentes de forma natural en una piedra, etc. Tampoco, por cierto, una canción que identifique, por ejemplo, al Espíritu Santo como su autor. Qué duda cabe de que no solo el selfi del animal provoca la necesidad de reflexionar atentamente sobre el asunto, sino que también lo hacen las reacciones habidas en torno a él, de las cuales las legislativas no son las de menor importancia.

Si el caso de Naruto supuso un hito importante en el campo de los derechos de autor, al plantear si seres no humanos pueden ser reconocidos como creadores de una obra, el debate sobre la autoría se ha intensificado en la actualidad con la aparición de un nuevo ente a considerar en el ámbito de la autoría: los algoritmos de la IA.

La Inteligencia Artificial y el registro de los derechos de autor

La tarea de establecer límites a las creaciones impulsadas por la IA ha generado ya diversos debates y conflictos, como no podía ser de otra manera. Podríamos dividir la complejidad de este asunto en dos vertientes principales: por un lado, la relativa al registro de las obras, siguiendo con la discusión planteada en el apartado anterior respecto a las supuestas creaciones por parte de animales; y, por otro, la concerniente a la intrincada tarea de demostrar la titularidad de los derechos en el ámbito de la IA, así como a la de concluir en qué medida estas creaciones pueden ser consideradas obras derivadas.

Un caso emblemático que ilustra la situación actual se produjo en agosto de 2023, cuando un juez federal de Estados Unidos negó la solicitud del informático Stephen Thaler, que pretendía registrar una obra de arte concebida por IA. La obra tenía como título *A Recent Entrance to Paradise* (figura 42), y había sido generada automáticamente por un sistema que Thaler programó y bautizó con el nombre poco imaginativo de: «Creativity Machine». Thaler pretendía que el sistema informático fuese reconocido como el autor de la obra, con la intención de que, una vez adjudicados estos derechos al sistema, le fueran transferidos a él en calidad de dueño del mismo. Sin embargo, el fallo de la jueza Beryl A. Howel, en concordancia con las directrices de la Oficina de Derechos de Autor, estableció que la autoría humana era un requisito esencial para el registro de obras. Por lo tanto, la transferencia de derechos era irrelevante en este contexto.

No era la primera vez que Thaler intentaba desafiar a la Oficina de Derechos de Autor. Meses atrás, ya había pretendido registrar otras crea-

Figura 42

ciones suyas, generadas por medio de un *software* diseñado por él, al que denominó DABUS. Hasta la fecha de escritura de este texto, Thaler ha intentado registrar sus obras en dieciocho jurisdicciones distintas, con el objetivo de obtener patentes a nombre de su sistema de IA.

Otro episodio significativo fue el relativo a Kris Kashtanova, una artista y escritora radicada en Nueva York. Su novela gráfica *Zarya of the Dawn* (figura 43) narra las aventuras de una joven que viaja por el cosmos para encontrarse a sí misma. Kashtanova inició su proceso creativo con bocetos propios que delineaban la estructura del relato que luego debía ser plasmada en su libro mediante ilustraciones creadas con la herramienta de Inteligencia Artificial Generativa Midjourney.

Con la intención de proteger su obra, Kashtanova la presentó a la Oficina de Derechos de Autor de los Estados Unidos en 2022. De forma sorprendente y sentando un importante precedente, logró obtener el registro de *copyright*. Esta concesión inicial fue histórica, porque, por primera vez, se otorgaba un registro de derechos de autor a una obra cuyo proceso creativo contaba con una significativa intervención de la IA. En el fallo original de la oficina de registro, se interpretó que Mid-

Figura 43

journey era una simple herramienta, semejante a un pincel en el mundo de la pintura tradicional; y, bajo esta premisa, las imágenes producidas mediante el dispositivo de IA eran consideradas una manifestación de la creatividad y la visión artística de la autora. Lo cual no deja de ser sensato.

Sin embargo, la celebración fue efímera. A principios de 2023, después de una revisión más detallada del caso y de haber recibido información más exhaustiva sobre el funcionamiento y las capacidades de Midjourney, la Oficina de Derechos de Autor revocó la protección de las imágenes de la novela gráfica. En esta ocasión, argumentaron que solo se podía reconocer la autoría de Kashtanova sobre el texto, la estructura y la disposición general de los elementos. Las imágenes generadas por Midjourney no se consideraban, en cambio, el producto de una autoría humana directa. Por lo tanto, el registro original fue cancelado y se reemplazó por otro que solo protegía el contenido expresamente creado por la escritora, dejando las ilustraciones generadas por la IA en un limbo legal.

Estos ejemplos nos sitúan frente a una problemática emergente de extrema importancia: la disputa sobre la autoría en los casos en los que existe una confluencia de creaciones humanas y maquínicas o artificiales. Las decisiones judiciales, al negar el registro, parecen insinuar que la máquina tiene un rol autónomo en la creación. Con ello, se ignora que toda máquina, por avanzada que sea, opera a partir de la programación y la dirección humanas. Su aparente «creatividad» se origina a partir de un diseño y un propósito humanos que son los que, en algún punto del proceso, inician el acto creativo. De todas formas, queda en el aire algo que se ha planteado a lo largo de este libro, es decir, el estatus de aquellas obras que la ImA genera «espontáneamente», al margen o más allá de las instrucciones introducidas en el sistema por un ser humano. Por otro lado, es necesario considerar la intervención de los algoritmos en el proceso, poniendo de relieve así las diversas capas que pueden intervenir en él, las cuales forman un entramado cuyas diversas funciones deben ser estudiadas en profundidad.

Aunque la USCO se refiere a las máquinas como herramientas «generativas», también indica que las creaciones de la IA, aunque no tengan la misma chispa creativa que los seres humanos, limitan mucho la intervención de estos. Un ejemplo de ello tendría que ver con los *prompts,* el grupo de instrucciones que impulsan la generación de contenido. Si bien un humano proporciona dicho *prompt,* es la IA por sí misma la que decide cómo se lleva a cabo esa instrucción, por lo que el producto resultante debería atribuirse más a la máquina que al humano. El esfuerzo creativo, según estas disposiciones, se situaría más del lado del algoritmo. Sin embargo, la autoría no debería basarse tampoco en la intensidad del esfuerzo o en el tiempo invertido en la creación. Hay artistas que han concebido obras magistrales en períodos breves, o con esfuerzos reducidos, y ello no ha disminuido su valor o cuestionado la autoría de su creador. La verdadera esencia de una obra no radica en cuánto trabajo se haya invertido en ella, sino en su capacidad de innovar, de presentar algo original y significativo. Esta originalidad, en combinación con el contexto social y cultural, es lo que realmente determina su valor. Parafraseando al célebre crítico John Berger, se puede decir que el valor de una obra de arte se define por el juicio crítico y, en última instancia, por lo que la sociedad estima que vale. Podría citarse, en este contexto, el argumento que Wordsworth introdujo en su alegato en favor de la autoría, hace dos siglos, cuando los editores indicaron que, si se ampliaba el período de validez de esta, se dificultaría la circulación de la literatura y se acabaría perjudicando al público. Contra ello, afirmó el poeta que:

> [Lo] que queremos en estos tiempos, y es probable que todavía queramos más aún, no es la circulación de libros, sino de buenos libros, y sobre todo, la producción de obras cuyos autores miran más allá del día que pasa, y están deseosos de agradar e interesar a las generaciones futuras (Woodmansee y Jaszi, 1994: 5).

Adaptaciones y obra derivada

Otro aspecto esencial en este debate es hasta qué punto una obra que se nutre de otras obras previas puede considerarse original, y cuánto de esta obra se reconoce simplemente como adaptación.

Desde una perspectiva legal, adaptar significa transformar una obra en otra, sin que se pierda el núcleo esencial de la primera, por ejemplo, cuando una novela se convierte en guion cinematográfico o se traduce a otro idioma. Este derecho está vinculado con los derechos patrimoniales del autor. La adaptación da lugar a una obra derivada que disfruta de la misma protección que la obra original. Aunque el autor de la adaptación tiene derechos sobre la obra derivada, ello no afecta a los derechos del creador original. El hecho de que sean dos derechos distintos no quita que uno derive del otro, por lo que el adaptador no está exonerado del requisito de obtener el permiso del titular de los derechos de autor originales. Existe también el apartado, un tanto ambiguo, de los denominados derechos de recreación o modificación. Es obvio que un autor tiene el derecho de alterar su obra cuando y como lo considere pertinente, pero si un tercero ha adquirido los derechos sobre ella, aunque no puede obstruir la recreación, puede sin embargo reclamar una compensación por posibles daños derivados de esas modificaciones. En este ámbito, es pertinente tener en cuenta la distinción que se hace entre los derechos morales y los patrimoniales. Los morales son inalienables, no se pueden ceder y en algunos casos solo se pueden otorgar en herencia. Son aquellos derechos que garantizan la autoría y establecen una serie de protecciones sobre la obra que se derivan de esta autoría. Por ejemplo, el autor adquiere la propiedad de la obra desde su creación y tiene derecho a modificarla como quiera o a que se mantenga su integridad, es decir, que no se pueda modificar sin su permiso. También tiene derecho a retirarla del mercado si lo cree conveniente. Por su parte, los derechos patrimoniales, que básicamente giran en torno al rendimiento que se puede conseguir de una obra, se pueden vender o ceder, pero prescriben. Estos derechos contemplan la reproducción, distribución, comunicación, transformación y recopilación, con el importante apartado, en el mundo anglosajón, del llamado *fair use* (uso justo) que permite el uso total o parcial de una obra en determinadas circunstancias relativas a la crítica, a la investigación o la enseñanza. Es en este marco donde se observan más claramente las diferencias entre el concepto europeo de derechos de autor y el anglosajón de *copyright*, puesto que, así como el primero contempla la posibilidad de derechos morales y patrimoniales, en la esfera del *copyright* solo figuran los patrimoniales.

La reapropiación es otro concepto importante en este ámbito. Se refiere al acto de transformar una obra existente, insertándola en un nuevo contexto o sometiéndola a una nueva interpretación. A diferencia de la simple reproducción, la reapropiación elude ciertas restricciones directas, lo que permite que, bajo determinadas circunstancias, una obra pueda ser reinterpretada sin el permiso explícito del titular original de los derechos de autor. Sin embargo, esta reconfiguración debe realizarse respetando los derechos del autor original, evitando causarle perjuicios y cumpliendo con las normativas legales. La falta de atribución adecuada, especialmente en contextos comerciales, puede llevar a infracciones legales. Este marco conceptual se vuelve especialmente relevante al examinar casos controvertidos, como el del pintor y fotógrafo estadounidense Richard Prince y su uso tanto de la IA como de otras fuentes de inspiración. Su actuación es, en este sentido, representativa de las nuevas formas de creatividad, sobre todo de aquellas que podríamos denominar subsidiarias.

El príncipe de la tinieblas

Los derechos de autor siempre han estado sometidos a diversas interpretaciones, la mayoría de las cuales se han dirimido en los juzgados. Pero no fue hasta mediados del siglo xx en adelante cuando el concepto de propiedad intelectual empezó a adentrarse en un territorio inesperado en el que esta idea veía temblar sus fundamentos tanto éticos como legales. Lo más significativo del hecho era que la sacudida no provenía del terreno de la economía o de la propia legislación, sino del campo de la estética. Las disputas han seguido llegando a los juzgados como antes, pero a ellas les han acompañado ahora intensas controversias estéticas que antes acostumbraban a quedar en un segundo término. Este nuevo territorio, que tiene mucho de un campo de minas, es el que configuraron las técnicas de la apropiación, cuyo auge se inició a partir de los años setenta. Como afirma el filósofo canadiense James O. Young:

> Casi todos los artistas participan en algún tipo de apropiación en el sentido de que toman prestadas ideas, motivos, tramas, recursos técnicos, etc., de otros artistas. En el mundo del arte contemporáneo, la apropiación es a menudo muy consciente, ya que los artistas se apoderan de imágenes de otros artistas, de una manera descrita con frecuencia como «posmoderna» (2008: 4).

La clave de esta técnica, es decir, lo que la distingue de la simple inspiración de las apropiaciones estéticamente fundamentadas, es el hecho de que estas actuaciones son conscientes, voluntarias e incluso teóricamente justificadas. Es esto lo que las convierte en «posmodernas». Conocida es la afirmación de Picasso acerca de que él no copiaba, sino que robaba. Robar implica, en este contexto, apropiarse de algo para utilizarlo en beneficio propio, es decir, para ponerlo en una situación distinta de la que ocupaba en su origen. En resumidas cuentas, para transformarlo.

Son muchos los artistas relacionados con la apropiación, pero si hay uno cuyas actividades representen con mayor contundencia las consecuencias que conlleva en el ámbito de los derechos de autor la práctica de la apropiación es el norteamericano Richard Prince. Nadie como él ha puesto a prueba la esfera legal relativa a la autoría. Desde el comienzo de su carrera, en los años setenta, su actividad artística ha sido debatida una y otra vez en alguna corte legal. Ya en 1977, creó lo que llamaba una *refotografía* (la fotografía de otra fotografía), utilizando cuatro imágenes publicadas con antelación en el *New York Times,* lo que originó una de sus primeras y más sonadas controversias.

Se dice que Prince desarrolló su fascinación por el arte de la apropiación en uno de sus primeros empleos. Trabajaba en un departamento de la revista *Time-Life* donde se barajaban innumerables imágenes pertenecientes a las ocho revistas de la empresa. Él era el encargado de recortar los artículos que las contenían para archivarlos. La anécdota, incluso si no es cierta, resulta significativa porque pone de relieve el contexto en el que surge de manera inevitable la idea de la apropiación, es decir, el uso de otras imágenes para confeccionar obras de arte propias. En el terreno de una cultura visual cada vez más pujante y alimentada por sistemas de reproducción técnica que impulsan una intensa circulación de las imágenes, parece inevitable que estas se conviertan en objeto de la mirada artística. Se trata de una puesta al límite de otras técnicas aparecidas anteriormente, como el *collage* o el fotomontaje. Estas se diferencian de la apropiación en que en ellas no se acostumbra a utilizar la totalidad de las imágenes, sino fragmentos recompuestos de ellas. La apropiación, por el contrario, tiende a reproducir, aunque sea con algunas variaciones, la totalidad de una imagen. No pretende esconder la procedencia, sino usarla como un elemento estético adicional. La técnica de la apropiación utiliza las imágenes como punto de partida, es decir, de la misma manera que el arte realista podía utilizar la realidad, para *apropiarse* de ella. Para los artistas de la apropiación, el conjunto de imágenes que produce la cultura visual es como una segunda realidad, puesta a disposición de la creación artística. Es por ello que esta práctica pone a prueba de manera tan incisiva el sistema legal referido a los derechos de autor y la propiedad intelectual. Y es por ello también que un artista tan radicalmente comprometido con este sistema como Prince se halla constantemente sometido a litigios. Se diría que estos forman parte de su propia acción artística, como si las sentencias de los tribunales fueran un comentario teórico más a su obra.

Lo cierto es que el artista también se ha visto recompensado económicamente por estas prácticas, lo cual pone de manifiesto una vez más la incidencia del factor económico en la apreciación del arte contemporáneo. Por su obra *Untitled Cowboy* se llegó a pagar, por ejemplo, un millón de dólares en una subasta de Christie's de Nueva York, en 2005.

Los litigios legales de Prince han sido seguidos muy de cerca tanto desde el mundo del arte como desde las instancias de la ley, debido a su potencial para sentar precedentes sobre los límites de la propiedad intelectual, sobre todo en los últimos años, en los que el autor se ha adentrado en un terreno que puede considerarse virgen en este sentido, el de las redes sociales. Por ejemplo, su serie denominada «New Portraits» se compone enteramente de fotos de Instagram pertenecientes a otras

Figura 44

personas a las que el artista ha añadido comentarios altamente peculiares. Igualmente, y siguiendo con su interminable saga legal, Prince fue demandado en 2015 por la modelo Ashley Salazar por utilizar sin permiso una foto suya de Instagram para fines comerciales. Un juez dictó que Prince debía indemnizar a Salazar con veinticinco mil dólares. El artista apeló la sentencia, pero esta fue confirmada por otro tribunal en 2017.

Posteriormente, Prince exploró la IA para generar imágenes a partir de sus propias fotografías. Las imágenes resultantes, a pesar de ser semejantes a las originales, mostraban sutiles diferencias. Sosteniendo que estas creaciones eran de su propiedad, intentó registrarlas y venderlas como obras protegidas por la legislación sobre los derechos de autor.

Aunque Prince ha sido objeto de tantas críticas como demandas, su actuación como artista ha tenido la virtud de alimentar importantes debates sobre los límites de la autoría, la originalidad y los derechos de autor referentes a las imágenes, especialmente en la era digital. En la figura 44, se muestra una imagen producida por Stable Diffusion, a partir del comando «Untitled Cowboy from different pictures of the *New York Times* in the style of Richard Prince», es decir, combinando el título de la conocida *refotografía* de Prince, extraída de un anuncio de Marlboro, con una referencia a su apropiación de las imágenes de la revista estadounidense, al principio de su carrera. Se propone así una forma de continuar la discusión de fondo por otros medios.

Más allá de la copia

En casos como los que anteceden, se ponen de relieve los desafíos legales que emergen del cruce del arte contemporáneo con la tecnología, una situación que está difuminando los conceptos de autoría y propiedad intelectual. Una cuestión particularmente compleja es la relativa al entrenamiento de modelos de IA usando bases de datos reconocidas que se nutren con imágenes y textos de Internet. Estos materiales son utilizados para generar modelos por dispositivos de ImA, como Stable Diffusion, Dall-E o Midjourney, aunque las verdaderas fuentes de alguno de los dispositivos no se conocen con certeza. En este caso, se plantea el dilema de si las creaciones resultantes deberían tratarse como obras derivadas, dado que provienen de fuentes originales registradas. Mientras que algunos abogados argumentan que no, indicando que la imaginación humana también se inspira en productos culturales ya existentes y la inspiración no devenga derechos de autor, otros sostienen que sí deberían considerarse obras derivadas, lo que implicaría reconocimiento y compensación para los autores originales.

Un claro ejemplo de esta controversia es la demanda colectiva presentada por diversos artistas en 2023 contra las plataformas Stability AI, DeviantArt y Midjourney. Los demandantes alegaban que el contenido producido por la IA guardaba un parecido preocupante con obras originales previamente protegidas por derechos de autor, las cuales se supone que fueron usadas para el entrenamiento de esos sistemas. El núcleo del litigio se centró en determinar si el contenido generado por la IA era lo suficientemente parecido al original para considerarse un plagio, o si, por el contrario, era sobradamente distinto para ser considerado una obra derivada.

Otro caso remarcable es la demanda por infracción de derechos de autor efectuada en los Estados Unidos por Getty Images contra Stability AI. Getty Images es una compañía estadounidense que suministra todo tipo de imágenes de *stock,* así como vídeos y música. Posee una impresionante biblioteca que cuenta con unos quinientos millones de elementos. Por su parte, Stability AI es una empresa de IA generativa de código abierto que pretende, según sus propias declaraciones, promover en todo lo posible el acceso a la IA con el fin de impulsar la creatividad y la innovación generalizadas. Getty Images alegó que Stability AI había copiado más de doce millones de fotografías de su catálogo, junto con sus respectivas descripciones y metadatos, sin permiso ni compensación, con el objeto de montar un negocio competitivo. La demanda afirmaba que, en lugar de negociar una licencia, Stability AI simplemente se apropió de las imágenes para entrenar su modelo de IA, el denominado Stable Diffusion. Este modelo genera imágenes en respuesta a instrucciones de texto y, al principio, reproducía una versión modificada de la marca de agua de Getty Images, lo que podía infundir sospechas sobre la procedencia de las imágenes. Posteriormente, el sistema eliminó estas marcas. Un ejemplo de la entidad de la demanda se muestra en la figura 45, donde puede verse la fotografía de unos futbolistas, procedente del archivo de Getty Images, junto a una imagen similar generada por Stable Diffusion, en la cual se observa la marca de agua de Getty Images, aunque distorsionada. Lo cierto es que, contemplando las dos imágenes, no se puede decir que una sea la copia de otra. Es más, ni siquiera es posible afirmar con contundencia que una proviene de la otra, más allá de que ambas muestran el lance de dos jugadores en un partido de fútbol. Ello abre otro frente en el terreno de la apropiación, puesto que obliga a establecer dónde están los límites entre el original y su interpretación: ¿se está hablando de un plagio, de una apropiación, de una copia o de una inspiración? ¿O simplemente de una casualidad? Lo que en el campo de la literatura puede estar más o menos claro, en el ámbito de la imagen, sobre todo la imagen digital, resulta mucho más ambiguo. Mientras que el

Figura 45

robo o la copia de una pintura no admite muchas discusiones, entramos en un territorio mucho más pantanoso cuando nos referimos a la reproducción en diferentes medios de un cuadro. No cabe duda de que, en el colofón de la era de la reproductibilidad técnica, ya no se busca tanto proteger los derechos de autor como extraer el máximo beneficio económico de cualquier obra y sus posibles derivaciones. Era de esperar que, en una sociedad tan mercantilizada como la nuestra, las obras, en sus distintas versiones mediáticas, se convirtieran en simples productos de los que extraer el máximo beneficio de todos los modos posibles.

Los expertos auguran que la demanda de Getty Images tiene una base más sólida que la planteada colectivamente por el grupo de artistas que consideran que su obra ha sido de alguna manera expoliada. Ambos casos siguen su curso y es difícil predecir cuál será la sentencia. Es posible que las discusiones giren en torno a la interpretación de la doctrina de «uso justo». Pero lo más relevante en ambos casos es que el simple planteamiento del problema indica hasta qué punto se reconoce que los nuevos instrumentos de la IA materializan funciones mentales humanas, en este caso, la inspiración o aquella parte de la imaginación relacionada con la memoria, y también cómo esta exteriorización permite que la función sea mercantilizada.

Este tipo de reclamaciones no son exclusivas del ámbito de la imagen. La industria musical se ha visto involucrada en disputas similares en torno al uso de la IA. En el año 2023, el usuario de TikTok @ghostwriter77 diseñó y compartió en plataformas sociales la canción «Heart on My Sleeve», empleando tecnología de IA para simular una colaboración entre los reconocidos artistas Drake y The Weeknd, replicando sus voces de manera convincente. La discográfica de ambos artistas, Universal Music Group, expresó su preocupación por las cuestiones relacionadas con la propiedad intelectual e inició acciones destinadas a retirar dicho tema de las plataformas en línea. Las disputas en este sentido no solo tienen que ver con los resultados, sino que alcanzan el propio interior de la tecnología. En 2022, colosos empresariales como Microsoft, GitHub y OpenAI se enfrentaron en una demanda debido a que GitHub Copilot, un asistente basado en la IA, sugería de manera automática líneas de código preexistentes, que eran utilizadas sin el debido reconocimiento de los programadores originales.

En diciembre de 2023, el *New York Times,* basándose en el hecho de que el periodismo independiente es vital para la democracia, interpuso una demanda contra OpenAI y Microsoft por el uso indebido del trabajo del periódico con el fin de crear productos de IA. Se trata concretamente de la utilización, sin consentimiento previo, de los artículos publicados en el periódico para entrenar los sistemas GPT de la mencionada empresa de IA. La demanda no cubría solamente las noticias recientes, sino que se ampliaba a «casi dos siglos de noticias de gran calidad, originales e independientes»[14]. Según el *Times,* la operación le habría ocasionado cuantiosas pérdidas económicas al desviar al chatbot[15] de OpenAI las consultas de los usuarios que, de otra forma, acudirían directamente a la web del periódico. Este se quejaba de que también le perjudicaban las llamadas «alucinaciones» que a veces produce el sistema del ChatGPT. Se trata de la generación de contenido erróneo que, en este caso, se adjudicaba al *Times.* Por ejemplo, el Chat puede generar un artículo que empieza como el original del periódico, pero cuyo contenido se va modificando paulatinamente hasta convertirse en erróneo o falso.

No cabe duda de que la demanda del *New York Times* es muy sólida, pero sería un error contemplarla solo como un litigio tradicional entre dos empresas por cuestiones de *copyright.* Esto es solo una parte del problema. La otra parte, que tiene que ver con la nueva situación

---

[14] https://nytco-assets.nytimes.com/2023/12/NYT_Complaint_Dec2023.pdf.

[15] Se trata de programas informáticos que utilizan la IA para comprender las preguntas y ofrecer respuestas automáticas que simulan la conversación humana.

que ha creado la IA, superpuesta a los cambios ya generados por la existencia de Internet no solo en el periodismo sino en todos los campos del conocimiento y su difusión, obliga a una serie de reconsideraciones de extrema importancia para consolidar el nuevo panorama. Aparecen dos cuestiones en la demanda que son un indicio de que no todo está tan claro como parece. Estos dos elementos, que en la querella se presentan como prueba de la infracción, son susceptibles de ser interpretados como todo lo contrario. Se trata, por un lado, de la aplicación de la propiedad intelectual a materiales que, según afirma el mismo periódico, tienen casi dos siglos de antigüedad —es una ambición que da qué pensar—, y, por el otro, de la existencia de «alucinaciones» de la IA, cuya presencia implica la posibilidad de actuaciones espontáneas del sistema que, a pesar de que ahora puedan ser generalmente erróneas, pueden no serlo en el futuro. En cualquier caso, indican la existencia de una cierta libertad imaginativa que pone en entredicho que se consideren un verdadero plagio. En el ámbito del espíritu de la ley de los derechos de autor, el *New York Times* tiene razón, pero es necesario plantearse el panorama que se abre con los sistemas generativos, sin olvidar, de todas formas, que detrás de ellos también hay, en estos momentos, intereses empresariales.

Estas prolijas controversias plantean asimismo el problema adicional de qué parte de los procesos está sujeta al derecho de autor. O, dicho de otro modo: hasta dónde, en el corazón de la máquina, consigue llegar la idea de autoría. Si por un lado tenemos las disputas en torno a los datos utilizados para entrenar los sistemas, tampoco escasean los casos en los que el dilema alcanza el nivel de los algoritmos que se hallan en la base del funcionamiento.

Recordemos el caso de *El retrato de Edmond de Belamy* (figura 46). Esta pieza fue generada usando un algoritmo de Red Antagónica Generativa, formado a partir de un conjunto de datos relativos a más de quince mil retratos pictóricos pertenecientes al período situado entre los siglos XIV y XIX, todos ellos extraídos de la enciclopedia en línea WikiArt. Esta obra, generada por el colectivo francés Obvious, se hizo famosa al ser vendida en una subasta de Christie's por más de cuatrocientos mil dólares en octubre de 2018. Y no solo hizo historia por ser considerada erróneamente que era la primera obra de arte generada por la IA, sino también por los intensos debates que provocó sobre la autenticidad del arte y su valor. A raíz del precio exorbitante de su venta, se desataron complicadas batallas legales sobre los derechos de autor de la

Figura 46

pieza. Robbie Barrat, un artista estadounidense que había trabajado en obras similares utilizando IA, alegó que fue él quien escribió el código usado por el colectivo francés para crear ese retrato, y que no fue acreditado ni compensado por ello. Barrat había compartido abiertamente su código en línea con la esperanza de que sirviera de inspiración a otros creadores. Obvious, al parecer, hizo unos pocos cambios en el método de Barrat y, a partir de ellos, creó la imagen que luego fue vendida en Christie's. Aunque técnicamente el colectivo francés tenía derecho a usar el código según la licencia de GitHub en la que fue publicado, Barrat no estuvo muy conforme con el procedimiento y, a partir del incidente, decidió añadir restricciones específicas sobre su uso comercial.

En el contexto de estos extensos debates, es necesario tomar en consideración la diferencia que se establece entre uso privado y uso público de las obras. El estatuto de la copia privada establece un límite al derecho de reproducción: se permite a las personas hacer copias de obras protegidas a las que han accedido legalmente, para uso personal, es decir, siempre y cuando no haya fines lucrativos de por medio ni se utilicen en presentaciones públicas. Sin embargo, esta restricción no abarca a cualquier tipo de copias. El problema está centrado, pues, en cómo las empresas tecnológicas pueden evitar posibles demandas al usar las fuentes privadas para entrenar sus sistemas. De todas formas, el conflicto no se circunscribe al área de la empresa, sino que afecta y de forma mucho más directa a los creadores que recurren al acervo de imágenes existentes en una era digital como la nuestra que no solo facilita el acceso a estos recursos, sino que incluso los promueve, abriendo el camino a nuevas formas de arte. Philip Dodd, director del Institute of Contemporary Arts de Londres, acertadamente nos advierte de lo cuidadosos que debemos ser en las discusiones sobre el *copyright,* algo que no siempre sucede en ninguno de los ámbitos afectados:

> Todos los artistas son perfectamente conscientes de que el arte es inimaginable sin un lenguaje común —y que esto complica todas las discusiones sobre el *copyright.* La originalidad absoluta es, en resumen, tan imposible como el «lenguaje privado» que Wittgenstein demostró que era un mito. Los artistas reconocen también que ciertas formas de apropiación son aceptables. Después de todo, si permitimos que una pizca de historia penetre en los argumentos sobre la «propiedad», podemos ver que el «robo» no es siempre un asunto de tipos comercialmente «maléficos» robando a los artistas. *Ulises,* la gran novela de James Joyce, sería inimaginable al margen de su diálogo con el lenguaje de la publicidad (McClean y Schubert, 2002: 7).

La inteligencia del arte artificial

Aparte de los litigios relacionados con las diferentes partes del proceso de producción de obras generadas con IA, se originan también una serie de controversias acerca de cómo estas obras se insertan en el panorama artístico y social, y sobre todo cómo se legitima su valor tanto estético como relativo al mercado del arte, al margen de lo que decidan los tribunales de justicia.

Dos ejemplos ilustran estas tensiones. En septiembre de 2022, la obra *Théâtre D'Opéra Spatial*, creada por Jason M. Allen utilizando la herramienta Midjourney, fue galardonada en la Feria Estatal de Colorado en la categoría de artistas digitales emergentes. Llamó la atención la avalancha de críticas que recibió el artista en las redes sociales, a pesar de que el premio otorgado solo era de trescientos dólares. Numerosos usuarios intervinieron para cuestionar la naturaleza de la obra. Allen, que es fundador y CEO de Art Incarnate, solicitó en su momento el registro de esa imagen a la Oficina de Derechos de Autor de los Estados Unidos, pero le fue denegado con la alegación de que su autoría no era humana y solo contenía material generado por IA.

Por otro lado, en marzo de 2023, la World Photography Organisation dio a conocer los ganadores de los Sony World Photography Awards de ese año, un certamen al que se habían presentado unas doscientas mil imágenes, de las que se habían preseleccionado una gran cantidad de ellas, pertenecientes a alrededor de cien fotógrafos de todo el mundo. Las obras se repartían en diez categorías y el ganador de cada una de ellas, además de recibir cinco mil dólares de premio, competía por el prestigioso título de «Open Photographer of the Year». En la categoría de fotografía creativa, ganó la obra titulada *Pseudoamnesia: The Electrician,* que muestra a una mujer mayor abrazando por detrás a una más joven (figura 47). Pero el autor de la imagen, el artista Boris Eldagsen, rechazó el premio, revelando que esta había sido generada con la ayuda de Dall-E, una herramienta de IA.

La fotografía de Eldagsen forma parte de una serie en progreso cuyo título general es «Pseudoamnesia», un término griego que significa «falsa memoria». Tal como aclara el autor en su web, el título se refiere al «recuerdo erróneo de eventos que nunca ocurrieron, en contraste con una memoria que simplemente es inexacta». Eldagsen crea sus imágenes basándose en el lenguaje visual de las fotografías de los años cuarenta, introduciendo *prompts* específicos y usando técnicas de *inpainting* y *outpainting*. El *inpainting* permite rellenar zonas faltantes en una imagen, mientras que el *outpainting* extiende la imagen más allá de sus bordes originales, creando por tanto nuevas áreas espaciales en ella. Sobre Eldagsen y su obra también se desató una oleada de críticas acerca de la naturaleza de la imagen, incidiendo especialmente en el hecho de que la organización hubiera decidido premiar una «fotografía» generada con IA.

Más allá de la complejidad legal que atañe a estos temas, la incursión paulatina de estas obras en el ámbito artístico y cultural cuestiona

Figura 47

no solo la manera en la que se producen las imágenes, sino también su estética. Todos estos cambios nos sitúan en una etapa de transición en la que los procesos creativos tradicionales se mezclan con los avances de la vanguardia tecnológica, generando así nuevos conceptos y nuevos espacios creativos. Como indica Andrew Wilson, refiriéndose a las paradojas que han envuelto el arte y la figura de Andy Warhol, un artista acusado con frecuencia él mismo de plagio,

> la paradoja y las contradicciones que ponen de relieve estas anécdotas definen gran parte del arte de los últimos cincuenta años; un arte que se ha desplegado cuestionando la idea de autoría, autenticidad e

> identidad. Se trata de un cuestionamiento relativo a varios asuntos, como la autoridad y el significado de la firma o a que el uso de materiales encontrados se entienda como una copia o un robo (McClean y Schubert, *ibíd.:* 376).

Pero da la impresión de que todo este panorama, que ya planteó Duchamp en su momento, no ha sido convenientemente asimilado aún por la problemática legal que plantean las nuevas tecnologías, especialmente las relacionadas con la IA, cuya presencia ofrece posibilidades insospechadas.

En este sentido, uno de los desarrollos estéticos más intrigantes de la actualidad es el de la neurografía. Este término fue acuñado por el artista alemán Mario Klingemann, una figura prominente en el mundo del arte y la tecnología, conocido por su capacidad para fusionar arte y ciencia. Klingemann se interesa por la percepción humana del arte y la creatividad e investiga la forma por la que las máquinas inteligentes pueden aumentar o emular estos procesos con el fin de crear arte autónomamente. Algunos métodos de trabajo del artista resultan especialmente destacables, así, por ejemplo,

> trabaja con varios algoritmos diferentes, uno que es capaz de recrear el arte de los grandes maestros, otro que resitúa modelos en cuadros y otro más que realizó para Google Arts and Culture. En este último caso, desarrolló el proyecto *Diez grados de separación,* consistente en un programa que conecta dos obras de arte cualquiera. De forma similar a la célebre idea de los «seis grados de separación» entre personas que proclama que todos los seres humanos estamos conectados unos a otros como máximo por seis personas, el dispositivo de Klingemann es capaz de relacionar cualquier obra con otra a través del tiempo y el espacio, analizando el color, los píxeles y los vacíos. El algoritmo que creó para Google permite conectar obras de diferentes épocas y autores, incluso las que están separadas por milenios[16].

Uno de los aspectos más destacables de este dispositivo es que parece actualizar el método que, a finales de los años cuarenta del pasado siglo, utilizó André Malraux para confeccionar su libro *El museo imaginario,* donde, por medio de fotografías, relacionaba obras de arte pertenecientes a épocas distintas. Con ello el historiador francés actualizaba,

---

[16] Carlos Trilnick, IDIS, Propuesta equipo Fadu (https://proyectoidis.org/mario-klingemann/).

a su vez, los procedimientos puestos en práctica años antes por Aby Warburg en su *Atlas Mnemosyne.* Con ello queda demostrado que la IA puede ser un instrumento de gran ayuda para la investigación del arte, a la vez que pone de manifiesto la existencia de una sutil continuidad entre el pensamiento humano y los dispositivos tecnológicos que desmiente no solo la pretendida confrontación entre ambos, sino incluso el hecho de que la tecnología deba sustituir forzosamente la actividad humana, si lo que promueve ya lo ha planteado antes algún ser humano y ella no hace más que convertirlo en más fácil.

Los planteamientos de la neurografía son también interesantes porque en ellos se reúnen de manera muy obvia las corrientes del arte y la ciencia, puesto que, por un lado, el procedimiento tiene que ver con la técnica de la resonancia magnética médica, mientras que, por el otro, apela a un método puesto en práctica por el psicólogo Pavel Piskarev en 2014 para, según sus argumentos, cambiar el pensamiento a través de la práctica de dibujar conexiones neuronales. El término incluye dos palabras: «neuro» —el trabajo del cerebro— y «grafía» —el dibujo de formas y líneas—, de manera que se combinan dos disciplinas, la psicología y el arte. Según se indicaba en una página web ya desaparecida donde se anunciaba comercialmente este procedimiento:

> Mientras la persona dibuja, el cerebro humano interpreta la conciencia tanto a nivel emocional como cognitivo, y al transferir los propios miedos al papel, una persona tiene la oportunidad de ver su problema en representaciones más simples. Los símbolos gráficos que aparecen al dibujar son una especie de sistema de preguntas y respuestas. Si los descifra correctamente, se puede obtener respuestas a sus preguntas.

No es, por supuesto, la primera vez que la psicología y el dibujo o la imagen se entrecruzan. Basta recordar las teorías de la Gestalt o el test de Rorschach, entre otros. Lo que es sintomático en este caso, más allá de la verdadera efectividad del método, es el hecho de que recoge la idea de redes o conexiones neuronales y las transforma en una especie de interfaz visual que supuestamente conecta con la psique de una manera muy peculiar: dibujar redes neuronales inventadas posibilitaría una supuesta reconexión de las verdaderas redes neuronales del cerebro del dibujante. Por otro lado, se encuentra, dentro de esta constelación, el uso que artistas como Klingemann pueden hacer de la neurografía para fines exclusivamente estéticos.

Otro ámbito destacado es el relativo a la llamada *promptography,* que se refiere a la creación artística guiada por *prompts,* o instrucciones específicas dadas a una IA. Esencialmente, en este caso, los artistas proporcionan una serie de indicaciones o directrices a una IA para que las interprete y sobre ellas genere una obra. Este proceso es particularmente popular con modelos generativos, donde las instrucciones determinan en parte el resultado final, en conjunción con el sistema de entrenamiento previo. Es un balance entre control humano y creatividad maquínica. Básicamente, se trata de los dispositivos de producción de imágenes a partir de textos, es decir, el campo de la ImA. La única novedad por la que es relevante citarla en este contexto es el hecho de haberla denominado *promptografía,* que parece insinuar que el verdadero acto creativo se encuentra en la escritura de los textos que hacen que los dispositivos generen las imágenes correspondientes.

Precisamente por esta razón, hay creadores de imágenes de ImA que ocultan sus *prompts,* los textos precisos que generan sus imágenes, así como los procedimientos adicionales utilizados para conseguirlas. Podemos especular sobre la posibilidad de que, en un futuro no muy lejano, las imágenes no circulen como tales, sino como *prompts,* para que luego cualquier persona pueda reproducirlas a partir de ellos. Como sea que las imágenes pesan mucho más que el texto, se puede pensar en sistemas de *prompts* y máquinas locales de la ImA que generen las imágenes correspondientes en los ordenadores de los usuarios, cada vez que se invoquen esos enunciados, junto con determinadas instrucciones. En este punto, la creatividad y la originalidad residirían en el texto, que circularía a modo de fórmula magistral.

La *sintografía,* por otro lado, proviene de la unión de las palabras «sintético» y «grafía» para implicar una forma de creación gráfica que se origina a partir de la síntesis digital. En lugar de capturar una imagen o escena existente, como en la fotografía, la *sintografía* crea visualizaciones desde cero, combinando elementos, formas y patrones de manera original a través de algoritmos. Está profundamente enraizada en el mundo de la generación de imágenes mediante IA, y su singularidad radica en que cada obra producida es, en esencia, una novedad, algo que no existía previamente y que ha sido «sintetizado» por la máquina. En este caso, aparece la posibilidad de una verdadera ImA, al contrario de lo que propone la creación mediante *prompts* o comandos textuales. Lo que separa, pues, la *sintografía* de la *promptografía* es la posibilidad de considerar efectiva una verdadera imaginación de carácter artificial.

Finalmente, vale la pena mencionar también el concepto de *spawning*, una idea que proviene de la plataforma del mismo nombre y que, según se indica en ella, trata de asegurar sobre todo a las empresas que sus bases de datos son respetuosas con la privacidad y el consentimiento, salvaguardando de este modo su reputación al mantener al día el seguimiento de los temas relacionados con las nuevas regulaciones y correspondientes responsabilidades legales. Detrás de esta iniciativa se encuentra Holly Herndon, una artista y música reconocida por su enfoque experimental y su habilidad para mezclar sonidos electrónicos con voces humanas para generar composiciones que tienen un carácter hipnótico. Herndon ha sido una defensora ferviente de la interacción consensual entre el artista y la IA. Su proyecto, Holly+, es un claro testimonio de esta visión, ya que ofrece un modelo de interacción artística basado en el consentimiento. La idea general de *spawning* se refiere a la generación y proliferación de múltiples variaciones de una obra artística mediante el uso de IA, permitiendo una especie de «reproducción» digital que se adapta y evoluciona con cada iteración. En algunos contextos, *spawn* puede traducirse en español como «engendro». Esta connotación nos abre una puerta interesante al análisis de estas creaciones digitales como «criaturas» que, al igual que el monstruo de Frankenstein de Shelley, nacen de la unión entre la tecnología y el arte, retando los límites legales y estéticos y cuestionando nuestra percepción sobre lo que se considera creado por el ser humano. Por otro lado, el sistema corre el peligro de convertirse, más allá de ser un conveniente asesor legal, en un primer paso hacia la conversión de la justicia en un procedimiento puramente algorítmico: dadas las leyes, un dispositivo de IA puede llegar a producir las sentencias correspondientes de manera supuestamente más ajustada que un ser humano, puesto que eliminaría del proceso el «engorroso» factor humano. La IA es un territorio aún por explorar y, por lo tanto, peligroso porque en él, además de múltiples riquezas, se esconden también innumerables monstruos, de los que solo nos puede proteger la inteligencia humana.

Creatividad total para un autor total

En los años sesenta, se puso de moda hablar de las relaciones entre el cine y la escritura. El cine pretendía ser admitido en el Parnaso y, para algunos, la mejor manera de conseguirlo parecía ser el abandono del sospechoso terreno de la imagen para arrimarse a las probadas bondades de lo escrito. Alexandre Astruc, con su idea de la *caméra stylo* (la cámara como una estilográfica), y André Bazin, con su particular interpretación del film-ensayo, fueron los más destacados fundadores de un mito que aún perdura en algunos sectores que se han quedado anclados en esa metáfora. Afortunadamente, pronto se asimiló la idea de que el cine no escribe con la cámara, sino que moldea o esculpe la realidad, creando imágenes con todos los dispositivos que el desarrollo tecnológico ha ido poniendo a su alcance. Puede que la escritura esté en el origen de su labor, ya sea con el guion o la novela que va a ser adaptada, pero lo cinematográfico, el verdadero templo, se levanta sobre esos fundamentos o pedestales, que son la antesala de otro mundo.

La ImA aparece ahora como una continuadora de esa situación. Es, por supuesto, muchas cosas más, la mayoría de ellas aún por descubrir, pero si la observamos desde la vertiente cinematográfica, descubrimos que hay una fructífera continuidad entre ambos medios. También en el caso de la ImA aparece ahora la presencia de una plataforma textual que resulta ser la impulsora de los mundos visuales que ella crea, y también se tiende ahora a confundir el origen subsidiario con la creación en sí. Pero de este contexto se desprende un fenómeno que revierte la situación y la lleva de nuevo al punto de partida, aunque solo sea para descubrir que allí el panorama ha cambiado por completo. Regresamos a la escritura, pero se trata de una escritura ligeramente distinta, una escritura híbrida que puede absorber tanto la imaginación literaria como la estructuración técnica: pensamiento técnico y pensamiento estético se combinan para producir un pensamiento y una creatividad verdaderamente poshumanos, o sea, de un humanismo potenciado. La cuestión es, decía Stiegler, «saber si la construcción industrial de lo simbólico puede hacerse diabólica, es decir, si es susceptible de engendrar una enfermedad catastrófica del espíritu en la que los símbolos puedan convertirse en "diablos"» (2004: 175). No cabe duda de que esto no únicamente es posible, sino que en realidad ya ha sucedido, puesto que nuestro mundo está poblado por infinidad de estos «diablos», pero ello sucede en gran medida porque hemos dejado que sea la industria la que se encargue de la inevitable producción industrial de lo simbólico, en lugar de ser nosotros quienes nos hagamos cargo primero de simbolizar adecuadamente lo industrial. La herencia que nos ha dejado el abismo que separa las dos culturas nos está pasando factura, pero lo hace por razones opuestas a las que argüía Snow: es decir, no porque los humanistas sigan ignorando la ciencia, sino porque han dejado que sea esta la que produzca y administre los símbolos que destila a la vez que ignora. Esta tarea pertenece por completo al humanismo, por reconfigurado que esté. Pero aún se está a tiempo de recuperar el terreno perdido, y la IA puede ser el instrumento definitivo para conseguirlo mediante ese pensamiento híbrido que es capaz de promocionar, pero del que lo desvían sus propias corrientes internas y la simbolización industrial capitalista que las controla.

Esa revolucionaria vuelta de la ImA al texto, a la escritura, se produce en primer lugar gracias a la simbolización visual de los intrincados procesos informáticos que procuran las interfaces de los programas correspondientes. El lenguaje subterráneo de la programación algorítmica se transforma en un símbolo visual que, por precaria que sea su expresividad, contiene un extraordinario potencial de actuación. Coloca literalmente al alcance de la mano un complicado saber informático y este estar a mano es equivalente a la conexión que ha habido siempre en la escritura entre la imaginación y la mano, ya sea para accionar un lápiz o una pluma o el teclado de un ordenador. Ello implica que todo el trabajo técnico y los instrumentos tecnológicos empleados anteriormente en el cine y sus derivados —vídeo, televisión, etc.— son susceptibles de ser convertidos ahora en una actividad manual, en una «escritura». De modo que regresamos actualmente a los orígenes ancestrales de la estructuración imaginaria mediante el lenguaje, pero lo hacemos situados en la cúspide de un enorme edificio cultural donde el lenguaje, el texto, la escritura o la palabra ya no disfrutan de los mismos privilegios, sino que han perdido su pureza original en un magma de entrelazamientos complejos con otros medios de expresión y sus imaginarios correspondientes. Ahora sí que se puede decir, sin metáforas de por medio, que la IA generativa, la ImA, establece una relación directa entre escritura e imagen o quizá, dentro de poco, entre oralidad e imagen.

Los diferentes programas de IA que permiten crear imágenes en movimiento proponen un amplio catálogo de posibilidades correspondientes no solo a la implementación de efectos técnico-estéticos, como pueden ser los relativos al color o al uso de una determinada «óptica», sino que alcanza también a lo que en su momento se denominó erróneamente «lenguaje cinematográfico», es decir, los movimientos de cámara, la elección del encuadre o el punto de vista, etc. Con ello, el creador de este poscine equipara definitivamente su actuación a la del escritor por lo que se refiere al hecho de que crea mundos imaginarios a través de descripciones textuales que, como decimos, pronto pueden convertirse, hasta cierto punto, en expresiones orales. Después de un siglo de industrialización de la actividad artística —emblematizada por la división del trabajo cinematográfico—, que supuso un paulatino distanciamiento entre la imaginación —la idea— y su ejecución industrial, cada vez más prolija, regresamos a una versión poshumana del creador romántico, del individuo en contacto directo con su imaginación y, por lo tanto, capaz de reunir el pensar con el hacer, sin intermediaciones.

Este regreso a una concepción romántica del autor podría considerarse un insostenible retroceso, si no fuera porque la historia nunca se repite. Nietzsche con la idea del eterno retorno no proponía un recurrente regreso siempre a lo mismo, sino el regreso a un punto que ha sido transformado por la energía acumulada por el propio periplo de ese retorno. O, dicho de otra manera, las cosas, para poder regresar del olvido o la inoperancia, han de atravesar innumerables capas de historia y de cultura, es decir, han de efectuar un viaje que las transforma inevitablemente. La nueva figura del autor o la autora les hace ser solo formalmente *románticos,* ya que no actúan como individuos aislados, sino incluidos en complejos entramados, social y políticamente conectados. Es a partir de esta plataforma como pueden ejercer una creatividad directa por la que ponen su propio imaginario a disposición del imaginario social.

En gran medida, el film-ensayo ya había preparado el camino para llegar a esta situación al haberse convertido, con el paso del tiempo, en un ejercicio creativo tan individual como el de la escritura, sobre todo en el momento del montaje de las imágenes y especialmente cuando estas provenían de archivos ya existentes. Este recurso al archivo de los ensayos fílmicos más radicales acercaba el cine a la escritura, a una escritura con imágenes, muy distinta sin embargo de la que vislumbraba Astruc en su momento. Podemos decir que, con el film-ensayo, las actividades del cineasta y del escritor confluían en el ordenador. Sus respectivos imaginarios fluían a través de un mismo instrumento, de manera aún más directa si el escritor era además un ensayista.

Es a partir de esta confluencia que puede decirse que la actividad creativa del cine ensayo se aproxima al funcionamiento de la ImA: la diferencia, no menor, consiste en que el ensayista fílmico elige las imágenes según su criterio, mientras que en la ImA son los dispositivos los que recurren subrepticiamente a los archivos para producir síntesis de imágenes diversas. Es pertinente examinar de cerca este nuevo concepto de «imagen sintética», ya que ahora no se refiere solo a una operación digital, sino al resultado de lo que denominamos ImA. La imagen resultante de estas operaciones de IA es un conglomerado de elementos o capas susceptibles de equipararse a lo que en un ensayo fílmico supondría el montaje sucesivo de diversas imágenes. Godard, en sus ensayos, ya había introducido un montaje por capas superpuestas parecido a estas nuevas síntesis de imágenes, de manera que nada impide que el instrumento retórico del cineasta francés se incorpore a las posibilidades también retóricas de la ImA, facilitando un nuevo tipo de ensayo audiovisual, heredero directo del ensayo fílmico.

Estamos hablando de una fase de la ImA supuestamente bajo control, pero no debemos olvidar el hecho de que esta adquiere su mayor efectividad creativa cuando actúa libremente. De todas formas, no es ilógico pensar en una posible combinación de ambos procesos, el relativo a la espontaneidad de la tecnología y el referente a su obediencia a las instrucciones. En tal caso, estaríamos hablando de una impresionante alianza por medio de la cual la inteligencia y la creatividad humanas se combinarían con la inteligencia y la creatividad artificiales. El resultado de una combinación del azar y la necesidad, que es, al fin y al cabo, la semilla de toda creación artística.

En cualquier caso, los dispositivos de ImA permiten algo parecido a pintar o hacer cine —ese cine-pintura que propone básicamente la imagen digital— mediante la expresión escrita de instrucciones. Ahora aún es necesario ir añadiendo además preceptos a los *prompts,* activando los comandos correspondientes del programa. Pero nada impide imaginar que, en un futuro próximo, esta labor mecánica pueda ser impulsada mediante instrucciones escritas u orales. Ya existen programas parecidos a estos que agilizan las labores de edición fílmica, a través de instrucciones escritas con las que buscar o agrupar determinado tipo de imágenes archivadas, por ejemplo.

Los nuevos creadores encuentran en los programas herramientas directas no solo para vehicular sus ideas, sino para moldearlas formalmente. Los pinceles, los colores, la cámara, las ópticas, etc., todo ello puede ser utilizado a partir de la inspiración o la idea. Esos instrumentos no son capaces de sustituir el talento, sino que se limitan a ponerse a disposición de lo posible, mediante enlaces que son técnico-estéticos. Es decir, nodos que implican la confluencia que se produce entre un instrumento creativo convertido en instrumento tecnológico y un instrumento tecnológico transformado en instrumento estético. Porque la metamorfosis no va en una sola dirección, como puede parecer, sino que, para que esos instrumentos sean realmente efectivos, han de ser el resultado de un encuentro entre ambas afluencias, una modificando a la otra. La antigua magia parece regresar con unas tecnologías tan prestas a obedecer como a realizar trabajos complejos. Ya anunció Arthur C. Clarke hace bastantes años que cualquier tecnología lo suficientemente avanzada no se distingue de la magia. Esto sucede especialmente ahora, cuando en las nuevas herramientas tecnológicas la idea está tan en contacto con la acción que prácticamente se confunde con ella, de modo que los actuales instrumentos pueden considerarse también formas de pensamiento o formas dispuestas para el pensar.

En este punto, la IA nos sitúa ante una nueva concepción de la obra de arte total. La ImA, impulsada por la escritura, puede ser capaz de crear intensas confluencias multimediáticas. De la misma forma que el cine asimiló, para transformarlos, todos los medios —todas las artes— anteriores, la ImA, como instrumento estético creativo de la IA, puede absorberlos y transformarlos a su vez, junto con el cine y los demás medios posteriores, posibilitando creaciones totales, cuya forma apenas si podemos imaginar.

La imaginación humana regresa, pues, a su ancestral alianza con el lenguaje, pero para avanzar hacia una extrema creatividad audiovisual. Esta obra de arte total implica también la formación de una nueva figura del autor que, en consonancia, debe ser asimismo total. Un autor o autora potenciados por un pensamiento creativo y polifacético que sirva de fundamento a una refundación de la cultura humana en la que se incluye, por supuesto, la ciencia y la técnica, pero con nuevas funciones añadidas, de la misma manera que al arte también se le añaden nuevas funciones.

Se trata de una utopía que es humana y poshumana al mismo tiempo, y cuya tarea va encaminada a recuperar el timón de un pensamiento que ahora peligra por su propia ceguera. Los instrumentos para lograrlo están al alcance de la mano, pero los retos que hay que superar son realmente extraordinarios. Este regreso de la utopía debe contemplarse también en el marco del eterno retorno, de una vuelta de lo mismo que ya es distinto. Se trata, al fin y al cabo, de la reformulación humanista de la utopía poshumanista conducida hasta ahora por la tecnociencia. Félix Guattari, abogando por una política del deseo, proponía

> rechazar la oposición entre dos realidades, una objetiva y otra subjetiva, para tomar en consideración dos políticas posibles: una política de la interpretación que se refiere al pasado y se despliega sobre el imaginario, y una política de la experimentación que capta las intensidades actuales del deseo, que se constituye como maquinismo deseante en contacto directo con la realidad social histórica (2017: 435).

En gran medida, el pensamiento se ha estado moviendo en torno a este dilema que opone el interpretar al experimentar, como si fuera el testimonio de una división del trabajo considerada insuperable. Según Guattari, para resolver esta disyuntiva había que remontarse a los fundamentos de la misma:

> ¿Con qué se hace la interpretación? ¡Con palabras! ¿Con qué se hace la experimentación? Se hace mediante signos, funciones maquínicas, agenciamientos de cosas y personas. En un primer acercamiento, se diría que estos dos dominios tendrían que permanecer separados. ¿Cómo va a aclararse la situación si además introducimos el vector de la política? A primera vista, los sentimientos, la acción, la teoría y el maquinismo parecen provenir cada uno de un orden de cosas distinto, ¡por eso no deberíamos confundirlos entre sí! Y, sin embargo, creemos que es indispensable no dejar que se solidifiquen en estratos aislados los unos de los otros *(ibíd.)*.

Guattari ignoraba que pudieran existir instrumentos como la IA que, en consonancia con una tecnología como la del ordenador, pudieran no solo reunir la interpretación y la experimentación, el pensar y el hacer efectuados prácticamente al unísono, sino también confeccionar con ello obras de arte multidimensionales. Obras de arte total, convertidas en máquinas pensantes, creadas mediante la colaboración de la IA con la inteligencia humana, pero siempre en beneficio de esta, como única rectora posible del verdadero pensamiento.

Epílogo

> Materia que de vida te informaste
> ¿en cuántas metamorfosis viviste?
>
> Luis de Sandoval y Zapata

La metáfora del personaje de Lewis Carroll que utilizamos al principio de este escrito para señalar el acelerado desarrollo de la tecnología contemporánea ha seguido demostrando su utilidad, a lo largo del proceso de escritura del libro, para desespero de sus autores. Nuestras reflexiones, como Alicia, han estado persiguiendo continuamente una entidad imposible de alcanzar, un objeto situado siempre por delante de ellas. De ahí la necesidad de cerrar el libro con un epílogo mediante el que paliar alguno de los desfases que el aceleracionismo tecnológico ha podido producir con respecto a nuestros planteamientos. No se trata solo de dar cuenta de determinados avances que no se han podido tener en cuenta durante el proceso de escritura, sino también de acomodar a ellos nuestra reflexión teórica, empezando por lo que representa pensar y escribir sobre algo que se halla en constante proceso de transformación.

La teoría de la IA está repleta de metáforas, empezando por el mismo concepto de inteligencia. En realidad, la tecnología requiere siempre de la metáfora para poder ser explicada y pensada, más allá del lenguaje propio de la mecánica o la ingeniería. En nuestro escrito nos hemos referido constantemente a los procedimientos metafóricos, pero siempre para describir el contexto en el que se inserta la IA o para definirla, nunca hemos entrado a considerar que quizá el funcionamiento de la IA y sobre todo de la ImA es fundamentalmente metafórico. La tecnología en general, más allá de requerir la metáfora para poder ser pensada, ha incorporado, a lo largo de su evolución, una serie de metáforas del cuerpo y del pensamiento, materializadas en las piezas de su maquinaria, así como en su funcionamiento. Es cierto que, poco a poco, a medida que las máquinas se hicieron más complejas o que se fueron diluyendo sus componentes mecánicos, que pasaron a ser fluidos, las metáforas fueron cada vez menos evidentes, siguiendo un proceso como aquel en el que, en el lenguaje, el uso tiende a disolver también su potencia expresiva. Pero, finalmente, la IA ha vuelto a situar la metáfora en un primer término, puesto que se plantea abiertamente la emulación de una facultad humana como la inteligencia, a través de procedimientos técnicos y matemáticos que solo han podido ser concebidos y diseñados —o podríamos decir que pensados— metafóricamente. Pero en el caso de la ImA, la metáfora tiene una función aún más explícita.

No está claro que la IA sea capaz de poseer el mínimo aliento poético que se precisa para producir metáforas. Sin embargo, su imaginación, esa imaginación tecnológica que hemos tratado de delimitar y que corresponde al funcionamiento libre de los dispositivos, parece ser fundamentalmente metafórica, aunque sea una forma de metáfora distinta a la que ha manejado hasta ahora nuestra cultura, distinta incluso a las particularidades de la metáfora visual. Correspondería a una nueva retórica que articula el funcionamiento de las que podríamos denominar tecnologías de la imaginación inauguradas por la fotografía y el cine. Por ello, puede decirse que la tendencia industrial hacia la búsqueda de un realismo cada vez mayor va en contra del régimen imaginario iniciado por los dispositivos de la ImA, puesto que es una intención antimetafórica y, por consiguiente, antipoética. Los primeros instrumentos de la IA generativa de imágenes eran máquinas poéticas, surgidas del marco creado por las primeras tecnologías de la imaginación. También esos medios tuvieron que trascender, en su momento, la propensión mimética para alcanzar su verdadera capacidad expresiva y, muchas veces, tuvieron que hacerlo desde el interior de un realismo planteado erróneamente como congénito a su esencia estética, es decir, no oponiéndose radicalmente a lo figurativo, sino transformando metafóricamente esa figuración, lo cual, lejos de ser un inconveniente, fue una ventaja.

No diremos que sea una completa aberración que la ImA evolucione hacia un realismo cada vez mayor, pero sí que parece una limitación dar la espalda a sus posibilidades poéticas e imaginarias que están en la base de la creación de sus dispositivos. También el hipertexto nació como un dispositivo «poético», adscrito a lo que Ted Nelson denominaba «máquinas literarias», y acabó normalizado en Internet, donde se convirtió en una nueva forma de prosa. De todas maneras, ya sea en su vertiente más realista o en la más poética, la ImA tiene un funcionamiento metafórico, puesto que sintetiza en un planteamiento visual inédito el concurso de otras muchas imágenes. En este sentido, sus productos visuales son metáforas mucho más complejas que las tradicionales, puesto que no se refieren solo a la relación entre dos términos, sino que incorporan en su estructura muchos de ellos.

Además de ser poética, en el amplio sentido del concepto, la metáfora es expansiva y colonizadora. Crea mundos que instan a pensar con ellos. Lo expone muy claramente Derrida en su escrito «La retirada de la metáfora»:

> *Metaphorá* circula por la ciudad, nos transporta como a sus habitantes, en todo tipo de trayectos, con encrucijadas, semáforos en rojo, direcciones prohibidas, intersecciones o cruces, limitaciones y prescripciones de velocidad. En cierta manera —metafórica, desde luego, y como un modo de habitar—, somos el contenido y la materia de ese vehículo: pasajeros comprendidos y trasladados mediante la metáfora[17].

Cuando la Alicia del cuento de Carroll salió en persecución del conejo blanco, abandonó su apacible ambiente victoriano y se introdujo en un escenario donde regían normas distintas y aparentemente absurdas. La tecnología, como el conejo blanco, también corre a gran velocidad hacia el futuro, creando paisajes mentales inéditos que, a veces, la sociedad, pasado un primer momento de sorpresa, asume con indiferencia. La misma velocidad con la que se producen los cambios hace que estos se normalicen y es así como la IA y la ImA han sido socialmente asimiladas, incorporándose, sin más preámbulos, a todas nuestras actividades y no generando más discusiones que las relativas a los pros y los contras de su uso. Pero lo cierto es que con esta nueva tecnología hemos penetrado en un mundo drásticamente distinto que exige que le prestemos toda nuestra atención. No podemos adaptarnos

---

[17] Conferencia pronunciada el 1 de junio de 1978 en la Universidad de Ginebra, durante el coloquio «Filosofía y Metáfora».

a él sin más, sino que es necesario comprender el alcance de su esencial extrañeza.

Muchos especialistas consideran que el desarrollo tecnológico de la IA ha alcanzado un punto en el que las innovaciones, de ahora en adelante, ya no serán tan espectaculares como lo han sido hasta este momento, ni se sucederán con la misma rapidez. Solo si, en el futuro, se produce un salto cualitativo con la aparición de otra tecnología drásticamente distinta, volveremos a experimentar un proceso de aceleración como el que ha dominado hasta ahora el panorama. Pero esta apreciación, aunque pueda tener una parte de verdad, es fundamentalmente engañosa porque solo contempla los cambios técnicos, no sus consecuencias más profundas. Según ella, la aparición de ciertas tecnologías genera períodos de frenética innovación que acaban desembocando en un tiempo de sosiego, una vez que se han colmado las expectativas creadas por esos artefactos. Sin embargo, tales instrumentos, sus variaciones y desarrollos han ido generando nuevas formas de conocer, es decir, de ver y de pensar, cuyas consecuencias no siempre son inmediatas. Generan, en cualquier caso, tendencias que se desarrollan por su cuenta, al margen de la propia tecnología que las ha originado o de la interpretación literal del uso que se haga de ella.

Esto ha ocurrido con cada uno de los hitos que jalonan la historia de la tecnología relacionada con la imaginación: ha sucedido con la fotografía, el cine, la televisión, el ordenador, la digitalización y ahora con la IA. En cada caso, se ha producido alguna variación fundamental de nuestra forma de conocimiento, cuya trascendencia solo se ha detectado a largo plazo y como resultado de la suma de los distintos cambios particulares, lo que hace que estas transformaciones específicas sean menos obvias. La tendencia a la especialización de nuestra cultura ha hecho que las posibles implicaciones de los avances tecnológicos se hayan contemplado siempre de forma sectorial. Nunca, por lo tanto, se ha producido una imprescindible visión global, tan compleja como necesaria. A lo sumo, las innovaciones se han asimilado a una visión paradigmática que ha tendido a colocar todos los cambios bajo un mismo paraguas, enmascarando sus aportes particulares.

Sea como sea las transformaciones actúan, y lo hacen muchas veces a nivel inconsciente, modificando, aunque sea de manera leve, el modo en que nos relacionamos con la realidad. Esta transformación, que es profunda pero obra con frecuencia de forma imperceptible, alcanza incluso el pensamiento de quienes diseñan las tecnologías, a pesar de que estos consideren que su trabajo solo sigue las reglas ceñidas a los problemas técnicos. Las tecnologías transforman el mundo materialmente, pero también lo hacen espiritualmente, si entendemos por espíritu la manera en que se estructura la mente humana. Recordemos lo que afirmaba Walter J. Ong, en su conocido tratado sobre las diferencias entre la oralidad y la alfabetización[18], donde dejaba constancia de cómo «la invención de la escritura, o sea, la transición de las culturas orales primarias a las culturas alfabetizadas, suponía el paso de un estado de conciencia a otro que producía cambios muy profundos en los procesos de pensamiento, en la personalidad y en las estructuras sociales».

Uno de los avances en apariencia más espectaculares que se han producido, una vez terminado nuestro estudio, es la aparición de dispositivos que permiten generar imágenes mediante comandos de voz en lugar de utilizar *prompts* textuales. No se trata tan solo de que se le ofrezca al usuario una mayor facilidad de actuación, sino de que se modifican sensiblemente las relaciones de este con el dispositivo. En realidad, por lo que respecta al funcionamiento técnico del programa, no se produce un cambio fundamental, puesto que el dispositivo correspondiente convierte los enunciados orales en textos que son los que generan las imágenes, como sucedía antes directamente[19]. En esencia, pues, nada ha cambiado en el corazón de la máquina, pero el sujeto se sitúa de forma distinta en su relación con la tecnología. No puede decirse que se produzca un inesperado regreso a la oralidad, puesto que la nueva presencia de esta ocurre en un campo complejo, donde se ocasionan intensas interrelaciones entre la escritura, la imagen y la tecnología.

Es cierto que ya existen, desde hace tiempo, los procesos denominados STT o *speech to text* (de voz a texto), es decir, la posibilidad de dictar los textos en los procesadores de texto, así como aquellos que permiten convertir los textos en alocuciones orales, llamados TTS o *text to speech*. Pero la perspectiva de generar imágenes a partir de un comando vocal constituye una auténtica novedad que, si bien se une al uso de la oralidad para dar órdenes a los asistentes de voz, una actividad que se ha convertido en natural en muchos domicilios, y se equiparará

---

[18] Walter J. Ong, *Orality and Literacy. The Technologizing of the Word,* Londres, Routledge, 2002.

[19] Lo cierto es que esta transformación es también metafórica, ya que, a nivel interno, el dispositivo no convierte estrictamente la voz en texto, sino que genera intercambios entre dos tipos de algoritmo.

también a una manera de relacionarse con muchos dispositivos, implica sin embargo un factor creativo que está ausente en esos usos más prácticos y que tampoco tiene la misma entidad en el caso de la generación de textos mediante el dictado. Es cierto que enunciar los pensamientos en voz alta implica apelar a la imaginación tanto como al escribirlos. Al margen de que los mecanismos de la oralidad y los de la escritura son estructuralmente distintos, sobre todo en su aspecto cognitivo, desde el punto de vista práctico no hay tanta distancia entre pensar y enunciar ese pensamiento, y pensar y ponerlo por escrito. Sin embargo, pintar con la voz es una auténtica novedad.

Esta acción nos retrotrae a la supuesta potencia ancestral de la voz que tiene un testimonio muy gráfico en el libro del Génesis, donde se afirma que Dios creó el mundo a través de la palabra: «Y dijo Dios: Sea la luz; y fue la luz». La luz equivale a la imagen. Pero esta potencia creadora de la voz que resurge en el seno de las tecnologías más actuales debe ser pensada a través de la crítica que Derrida hace del logocentrismo, una larga tradición cultural que tiende a menospreciar la escritura por considerar que introduce un filtro tecnológico en el seno las relaciones naturales que existen entre el pensamiento y la realidad, unas relaciones que la palabra sería capaz de expresar directamente. Así pues, la escritura no sería otra cosa que una técnica subsidiaria destinada a plasmar mediante signos la expresión oral, la única capaz de mantener un contacto directo con la mente, a la que esa tradición filosófica considera capaz de reflejar naturalmente el mundo. Es la voluntad de simplificación que preside gran parte de la evolución de la tecnología, una tendencia que corre en paralelo a una búsqueda filosófica y científica de lo simple, la que plantea actuaciones equiparables a una metafísica superada, cuyas raíces son indudablemente religiosas. Pero no estamos hablando tanto de una actuación ideológica como de la persistencia de ciertos marcos de pensamiento que, por inercia, reproducen parámetros en gran medida periclitados y que, por lo tanto, parecen mantener al sujeto en estados de conciencia que, por su lado, la propia tecnología ya ha superado.

La posibilidad que ofrecen los últimos dispositivos de la ImA de imaginar en voz alta y reproducir el resultado de estas imaginaciones o, de manera más trascendental, reproducir su interpretación metafórica trasciende los planteamientos logocéntricos, precisamente porque entran en juego las imágenes. Lo que se activa es el trabajo de la imaginación, que se libera así de los tecnicismos de la escritura, su dependencia del signo y de un significado preciso, y permite acciones creativas mucho más espontáneas, equivalentes a la esencia de la creación artística. En este sentido, si la IA parece caer en el logocentrismo, la ImA supone una liberación del mismo, puesto que su funcionamiento pone en contacto el inconsciente subjetivo con el inconsciente maquínico de las grandes bases de datos.

La importancia de esta novedad se incrementa si mantenemos el aspecto más imaginativo de cualquiera de los dispositivos generadores de imágenes artificiales y, en lugar de dar instrucciones para que la máquina produzca imágenes estrictamente relacionadas con esas normas, nos inclinamos por el factor poético y proponemos la generación de formaciones de carácter metafórico que serán respondidas por una interpretación igualmente metafórica por parte del dispositivo. En este sentido, estaremos creando mundos a través de una colaboración entre la imaginación humana y la artificial.

Esta preeminencia funcional de la voz con respecto al texto a la hora de generar imágenes artificiales parece modificar el planteamiento que hemos hecho en el resto del libro respecto a la relación entre texto e imagen por la que ambos registros se mostraban en paralelo como en los emblemas barrocos. Tengamos en cuenta, de todas formas, lo dicho acerca de que el funcionamiento de los dispositivos lo que hace es convertir el comando vocal en un comando textual (aunque sea de forma metafórica), de lo que se deduce que el texto en realidad no desaparece en el producto final, sino que se internaliza. El texto se sitúa, como quien dice, en el interior de la imagen. Se reproduce, de esta forma, la relación que la lingüística, durante su larga hegemonía a lo largo del siglo xx, consideró que mantenía la lengua con la imagen, una relación de dependencia por la que se consideraba que las imágenes estaban internamente estructuradas como un lenguaje. La imagen era básicamente texto convertido en otra cosa. La tecnología actual parece reproducir así lo que sin duda era un error de apreciación que desembocaba en una concepción reduccionista de las imágenes. Para resolver esta confusión es necesario mantener la idea de que, aun cuando el texto acaba siendo internalizado durante el proceso de confección de una imagen artificial, el resultado sigue manteniendo los dos modos de expresión en paralelo, como antes de que apareciesen las interfaces de voz. Al fin y al cabo, el proceso de desaparición del texto del primer término ya se había iniciado cuando los dispositivos, y con ellos los propios usuarios, decidieron que el comando era un paso descartable del ejercicio, lo cual no quiere decir que lo fuera realmente. Aún ahora, con el aparente predominio de la voz, las relaciones entre texto e imagen siguen siendo un fenómeno que merece toda nuestra atención. Esta es una razón más para seguir promoviendo la acción más imaginativa de los dispositivos de la ImA, ya que de esta manera se mantiene la tensión entre los dos registros, el del comando textual y el resultado imprevisto, mientras que, cuando las imágenes obtenidas tienden a ajustarse, *al pie de la letra,* a los comandos que las generan, se produce una proverbial impresión de transparencia que quita importancia al procedimiento por el que esas imágenes han sido conseguidas.

Otra de las innovaciones producidas durante este intervalo ha tenido una implicación teórica muy inmediata que, sorprendentemente, ya ha sido detectada desde el propio ámbito de la industria de la IA. En realidad, aunque el progreso proviene de un incremento del potencial de los dispositivos de la ImA, la verdadera innovación reside en las ideas que esta novedad ha generado.

En el campo de la generación de vídeos con IA, se han producido adelantos importantes que han dado paso a una idea muy fructífera, la de la creación de mundos o de lo que se denomina modelos del mundo. La aparición de un modelo como «Sora», creado por OpenAI para generar imágenes en movimiento a partir de textos, causó sensación a principios de 2024, especialmente por la capacidad de producir imágenes en movimiento extremadamente realistas. A partir de este espectacular potencial, se ha generado un gran interés por plantear la posibilidad de que estos modelos de IA puedan simular el mundo real, inquiriendo hasta qué punto serán capaces de hacerlo hasta las últimas consecuencias, esas que implican la posibilidad de actuar con el modelo del mundo de forma equivalente a como se actúa en el mundo real. En el blog de «Sora» se afirma que se está «enseñando a la IA a comprender y simular el mundo físico en movimiento, con el objetivo de entrenar modelos que ayuden a las personas a resolver problemas que requieren interacción en el mundo real»[20]. Más allá de lo relevante que es el hecho de que se hable no ya de imágenes o vídeos, sino de mundos, lo más importante de esta manifestación se encuentra en su segunda parte, cuando en ella se implica que estos mundos pueden llegar a ser tan realistas que permitan una interacción con ellos equivalente a las mismas acciones realizadas en el mundo real.

---

[20] https://openai.com/index/sora/.

«Sora» integra un modelo de difusión denominado Vision Transformer (ViT), que está diseñado para crear imágenes y vídeos con coherencia y lógica visual; el modelo gestiona la consistencia y la física de los objetos, así como el *movimiento de la cámara* y las transiciones entre escenas, lo que implica un nuevo proceso metafórico por el que los algoritmos simulan la técnica cinematográfica[21]. El concepto de «modelo del mundo» se refiere, en este caso, a sistemas que construyen la representación interna de un entorno para simular interacciones y eventos futuros dentro de ese escenario. Tradicionalmente, estos modelos se han desarrollado y probado en entornos controlados, como los videojuegos o la simulación de conducción. Sin embargo, con propuestas como la de «Sora», surge la posibilidad de que tales modelos generalicen su aplicación a una gama más amplia de situaciones e interacciones del mundo real, lo que representaría un salto hacia la creación de sistemas más versátiles, los cuales serían, en este sentido, la culminación de ese impulso que permanece agazapado en el seno del arte occidental desde el Renacimiento y que, a su manera transitoria, ha asimilado la Realidad Virtual. Nos referimos a la pretensión de confeccionar imágenes tan realistas que generen la ilusión de que pueden ser penetradas. Pero lo que se propone con la idea de los modelos del mundo va un paso más allá por el que, en cierta manera, se desbarata la utopía del realismo. Los modelos del mundo generados por medio de la IA se proponen ser interactivos y, por lo tanto, capaces de activar a un espectador que podrá modificarlos a su antojo, al ritmo, podríamos decir, de su pensamiento. Lo que se plantea no es, por tanto, una imagen del mundo de un realismo acrecentado, una imagen dispuesta simplemente a ser contemplada, sino una imagen cuyo destino es ser activada por el conocimiento.

La idea de generar modelos que puedan entender el mundo de una manera más holística, no por partes, se denominan General World Models (GWM) y, a diferencia de los LLM como el GPT, la idea en la que se basan implica entrenar modelos no solo con texto, con vídeo o con audio, sino mediante muchas bases de datos diferentes al mismo tiempo. Se trata de producir un contexto más amplio, basado en diferentes dominios, de modo que puedan responder a lógicas más complejas.

---

[21] Se trata de un paso lógico, pero provisional, a la espera de que los dispositivos de ImA, en lugar de reproducir metafóricamente las retóricas conocidas, descubran sus propias posibilidades expresivas.

A pesar de las avanzadas capacidades de estos modelos y su gran habilidad para representar geometrías tridimensionales y dinámicas, hay quienes sugieren que esto no necesariamente constituye un «modelo del mundo» en el sentido más amplio. Aunque la generación de un vídeo coherente puede ser muy impresionante, el programa, al parecer, no está condicionado para interpretar situaciones futuras de carácter imprevisto. Puede simular algunas situaciones, pero no es seguro que sean las acertadas y, si lo son, que el programa las interprete correctamente. Por lo tanto, aunque «Sora» pretenda tener la capacidad de crear modelos generativos completos y complejos, aún es prematuro para hablar de un verdadero «simulador del mundo». Ello no quita que el horizonte de la tecnología haya cambiado. No es tan importante el que sea o no posible en el estado actual del desarrollo tecnológico, sino que lo relevante es que se ha cambiado de utopía. Observamos que, en el nuevo contexto, el realismo a ultranza es menos importante que la interpretación de la realidad y su conversión en factores visuales.

Como acostumbra a suceder, el concepto de «creación de mundos» se ha referido siempre a un proceso literario, establecido a través del lenguaje, como en las obras de Nelson Goodman o Jerome Bruner, por ejemplo. De todas formas, sea o no posible actualmente la utopía que se está planteando desde el ámbito de la IA, lo cierto es que estas pretensiones entroncan, por un lado, con la tradición fílmica, y, por el otro, con las derivaciones relativas a los videojuegos y, sobre todo, a la Realidad Virtual, donde la creación de un mundo forma parte de su planteamiento básico. En estos ámbitos, el estricto realismo que aún domina gran parte de la cinematografía no es absolutamente necesario, aunque no por ello esos mundos deben derivar hacia la pura abstracción.

En este contexto, ha surgido también el concepto de inteligencia espacial, de gran relevancia. En la web de World Labs se responde de la siguiente manera a la pregunta de qué es la inteligencia espacial:

> La inteligencia humana tiene muchas facetas. Una es la inteligencia verbal, que nos permite comunicarnos y conectarnos con los demás a través del lenguaje. Pero quizás lo más fundamental sea la inteligencia espacial, que nos permite comprender e interactuar con el mundo que nos rodea. La inteligencia espacial también nos ayuda a crear y traer a la realidad las imágenes de nuestra mente. La

> usamos para razonar, movernos e inventar: para visualizar y diseñar cualquier cosa, desde humildes castillos de arena hasta imponentes ciudades[22].

Parece lógico que aparezca un concepto como este en el momento en que la IA se desplaza desde el texto a la imagen y que la meta principal de esta ya no sea reproducir exactamente el mundo real, sino promover la forma de comprenderlo. En realidad, ello no implica más, y ya es mucho, que la constatación de los vínculos que existen entre la imagen y el pensamiento, algo que la ImA pone especialmente de relieve. Cuando contemplamos las metáforas extendidas que produce la ImA libre —aquella que no está instrumentalizada—, llegamos fácilmente a la conclusión de que una metáfora de este tipo es equivalente a un modelo del mundo, en el sentido que se le da al concepto de mundo en el marco del constructivismo planteado por Nelson Goodman, para quien, en palabras de su continuador Jerome Bruner,

> contrariamente al sentido común, no existe un «mundo real» único que preexista y sea independiente de la actividad mental humana y del lenguaje simbólico humano; que lo que llamamos mundo es producto de alguna mente cuyos procedimientos simbólicos construyen el mundo [...]. Estos mundos (insiste) han sido construidos, pero siempre a partir de otros mundos, creados por otros, que hemos dado por sentados. No operamos sobre algún tipo de realidad aborigen independiente de nuestras propias mentes o de las mentes de quienes nos preceden o acompañan[23].

Aparte de las implicaciones filosóficas de estos planteamientos, que deben discutirse en otro ámbito, lo cierto es que, desde el punto de vista puramente pragmático, se establecen una serie de funcionamientos que describen muy bien la actividad de la ImA, especialmente porque las consecuencias últimas de la teoría son, según Bruner, que «la creación de mundos implica la transformación de mundos y versiones del mundo ya establecidos».

Una de las hipótesis que desarrolló Goodman referente a lo que denominaba lenguaje artístico implicaba que las imágenes del arte eran

---

[22] https://www.worldlabs.ai/about.

[23] Jerome Bruner, *Actual Minds, Possible Worlds,* Cambridge, Harvard University Press, 1986.

denotativas, pero que no por ello tenían que conservar una semejanza con respecto a los entes reales a los que se referían. De lo cual se deduce que el vínculo entre ambos sectores es simbólico. Y que es a través de esta región intermedia entre el original y el modelo que debe buscarse el significado, un significado que ya no se atiene necesariamente a un criterio de verdad ni de adecuación visual, sino que supone un proceso de exploración. Las imágenes que construyen los dispositivos de ImA libre son los instrumentos más adecuados para este tipo de exploraciones, como la teoría de los modelos de mundo relativos a la IA acabará demostrando, cuando sea enfocada más allá del simple realismo mimético. En este punto los procesos metafóricos adquirirán su verdadero potencial, ajustándose a lo que afirma Goodman acerca de ellos: «Lejos de ser una mera cuestión de adorno, [la metáfora] participa plenamente en el progreso del conocimiento: reemplazando algunos planteamientos "naturales" obsoletos con categorías novedosas y esclarecedoras, aportando hechos, revisando teorías y proponiéndonos nuevos mundos»[24]. El hecho de que, para Goodman, la semejanza sea algo relativo al contexto en el que se perciben los elementos, da pie a considerar la función que cumplen los componentes de lo que ya no pueden considerarse simples representaciones. No preguntamos así tanto por la función del contexto general o externo en el que se inserta determinada construcción visual como por ese contexto interno que agrupa, en el interior de un mismo paisaje visual, los elementos que forman la visualización. Estas líneas de investigación son especialmente relevantes cuando pasamos de hablar de imágenes a hablar de mundos. En este sentido, la creación de modelos de mundo consiste básicamente en la creación de contextos o ambientes que determinan el significado de los elementos que se insertan en ellos. Una de las incógnitas de la ImA es, precisamente, el origen de los contextos internos de sus imágenes. En realidad, es absurdo separar la imagen de su contexto, puesto que la imagen es el conjunto inextricable que forman ambos. Pero sí que es cierto que, incluso cuando los comandos son más o menos estrictos y el dispositivo los obedece, siempre se produce una desviación relativa específicamente a lo que podemos denominar el contexto, el cual tiene que ver con la forma general de la imagen y que supone el cuerpo principal de la metáfora, aquello que la convierte en un mundo. Es a partir

---

[24] Nelson Goodman, «Metaphor as Moonlighting», *Critical Inquiry*, otoño de 1979, vol. 6, núm. 1, págs. 125-130.

de estas consideraciones que se puede empezar a explorar el *significado* de las imágenes que genera la ImA, lo que podríamos denominar el significado de su absurdo, un proceso que concierne tanto a las imágenes realistas como a las que no lo son, pero más aún cuando exceden este realismo, es decir, cuando tienden a lo que se puede llamar un realismo absurdo, aquel en el que Lewis Carroll destacó especialmente al escribir su *Alicia en el país de las maravillas.*

Bibliografía

ACEMOGLU, Daron, y JOHNSON, Simon, *Power and Progress: Our Thousand-Years of Struggle over Power and Prosperity,* Nueva York, PublicAffairs, 2023.

ARNHEIM, Rudolf, *El pensamiento visual,* Barcelona, Paidós, 1986.

BACHELARD, Gaston, *La poética de la ensoñación,* México, Fondo de Cultura Económica, 2011.

BAL, Mieke, *Conceptos viajeros en las humanidades: una guía de viaje,* Murcia, CENDEAC, 2009.

BARAD, Karen, *Cuestión de materia: Tras/Materia/Realidades y performatividad queer de la naturaleza,* Buenos Aires, Holobionte, 2023.

BARDINI, Thierry, *Douglas Engelbart: Coevolution, and the Origins of Personal Computing,* Stanford, California, Stanford University Press, 2000.

BARTHES, Roland, *Oeuvres complètes III (1968-1971),* París, Seuil, 2002.

BARTRA, Roger, *Antropología del cerebro: la conciencia y los sistemas simbólicos,* Valencia, Pre-Textos, 2006.

BAUDRILLARD, Jean, *El intercambio simbólico y la muerte,* Buenos Aires, Monte Ávila, 1980.

BAXANDALL, Michael, *Painting and Experience in Fifteenth Century Italy: A Primer in the Social History of Pictorial Style,* Oxford, Oxford University Press, 1988.

BELLOUR, Raymond, *L'entre-images 2,* París, P.O.L., 2012 (edición electrónica).

BENJAMIN, Walter, «Hacia la imagen de Proust», en *Obras,* Libro II / vol. 1, Madrid, Abada, 2008.

— «El surrealismo: la última instantánea de la inteligencia europea», en *Obras,* Libro II / vol. 1, Madrid, Abada, 2007.

BERKMAN, Natalie, *OuLiPo and the Mathematics of Literature,* Oxford, Peter Lang, 2022.

BOSTROM, Nick, *Superintelligence: Paths, Dangers, Strategies,* Oxford, UK, Oxford University Press, 2014.

Breton, André, *Manifestes du surréalisme,* París, Jean-Jacques Pauvert, 1962 (edición electrónica).

Buck-Morss, Susan, *Walter Benjamin, escritor revolucionario,* Buenos Aires, Interzona, 2005.

Cabanelas Omil, José, «Inteligencia artificial. ¿Dr. Jekyll o Mr. Hyde?», *Mercados y Negocios,* núm. 40, julio-diciembre de 2019.

Cadava, Eduardo; Connor, Peter, y Nancy, Jean-Luc, *Who Comes After the Subject?,* Nueva York, Routledge, 1991.

Camacho Martínez, Rosario, «Imágenes para leer. Algunos alfabetos antropomorfos», *Fragmentos. Revista de Arte,* núms. 17-18 y 19, Madrid, Ministerio de Cultura, 1991.

Canguilhem, Georges, *Le normal et le pathologique,* París, Presses Universitaires de France, 1999.

Carabantes López, Manuel, *Inteligencia artificial: una perspectiva filosófica (análisis y crítica),* Madrid, Escolar y Mayo, 2016.

Cárdenas, Juan David, «Entre la imagen y el pensamiento: a propósito del pensamiento de Gilles Deleuze», *Universitas Philosophica,* vol. 28, núm. 57, julio-diciembre de 2011, págs. 241-262.

Castle, Terry, *The Female Thermometer: Eighteenth-Century Culture and the Invention of the Uncanny,* Nueva York, Oxford University Press, 1995.

— «Phantasmagoria: Spectral Technology and the Metaphorics of Modern Reverie», *Critical Inquiry,* vol. 15, núm. 1, otoño de 1988, págs. 26-61.

Chevrier, Jean-François, «Between Terror and Ecstasy: Artistic Hallucination», *Tate Etc,* núm. 24, primavera de 2012 (https://www.tate.org.uk/tate-etc/issue-24-spring-2012/between-terror-and-ecstasy).

Cléder, Jean, «Métaphore et régression: les délais de la connaissance —*Proust;* R. Ruiz—», en Jean Cléder y Jean-Pierre Montier, *Proust et les images: peinture, photographie, cinéma, vidéo,* Rennes, Presses Universitaires de Rennes, 2003.

Collins, Harry, y Pinch, Trevor, *The Golem: What You Should Know About Science,* Nueva York, Cambridge University Press, 1998 (edición electrónica).

Combes, Muriel, *Gilbert Simondon and the Philosophy of the Transindividual,* Cambridge, The MIT Press, 2013.

Copeland, Jack, *Inteligencia artificial: una introducción filosófica,* Madrid, Alianza Editorial, 1996.

Crary, Jonathan, *Late Capitalism and the Ends of Sleep,* Nueva York, Verso, 2013.

Deleuze, Gilles, *Diferencia y repetición,* Buenos Aires, Amorrortu, 2017.

— *Pintura: el concepto de diagrama,* Buenos Aires, Cactus, 2008.

— *Deux régimes de fous: textes et entretiens 1975-1995,* París, Les Éditions de Minuit, 2003.

— *Francis Bacon: lógica de la sensación,* Madrid, Arena Libros, 2002.

— *Conversaciones (1972-1990),* Valencia, Pre-Textos, 1996.
— *Proust y los signos,* Barcelona, Anagrama, 1995 y 2021.
— *Foucault,* Barcelona, Paidós, 1987.
Deleuze, Gilles, y Guattari, Félix, *Mil mesetas: capitalismo y esquizofrenia,* Valencia, Pre-Textos, 2002.
— *El «Anti Edipo»: capitalismo y esquizofrenia,* Barcelona, Paidós, 1985.
Didi-Huberman, Georges, *La imagen superviviente: historia del arte y tiempo de los fantasmas según Aby Warburg,* Madrid, Abada, 2009.
Dougherty, Carol, *The Poetics of Colonization: From City to Text in Archaic Greece,* Nueva York, Oxford University Press, 1993.
Dupuis, Joachim Daniel, *Gilles Deleuze, Félix Guattari et Gilles Châtelet: de l'expérience diagrammatique,* París, L'Harmattan, 2012.
Eco, Umberto, *Las poéticas de Joyce,* Barcelona, Lumen, 2000.
Ellmann, Richard, *James Joyce,* Nueva York, Oxford University Press, 1982.
Elster, Jon, *Leibniz et la formation de l'esprit capitaliste,* París, Aubier Montaigne, 1975.
Feenberg, Andrew, *Between Reason and Experience: Essays in Technology and Modernity,* Cambridge, The MIT Press, 2010.
Fernández Mallo, Agustín, *Postpoesía: hacia un nuevo paradigma,* Barcelona, Anagrama, 2009.
Fisher, Mark, *Constructos Flatline: materialismo gótico y teoría-ficción cibernética,* Buenos Aires, Caja Negra, 2022.
— *Los fantasmas de mi vida: escritos sobre depresión, hauntología y futuros perdidos,* Buenos Aires, Caja Negra, 2018a.
— *Realismo capitalista: ¿no hay alternativa?,* Buenos Aires, Caja Negra, 2018b.
Flusser, Vilém, *Los gestos: fenomenología y comunicación,* Barcelona, Herder, 1994.
Foucault, Michel, *El pensamiento del afuera,* Valencia, Pre-Textos, 1997.
Franklin, Stan, *Artificial Minds,* Cambridge, The MIT Press, 1995.
Frye, Northrop, *Fearful Symmetry: A Study of William Blake,* Princeton, Princeton University Press, 1990.
— «Poetry and Design in William Blake», *The Journal of Aesthetics and Art Criticism,* vol. 10, núm. 1, septiembre de 1951, págs. 35-42.
Frye, Northrop, y Macpherson, Jay, *Biblical and Classical Myths: The Mythological Framework of Western Culture,* Toronto, University of Toronto Press, 2004.
Gardner, Howard, *Inteligencias múltiples: la teoría en la práctica,* Barcelona, Paidós, 1995.
Giedion, Sigfried, *La mecanización toma el mando,* Barcelona, Gustavo Gili, 1978.
Glaser, Robert, «Intelligence as acquired proficiency», en R. J. Sternberg y D. K. Detterman, *What is Intelligence,* New Jersey, Ablex Publishing, 1986.
Goleman, D., *La práctica de la inteligencia emocional,* Barcelona, Kairós, 2010.

González García, Ricardo, «La ideología postsocialista y lo fantástico en la ficción pictórica de Neo Rauch», *Brumal,* vol. VII, núm. 2, otoño de 2019, págs. 67-89.
Goodfellow, Ian; Bengio, Yoshua, y Courville, Aaron, *Deep Learning,* Cambridge, The MIT Press, 2016.
Green, Richard H., *The Thwarting of Laplace's Demon: Arguments Against the Mechanistic World-View,* Londres, St Martin's Press, 1995.
Guattari, Félix, *La revolución molecular,* Madrid, Errata Naturae, 2017.
— *Chaosophy: Text and Interviews 1972-1977,* Los Ángeles, Semiotext(e), 2009.
— *L'inconscient machinique: essais de schizo-analyse,* París, Éditions Recherches, 1979.
Hakken, David, *The Knowledge Landscapes of Cyberspace,* Nueva York, Routledge, 2003.
Hamilton, Annette, «Neo Rauch: Post-socialist Vision, Collective Memories», en Gerhard Fischer y Florian Vassen (eds.), *Collective Creativity: Collaborative Work in the Sciences, Literature and the Arts,* Nueva York, Rodopi, 2011, págs. 177-189.
Hauser, Arnold, *The Social History of Art,* vol. 4: *Naturalism, Impressionism: The Film Age,* Londres, Routledge, 1999.
Hawkins, Jeff, y Blakeslee, Sandra, *On Intelligence,* París, CampusPress, 2005.
Hayter, Alethea, *Opium and the Romantic Imagination,* Londres, Faber and Faber, 1971.
Hopkins, Gerard Manley, *Delphi Complete Works of Gerard Manley Hopkins,* Hastings, Delphi Classics, 2013 (edición electrónica).
Horn, John L., «Some Thoughts About Intelligence», en R. J. Sternberg y D. K. Detterman, *What is Intelligence,* New Jersey, Ablex Publishing, 1986.
Horn, John L., y Cattell, R. B., «Age Differences in Fluid and Crystallized Intelligence», *Acta Psychologica,* 26, 1967, págs. 107-129.
Hosale, Mark-David; Murrani, Sana, y De Campo, Alberto (eds.), *Worldmaking as Techné: Participatory Art, Music, and Architecture,* Toronto, Riverside Architectural Press, 2018.
Jakobson, Roman, *Huit questions de poétique,* París, Éditions du Seuil, 1977.
Jameson, Fredric, *Valences of the Dialectic,* Londres, Verso, 2009.
Jung, Carl Gustav, «Sobre los arquetipos de lo inconsciente colectivo», en *Obra completa,* vol. IX/1, traducción de Carmen Gauger, Madrid, Trotta, 2002.
Jünger, Friedrich Georg, *La perfección de la técnica,* Barcelona, Página Indómita, 2016.
Keyes, Daniel, *The Minds of Billy Milligan,* Londres, Weidenfeld & Nicolson, 2018 (edición electrónica).
Kurzweil, Ray, *The Age of Intelligent Machines,* Cambridge, The MIT Press, 1999.

LACAN, Jacques, *Seminario XIV: La lógica del fantasma,* versión crítica de Ricardo E. Rodríguez Ponte, Buenos Aires, Escuela Freudiana de Buenos Aires, 2008.

LANDAU, Valerie; CLEGG, Eileen, y ENGELBART, Douglas, *The Engelbart Hypothesis: Dialogs with Douglas Engelbart,* Mahwah, New Jersey, NextPress, 2009 (edición electrónica).

LANGER, Susanne K., *Feeling and Form,* Nueva York, Charles Scribner's Sons, 1953.

LARSON, Erik J., *El mito de la inteligencia artificial: por qué las máquinas no pueden pensar como nosotros lo hacemos,* Barcelona, Shackleton Books, 2022.

LARSON, Jennifer, *Greek Nymphs: Myth, Cult, Lore,* Nueva York, Oxford University Press, 2001.

LASO, Eduardo, «Acontecimiento y deseo (un comentario a la lectura de Žižek sobre la obra de Alain Badiou)», *Aesthethika: revista internacional sobre Cultura, Subjetividad y Estética,* vol. 3 (1), primavera de 2007 (https://www.aesthethika.org/Acontecimiento-y-deseo).

LAUREL, Brenda, *Computers as Theatre,* Nueva York, Addison-Wesley Publishing Company, 1993.

LEM, Stanisław, *Summa Technologiae,* Minneapolis, University of Minnesota Press, 2013.

LÉVY, Pierre, *L'idéographie dynamique,* París, La Découverte, 1991.

LUGER, George F., y STUBBLEFIELD, William A., *Artificial Intelligence and the Design of Expert Systems,* Londres, Benjamin-Cummings Publishing Co., 1990.

LUKÁCS, György, *Acerca de la pobreza de espíritu y otros escritos de juventud,* Buenos Aires, Gorla, 2015.

LYOTARD, Jean-François, *Discurso, figura,* Barcelona, Gustavo Gili, 1979.

MAGRITTE, René, *Selected Writings,* Minneapolis, University of Minnesota Press, 2016.

MALABOU, Christine, *Ontology of the Accident: An Essay on Destructive Plasticity,* Cambridge, Polity Press, 2012.

MARCOLLI, Matilde, *Lumen Naturae: Visions of the Abstract in Art and Mathematics,* Cambridge, The MIT Press, 2020.

MARX, Karl, *El Capital. Tomo I / Vol. I,* Madrid, Siglo XXI de España, 1980.

MATE, Reyes, *Medianoche en la historia,* Madrid, Trotta, 2006.

MCBRIDE, Patrizia C., *The Chatter of the Visible: Montage and Narrative in Weimar Germany,* Ann Arbor, University of Michigan Press, 2016.

MCCLEAN, Daniel, y SCHUBERT, Karsten (eds.), *Dear Images: Art, Copyright and Culture,* Londres, Ridinghouse, 2002.

MCLUHAN, Marshall, *Understanding Media: The Extensions of Man,* Nueva York, The New American Library Inc., 1968.

— *The Gutenberg Galaxy. The Making of Typographic Man,* Toronto, University of Toronto Press, 1962.

MEESE, James, *Authors, Users, and Pirates: Copyright Law and Subjectivity,* Cambridge, The MIT Press, 2018.

Merrill, Stephen A., y Raduchel, William J. (eds.), *Copyright In the Digital Era: Building Evidence for Policy,* Washington, The National Academics Press, 2013.
Minsky, Marvin, *The Society of Mind,* Nueva York, Simon & Schuster, 1986.
Mitchell, W. J. T., *Blake's Composite Art: A Study of the Illuminated Poetry,* Princeton, Princeton University Press, 1978.
Montier, Jean-Pierre, "Mais dans les beaux livres, tous les contresens qu'on fait sont beaux": M. Proust, R. Ruiz, V. Schlöndorff et H. Pinter», en Jean Cléder y Jean-Pierre Montier, *Proust et les images: peinture, photographie, cinéma, vidéo,* Rennes, Presses Universitaires de Rennes, 2003.
Morandín-Ahuerma, Fabio, «What Is Artificial Intelligence?», *International Journal of Research Publication and Reviews,* vol. 3, núm. 12, diciembre de 2022, págs. 1.947-1.951.
Morey, Miguel, «Prólogo», en Gilles Deleuze, *Foucault,* Barcelona, Paidós, 1987.
Moureau, François, «Jean-Claude Lebensztejn (1990): L'Art de la tache. Introduction à la "Nouvelle Méthode" d'Alexander Cozens», *Dix-huitième Siècle,* núm. 23, 1991 (https://www.persee.fr/doc/dhs_0070-6760_1991_num_23_1_1839_t1_0540_0000_5).
Narby, Jeremy, *Intelligence in Nature: An Inquiry into Knowledge,* Nueva York, Jeremy P. Tarcher / Penguin, 2005.
Novak, Marcus, «Liquid Architecture in Cyberspace», en Michael Benedikt (ed.), *Cyberspace: First Steps,* Cambridge, The MIT Press, 1992.
Ongsulee, P., *Artificial Intelligence, Machine Learning and Deep Learning,* Bangkok, Siam University, 2017.
Ordine, Nuccio, *La utilidad de lo inútil. Manifiesto,* Barcelona, Acantilado, 2013.
Panofsky, Erwin, *Estudios sobre iconología,* Madrid, Alianza Editorial, 1992.
Patton, Paul, *Deleuze and the Political,* Londres, Routledge, 2000.
Peirce, Charles Sanders, *Obra filosófica reunida. Volumen II (1893-1913),* México, Fondo de Cultura Económica, 2012.
Polanyi, Michael, *The Tacit Dimension,* Chicago, Chicago University Press, 2009.
Pombo, Olga, «Leibnizian Grounds for the Idea of Universal Machine», en C. Caleiro, F. Dionisio, P. Gouveia, P. Mateus y J. Rasga (eds.), *Logic and Computation: Essays in Honour of Amílcar Sernadas,* Londres, College Publications, 2017.
Poole, David; Mackworth, Alan, y Goebel, Randy, *Computational Intelligence: A Logical Approach,* Nueva York, Oxford University Press, 1998.
Powe, B. W., *Marshall McLuhan and Northrop Frye: Apocalypse and Alchemy,* Toronto, University of Toronto Press, 2014.
Praz, Mario, *Mnemosyne: el paralelismo entre la literatura y las artes visuales,* Madrid, Taurus, 1981.
Rancière, Jacques, *Aisthesis: escenas del régimen estético del arte,* Santander, Shangrila, 2014.

Reilly, Kara, *Automata and Mimesis on the Stage of Theatre History,* Houndmills, Palgrave Macmillan, 2011.
Repollés Llauradó, Jaime, «Crítica y clínica: la invención de la imagen como histeria», *Enlaces: Revista del CES Felipe II,* núm. 8, 2008.
Rorty, Richard, *Philosophy and the Mirror of Nature,* Princeton, Princeton University Press, 1979.
Russell, Stuart, *Human Compatible. Artificial Intelligence and the Problem of Control,* Londres, Viking, 2019.
Russell, Stuart J., y Norvig, Peter, *Artificial Intelligence: A Modern Approach,* Nueva York, Prentice Hall Pearson Education International, 2010.
Sanguinetti, Pablo, *Tecnohumanismo: por un diseño narrativo y estético de la inteligencia artificial,* Madrid, La Huerta Grande, 2023.
Schluchter, Wolfgang, *El desencantamiento del mundo: seis estudios sobre Max Weber,* México, Fondo de Cultura Económica, 2017.
Schneider, Susan, *Science Fiction and Philosophy: From Time Travel to Superintelligence,* Malden, Willey Blackwell, 2016.
Seznec, Jean, *Los dioses de la antigüedad en la Edad Media y el Renacimiento,* Madrid, Taurus, 1987.
Shneiderman, Ben, «Design Lessons from AI's Two Grand Goals: Human Emulation and Useful Applications», *IEEE Transactions on Technology and Society,* vol. 1, núm. 2, junio de 2020, págs. 73-82.
Simondon, Gilbert, *Imaginación e invención,* Buenos Aires, Cactus, 2013a.
— *L'individuation à la lumière des notions de forme et d'information,* Grenoble, Jérôme Million, 2013b. [Trad. esp.: *La individuación a la luz de las nociones de forma y de información,* Buenos Aires, Cactus, 2019].
Soto Calderón, Andrea, *Imágenes que se resisten: la genealogía como método crítico,* Barcelona, Ajuntament de Barcelona, 2023.
Spearman, C. E., *The Nature of «Intelligence» and the Principles of Cognition,* Londres, Macmillan and Co., 1973.
Sternberg, Robert J., «Rethinking What We Mean By Intelligence», *Phi Delta Kappan,* 3 (102), 2020, págs. 36-41.
— *Why Smart People Can Be so Stupid,* Londres, Yale University Press, 2002.
Sternberg, Robert J., y Detterman, D. K., *What is Intelligence,* New Jersey, Ablex Publishing, 1986.
Stiegler, Bernard, *La técnica y el tiempo,* vol. 3: *El tiempo en el cine y la cuestión del malestar,* Hondarribia, Hiru, 2004.
Swift, Jonathan, *Los viajes de Gulliver,* Barcelona, Ediciones del Molino, 1934.
Taine, Hippolyte, *De l'intelligence (Tome Second),* París, Librairie Hachette, 1895.
Tegmark, Max, *Life 3.0: Being Human in the Age of Artificial Intelligence,* Nueva York, Alfred A. Knopf, 2017.
Tesla, Nikola, *The Strange Life of Nikola Tesla,* Kolmogorov, Smirnov Publishing, 1995.

Vaíllo, Gonzalo, «Prólogo», en Graham Harman, *Arquitectura y objeto,* Madrid, Enclave de Libros, 2023.

Vouilloux, Bernard, «Flaubert et Taine devant l'image», *Flaubert. Revue Critique et Génétique* [en línea], núm. 11, 2014 (http://journals.openedition.org/flaubert/2311).

Wagner, Peter, *Reading Iconotext: From Swift to the French Revolution,* Londres, Reaktion Books, 1995.

Weber, Max, *La ética protestante y el «espíritu» del capitalismo,* Madrid, Alianza Editorial, 2004.

Wind, Edgar, *Los misterios paganos del Renacimiento,* Madrid, Alianza Editorial, 1998.

Winston, Patrick Henry, *Artificial Intelligence,* Nueva York, Addison-Wesley, 1992.

Woodmansee, Martha, y Jaszi, Peter, *The Construction of Authorship: Textual Appropriation in Law and Literature,* Durham, Duke University Press, 1994.

Young, James O., *Cultural Appropriation and the Arts,* Oxford, Blackwell, 2008.

Zdebik, Jakub, *Deleuze and the Diagram: Aesthetic Threads in Visual Organization,* Nueva York, Continuum, 2012.

Žižek, Slavoj, *El espinoso sujeto: el centro ausente de la ontología política,* Barcelona, Paidós, 2001.

Índice

Colección
Signo e Imagen

Últimos títulos publicados

120. *Cómo se escribe un guión (Edición definitiva),* Michel Chion.
121. *Historia del cine español,* VV.AA. (10.ª ed.).
126. *La lógica de la excepción cultural (Entre la geoeconomía y la diversidad cultural),* Rubén Arcos Martín.
127. *De la idea al film,* Julio Diamante.
128. *Aula de locución,* Margarita Blanch y Patrícia Lázaro.
129. *Realidad y creación en el cine de no-ficción (El documental catalán contemporáneo, 1995-2010),* Casimiro Torreiro (ed.).
131. *Cine e imaginarios sociales,* Gérard Imbert (2.ª ed.).
132. *El ojo tachado,* Jenaro Talens.
133. *Del sainete al esperpento (Relecturas del cine español de los años 50),* José Luis Castro de Paz y Josetxo Cerdán.
134. *La experiencia fílmica (Cine, pensamiento, emoción),* Imanol Zumalde Arregi.
135. *Hollywood en la era digital (De «Jurassic Park» a «Avatar»),* Esteve Riambau.
136. *300 directores malditos,* Augusto M. Torres.
138. *Diccionario crítico de directoras de cine europeas,* M.ª del Carmen Rodríguez Fernández y Eduardo Viñuela Suárez (coords.).
139. *El discurso del cómic,* Luis Gasca y Román Gubern.
140. *La invención de la modernidad (O cómo acabar de una vez por todas con la historia del cine),* Carlos Losilla.
141. *Antes de la novela gráfica (Clásicos del cómic en la prensa norteamericana),* José Manuel Trabado.
142. *El vestido habla: consideraciones psico-sociológicas sobre la indumentaria,* Nicola Squicciarino (8.ª ed.).
143. *La pantalla futurista (Del «Viaje a la Luna» de Georges Méliès a «El hotel eléctrico» de Segundo de Chomón),* Rosa Delgado Leyva.
144. *Enciclopedia erótica del cómic,* Luis Gasca y Román Gubern.
145. *La televisión durante la Transición española,* Manuel Palacio.
146. *Lo viejo y lo nuevo,* Santos Zunzunegui.
147. *El teatro en el cine (Estudio de una relación intermedial),* Anxo Abuín González.
149. *Cultura audiovisual (Escritos 1981-2011),* Román Gubern.
150. *Cine XXI (Directores y direcciones),* Hilario J. Rodríguez y Carlos Tejeda (coords.).
151. *Cine y jazz,* Carlos Aguilar.
152. *Paisajes imaginarios (Escritos sobre música y cine),* José Luis Téllez.
153. *Fotoperiodismo y República,* Juan Miguel Sánchez Vigil.
154. *El cartel en España,* Raúl Eguizábal.
155. *Ciudades de cine,* Francisco García Gómez y Gonzalo M. Pavés (coords.).
156. *El gag visual (De Buster Keaton a Super Mario),* Manuel Garin.
159. *Cine y jazz,* Carlos Aguilar.

160. *Videojuegos y mundos de ficción (De* Super Mario *a* Portal), ANTONIO J. PLANELLS (2.ª ed.).
161. *La exhibición cinematográfica en España (Cincuenta años de cambios)*, JOSÉ VICENTE GARCÍA SANTAMARÍA.
162. *Imágenes de la ciudad (Poesía y cine, de Whitman a Lorca)*, DARÍO VILLANUEVA.
163. *Diccionario de conceptos y términos audiovisuales*, FRANCISCO JAVIER GÓMEZ-TARÍN Y JAVIER MARZAL FELICI (COORDS.).
164. *Historia mundial de la comunicación*, JOSÉ MARÍA PERCEVAL.
165. *El universo fantástico del cómic*, LUIS GASCA Y ROMÁN GUBERN.
166. *Poder e Internet (Un análisis crítico de la Red)*, RAFAEL RODRÍGUEZ PRIETO Y FERNANDO MARTÍNEZ CABEZUDO.
167. *Cómo informar sobre la violencia machista*, JOSÉ MARÍA CALLEJA.
168. *El* Quijote *y el cine*, FERRAN HERRANZ.
169. *Voces en las sombras (Una historia de las radios clandestinas)*, LUIS ZARAGOZA.
171. *El audiovisual en la era digital (Políticas y estrategias para la diversidad)*, LUIS A. ALBORNOZ Y M.ª TRINIDAD GARCÍA LEIVA (EDS.).
172. *Bajo el signo de la melancolía (Cine, desencanto y aflicción)*, SANTOS ZUNZUNEGUI.
173. *Cómic, arquitectura narrativa*, ENRIQUE BORDES.
174. *Tierras de ningún lugar (Utopía y cine)*, ANTONIO SANTOS.
175. *Dialectos de la imagen*, ROMÁN GUBERN.
176. *Extensiones del mirar (El goce de ver y analizar el cine)*, MANUEL VIDAL ESTÉVEZ.
177. *Las películas que vio Franco (Cine en El Pardo, 1946-1975)*, JOSÉ MARÍA CAPARRÓS Y MAGÍ CRUSELLS.
178. *Correspondencia escogida*, LUIS BUÑUEL. JO EVANS Y BREIXO VIEJO (EDS.).
179. *El cuerpo erótico de la actriz bajo los fascismos (España, Italia, Alemania [1939-1945])*, NURIA BOU Y XAVIER PÉREZ.
180. *Una televisión con dos cadenas (La programación en España [1956-1990])*, JULIO MONTERO DÍAZ (DIR.).
181. *El cómic sobre la guerra civil*, MICHEL MATLY.
182. *Guía del cine*, CARLOS AGUILAR (6.ª ed.).
183. *El relato documental (Efectos de sentido y modos de recepción)*, PILAR CARRERA Y JENARO TALENS.
184. *Crisis de valores en el cine posmoderno (Más allá de los límites)*, GÉRARD IMBERT.
185. *Ver para creer (Avatares de la verdad cinematográfica)*, SANTOS ZUNZUNEGUI E IMANOL ZUMALDE.
186. *Tiempos de ninguna edad (Distopía y cine)*, ANTONIO SANTOS.
187. *Poética de la ausencia (Formas subversivas de la memoria en la cultura visual contemporánea)*, ISABEL CADENAS CAÑÓN.
188. *Ópera en pantalla (Del cine al «streaming»)*, JAUME RADIGALES E ISABEL VILLANUEVA BENITO.
189. *Textos periodísticos españoles para la historia (1661-2016)*, VIRGINIA MARTÍN JIMÉNEZ, M.ª VERÓNICA DE HARO DE SAN MATEO Y DUNIA ETURA HERNÁNDEZ.
190. *Películas para la educación (Aprender viendo cine, aprender a ver cine)*, ÍÑIGO MARZÁBAL Y CARMEN AROCENA (EDS.) (3.ª ed.).

191. *Flamenco y cine,* Carlos Aguilar y Anita Haas.
192. *Cómics y memoria en América Latina,* Jorge L. Catalá Carrasco, Paulo Drinot y James Scorer (eds.).
193. *El cine comienza con Goya,* Juan Pedro Quiñonero.
194. *El lugar de la cultura en la programación televisiva,* Salvador Gómez Valdés.
195. *Alberto Closas,* Francis Closas y Silvia Farriol.
196. *Películas para la diversidad (Aprender viendo cine, aprender a ver cine),* Íñigo Marzábal (ed.).
197. *Genealogías de la mirada,* Agustín Sánchez Vidal.
198. *El cine después de Auschwitz (Representaciones de la ausencia en el cine moderno y contemporáneo),* Jaime Pena.
199. *Aquí, Unión Radio (Crónica de la primera cadena española, 1925-1939),* Ángeles Afuera.
200. *Del cine y otros amores,* Julio Diamante.
201. *Darwin en el desván (Progreso, sumisión tecnológica y medios de comunicación),* Armand Balsebre y Antoni Vidal.
202. *Cine, interculturalidad y políticas de género,* Giulia Colaizzi (ed.).
203. *Hollywood y la Guerra contra el Terror,* Antonio José Navarro.
204. *El tercer siglo (20 años de cine contemporáneo),* Vicente Molina Foix.
205. *El deseo femenino en el cine español [1939-1975] (Arquetipos y actrices),* Nuria Bou y Xavier Pérez (eds.).
206. *Itinerarios (La educación de un soñador del cine),* Noël Burch.
207. *Y todavía sigue (Memorias de un hombre de cine),* Juan Antonio Bardem.
208. *21 cineastas españoles (entrevistas),* Augusto M. Torres.
209. *El cine español contra sí mismo (Cosmopolitismo, experimentación, militancia),* Steven Marsh.
210. *Cine y cómic,* Jordi Revert.
211. *El documental en España (Historia, estética e identidad),* Casimiro Torreiro.
212. *Memorias de cine,* Emilio Gutiérrez Caba (3.ª ed.).
213. *Ojos que no ven (Sobre las palabras y las imágenes),* Antonio Ansón.
214. *Las películas del "art cinema" y sus públicos (El cine español en la segunda mitad de los años setenta),* Valeria Camporesi.
215. *Memorias. Del cine en la Transición,* Alfonso Ungría.
216. *En busca de la escritura fílmica,* Manuel Gutiérrez Aragón.
217. *De "Gran Hermano" a "El juego del calamar",* Jesús González Requena.
218. *La televisión en España 1990-2022 (Sociedad y cultura),* Manuel Palacio.
219. *La pintura en el cómic,* Luis Gasca y Asier Mensuro.
220. *El discurso del cómic,* Luis Gasca y Román Gubern.
221. *Infancia y cine en la larga Transición española,* Sarah Thomas.
222. *Viñetaria (Historia universal de las autoras de cómic),* Elisa McCausland y Diego Salgado.
223. *La comunicación en el diván (Efectos políticos del imaginario digital),* Pilar Carrera.
224. *La Imaginación Artificial (La imagen más allá de la imagen,* Josep M. Català Domènech y Jorge Caballero Ramos.